〔明治大学人文科学研究所叢書〕

三上昭彦

教育委員会制度論

――歴史的動態と〈再生〉の展望

エイデル研究所

目次

序　章――本研究の課題と構成

第1節　本研究の趣旨と課題

本研究は、戦後日本における地方教育行政の中心的な制度である教育委員会制度の紆余曲折に富んだ六〇年余に及ぶ歴史的な経験―本制度創設の背景と経緯、制度の変遷と歴史的動態、多様な制度改革の試みや論議など―を検証するとともに、近年、再び活況を呈してきているこの制度改革をめぐる政策論議―教育委員会の活性化論、任意設置論、機能縮小論、廃止論とそれらへの批判論など―の批判的検討をふまえて、「この制度を真に再生し、活性化させるための国民的合意」（臨時教育審議会第二次答申）の可能性、その方途と課題を明らかにすることを目的としている。

第二次大戦後の戦後改革およびその不可欠な構成部分である戦後教育改革は、日本の近現代史・教育史を画する重要な出来事であった。戦後教育改革が一段落した一九五〇年の夏、来朝した第二次アメリカ教育使節団に文部省が提出した報告書「日本における教育改革の進展」（一九五〇年八月）は、占領下での五年間の教育改革を総括して、その特徴と歴史的な意義についてつぎのように述べていた。すなわち、「戦後の教育改革は、一八七二年（明治五年）に始まる日本の近代教育制度展開史において、たぐいを絶して根本的であり、徹底的な改革である。……改革が、教育の全部門にわたって大規模に行われたばかりではない。……それは、教育の全体系をささえる根本的な理念について、教育目的の究極に描かれる人間像について、まさに、完全な革命が遂行されたからである。[1]」（傍点部は引用者）と、多分に占領軍を意識したと思われる表現の嫌いはあるものの、最大限の評価がなされている。

日本国憲法および教育基本法の理念と諸原則を支柱として実施された教育改革は、教育の理念・目的、教育内容と方法、学校制度・体系とその運営・管理、教員の地位と職務、教員養成、社会教育、教育行財政など、教育の理念と制度の原理的な転換を含む教育体制の全般におよぶ画期的なものであった。なかでも教育の理念の根本的転換とともに教育行政の改革は、「教育行政の如何は全教育の死活を制する[2]」として重視された。教育委員会制度は戦後教育改革を象徴するものの一つであり、その精神を具現化するものであるともいわれていた。一九四八年に制定された教育委員会法第一条には、この制度の目的と精神が、教育基本法第一〇条一項の規定を直接うけて、つぎのように謳われていた。すなわち、「教育が不当な支配に服することなく、国民全体に対し直接に責任を負つて行われるべきであるという自覚のもとに、公正な民意により、地方の実情に即した教育行政を行うために、教育委員会を設け、教育本来の目的を達成することを目的とする」、と。同法の眼目は、「教育行政の民主化」、「教育行政の地方分権」、「教育および教育行政の自主性確保」の三点にあるとされ、それは戦後教育行政改革の「三原則」ともいわれた。公選制教育委員会制度はそれを機構的・機能的に具現化したものとされたのである。

しかしながら戦後改革およびその不可欠の一環としての戦後教育改革は、アメリカ軍を中核とする占領軍（GHQ・CIE）の主導下での〝上からの改革〟、〝占領下での民主的改革〟としての性格を色濃くもっていた。教育学者・勝田守一がつとに指摘していたように、「教育の崩壊の中から、新しい構想をもって、変革にとりくむ主体……は不在だった。組織的な反戦の抵抗運動をになってきた主体が存在しなかったからである。これもまた日本の教育の一つの帰結であった」のである。(3)しかもそれらの改革は、短期間に実施された〝未完の改革〟として、さまざまな問題点や不徹底な点、相互に矛盾した側面や不整合な諸点を内包していたことも否定できない。

教育委員会制度も発足の当初からさまざまな問題を抱えていた。また、何よりもこの制度は、アメリカでは二〇〇年ほどの歴史のなかで徐々に形成され、定着された制度であったが、日本の国民・住民にとってはもとより、大半の教育関係者や国・自治体関係者にとっても未知のもの、未経験のものであった。

もっとも、わが国の近代教育史を振り返るならば、類似の制度や構想がまったくなかったわけではない。アメリカの教育委員会制度を範にした教育行政機構の設置は、実は初めてではなく二度目であった。今からおよそ一三〇年前、一八七九（明治一二）年の教育令によって、当時の町村に学務委員（制度）が設置されたが、これはアメリカの教育委員会を範にしたものといわれているからである。学務委員は「府知事県令ノ監督ニ属シ児童ノ就学学校ノ設置保護等ノ事ヲ掌ル」ものであり、「其町村人民ノ選挙タルヘシ」(同令第一一条)とされていたことは興味深い。しかし、翌年の第一次改正教育令で学務委員の〝公選〟制はわずか一年あまりで廃止され、さらに一八八五(明治一八)年の第二次改正教育令によって、学務委員(制度)それ自体も廃止され、その職務は戸長の下に属することになった。その後、学務委員(制度)は、市制・町村制にもとづき、一八九〇(明治二三)年の小学校令等によって市・町村に再び設置されたが、それは市・町村に属する「国ノ教育事務」を執行する市長・町村長の「補助」機関とされて、敗戦直後まで存続したのである。(4)

また、一九二〇年前後には、大正デモクラシーの潮流を背景にして、多様な「教育委員会」設置の提唱がなされ、ごく一部の地域ではあるが実際に「教育委員」が設置されたことも興味深い。すなわち、与謝野晶子による「民選の教育委員会」構想の提唱(5)、わが国史上初の教員組合である日本教員組合啓明会の「教育改造の四綱領」などにより、「教育自治の実現」のための教育委員会(中央と地方)設置の必要が提言されている。(6)さらに大津町(現在の滋賀県大津市)では、ごく短期間ではあったが、町条例により町議会において選任された教育委員(会)が設置された事例が町史に記載されている。(7)

しかしながら、戦後の地方教育行政の中軸をなす合議制執行機関(行政委員会)としての公選制教育委員会は、実質的には未知のもの、未経験のものであり、その設置に際してはこの制度の趣旨や仕組み、運用上の配慮などに関して十分な周知と準備が必要であった。当時の文部省や教育関係者なども慎重な設置を求めたが、改革を急ぐＧＨＱ・ＣＩＥの強い指示のもとに、最初の教育委員選挙の実施(一九四八年一〇月)は、教育委員会法制定のわずか二ヶ月半後であった。教育委員の選挙をはじめ実際の運営と機能の面では、さまざまな問題や事態も各地で生じたのである。初期の公選制教育委員会制度の〝光と影〟をあらためて検証したい。

公選制教育委員会制度は、一九四八年一一月の発足後わずか八年（設置義務が延期されていた大半の市町村にあってはわずか四年、選挙は一九五二年の一回のみ）をへずして大改編される。一九五六年に制定された「地方教育行政の組織及び運営に関する法律」（以下、地方教育行政法と略称する）によって教育委員会法は廃止された。新たに制定された地方教育行政法の趣旨とねらいは、①教育の政治的中立と教育行政の安定の確保、②教育行政と一般行政の調和、③国、都道府県および市町村一体としての教育行政制度の樹立、の三点（筆者のいう「新三原則」）にあり、従来の公選制教委制度の欠陥を是正して、わが国の実情により即した適正な制度にすることにあると説明された。

たしかに「合議制の執行機関」としての教育委員会自体は存続され、教育行政組織としての合理的整備がなされたともいわれたが、教育委員の公選制、教育委員会の教育予算および教育条例の原案作成権と首長への送付権の廃止、教育長の任命承認制の導入などをはじめとして当初の制度の根幹部分は大きく改編され、この制度本来の精神と「三原則」およびその法制度的しくみは大きく後退させられたのである。公選制教育委員会制度（教育委員会法）から任命制教育委員会制度（地方教育行政法）への転換によって何が継承され、何が断絶（後退・廃止）されたのかをあらためて精確に検証していきたい。

民主化、地方分権化、自主性確保の諸契機を著しく弱体化させられた任命制教育委員会制度は、一九五六年一〇月発足当時から多くの論者によって指摘されたように、教育委員会制度に託された本来の目的と精神を「形骸化」「空洞化」させていく多くの制度的・法的要因を内包していた。地方教育行政法下における任命制教育委員会制度の展開過程とその歴史的動態は、その点を事実によって実証しているように思われる。

地方教育行政法下における教育委員会制度の「形骸化」が厳しく指摘され、その「活性化」の必要性が、政府関係の審議会で初めて正面から取り上げられたのは、地方教育行政法体制が発足してから三〇年後の一九八〇年代半ばのことである。中曽根内閣の時代に総理府に設置された臨時教育審議会（臨教審）の第二次答申（一九八六年四月）であろう。
すなわち、同答申は、教育委員会は、「各地域の教育行政に直接責任をもつ『合議制の執行機関』としての自覚と責任感、使命感、教育の地方分権の精神についての理解、自主性・主体性に欠け」、「制度として形骸化していたり、活力を失ってしまっているところも少なくなく、制度本来の機能を十分に果たしているとは言い難い」と、その現状を厳しく指摘するとともに、「教育委員会制度の本来の目的と精神に立ち返り」、「教育委員会制度の歴史的経験を冷静にふまえて、この制度を真に再生し、活性化させるための国民的合意が必要である」と指摘したのである。(8)

こうした現状認識やこの制度の再生・活性化の必要性の指摘は、それまで文部省や中央教育審議会(中教審)からは一度も示されなかったものであり、今日にも通じる画期的な指摘であった。しかし、問題はその先にあった。教育委員会制度が「形骸化」し、「機能」不全に陥っている背景と要因は何かについて、「教育委員会制度の歴史的経験を冷静にふまえて」十分に分析することであり、それをふまえて「この制度を真に再生し、活性化させるための」抜本的な方策を提示することであった。臨教審はそうした背景と要因に十分なメスをいれることはできず、この制度の根幹の改革を迫るような改革提言はほとんど提示することはできなかったのである。提言された教育委員会の「活性化方策」は、「形骸化している」と自らが指摘した事態を改革するものとはとうていいえないものであった。その背景や理由をあらためて検討したい。

教育委員会制度の根幹部分の見直しを迫ったものは、一九九〇年代に入って本格化した地方分権改革および規制緩和政策の動向である。とりわけ九〇年代半ばに内閣に設置された地方分権推進委員会(分権推進委)は、「分権型社会の創造」を掲げて、従来の中央集権型行政システムの基軸となっていた機関委任事務を廃止するとともに、国・都道府県による関与の縮減などを具体的に勧告したのである。これを受けて「地方分権一括法」(正式には「地方分権の推進を図るための関係法律の整備等に関する法律」、一九九九年七月)が制定され、その一部をなす地方教育行政法の改正によって、教育長の任命承認制の廃止、文部大臣・都道府県教委の指揮監督や措置要求の規定の削除などをはじめとする教育委員会制度の根幹部分の一部が改正された。地方教育行政法体制の基軸の一つをなしていた文部省→都道府県教委→市町村教委という上意下達的行政システムは一定の改正をみたのである。しかし、これらの一連の分権改革は、その制度デザインの策定に深くかかわった関係者自身が「未完の分権改革」（西尾勝）と規定しているように、機関委任事務の廃止と中央省庁等の関与の縮減に力点をおいており、本来「分権型社会の創造」の根底を担う基礎自治体（市町村）への権限委譲は少なく、住民自治の視点も希薄であり、教育委員会制度に対する改革提言も限界があったといわざるをえない。あらためて検討すべき重要な課題である。

こうしたいわば〝上から〟の教育委員会制度改革の政策動向を背景にし、それらと一定の緊張関係を含みながら、各自治体レベルで首長・議会・教委・住民などにより〝下から〟の独自の創意的なさまざまな改革の試みが展開されてきたことは看過できない。とりわけ、住民による条例制定の直接請求運動にもとづき、一九七〇年代末から一九九〇年代初頭にかけて実施された東京都中野区における教育委員「準公選制」とその四期（四回の区民投票）一六年間の展開は注目に値する。その歴史的な「実験」の背景と経緯、意義と成果、限界と課題などを検討することは重要な意義をもっている。

また、上記の地方分権一括法による地方教育行政法の大幅な改正を契機にして、少なからぬ市町村で実施されてきた教育長や教育委員の「公募制」「推薦制」などの取り組みも、さまざまな問題点や制約を持ちながらも興味深いものがあり、検討対象としていきたい。

しかし二一世紀を迎えて、近年、教育委員会制度の現状に対して新たな批判が拡がり、再びこの制度の存在意義とあり方が厳しく問われ、「教育委員会制度の改革」は今日の教育改革の差し迫った重要な課題の一つになっている。

すなわち、政府関係の審議会などからも、教育委員会の権限の縮小あるいは必置規制の撤廃（任意設置・選択設置）

などを含めた「教育委員会制度の抜本的見直し」の必要が、主として内閣府に設置された複数の有力な組織・審議会(例えば経済財政諮問会議、規制改革会議、地方制度調査会、教育再生会議など)から提言されている。また、地方六団体の一角をなす全国市長会や〝改革派〟首長の任意組織である「提言・実践首長会」、さらに行政学者などの一部からも任意設置論さらには廃止論が提唱されている。最近注目を集めている橋下徹大阪府知事(現・大阪市長)が率いる地方政党たる「大阪維新の会」と大阪府・市の教育改革・教育政策の動向も、異質な要素を含みながらも、首長の統制下に教育委員会をおこうとしており、その意味では廃止論に限りなく近い潮流であるといえる。今やそれらの任意設置論・廃止論は、文科省や中教審、教育委員会や学校管理職関係の諸全国組織が主張してきた教育委員会の必置論・活性化論を包囲しつつある様相さえある。

こうした動向に対して文科省は、中教審に「地方分権時代の教育委員会の在り方」を諮問する(二〇〇四年)などして、教育委員会の必置・存続を前提にしたこの制度の部分的な制度改革と新たな活性化方策に取り組んできている(二〇〇四年および二〇〇七年の地方教育行政法一部改正)。

二〇〇六年一二月に公布・施行されたあらたな教育基本法(新教基法)は、戦後教育改革の象徴的存在であった教育基本法(旧教基法)をほぼ六〇年ぶりに「全部改正」(全面改正)したものである。新教基法は、教育委員会制度のしくみそれ自体の改変にふれるものではないが、旧教基法の〝要〟ともいわれてきた教育行政条項(第一〇条)の全面的な改正を眼目の一つにしたものである。すなわち新教基法の教育行政条項(第一六条)は、まず旧教基法第一〇条一項の規定「教育は、不当な支配に服することなく、国民全体に対し直接に責任を負って行われるべきものである」を全面的に改正し、「教育は、不当な支配に服することなく、この法律及び他の法律の定めるところにより行われるべきものであり、教育行政は、国と地方公共団体との適切な役割分担及び相互の協力の下、公正かつ適正に行われなければならない」と改正されている。また、教育行政の「任務とその限界」を定めた旧教基法第一〇条二項「教育行政は、この自覚のもとに、教育の目的を遂行するに必要な諸条件の整備確立を目標として行われなければならない」をすべて削除している。さらに教育振興基本計画条項（第一七条）が新設され、自治体は政府が策定する同基本計画を「参酌」して、「基本的な計画を定めるよう努めなければならない」とされている。

こうした新教基法の教育行政条項の全面改正は、教育委員会のあり方（とりわけ法令による教育の権力的統制の強化など）に大きな影響を及ぼしつつある。

周知のように、二〇〇九年八月の総選挙によって政権交代が行われ、同年九月に政権の座に着いた民主党は、政権公約である二〇〇九年版マニフェストの中で、地方教育行政を首長に一元化し（教育委員会廃止）、首長の下に「教育監査委員会」なるものを新設し、あわせて公立小中学校に「学校理事会」を設置することを明記している。すでに野党時代に国会に提出した日本国教育基本法案（二〇〇六年五月、初出）、地方教育行政の適正な運営の確保に関する法律案（同年一一月、同）などにも同様の規定が見られる。

六〇数年前にわが国に教育委員会制度が創設されて以降、時の政権政党がこの制度の廃止を主要政策として掲げたことはなく、民主党が最初である。政権の座についた民主党は、教育政策の三つのフェーズの第三に「教育行政のガバナンス・学校ガバナンスの改革」をかかげ、教育委員会制度の再検討をうち出していた。しかし、二〇一二年一二月の総選挙の惨敗により民主党政権は、わずか三年余で終焉することになった。代わって政権に復帰した自民党の安倍政権（公明党と連立）は、教育委員会制度自体の「廃止」ではなく、その「抜本的な改革」を掲げている。

いずれにしろ、教育委員会制度はいよいよその存廃の是非が問われているのである。今日の日本の教育には問題が山積しており、どれひとつをとっても容易にはその克服の方途が見出せない状況にある。教育委員会制度の改革はそのアポリアの一つでもある。

本書は、この制度の日本における六〇年余の歴史的動態と経験をふまえて、このアポリアの解明に少しでも応えていきたいと考えている。

第2節　本書の構成と課題の限定

教育委員会制度の再検討にあたっては、少なくとも次のような視点と研究課題・作業が不可欠であると考える。

一つは、戦後教育改革の重要な柱として導入されたこの制度の「本来の目的と精神」とは何であったかを再確認しつつ、この制度の今日の時点における存在意義を改めて明らかにすることである。いうまでもなく、この制度の「本来の目的と精神」は、先にふれた教育委員会法第一条に凝縮して謳われていた文言の内実に帰着する。それに照らして、教育委員会制度の歴史的動態および現行制度とその運用の実態と問題点を明らかにすることである。

二つには、すでに半世紀をこえる教育委員会制度の歴史的経験と歴史的動態を冷静にふまえて、この制度がなぜ形骸化し活力を失ってきたのか、その複合的な要因を明らかにすることである。その際、一九五六年の教育委員会法から地方教育行政法への改変によるこの制度の構造的な再編は、もっとも大きな要因であることは否定できず、その背景、理由、内容の精確な検討は必須な作業であろう。

三つは、これまで全国各地で取り組まれてきた教育委員会制度の「再生と活性化」の代表的な事例の具体的な調査と分析である。近年の地方分権改革を背景にした各地の取り組みは多彩である。

四つは、教育委員会制度の再検討は、一方では中央教育行政制度との権限関係等をふまえて、他方では学校等の教育機関との権限関係（学校等の自主性・自律性の保障）等および日常的に教育実践を行っている教師等の専門職との権限関係（教師等の教育活動の自主性・自律性の保障）等をふまえて、総合的に検討される必要があろう。

五つには、主要な諸国の中央・地方の教育行政制度と比較し、分析することも不可欠であろう。比較・分析の主要な視点は、①教育の自主性・専門性を保障するとともに、教育への父母・住民の参加を保障することが制度的・機能的にどう担保されているのか、②教育行政の自主性・自律性は制度的・機能的にどう担保されているか、という二点である。戦後日本に導入された教育委員会制度は、国際的に見れば必ずしも一般的なものとはいえず、この制度が置かれている国は、わが国以外にはその誕生の〝母国〟であるアメリカをはじめ数カ国に過ぎないといわれている。

六つは、教育および教育行政の自主性、自律性（両者の関係も含め）はなぜ要請されるのかという教育の本質論をふまえた原理的根拠を明確にすることである。近年、教育委員会制度の必要性の根拠としてあげられている「政治的中立性」はそのための一つの要件であろう。

以上のような視点と課題を本書ですべてフォローすることはとうていできない。本書は、日本における教育委員会制度の六〇年余の歴史的動態と経験の検討を主たる対象としている。このテーマは、筆者にとってライフワークの一つでもある。研究の歩みは文字どおり〝牛歩〟というべきものではあったが、これまで折にふれて発表してきた論稿は少なくない。本書は、それらの諸論稿をふまえて、標記の題名のもとにできるかぎり一貫性をもった作品として再構成するとともに、その後の研究成果と研究動向をふまえて加筆修正したものである。この十数年、上記のような政策動向を背景にして、教育委員会制度に関する研究は少なくない。[9] しかし、本書が企図している本制度の創設の経緯とその六〇年余の歴史的動態の検証をふまえた作品は管見の限りではほとんど見当たらない。ここに本書を世に問うことのささやかな意義があると考える。

なお、巻末に二点の資料を収録した。

一点は、国民教育研究所『沖縄教育委員会制度の調査研究 中間報告』（一九七一年、タイプ刷り）である。戦後長期にわたって米軍の直接占領下に置かれた沖縄では、県民の粘り強い運動によって制定された「教育委員会法」（一九五八年）による独自の公選制教育委員会制度が実施されていた。同報告書は、一九七二年に本土復帰する直前の沖縄を訪問して実施された実態調査の中間報告であり、調査団の一員として訪沖した筆者もその一部を執筆したものである。本書のテーマを検討する上で沖縄の経験の検討は重要であり、また、現在では入手・閲覧することが難しいことを考慮して、あえて収録した次第である。

他の一点は、「教育委員会制度の歴史的動態と改革をめぐる動向（略年表）」である。教育委員会制度の「戦後史」は紆余曲折を経たきわめて複雑なものであり、その経緯を理解する上で本略年表はそれなりに役立つものとなろう。

〈注〉

（1）文部省調査普及局編集『文部時報』八八〇号に報告書の全文が収録されている。引用部分は、同誌、四頁。

（2）田中二郎「「教育改革立法の動向」『法律時報』一九四七年七月号。周知のように、当時、東京帝国大学教授であった田中は、文部省参与として教育基本法、教育委員会法などの立案にかかわり重要な役割を果たした。

（3）勝田守一「むすび—戦後教育の問題点」岩波講座『現代教育学 五』岩波書店、一九六二年、三六二頁。

（4）学務委員（制度）については、金子照基『明治前期教育行政史研究』風間書房、一九六七年、笹森健『明治前期地方教育行政に関する研究』講談社、一九七八年など参照。なお、東京区部における実態の一端に関しては、三上昭彦「学制頒布と教育行政制度の整備」『東京都教育史』（通史編一）東京都立教育研究所、一九九四年を参照。

（5）与謝野晶子「教育の民主主義化を要求す」、同『激動の中を行く』（編集・解説 もろさわようこ）新泉社、一九七〇年、所収（なお同著の初出はアルス社、一九一九年）。その中で晶子は、府県、市町村に設けられる民選の教育委員は、その三分の一は「教育界の経験家」から、三分の二は「現に数人の子女を教育しつつある父母」から選挙せねばならないとしている。いかにも晶子らしいユニークな発想である。

（6）啓明会の「教育改造の四綱領」の全文は、宮原誠一ほか『資料 日本現代教育史 四』三省堂、一九七四年、などに収録されている。また、その教育委員会構想の詳細は、下中彌三郎「教育自治の大道へ踏み出せ」『萬人労働の教育 下中彌三郎教育論集』平凡社、一九七四年、所収、を参照。この教育委員会構想（地方教委・中央教委）は、今日から見ても興味深い点が多々ある。地方教委は、初等教育者・中学以上の教育者・一般地方人・官吏の四種の選挙母体からの選出代議員からなる。教育委員会は「教育事務の一切に関与し、教育立法の原案者たる任務を有す」とされている。

（7）大津市役所編『大津市史』（中巻）、同市、一九四二年には、要旨以下のように記述されている。すなわち一八八九（明治二二）年一〇月、大津町会は町村制第一二五条に依り内務大臣の許可をへて「大津町教育委員設置条例」を制定し、「町内教育ノ拡張ヲ図ル為教育委員五名ヲ常設」（第一条）、「教育委員ハ本町会ニ於テ区域内公民中選挙権ヲ有スル者ヨリ選任ス」（第二条）、「教育委員ハ協議ノ上受持区域ヲ定メ区内学令児童ノ就学ヲ奨励シ町内教育ノ普及ヲ図ルモノトス」（第四条）などとある（六八三〜八六頁）。

なお、同書に拠りながら一部の研究者等は、戦前の大津町では「公選制教育委員会」が設置されたことがあったと紹介しているが、これは明らかな誤読であろう。上記の同条例（第二条）に明記されているように、教育委員は住民による「公選」ではなく「町会において選任」されたのである。また、その職務もきわめて限定されており、戦後の教育委員会とはまったく異なっている。それは一八九〇（明治二三）年小学校令によって全国的に再設置される学務委員（市町村長の補助機関）とほぼ同様のものであったといえよう。

（8）文部省大臣官房編集『文部時報』（臨教審答申総集編）臨時増刊号一三二七号、一七五頁。

（9）とりあえず二〇〇〇年以降のものとしては、例えば、日本教育行政学会研究推進委員会編『地方政治と教育行財政改革 ― 転換期の変容をどう見るか』福村出版、二〇一二年、村上祐介『教育行政の政治学 ― 教育委員会制度の改革と実態に関する実証的研究』木鐸社、二〇一一年、樋口修資『教育委員会制度変容過程の政治力学 ― 戦後初期教育委員会制度史の研究』明星大学出版部、二〇一一年、堀 和郎・柳林信彦『教育委員会制度 再生の条件 ― 運用実態の実証的分析に基づいて』筑波大学出版会、二〇〇九年、民主教育研究所編『現代の教育改革と教育委員会』〈年報二〇〇七・第八号〉同研究所、二〇〇八年、佐々木幸寿『市町村教育長の専門性に関する研究』風間書房、二〇〇六年、小川正人『市町村の教育改革が学校を変える ― 教育委員会制度の可能性』岩波書店、二〇〇六年、穂坂邦夫『教育委員会廃止論』弘文堂、二〇〇五年、池上洋通＋荒井文昭＋安藤聡彦＋朝岡幸彦編著『市民立学校をつくる教育ガバナンス』大月書店、二〇〇五年、青木栄一『教育行政の政府間関係』多賀書店、二〇〇四年、犬山市教育委員会編著『犬山発21世紀日本の教育改革』黎明書房、二〇〇三年、橋本大二郎・浦野東洋一編『土佐の教育改革』学陽書房、二〇〇三年、本多正人編著『教育委員会制度再編の政治と行政』多賀出版、二〇〇三年、佐藤進『教育改革と学校・教育委員会 ― 地方教育行政の現場から ―』教育出版、二〇〇二年、西尾理弘『教育行政改革への挑戦』山陰中央新報社、二〇〇二年、堀内孜編集代表『地方分権と教育委員会』（全三巻）〈第一巻・地方分権と教育委員会制度、第二巻・教育委員会の組織と機能の実際、第三巻・開かれた教育委員会と学校の自律性〉ぎょうせい、二〇〇一年、柿沼昌芳・永野恒雄編著『東京都の教育委員会 ― 迷走する教育委員会と「教育改革」』批評社、二〇〇一年、日本教育法学会編『自治・分権と教育法』〈講座現代教育法3〉三省堂、二〇〇一年、西尾勝・小川正人編著『分権改革と教育行政 ― 教育委員会・学校・地域』〈分権社会を創る・第一〇巻〉ぎょうせい、二〇〇〇年、柿沼昌芳・永野恒雄編著『迷走する教育委員会 ― その虚像と実像』同前、二〇〇〇年、などがあげられる。

第Ⅰ章　戦後教育改革と教育委員会制度の創設

――占領下での民主的制度設計の模索

戦後教育改革を象徴するものの一つともいわれた教育委員会制度は、どのような歴史的背景と経緯のもとで、いかなる趣旨と原則のもとに、具体的な法制度として創設されたのであろうか。そこにはきわめて複雑な様相があり、実際に設置された制度はアメリカのそれを範としたものではあったが、日本独特の特徴を持ったものであった。したがって本書はここから筆を起こすことにしたい。(1)

戦後教育改革の経緯は、やや単純化して述べるならばつぎのようになろう。戦後教育改革の基本構想は、アメリカ教育使節団報告書（一九四六年三月）によって描かれ、それは総司令部（ＧＨＱ）により全面的に支持された。それを受けて一九四六年八月に内閣に設置された教育刷新委員会（後に教育刷新審議会と改称）は、自主的立場に立って基本構想を検討、具体化して総理大臣に「建議」した。政府・文部省はこの建議にもとづき、ＧＨＱの担当セクション（民間情報教育局＝ＣＩＥなど）と度重なる折衝をへて一連の法案を作成・上程し、帝国議会（日本国憲法制定後は国会）の審議をへて成立した法律にもとづいて改革は実現した。連合国軍（実質的にはアメリカ軍）による占領下で実施された戦後教育改革は、〝上からの民主的改革〟かつ〝未完の改革〟であり、その過程は決して単純なものではなく迂余曲折にとんだものである、と。

「戦後の教育改造の基本的な線を描いた(2)」と評価されているアメリカ教育使節団報告書が戦後の教育改革・教育行政改革に果した大きな役割、その民主的構想に共鳴し、同意しつつ自らの責任ある課題として自主的・主体的に教育改革の理念と具体的制度構想を追究した田中耕太郎をはじめとする文部省の関係者、南原繁ら教育刷新委員会の努力と熱誠、わが国史上初めて参政権を得て選出された女性議員が参加して展開された国会における真摯な審議などは、〝占領下での民主的改革〟という重い歴史的制約は否定できないものの、いずれも戦後教育改革の内実をなすものであり、正当な歴史的評価が与えられなければならない。一九五〇年代初頭の対日平和条約・日米安保条約が調印・発効される前後から、さまざまな表現をもって戦後教育改革における日本人の主体的努力と決断を軽視あるいは無視し、戦後改革そのものを〝占領軍の押しつけ〟と断じて、その歴史的意義を低からしめようとする潮流がなお今日においても存在しつづけている。昨年末（二〇一二年一二月）、政権の座に復帰した第二次安倍内閣は、その本流ともいえる性格を色濃くもっているともいわれている。こうしたなかで、その十全な評価は一層精確な検証に裏づけられてなされなければならないであろう。

しかし、戦後教育（行政）改革を、アメリカ教育使節団（報告書）―教育刷新委員会（建議）―文部省（法律草案）―ＧＨＱ・ＣＩＥ（折衝・協議・指示）―文部省・内閣（法律案）―国会（法律）のプロセスのみでとらえることは十分ではない。前述したようにこのプロセスは、占領下におかれた当時の教育改革が実際に具体化される政策審議・立案、実施の公的なルートであり、このルートをへて、かつＧＨＱ・ＣＩＥの了承をえないかぎり、いかなる改革構想も実現することは困難であった。したがってこのルートにそって戦後教育改革・教育行政改革を把握し分析しようとすることには十分な根拠がある。

しかしながら、この視角のみから改革動向をとらえようとすれば、このルートの外で展開された他の改革主体の動向や改革構想をはじめ、それが政策の立案、実施に与えた影響を視野から欠落させることになる。それはまた、戦後教育（行政）改革を上から具体化されたものとしてのみとらえて、現実の改革を〝対立をなす諸過程の複合〟としてとらえる視点を失うことになり、改革の全体像の把握は一面的とならざるをえないと考える。

本章では、こうした諸点にできるだけ留意しながら筆をすすめていきたい。

第1節　戦後教育改革と教育行政改革の諸構想

1 教育改革の要としての教育行政改革

戦後日本における教育改革は、戦前の国家主義的、軍国主義的な天皇制教学体制への強い批判、反省を契機として遂行されたものであり、教育の理念と目的、内容と方法、制度の全般にわたる改革であった。なかでも教育行政改革のあり方は、教育改革全般の質を左右するものとして重視されたことはすでにふれたとおりである[3]。

大日本帝国憲法と教育勅語を支柱とした戦前の天皇制教学体制にあっては、教育（就学）は、兵役、納税の義務と並んで「臣民の義務」とされ、とりわけ義務教育であった小学校教育においては、教育勅語を唯一絶対の「淵源」として、忠君愛国・富国強兵を基調とする徹底した「国民教化としての教育」「国家による国民教育」の色彩は濃厚であった。「近代の日本は、あらゆる大国に顕著に見受けられる一つの傾向を最も明瞭に示している……つまり、国家を偉大にすることを教育の至上目的とする傾向である。日本の教育の目的は、感情の訓練を通じて国家を熱愛し、身につけた知識を通じて国家に役立つ市民を作り出すことにある。この二重の目的を追求する際に示された見事な腕前は、いくら称賛しても足りないくらいである」[4]とのB・ラッセルの皮肉をこめた鋭い指摘は、ほぼ正鵠を射ていたといえよう。

天皇制教学体制下においては、教育は「国ノ事務」であり、教育行政は国家の統治作用の一部であり、官吏とみなされた教師の教育活動は、それを末端で具体化するものとされていた。教育行政の法制度的特質としては、①教育法規の大半は天皇の命令たる勅令とそれに拠る文部令等によって定められていたこと〈教育立法の勅令主義・命令主義〉、②文部大臣を頂点とする上意下達の徹底した中央集権的機構が確立されていたこと〈中央集権的教育行政〉、③地方教育行政の実際は、内務省から派遣された官選知事（地方長官）を中心とした一般地方行政の一部として官僚統制されていたこと〈教育の官僚統制〉、④教師の市民的自由や権利はもとより、教育活動における自主性・自律性は抑圧され、教育の専門家として創意と工夫をいかす自由と権限はきびしく封じられていたこと〈教育の自主性・自律性・専門性の抑圧〉、⑤国民の教育への発言、批判、教育行政への参加などの機会はなかったこと〈教育・教育行政への住民参加システムの欠落〉、などがあげられる。

総じて、戦前の教育行政にあっては、民主主義的要素は著しく欠落しており、教育の自主性・自律性は圧殺されていた。それゆえに戦後の教育改革においては、政治・行政権力からの「教育権の確立」「教育の自主性の確保」が教育関係者から切望され、「教育行政の如何は全教育の死活を制する」として、教育行政改革はとりわけ重要視されたのであった。

教育行政制度改革は、日本国憲法の理念と諸原則にもとづき、教育基本法および地方自治法の諸原則を前提に、教育委員会法（一九四八年）および文部省設置法（一九四九年）等の制定によって具体化されるが、そこに至るまでに、制度原理を異にするさまざまな改革構想が出されていた。主なものとしてつぎの四つをあげることができよう。一つは大学区＝学区庁構想であり、二つは公選制教育委員会構想であり、三つは「地方教育委員会」構想であり、四つは学校委員会＝「教育委員会」ないしは教育協議会構想である。これらは、どのような主体により、どのような制度原理に立って構想されたものであったのか。これらをあらためて振り返っておくことは、今日の教育委員会制度改革のあり方を検討するうえでも一定の意義があると考える。

以下の諸節で概観していこう。

2 大学区＝学区庁構想

大学区＝学区庁構想は、敗戦の年の一〇月に、東京帝国大学教授を兼務のまま、文部省に新設された学校教育局長に就任した田中耕太郎の強いイニシャティブにより文部省内で練られたものである。

田中耕太郎は、文部省入りを直前にした時期に草した「教育改革私見」(一九四五年九月)[5]で、早くも、教育内容、制度の両面にわたってかなりラディカルな改革構想を提示していた。教育行政に関しては、まず「文部省問題」として、①教育を政治より分離し、憲法上司法権に与えられたる独立の地位を保障すること、②文部大臣は原則として教育界又は学界出身者とし、頻繁なる更送は避けるべきこと、③文部省の権限は原則として純粋なる事務的方面に限り、教育内容に干与せざること、④教学局、国民精神文化研究所の廃止、などをあげ、続いて、「学区制の問題 ― 仏国の例を研究すること」を示唆していた。文部省学校教育局長に就任した直後に書かれたといわれている「学校教育局に就て」[6]のなかでは、地方教育行政としての大学区構想の趣旨がつぎのように述べられていた。

「地方の学校行政に関しては、初等及び中等の諸学校に関する限りに於て、内務省所管の地方行政庁(prefecture)の官吏に依って司られてゐる。此等の官吏の多くは法科出身の教育に未経験な、場合に依っては警察官としての経験を有する若年者で而も多くの場合一年位しか在職しない。従って此の制度は教育の理想の実現の為めには適当だとは云へない。〔中略〕又今後政党政治の復活と共に、曽て存在してゐた地方政党人が地方教育界の人事に容喙するし、地方教育者は彼等に自己の教育者としての品位を拗棄して隷属する弊害も亦顕著になるであろう。此の弊害に鑑みて我々は地方教育行政を地方教育界の自治に委ねるために、初等中等の地方教育行政を一般内務行政から切り離し、全国を各大学をピラミッドの尖端とする七箇位の学区(Academic District)に分けてそれに委ね、文部省が極めて寛大な監督を行ふやうにすることを研究しつつある。」

この大学区構想は、一九四六年一月二五日付の文部省内試案「地方教育行政機構刷新要綱」「右ニ基ク学区庁(仮称)

設置要綱」で大学区=学区庁構想として具体化された。この「要綱」は、基本方針として、①「地方教育行政機構ニ抜本的刷新ヲ加ヘ之ヲ内務省ヨリ分離セシメ」、②中等学校以下の諸学校を、「文部大臣ノ任命ニ係ル学区長官（仮称）ノ監督下ニ置キ教権ノ確立ト文教施策ノ滲透遂行ヲ期セントス」、をかかげている。具体的には、①全国を数個の学区に分け、学区庁を設置する、②学区庁は学区内の教育事務（社会教育を含む）を所管する、③学区庁長官には学区内の帝国大学総長を充て、それに教育関係者より互選された委員から成る委員会を配する、④学区庁の下部機関として学区支署をおく、というものであった。

田中耕太郎によれば、この構想に理論的根拠を与えたのは、「司法権の独立に基礎をおく大学の自治論[7]」であったといわれる。すなわち、「大学が従来文部省に対して慣習上広汎な自治を享有し、又社会的文化的に大な《ママ》プレスティージを保持していたために、地方教育行政の有力な支柱として役立ち、一方その官僚化とそのアナーキー化を有効に防止するとともに、他方その学問的文化的雰囲気が初等及び中等学校の教育者を刺戟啓発するところのあらんことを期待した[8]」のであった。

このように、大学区=学区庁構想の眼目は、教育行政を帝国大学総長をトップとする〝学者・教育者の自治〟にゆだねることにより、「教育界の普遍的病弊[9]」であった教育の官僚的支配を断ち切り、教育および教育者の自主性・自律性を確保し、「教権（教育権）の独立」をはかることにあった。しかし、同時にこの構想は、地域住民の教育行政への参加については、〝地方ボスの介入〟を防止するとの理由から否定的であった。田中（耕）自身が指摘しているように、その直後にマッカーサーに提出されたアメリカ教育使節団報告書が勧告した教育委員会構想の制度理念の一つである「素人主義とは正反対のものであった[10]」と考えられていたことは留意しておく必要があろう。

3 公選制教育委員会構想

この制度構想は、一九四六年三月初旬に来日した、アメリカ教育使節団の報告書（Report of the United States Education Mission to Japan submitted the Supreme Commander for the Allied Powers, Tokyo, March 30, 1946）[11]のなかで勧告されたものである。同報告書は本論全六章と、「前がき」と「序論」および「本報告の要旨」から構成されたものであり、当時、「戦後の教育改造の基本的な線を描いた」と評価されたことは、先にふれたとおりである。

同報告書は、第三章「初等及び中等学校の教育行政」のなかで、教育行政制度改革の全体像を描いている。報告書は、まず、高度に中央集権化され、内務行政の支配のもとにあった戦前日本の教育行政制度を批判し、二つの「基本的変更」を提言した。第一は、独自の教育行政機関を設け、そこには教育者たるにふさわしい資格をもった職員がおかれること。第二は、「教育計画の管轄を現在よりもっと分散させ……全機構の一定の段階において、権力と責任の縦の線を明確に切断しなければならない」とする、教育行政の地方分権化である。この「基本的変更」にそって、つぎのような具体的改革構想を提案した。

第一は、文部省の権限の縮小である。報告書は、「文部省は、日本の精神界を支配した人々の権力の中心であった。従来そうなっていたように、この官庁の権力は悪用されないとも限らないから、これを防ぐために、我々はその行政的管理権の削限を提案する。このことはカリキュラム、教授法、教材及び人事に関する多くの管理権を、都道府県及び地方的学校行政単位に移管せらるべきことを意味する」として、教育行政の徹底した地方分権化を提案し、文部省の権限を客観的基準の設定、専門的指導、教育基金の分配などに限定した。

第二は、都道府県に公選制の教育委員会を設置し、公立諸学校の監督を行なうことである。すなわち、「各都道府県に教育委員会または機関が設立され、それは政治的に独立し、一般民衆の投票の結果選出された代議的公民によって構成される」、「この機関は、法令に従って都道府県内の公立諸学校を全般的に監督する」、「都道府県の機関は、教育の指導者を任命すべきで、その人は教育の領域内で訓練と経験を得たものでなくてはならない」としている。

第三は、市町村にも教育委員会を設置し、公立の初等中等学校の管理を司ることである。すなわち、「各都市またはその他の地方的下部行政においては、国民の選んだ一般人によって教育機関が構成されて、この機関が法令に従って、その地方にあるすべての公立の初等及び中等学校の管理を司るよう我々は勧める。この機関は専門的に資格のある教育者を、その都市またはその地方的下部行政区画の学校制度の部長として任命すべきである。」

このように、使節団報告書の改革構想は、アメリカで長い歴史をもつ教育委員会制度を範としたものであり、教育委員会に教育行政の権限の大半を移譲するものであった。この制度は、①教育行政の民衆統制（民主化）、②一般行政からの独立（教育行政の自主性確保）、③教育行政の分権化の「三原則」を機構化したものとされた。また、制度内部の機能面では、教育行政を一般住民から公選された教育委員（素人）の合議体である教育委員会の統制（layman control）と教育長・指導主事等の専門的指導性（professional leadership）の調和の下で行っていくという独特の制度機能原理に立つものであった。

しかし、ここには、報告書全体がそうであったように、教育委員会制度そのものが二〇世紀に入ったアメリカでさまざまな矛盾を呈してきていることには、何らの言及もなかった。素人統制と専門的指導性の調和という制度原理が、実態的には教師の専門性や教育活動の自主性を著しく阻害しているというアメリカ国内での有力な制度批判[12]に応える努力は何らなされていなかったことは、この文書の性格上、当然ともいえるだろうが、留意しなければならない。

4「地方教育委員会」構想

この改革構想は、教育使節団の来日を前にして結成された「米国教育使節団に協力すべき日本側教育家の委員会」(委員長・南原繁東京帝国大学総長)が使節団との接触を通して独自にまとめ上げ、文部大臣に提出した報告書(一九四六年三月)[13]で提唱されたものである。この「報告書」は当時〝秘扱〟とされ、公表されなかったが、全六項目にわたる意見の第二に「教権確立問題に関する意見」を設け、「地方教育委員会」構想を明らかにしている。同「報告書」は、「教権確立の方法に関しては種々考慮せられるべきも本委員会は其の範囲を米国委員より示唆を受けたる Board of Education 制度に付き研究することに限定したり」として、九項目の骨子を提案している。その主な内容は、つぎのとおりであった。

①学校に対する文部省及地方庁の監督権を縮小し、その指示命令は大綱に止めること。②府県に法律をもって地方教育委員会を設置し、学務委員会の制度は廃止する。③委員会は議決機関とするが、知事の監督下におく。④委員数は一〇名以内を標準とし、委員は現職教員、地方教育関係官吏ならびに民間から選出する。教員の委員は互選により、また民間委員は一般より選挙するが、被選挙者には一定の制限を加えることが必要である。官吏の委員は二名を超えぬこと。⑤府県はこれを若干の区域に分け、各々に委員会を設ける。この委員会の数は一定し難いが、余り少数ならば地方の実情に即せず、余り多数ならば地方の情実にとらわれ易くなる故、注意をすること。⑥委員会は、その区域内の中等学校、国民学校の職務を行なうものとする。⑦委員会は知事に対し、任免、異動、教科書採択、学習課程の標準決定等に関する具申権をもつこと。従って視学は学校経営の指導援助をなすに止まり、人事に関与しないこと。

ここには、「教権の確立」に主要な関心をおいて、アメリカの教育委員会制度を〝日本の国情〟に合わせて適用しようとする積極的な意図がうかがえる。委員会の委員の構成と選出方法については、本書の「序章」でふれた大正期の啓明会「教育改造の四綱領」が提唱した「教育委員会制度」構想に近似している点もあり興味深い。しかし、委員会の権限や文部省、地方庁（知事）との関係にもみられるように、この構想は、アメリカの教育委員会制度がもつ徹底した地方分権、一般行政からの独立性にかなり危惧をもち、これにさまざまな歯どめをかけたものともみられる。

5 学校委員会＝「教育委員会」構想

敗戦によって天皇制教学体制から解放された教師たちは、戦前、それと厳しく対決した新教・教労の活動家などを中心に教員組合、教育研究団体の組織化を始め、自らの生活を守り、荒廃した学校と教育を再建するために立ちあがっていた。その中から教育改革のさまざまな構想も萌芽していた。

例えば、敗戦の年の一一月、東田操は「民主主義教育徹底化のために[14]」を論じ、「真の民主主義教育は民衆の手で実現せねばならない」、「支配者の手段としての教育から解放され、人民のため、文化のため、生活のための教育とならねばならない。このために、各学校は……自由の教育が実行され……学問の自由、学生の自治、個性の尊重」が不可欠であるとした。同じころ、新島繁も新日本の教育の進路は「軍国主義的且つ国家主義的＝全体主義的な制度と理念との桎梏を打破し、一《マ》と先《マ》づ、これを自由なものにして国民全体の前に解放する。言い換えれば、教育制度の自立化と教育活動の自主化との方向に向ふべきである[15]」と教育改革の基本的方向を提起していた。

教員組合運動の中からうまれた教育行政改革の具体的な制度構想は、学校委員会＝「教育委員会」構想であった。一九四五年一二月一日に結成された戦後初の全日本教員組合（全教）の行動綱領（案）には、「学校制度、教育制度の民主化」の内実として、「組合の教育行政への全面的参加」「学園の自治権確立」「校長の公選」「職員会の民主化」「組合による教科書編さん」「研究並びに教育活動の自由」と並んで「学校委員会の確立」がかかげられていた。同日発行された全教機関紙「日本教育新聞」第一号には、学区毎に父兄（当時一般に使用されていた用語としてそのまま表記する ― 筆者注、以下同様）、教師、児童生徒の三者の代表で構成する「学校委員会」の概要がかかげられていた。

また、全教執行部の中心メンバーの一人であった渡会秋高は、学校委員会構想を一層具体化した「教育委員会」構想を提唱した。これは、教育民主化の一つの方法として学区単位に、父兄、教師、できるなら児童や生徒、さらに文化人、教育に熱心な人びと、農民組合や労働組合などの代表で構成される。この委員会は、学校の経営・管理に参加し、教育施設を建設するとともに、教育研究所を設立し、教育内容や方法、教科課程の編成などを研究させる、というものであった。[16] 渡会のこの「教育委員会」構想は、第一に教育委員会制度を提唱したアメリカ教育使節団報告書が公表される以前のものであり、第二に教育運動の内部から出された最も体系的な教育構想であり、第三に一般住民による公選制をとらず、民主化の中心勢力として、教員組合と民主的父兄、労農団体の共同のヘゲモニーが重視されている点で、使節団報告書のそれとは基本的な性格を異にしていることなど、いくつかの注目すべき特徴をもっていた。使節団報告書が公表された後には、その教育委員会構想にも一定の示唆を受けつつ、村山俊太郎らの「教育復興」案、教育民主化協議会の行動綱領などをへて、より体系的な日本共産党の「教育の人民管理」構想へと結実されていったものと思われる。

例えば、村山の「教育復興」案の改革構想は、つぎのような中央 ― 地方 ― 学校の各段階を含む体系的なきわめて興味深い内容をもっていた。すなわち、①国民自身が我が子の教育管理に参加するという原則を確立すること、②全国的な文化・経済・政治・学術等の諸団体及び労働組合・農民組合の代表による教育委員会を構成し、内務行政からの教育行政機関の完全な独立を図ること、③教育行政機関の長官は委員会の中から選出し、あらゆる教育政策はここで審議され最高の意思決定機関とすること、④地方自治体にも同様の教育委員会をおくこと、⑤各学校に父兄全体の公選による父兄委員会、学校職員による学校運営委員会、児童生徒の全校委員会の三者の代表により学校運営委員会を組織し、校長は公選とする、などである。[17]

また、日本共産党の「教育の人民管理」構想は、教育委員会法案が審議されていた第二回国会衆議院文教委員会において、「参考案」として説明されたものであるが、大要つぎのようなものであった。「人民の教育を受ける権利を保障するため、義務教育と高等教育、大学を含めて、これを国家で行い、民主的に管理する」ため、中央に最高教育会議、地方に教育委員会（府県、特別市）を設置する。前者は、労農団体、文化団体、教組、市民団体などの民主的団体を推せん母体とし、国会のみに責任を負い、重要事項を審議決定し、執行機関たる教育庁（文部省は廃止）に命ずる。後者は、一般公選の委員と民主団体を推せん母体とする委員から構成され、地方議会にのみ責任を負い、教育行政庁に対し優位に立つ。地方教育委員会は、前者の指導の下に諸方針を決定する。両者の委員に対しては共にリコール制がとられる。両者は決定にあたり、十分に国民の世論を聴取する。[18]

これらの諸構想あるいは「参考案」は、制度改革構想としては細部にわたって十分に吟味されたものとはいえず、また当時の政治的状況のなかで実現可能なリアリティをもった法案（対案）としてではなく、「将来の日本の教育制度」の「参考案」として位置づけられたものであるが、ほぼつぎのような共通した特徴をもっていた。

第一は、民主的教育行政制度は、「ある日、突然に文部省が上から作らせてでき上がるようなものではなく[19]」、日常の切実な教育要求を基礎にした教育民主化闘争と結びついて、はじめて生み出されるものであるとの基本的立場に立つものであった。その根本にあるねらいは、「教育を人民の手にとりもどす」「教育の人民管理」におかれていたことであり、教育の自主性の確保を主張する根拠はそこにあると考えられていたことである。

第二の特徴は、学校運営への教師、父母（当時の用語では父兄）、子どもの参加を基礎にした下からの制度改革により教育行政全体の改革が構想されていたことである。このようにして、はじめて教育行政改革そのものへ、教師、父母、勤労大衆が参加することができ、改革の過程そのものが、改革主体の変革にもつながるととらえられていた。

第三の特徴は、教育行政機関の構成にあたっては、住民による一般公選制はかならずしも採用されておらず、民主化の推進勢力として組織された教員組合、民主的父母団体、労農団体の共同のヘゲモニーが重視されていたことである。アメリカ教育使節団報告書が勧告した教育委員会制度の制度原理とは基本的な性格を異にした、教育の「人民統制」をめざしたものであった。

第四の特徴は、国の教育政策を決定する「最高教育会議」が重視され、その指導のもとに地方におかれる教育委員会が地方教育行政をになうという、教育行政における〝民主集中制〟が構想されていたことであろう。

第2節　教育委員会制度の制定過程と論点

1 立案過程の特徴と問題点

戦後教育行政制度改革の立案過程は、さきの「日本側教育家の委員会」を事実上の母体にして、新たに内閣に設置された教育刷新委員会（一九四六年八月設置、その後一九四九年六月に教育刷新審議会と改称、以下、「教刷委」「教刷審」と略称）の審議とその「建議」にもとづき、文部省事務局が原案を作成し、ＣＩＥとの折衝を重ねて最終的成案を作成するというものであった。したがって、この過程は大きく二つに分けることができる。第一は、教刷委の審議過程であり、第二は、文部省による法案作成の過程である。

前節でみたように、戦後の教育行政改革にあたっては、その制度原理と具体的機構を異にする四つの構想が出されていた。しかし、これらの構想がそれぞれ〝公的〟な構想として教刷委・教刷審でとりあげられ、相互に比較検討され一つの改革案として収斂されていったわけではない。とりわけ、教職員組合などを中心に進められた教育民主化運動のなかで出されていた諸構想は正式な検討対象とはならなかった。それらの構想は、さきにも指摘したように、体系的・現実的な教育行政制度改革構想として細部にわたって十分に吟味されたものとはいえず、またそれらを構想した運動主体が、国民の各階層の合意をえることをめざした改革構想として具体的に提示する力量を十分持ちえなかったことも一因であったといえるが、後述するように、立案主体と立案過程そのものの性格によっていたといえる。

教育改革の審議にあたった教刷委の性格・権限・構成と審議過程にはいくつかの注目すべき特徴と問題点があった。[20] 第一はその性格・権限である。教刷委は、総理大臣の諮問機関として内閣に設置されたが（教刷委官制・勅令第三七三号）、その諮問に答えるだけでなく、「教育に関する重要事項の調査審議」を行い、その結果を総理大臣に報告する権限を持っていた（同官制第一条）。第二は委員の構成である。委員は、「政治、教育、宗教、文化、経済、産業等の各界における学識経験ある者の中から、内閣総理大臣の奏請によって」（同官制第三条）内閣が任命した人びとであり、いわゆる「自由主義的知識人」が多数を占めていた。各省庁の官僚は皆無であったが、教職員組合をはじめ労働組合の代表や教育の民主化を明確にかかげて活動していた教育研究団体の関係者も除かれていた。[21] 第三は、その審議過程は非公開であり、教刷委の建議にもとづいて文部省内で行なわれた法案作成過程もほぼ一貫して秘密主義が堅持されたのである。

こうした問題点は、教育運動内にあった教育改革の諸構想が審議、立案過程に反映される道を閉ざすものになったといえる。それはまた、教刷委の努力とその成果が教育改革への国民的関心を広め、改革へのエネルギーをさらに高めることに結びつかなかったばかりか、逆にそれへの不信と無関心を深めるという〝不幸な結果〟すら招いたといえよう。

[2] 教育刷新委員会と教育委員会制度

教育委員会制度をめぐって、教刷委での審議がどのように展開されたのかを概観しておくことにしよう。[22]

教刷委の活動は一九四六年九月七日の第一回総会に始まる。席上、山崎匡輔文部次官は、「現下教育上の緊急に解決を要する諸重要問題」の一つとして教育行政の問題をとりあげ、従来の教育行政の弊害として、①中央と地方における教育経験の乏しい内務官僚、行政官吏による官僚統制、②勅令以下の法規により教育の細目まで決定した中央集権的画一統制、③その結果、「もっとも大切な学問の自由、教育の自主性」の阻碍をあげ、「此の弊害を打破し、教育の地方分権を実施することが絶対に必要である」と強調した。[23]

これを受け、まず第二回、第三回総会では教育行政改革の問題が重要課題として確認される。続いて第五回総会では、教育行政改革に関する一般討議が行なわれ、改革の基本原則として「教権の確立」「地方分権の実現」が承認され、以後、第三特別委員会（主査・大島正徳、後に渡辺鎮蔵に交代）が中心となって具体的な検討が続けられていった。また、ＣＩＥとの交渉も「連絡委員会」（Steering Committee ― 教刷委、文部省、ＣＩＥの代表三者で構成）を通して頻繁に行なわれた。教刷委第三特別委では、当初、大学区＝学区庁構想にもとづく文部省案および使節団報告書が提唱した教育委員会制度が検討された。その結果を受けて第一七回教刷委総会（一九四六年一二月二七日）は、第一回建議事項の四として「教育行政に関すること」を採択した。[24]

これは、教育行政を根本的に刷新するための基本として、①従来の官僚的画一主義と形式主義の是正、②教育における公正な民意の尊重、③教育の自主性の確保と教育行政の地方分権、④各級学校教育の間及び学校教育と社会教育の間の緊密化、⑤教育に関する研究調査の重視、⑥教育財政の整備、をかかげたうえで、つぎのような制度を提案している。

すなわち、「教育行政は、なるべく一般地方行政より独立し且つ国民の自治による組織をもって行う」ために、①

市町村及び府県に公選制の教育委員会を設け教育に関する議決機関とし、教育委員会は教育総長（仮称）を選出し執行機関とすること。②数府県を一単位として、府県教育委員の選任による地方教育委員会と教育総長および教育研究所を設置し、府県間の円滑化をはかる。③文部大臣の諮問機関として、中央教育委員会を設置すること。

この構想は、公選制教育委員会制度の創設を中心におきながらも、大学区構想の一部が地方教育委員会の設置の形で残されたものともいえる。また、中央と地方の教育行政機構改革が一緒にあつかわれ、教育財政問題に格別の留意がはらわれていたことは注目される。

この建議での制度構想は、その後、教刷委第三特別委員会でより具体的な審議に付された。「連絡委員会」でのCIEとの折衝も繁を加え、並行して文部省調査局により法案の作成が行なわれていった。教刷委での審議は、第一七回建議「教育行政に関すること（二）―教育委員会制度の実施について」（一九四八年四月二六日）[25]に結実された。ここには、ほぼ教育使節団の構想に近似した教育委員会＝教育長制度が提案されていたが、制度理念と日本の現状のギャップを調整するための苦慮が随所に表わされていた。例えば、教育委員の選出方法は「当分の間」として、一種の「推薦選挙」制を導入したことはその一つであろう。すなわち、都道府県教委の委員については、府県会議長、府県内の市長の互選による者一人、府県単位の町村長会長、府県内の大学長、高等学校長、中学校長、小学校長の互選による者一人、教員組合選出の者一人、府県知事が議会の同意を得て選出する者五人（産業経済二、文化一、労働一、婦人一）、計一〇人の選挙委員により、定員の三倍の教育委員候補者を選び、これについて住民による一般投票を行う、という方法であった。

以上が、教刷委における教育委員会制度の審議の推移であるが、次に、教育委員会制度の眼目であった教育委員の公選制問題にしぼって審議内容の特徴を検討しておきたい。教育行政に関する第一次建議で原則的に承認された教育委員の公選制が、第二次の建議では「推薦選挙」制へと転換された理由はどのようなものであったのだろうか。公選制を原則として支持した教刷委にとって、事態は単純ではなかった。教刷委の委員がほぼ異口同音に指摘したことは、制度理念の正当性に比べた日本の現実の諸条件の立ち遅れと国民の意識水準の実態であった。つぎのような公選制に対する消極論が多く出された。

「今日は言論こそ自由になって居るけれども、民主的に自分の責任をもってやるという考えがなく、キャラクターの点からいうと殆んど従来と変っていないように観察せられる[26]」「これは（公選制は）理想案であり、現在の日本の地方の実情を見ると、未だそこまで行くことはできないような事情が沢山ある。今公選にすると……委員になって出てくる人達が現在の地方の状態では十分な人が得にくい懸念があるから……少なくとも初めは教育委員会の性格というものがどういうものであるか任命制で知らせるということが必要[27]」。

もう一つの公選制実施に対する消極論は、教員組合運動への不信にもとづいていた。すなわち、「連絡委員会」でCIE課長オアー（M.T.Orr）と折衝に当たった教刷委委員は、「選挙制になると教員組合が委員に自己の代表を、その組織の力によって推して、委員会が事実上、組合によって乗取られ、且つそれがコミュニストのフラクション活動に乗せられる恐れがある[28]」などと強調している。「教組の独占」と「国民の意識の実態」を理由に公選制を時期尚早とする教刷委連絡委員の主張はCIEの委員を納得させることができず、逆に、「委員は必ずしも知識水準高きを必要とせず、その社会の良識の代表であれば足りるであろう」、「一般選挙を見てのコミュニストの勢力は決して強くないから心配は少なかろう[29]」と慰められる状態であった。「推薦選挙」制を採用する大きな理由には、「保守の支配を招くという警戒と教組や青年への不信にもとづくラディカルへの危惧[30]」があったのである。

３ 教育委員会法案の立案過程

教刷委の審議とほぼ並行して、文部省内では地方教育行政改革に係わる法案化が進められていた。法案の作成は教刷委の「建議」に基礎をおきながらも、政府内での内務省との調整およびCIEとの折衝を重ねて進められた。
内務省官僚は、教育行政を一般行政（内務行政）から独立させることについては当初から強く反対していた。反対理由はつぎの諸点にあった。

①「教育権の独立」には教育だけは特別なものという考えがうかがわれ、国民全体が考えなければならぬ教育問題を特別な人たちだけが考えればよいという感じを一般に与える。②分離行政（教育行政の独立――引用者）は現代の政治の行方と逆行し、むしろ統合行政として教育行政は一般行政に組み入れるべきである。③教育に関する全ての権限をうばわれた府県知事、市町村長は管内の教育問題に非常に冷淡になり熱意を失い、かえって地方の教育に悪い結果を生む。④教育委員会制度は簡素化を要求される現代の地方行政機構をいたずらに複雑にし、事務の渋滞を生む。⑤地方議会の議員・首長は公選となり教育行政の独立なくしても民意は充分反映される。(31)

教育行政を一般行政から独立させて「教育権の確立」を計ろうとする文部省官僚と公選知事のもとに教育行政をふくむ総合行政を確立しようとする内務省官僚の主張は、容易には解決されぬ性質のものであった。しかし、内務官僚の主張は、アメリカ教育使節団報告書が一般行政からの独立を明確にかかげ、CIEが強力に文部省を支持したこと、さらには内務省自体の廃止・解体（一九四七年一二月三一日）により表向きはひとまず審議の舞台からは姿を消していった。しかし、この内務官僚の主張は、法案審議の際、地方自治体関係者に継承され、さらには旧内務官僚の〝失地回復〟（一九四九年地方自治庁→一九五三年自治庁設置など）にともない強力に復活し、一九五〇年代の公選制教委制度廃止の有力な主張となって再現するのである。

さて、つぎに、CIEとの折衝事情を限られた資料の範囲ではあるがふれておきたい。当時折衝に当った有光次郎

〈表1－1〉

対立点	文部省案	CIE案	法案
1．設置単位	都道府県・市・特別区	左記の他に人口1万以上の町村及び1万以下の町村は人口1万を単位とする特別教育区を設けて設置	CIE案採用但し、町村特別教育区は2年間設置を延期
2．委員の選出方法	直接公選を原則とするが、当分の間一定の推薦母体の推薦した候補者から公選	直接公選	直接公選、但し、1名は議会で議員のうちから選挙
3．現職教員の被選挙権	立候補する際には現職を辞する	レイマンコントロールの趣旨からいって認めない	現職教員等の被選挙権は認めない
4．教員人事権	任免の最終決定は都道府県委員会が行なう	市町村立学校の教員については市町村委員会	CIE案採用
5．予算原案送付権	認めない	認める	CIE案採用
6．公立高等学校の所管	従来通り都道府県におき、都道府県教委が所管	地元市町村に移管し、市町村委員会が所管	文部省案採用、但し、通学区制を採用する
7．委員の報酬	当該地方議会議員並みの報酬	無報酬	無報酬、但し、費用弁償を行なう

※文部省『学制八十年史』P.696～7、有光次郎「教育委員会法はどのようにして成立したか」（『文部時報』904号）、天城勲「教育委員会法制定覚え書④」（『ジュリスト』975号）等を参考にして作成

文部次官の回顧によれば、「教育文化思想のことは、われわれの納得と意欲にもとづいて施策されるべきだという日本側の見解がみとめられ、他の行政分野に比較して、〝指示〟が少なかった[32]」といわれている。しかし他方、六三制実施や教育法案作成など重要問題についてはCIEの指示は絶対的であったといわれている[33]。

教育委員会法案に関する折衝の中心問題は、教育委員の選任方法、設置範囲、教員人事権の所在、教育予算原案等の作成送付権、公立高等学校の所管、教育委員の報酬など多岐にわたっていた。CIEは教育使節団報告書が勧告した教育委員会制度構想をほぼストレートに支持し、他方、文部省は「日本の実情」を十分にふまえた「慎重な配慮」や「漸進的な実施」の必要性を理由に、文部省案の妥当性をくり返し主張した。しかし、CIEの基本姿勢は崩れず、一九四八年六月一〇日、臨時閣議で文相からCIEとの最終の折衝過程の報告があり、同日、教育委員会法案は最終的に閣議決定をみたのである。

最終段階における両者のもっとも鋭く対立した主要な論点とその結論（教育委員会法案）は、〈表1―1〉に示すとおりである。この表からも明らかなように、対立点のほとんどにおいてCIE案が採用されているのである。

以上のような経緯からも明らかなように、上程された教育委員会法案は文部省自身にとっても〝不本意なもの〟であった。後日、森戸辰男（教育委員会法案提出時の文部大臣）は、両者の対立の背景にあった問題をつぎのように回想している。「論議の核心は、占領当局やその同調者が、観念的な民主主義の立場にたって米国独特の教育委員会制度を一挙に導入しようとするのに対して、私たちとしては、かように重大な変革は、よく日本の現実と世界の事情を考慮に入れて、慎重に検討する必要があり、その実行は、現実的かつ漸進的であるべきだ、と考えた点にあった」(34)。もっとも、この森戸の回想は、法案上程の時点から約二〇年へた時期のものであることは留意される必要があろう。この時期の森戸の言説は、一九四八年の第二回国会で、教育委員会法案の趣旨説明をおこなった当時の言説とはかなり〝変質〟している面もあるからである。

しかしながら次節で見るように、これらの諸点は教育委員会法案の国会審議においても再び大きな論争点となり、政府提出法案は大修正されてようやく可決成立されるのである。

第3節　教育委員会法案の国会審議――おもな論点と修正点

1 立法過程の特徴

教育委員会法案が第二回国会に上程されたのは、会期のおし迫った一九四八年六月一五日であり、法案成立のわずか一ケ月前であった。わが国の教育史上まったくなじみのない教育委員会制度の創設に関する法案であり、また教育民主化の要ともいわれ、教育統治のあり方に直接かかわったこの重要法案の国会審議期間はあまりに短かかったといわねばならない。主要な原因は、法案内容をめぐるＧＨＱ内部の矛盾・対立・調整、日本政府内部にあった対立とその調整、ＧＨＱ（ＣＩＥ）と日本政府（文部省）の対立・調整などのために、長期にわたって複雑な折衝が重ねられたことにある。しかも、一年半余にわたる立案過程は、教刷委での審議と同様に、その要綱ですら国民の前に正式に公開されない「秘扱い」であった。

しかしながら、衆参両院の文教委員会等の会議録をとおして看取される国会での法案審議は、きわめて熱心に活発におこなわれたといってよい。衆議院では公聴会を含め計一二回、参議院では証人喚問をふくめ四回の審議が行われている。

審議過程の特徴の第一は、教育委員会制度が教育の民主化に果す基本的な意義に留意しながら、わが国の実情に即してその具体的内実を創り出そうとする主体的な姿勢が貫かれていたことである。これは提案者である文部大臣や政府委員の〝受動的姿勢〟と対照的であった。

審議の過程では、要旨つぎのような批判・要望がしばしば出された。

「わが国の実情をいま少し徹底的に関係筋（ＧＨＱ＝ＣＩＥを指す ― 引用者）へ話をするだけの熱意を当局はもたねばならぬ。もう少し文部省としての責任を完遂してわれわれを安心させてもらいたい。日本では民主化するには、いかにすれば最もぐあいよくできるかというその制度をつくらなければならぬ。今後とも政府はもう少ししっかりした態度で、礼儀というものと卑屈ということの区別をはっきりと知って、仕事をしてほしい。(35)」

審議過程の第二の特徴は、限られた審議日程のなかで国民各層の世論を国会審議に可能な限り反映させる努力がなされたことである。衆議院で公聴会、参議院で証人喚問がもたれたのはそのあらわれといえよう。公聴会には、学識経験者、地方団体、現場教師、教職員組合、ＰＴＡ、学生などの代表一二名の公述人が呼ばれたが、この構成は注目に値しよう。

第三の特徴は、法案審議に対する国民各層の関心が、教育基本法、学校教育法の法案審議と比べてはるかに高かったことである。これは、公聴会や証人換問の開催を可能にした大きな要因であったともいえよう。とりわけ日本教職員組合（日教組）の法案修正を要求する運動はきわめて活発であった。日教組は第二回京都大会で「教育委員会法案に対する日教組の基本的態度」を決定、現職教員等の被選挙権禁止条項の撤廃をはじめとする数点にわたる修正案を公表、地方組織も連日のように陳情や激励電報などで国会に働きかけ、全国的な法案修正運動を展開した。学生団体、民間教育関係団体、教育復興会議などの諸団体も法案検討会を開き、国会へ働きかけた。

審議過程の特徴の第四は、以上の結果、本節の③で後述するように、政府法案が規定する教育委員会制度の制度原理の根幹部分を含む重要な修正が行なわれたことである。戦後の教育基本法法制を構成する教育基本法、学校教育法などの主要な教育法のなかで、このような重要な修正がなされて成立したものは他にほとんどみられないといえよう。また、これらの修正点が、発足後の教育委員会制度の歴史的動態とその評価に大きな影響をもたらしていくことになったことにも留意する必要がある。

以下の諸節では、法案審議における主要な批判と論点の諸相をやや詳細に検討し、その意義を明らかにしていこう。

② 国会審議過程における論点と諸批判

国会における審議は多岐にわたるが、主要な論点は次の諸点であった。

①第一条の規定に関する問題、②設置単位および時期、③教育委員の選任方法および資格（公選制、現職教員の被選挙権、議会選出委員の問題）、④教育委員会の権限と教師の教育の自由の問題、⑤教育長の権限および資格の問題、

⑥教育委員への報酬支給問題、⑦教委の財政自主権問題、などである。

(1) 第一条に関する問題――「不当な支配」をめぐって

教育委員会法案第一条は、「教育が不当な支配に服することなく、国民全体に対し、直接に責任を負って行われるべきであるという自覚のもとに、公正な民意により、地方の実情に即した教育を行うために、教育委員会を設け、教育本来の目的を達成することを目的とする」と規定していた。この規定の前段は既に制定されていた教育基本法第一〇条（教育行政）一項の規定（「教育は、不当な支配に服することなく、国民全体に対し直接に責任を負つて行われるべきものである。」）を直接受けたものであり、教育委員会法案の根本趣旨と諸条項を貫く精神を凝縮した形で明示したものであった。

第一条に関する論議の焦点は、「不当な支配に服することなく」の文言を削除すべきかどうか、そもそも「不当な支配」とは何を含意するのか、の二点であった。保守系文教委員の一部は、「過去にあった不当な支配を将来も受けるであろうという観念をもたせることは法文としてまずい」などの理由から、この文言の削除を要求した。(36) 後日、地方教育行政の組織及び運営に関する法律（地方教育行政法）への改正に際し、この第一条の規定が全文削除されたことを想起するならば、「削除要求」に対するつぎのような反批判と政府答弁の論理は、まことに興味深くかつ重要な意義をもつものであったといえる。すなわち、他の多くの委員は、「将来不当な支配が行なわれる危険は充分ある」(37)、「将来における不当な支配を排除するということを考えて、決定をしていきたい」(38)、「他の条文との関係においても残さなければならぬ」(39)、「教権の確立という意味から……入れるのが当然」(40)、などと反論している。また政府委員も、これは将来を含む言葉であり、「教育基本法の根本精神のもとに、この法律は実施されなければなりませんので、文部省としましては、『不当な支配に服することなく』ということは、ぜひ入れておきたい」(41) と明言していたことは改めて想起されてよい。

つぎに、「不当な支配」の内容についての論議の吟味をしておこう。森戸文相はじめ政府当局者は、この文言の意味するものは、①中央・地方の内務官僚並びに軍部の支配、②中央集権的文部官僚の支配であり、将来、再びこの弊をくり返さない決意のもとにこれを明記したと述べている。また将来予想される「不当な支配」は、教育が国策の具にされること、官僚統制の弊、一党一派の支配などをはじめ、「教育基本法をゆがめるような他の勢力」[42]の支配であることが審議過程で確認されていることは注目に値する。「不当な支配」がまず何よりも、中央・地方の政治的・行政的権力（政党・官僚・首長）による教育支配を意味し、さらに教育基本法の精神をゆがめるような一切の支配を意味していたことは重要であろう。

(2) 設置単位および時期の問題

設置単位については、大いに論議されたが、結局、確固とした根拠は明らかとはならず、最終的結論は出されなかった。つぎに示す政府委員の答弁がそれを象徴しているといえるだろう。「人口一万以上の町村に区切りました理由につきましては、理論的根拠をはっきり申し上げることはできないと思います。大体人口一万人以上の町村であれば、独立いたしましても学校を経営し、または教育内容を充実するのに適当であるという、大づかみのところできめたのであります[43]」。

教育行政を地域住民にできるだけ近づけ、教育における住民自治を実現する立場から考えれば、設置単位の問題は技術的問題にとどまらない原則上の問題を含んでいると考えられる。しかし、民主化の展望を具体的な社会・政治状況のなかで考えたとき、設置自治体の財政能力、民主化の主体的力量の度合（民主化を担いうる人材の選出可能性）、教員人事の交流、教育計画の能率的策定問題などに難点が指摘され、当面は、都道府県と五大市（横浜・名古屋・京都・大阪・神戸）に設置を限り、一般の市町村は二ケ年の延期となったのである。設置単位の問題をどのような観点から検討するべきかはきわめて重要であり、教育委員会制度が発足後も、市町村教育委員会の全面設置をめぐる論議のなかで、この点が再び鋭く問われるのである。

(3) 教育委員の選出方法および資格の問題

委員の選出方法および資格条件については、法案の第六条から第二八条にわたり詳細に規定されていた。その骨子はつぎのとおりである。

①委員会の構成は都道府県教委七人、市町村教委（地教委）五人であり、うち一名は当該地方議会で議員の中から選挙されるが、他はすべて公選とする（第六条）、②委員の任期は四年とし、二年ごとに半数を改選する（第七条）、③現職の教員および教育職員の免許状を有する教育委員会の職員は被選挙権を有しない（第九条）、④委員の候補者は六〇人以上の選挙人の推せんによるものでなければならない（第一六条）、⑤選挙方法については、原則として地方自治法に定める地方議会議員の選挙の規定を準用する（第二八条）などである。

審議過程において主要な争点となったのは、第一に公選制、第二に議会選出委員の問題、第三に現職教員の被選挙権禁止の問題の三点であった。

第一と第二の点については、主として各界から公述、証言に立った代表から批判が出された。公選制批判の論点は、①公選制は地方行政全体の統合性を阻害するので、議会の承認を経て首長の任命制とすべきである、②わが国の民主化の度合からみて公選制は時期尚早であり、地域ボス・政治ボスの進出を防ぐために、当面は推薦母体による制限選挙とすべきである、の二点である。前者は主として地方団体関係者の主張であるが、これは公選制教委制度発足の後も、一貫して続けられ、公選制廃止、教委制度廃止の有力な一翼を形成していくことになる。後者の主張は、さきにみた教刷委の第二の建議と趣旨を同じくするものであった。議会選出委員の問題については、日教組および地方団体関係者から全く対立する批判が出された。前者は、①議員の故に特権的意識をもって入ってくる、②教委の中に政党政派的争いを持込む、③教委の自主性が阻害される、などの理由からこの制度を設けるべきでないとした。後者は、地方議会の尊重、教委との調整が必要であるという立場から、むしろ一名ではなく、二、三名位の増員をすべきだと主張した。地方公共団体における最高の意思決定機関たる地方議会と「行政委員会」として準立法的機能をも有する合議体の執行機関たる教委との関係をどうするかは、政治と教育の関係を制度論としてどう考えるかという原理的な問題もふくんでおり、今日においても、なお理論的課題として残されていると思われる。

第三の現職教員の被選挙権を禁止する問題は、審議過程で最も論議の集中した問題の一つであった。法案にこの条項が設けられたのは、教育行政における素人統制（layman control）と専門的指導性（professional leadership）を調和させる――教育委員には教育行政の専門家でない常識的な素人（一般住民）が選ばれ、教育長には教育行政の専門家を配する――という制度原理によっていた。また、教員の被選挙権を認めると、現職教員が多数選出される可能性があり、それは教委制度そのものの制度原理をゆがめ、教員の人事や身分取扱いを重要な職務の一つとしている教育委員会の職務内容からみても不適切である、とされたのである。しかし、この制度原理については、アメリカでも少なからぬ批判が出されており、先述の諸改革構想における父母、住民の教育行政参加とは異なるものであった。すでにふれたように、この規定の底流にあったものは教員組合関係者が委員の多数を占めることに対する「政治的危惧」であった。

結局、この条項は審議過程で強い批判を受け、全文削除された。批判の骨子は、①他の公務員が現職のまま自由に立候補できるのに、現職教員のみ禁止するのは基本的人権の侵害であり、差別である、②素人統制の強調は、教員組合に結集した教師の教育行政への発言、参加を閉め出す結果を生む、③現状では、教育民主化の中心になっている現職教員が自由に立候補して積極的に教育改革を担当するのが必要であり適当である、などであった。後二者とかかわって、「現職教員の代表が（公選）委員と同数で教委を構成すべきではないか」[44]とする提案もなされた。現職教員の被選挙権を認めたことにより、法案の主要な原理のひとつである素人統制原理は大きく修正され、現職教員であると否とを問わず、住民の信任を受け公選されたものが、住民の代表として教育行政を担当するという新しい「住民統制」の原理が採用されたともいえよう。[45]

(4) 教育委員会の権限と教師の教育の自由

この点に関する論議は、法案に文言上の明確な修正をもたらしたわけではないが、教育行政権と教師の教育権、学校の自治権との関係をどう考えるかという今日的にも重要な理論問題が提起されていた点できわめて重要である。法案には教委の「職務権限」として、一八項目（都道府県教委はこの他に六項目）にわたる権限が列挙されていた。その中には、いわゆる「内的事項」に直接かかわるものとして、「教科内容及びその取扱に関すること」「教科用図書の採択に関すること」「教育職員の研修に関すること」および「教科用図書の検定を行うこと」（都道府県教委のみ）などがふくまれていた。勿論、これらの事務を素人たる委員によって構成される教育委員会や教育長が独断で権力的に統制してよいという意味ではなく、「教科用図書の検定又は採択、教科内容及びその取扱、その他特殊な事項に関する専門職員には、教員をもって充てることができる」（第四七条）として、教師の行政参与の可能性が示唆されていた。また、教育専門職員として置かれる指導主事は、「教員に助言と指導を与える。但し、命令及び監督をしてはならない」（第四六条）と注意深い規定がなされていた。この規定の背景には戦前の視学（制度）に対する反省・批判がある。しかし、教師の自主的教育活動（教育の自由）や学校自治を制度的に保障する規定、教育行政に対する教師代表や教職員組合の発言権、参加権を保障する制度規定はなく、前記第四七条規定も「専門職員」として任命された個々の教師の行政参加の可能性が規定されてはいるものの、教師代表の参加、教職員組合代表の参加を規定したものとはいえなかった。

つぎに衆議院文教委員会における野老誠委員、久保猛夫委員などの主張はこの点を鋭くついたものとして注目すべきものである。

野老委員は要旨つぎのように主張している。(46)

「教育というものは教育者と児童、生徒、学生さらに父兄、これが一般国民を含んでの父兄と、この三者の協力によって成立する。従って第一条の『教育が不当な支配に服することなく』というのは、この三者の立場がそれぞれ他によって支配されないということが条件であろう。教育者の立場というものが、一般国民をも含んだところの父兄によって牛耳られてしまうということは、やはり教育が不当な支配に服したということになる。この法案においては、教育者は何らの発言権を有しない全くの被使用人に転落してしまい、教育の威信と尊厳が維持できない。第一条に規定された本法案の目的を貫徹するためには、教育者が立候補できるか否かということを離れて、さらに進んで、公選される委員と同数の教育者の代表を加えて教育委員会を構成すべきである。」

また久保委員は、この法律こそ従来教育界を圧迫していたものを取り除き、伸び伸びした立場で、真に生気溌剌たる教育が全国至るところに息を吹き返させるものとしなければならない。従ってこの法案は、「教育それ自体の本質的な立場に立って吟味されねばならない」として、要旨次のように述べている。(47)

「教育労働というのは、他の一般労働とは非常に異なるものがある。他からの圧迫が強くなった場合は、教育者それ自身の創意や熱意はそがれていく。教育はできるだけ教師の人格や自由意思によらなければならない。従って、学校においては自治、学級においては教育者自身の自主的立場が必要である。教育者の自治、教育者自身の人格を完全に信用し認めることによって教育というものは成立するから、そういう見地からこの法案を見ると、委員会の権限はあまりに大きに失する。もっと教育者、学校に任すべき点が多々あるのではないか。また、教育はかくあらねばならないとか、教育委員会はかく運営されなければならないということを判断しうる者は教育に携わっている人だけである。従って、法案上に、教育者の発言権なり、教育者をそのときどう活かすかが考えられねばならない。」

このように、久保委員は、〝教育労働の特殊性〟をふまえた上で、教師の教育活動の自主性、その制度保障としての学校自治（教育自治）、教育行政に対する教師の発言権の重要性を強調した。

これらの主張には、第一に、教育はそれに直接かかわっている教師、子ども、父母（さらに住民）の「三者の協力によって成立する」ものであり、三者の間に民主主義的な関係をつくり出すことが重要であること。第二に、法案にもとづく教育委員会制度には教師の発言権や行政参加権は保障されておらず、住民代表による教育委員会によって教師が「不当な支配」にさらされる場合も起こりうること。第三に、教師の教育行政に対する発言権を保障するために、公選委員と同数の教師代表の委員により教育委員会を構成すべきであるという注目すべき指摘がみられる。いずれも今日の教育委員会制度改革を検討するうえでも重要な論点といえる。また、〝同数委員会〟の提唱は、当時予想された地域有力者による教育支配を防止する点にウエイトがおかれてはいたが、教育の住民統制と教育（師）の専門性・自律性の保障を統一する制度構想の一つとして検討するに値すると思われる。

これらの法案批判に対し、細野政府委員は「現職教員の総意」を委員会の活動に反映させる必要性を認めるとともに、当時行なわれていた文部省と日教組との団体交渉を例に引きつつ、法案の第四九条七項の規定にもとづく教育委員会と教職員組合との団体交渉、団体協約で教育内容をはじめ教育上の諸問題にかかわる教職員の意見を委員会に反映させることができると明言していることは留意すべき点である。[48] 教育内容などに関する諸事項を労使交渉にゆだねるというしくみの是非ないし適否は一考を要するが、団体交渉などにより「教職員の総意」を教育委員会の活動に反映させる必要性は認められていたのである。

しかし、周知のように、教育委員会法が公布された直後、マッカーサー書簡（一九四八年七月三一日）にもとづく政令二〇一号（およびそれにもとづく国家公務員法、地方公務員法）により、憲法第二八条（労働基本権の保障）にも含意されていた公務員の争議権・団体協約権などは禁止され、この政府答弁は事実上空文句となったのである。

(5) 教育長の権限および資格

政府案に示された教育委員会制度の制度原理のひとつが、教育行政における素人統制と専門的指導性の調和、統一にあったことはすでにふれたとおりである。従って、教育長は専門的指導性を専ら担う者としてきわめて重視されていた。政府案に規定された教育長の権限と資格の主なものはつぎのとおりであった。

①教育長は、教育委員会の指揮監督を受け、教育委員会の処理するすべての教育事務をつかさどる（第四二条）、②教育委員会は、教育長の助言と推薦により、左の事務を行う（第四九条）、③教育長は、法律の定める教育職員の免許状を有する者のうちから、教育委員会が任命する（同前）、④教育委員会の発足の時（一九四八年一一月一日）に教育局部の長および職員である者は、そのまま当該教育委員会の教育長および事務局職員に任用されたものとみなす（附則第八一条）。

このように、政府案が予定している教育委員会の活動と運営は、教育長の「助言と推薦」によりなされ、教育長は

「教育委員会の指揮監督を受け」すべての教育事務を行うというものであった。これに対する批判の論点はおおよそつぎのようなものであった。すなわち、法案の規定では教育長の権限はあまりに大きくなり、上記①の規定にもかかわらず、実際には、教育委員会の実権は教育長に集中し、月一回程度の定例会開催を平均的な活動とされる教育委員会では形式的なものになってしまう。しかも、上記④の規定により、発足する教育委員会の教育長には従前の教育部長、学務課長などがそのまま横すべりする可能性がきわめて大きい。したがって、教育委員会の活動は、実質上は旧態依然としたものになる可能性が大きい、などである。

これらの批判も、実際に教育委員会制度が実施・運営されたとき起りうる制度上の問題点と予想される旧態依然とした非民主主義的機能をできる限りチェックし、教育の自主性を守ろうとする実践的観点からなされたものであるといえる。論議のなかで「教育長のリコール制を規定せよ」という指摘[49]がされたことも、なかなか興味深い一考を要する論点であることも付言しておきたい。

(6) 教育委員への報酬支給問題

法案第三一条一項は、「地方公共団体は、委員が職務を行うために要する費用を弁償しなければならない。但し、委員に報酬を支給しない」と規定していた。この規定の理念的根拠は、①教育委員としてふさわしい条件は、委員としての報酬を期待せず、別に生計の途をもつ者であること、②委員は、月一回の定例会を中心に教育の基本方針の論議、決定を行ない、日常的な実務活動にはタッチしない「非常勤職」であること、にあるとされていた。しかし、実際の理由は、〝健全かつ常識的な市民こそ教育委員に好ましい〟とするＣＩＥの強い要請にあったことは政府委員の答弁からも明らかであった。

審議過程では、数点にわたって相当額の報酬を出すべきとの強い異論が出された。主な論点はつぎのとおりであった。

第一は、教育委員会の仕事の内容は日本再建の基盤をなすほどの大きな職責をもっている。しかも、教育界には課題が山積しており、仕事はきわめて多忙である。第二は、今日の日本では余裕をもって生活している人はきわめて少なく、無報酬では適切な人を得られない。「資産のない、収入の途の乏しい人は委員になれないという大きな矛盾を生ずる。[50]」第三は、委員の仕事は会議への出席で事足りるのではなく、日常的な調査・学習・研究が不可欠である。第四は、法案では「委員会に非常な責任と権限を与えておきながら、かんじんなところでこの委員会を骨抜きにしてしまう。これでは、事務局まかせになる恐れが多分にある[51]」。

このように、批判の多くは、日本の歴史や実情を無視し、外国の制度を範とする法案の主体性のなさや観念的な論を批判するだけでなく、わが国の教育現実に立脚して、発足した教育委員会が現実に直面することになるであろう課題を見つめながら、この問題を考えていたことは注目される。

(7) 教育委員会の財政自主権問題

教育委員会が一般行政部局から「独立」し、自主性・自立性を確保する究極の制度的保障は、委員会自身の財政自主権を確立することであろう。この点にかかわって法案に規定されていたことは、①教育委員会の教育予算原案および教育条例原案作成の権限と首長への送付権（第五五条、第六〇条）、②首長が教育委員会から送付された教育予算・教育条例原案を減額したり、修正する時は、事前に教育委員会の意見を求めること（第五六条、第六一条）、③減額修正した場合は、その送付原案を首長が提案する予算案・条例案に附記すること――いわゆる「二本建制」（第五七条）、④確定した予算に対する教育委員会の支出命令権（第五九条）などであった。

このように、政府の法案においては、教育委員会が独自財源（例えばアメリカの学区教育委員会が有する教育税の徴収権限など）と予算の編成・決定権を確保する規定はなく、この点に衆参文教委員会の委員および公述人のほぼすべての者の批判が集中した。「教育財源の設定なくしては、この委員会は無意味である」、「財政的な裏づけがなければ、結局、過去の教育界と同様なものになる」といった論断をふくめ、この制度の円滑な運営にとって独自財源の保障は決定的に重要であることが一致して指摘されたのである。(52)また、「教委法案に対しての日教組の基本的態度」は、「教育の地方分権を行なうためには、これと同時に、それに伴う大幅の財源の地方委譲が実現されなければならないと考える。現在、地方財政の困難さは予想以上に甚だしく、どんなに理想的な制度が実現しても、財政上の裏づけがなければ絵に画いた餅のようにほんとうの成果はのぞむことはできない(53)」と指摘していた。

国会審議の過程では、教育目的税の創設、大幅な国庫補助、自治体予算からの教育予算の一定率の天引き、などさまざまな構想が提案されたが、文教委員会の一存では全く解決不能な事柄であり、「参考意見」の域を越えるものではなかった。結局、政府委員自身が、「財政権の完全な独立ができていないことは、この委員会制度の欠陥だと思います(54)」といわざるを得なかったのである。衆院文教委員会では、次の国会で財政的措置を考慮して再修正すべきことが確認されただけで、「欠陥」は修正されることなく、棚上げされた形で終ったのである。

3 教育委員会法案の修正可決 ― おもな修正点と修正理由

政府提出の法案は上記のような重要な問題点の論議をへて、最終的には各派の共同修正案を可決して成立した。衆院文教委員会での各派共同修正案の提案者である松本七郎委員はつぎのように修正趣旨を述べている。

「本委員会は政府提案の教育委員会法案に対しまして慎重審議を重ねましたが、その結果、各党から出ておる全委員が一致して強調した点は、なるほど原案は、案としては理想的であるけれども、日本の現状からすれば、あまりに現実から遊離し過ぎる感が強い。こういう観点から、重要な点を相当修正する必要がある」、と。(55)

修正点は多岐にわたっているが、主要な修正箇所はつぎの六点である。(56)

（1）教育委員会の設置の範囲と時期

当初の設置は都道府県と五大市（横浜・名古屋・京都・大阪・神戸の各市）に限り、一般の市町村は一ケ年延期する。但し、設置を希望する市町村は任意に設置できる（↓法案では、都道府県と全国の市に設置し、人口一万人以上の町村と事務組合には一九五〇年一〇月に設置）。

（2）国庫補助の可否

教育委員会の運用に要する経費およびその所管の学校等に関する経費に対し国庫補助ができることとする（↓法案では、設置等に関する経費は自治体の負担）。

（3）現職教員の立候補（被選挙権）の可否

現職教員等の立候補（被選挙権）を認め、当選後は教育委員との兼職を禁止する（↓法案では、現職の教員および別に法定された教育職員の免許状を有する教育委員会の職員は教育委員の被選挙権を有しない）。

（4）教育委員の報酬支給の可否

教育委員に報酬（実質的には当該地方議会の議員に準ずる）を支給する（↓法案では、職務にかかった費用の実費は弁償されるが、報酬は支給しない）。

（5）教育委員会と教育長の職務権限の関係

教育委員会は事務を行なう場合には、「教育長に助言と推薦を求めることができる」とする（↓法案では、「教育委員会は教育長の助言と推薦により事務を行なう」として、教育長の教育委員会における専門的指導性を明確に規定）。

（6）都道府県教委と市町村教委（地教委）との協議会の設置等

市町村立の小中学校および高校の教職員の人事権は市町村教委にあるが、円滑な人事交流を図るために都道府県教委と市町村教委（地教委）との協議会を設置できる（→法案では、その規定はなし）。

これらの修正点の多くは、提案趣旨説明にもあったように、日本の現状と設置主体となる自治体の財政状況等をふまえつつ、教育行政の民主化を積極的に推進するためになされた苦肉のものであったともいえる。しかし、前記の(3)、(5)などのように教育委員会制度の制度原理の根幹（教育委員＝レイマン・コントロールと教育長＝プロフェッショナル・リーダーシップの固有の任務とそれらの協働・統一）にかかわる修正を含んでいたことは留意されなければならない。

それにしても、当時、国会審議によってＣＩＥの強い指示によって立案・上程された政府法案にこれほど大幅な修正がなされた教育関係法案は他に例がないのではなかろうか。文部省官僚としてＣＩＥ担当者と折衝を重ねた当事者の天城勲の証言によれば、「ＧＨＱに修正の趣旨を説明し、折衝をし、承認をえなければ国会でも修正できなかった」[57]という。とするならば、なぜＣＩＥのお墨付きの政府提出法案が、これほどの大幅修正が可能となったのであろうか。同じ証言のなかで天城は、「法案についてＧＨＱとの交渉がようやくまとまったあと、ＣＩＥのルーミス氏（教育行政担当 ― 引用者注）は何かの用事で、一時アメリカに帰国した。ところが、日本に帰任してみたら、現職教員の立候補禁止が削除されたりして、国会で修正が行なわれていたものですから、約束が違うと烈火のごとく怒ったですよ。だが、あとの祭りでした」[58]と述べている。すでにみた大幅な修正案についても不在のルーミスに代わって他のＣＩＥ担当者が承認していたはずであると思われるが、この点の真相はなお不明である。

このように複雑な経緯をへて創設・導入されることになった教育委員会制度は、アメリカ教育使節団報告書で勧告された制度構想、それに大きな示唆を受けながらも教育刷新委員会が提出した建議、ＣＩＥとの度重なる折衝をへて文部省が作成し、政府提案（閣法）として国会に上程した教育委員会法案（基本的には使節団報告書の構想に則った

ＣＩＥの強い指示に準拠したもの）のいずれとも異なった〝独自の原理と内容〟を含むものとなったのである。

しかし、いずれにしろ戦後教育改革を象徴する教育委員会制度は、教育行政の民主化、分権化、自主性の確保（一般行政からの「独立」）を理念・原則としたものであり、戦前の中央集権的・官僚統制的な教育行政制度とはまったく制度理念、性格としくみを異にするものであった。それゆえほとんどの国民や教育関係者、政府・関係省庁や自治体関係者のいずれにとっても未知の制度、未経験の制度であり、その趣旨としくみを十分理解し、それを支え日常的に運用する主体は未形成であった。これらのことが本制度の設置をめぐり、また設置後の制度の運用をめぐる多くの軋轢や問題を生ずる大きな背景と要因になるのである。

次章の冒頭であらためて最終的に制定されたこの制度の概要と特質について述べることにしたい。

〈注〉

（１）　戦後教育改革はもとより、教育委員会制度の制定過程に関しても、これまでに多くの先行研究・資料が蓄積されているが、ここではその一部を挙げておく。

前者の代表的共同研究としては、海後宗臣監修『戦後日本の教育改革』（全一〇巻）、東大出版会、一九六九～一九七六年、などがあり、その後占領軍側の資料を駆使したものとしては、鈴木英一『日本占領と教育改革』勁草書房、一九八三年、久保義三『対日占領政策と戦後教育改革』三省堂、一九八四年、などがある。また、占領軍の教育改革担当責任者によるものとしては、マーク・Ｔ・オアー『占領下日本の教育改革政策』（土持ゲーリー法一訳）玉川大学出版部、一九九三年、など。文部省『日本における教育改革の進展』（第二次訪日アメリカ教育使節団に提出した「報告書」）『文部時報』八八〇号、一九五〇年八月は、当時の文部省からみた教育改革の総括的文書として、木田 宏監修『証言 戦後の文教政策』第一法規、一九八七年は、主要な教育法案の作成に関与した文部省当事者の証言として重要な資料である。

後者は、宗像誠也編『教育行政論』東京大学出版会、一九五七年、鈴木英一「教育委員会制度の成立」海後宗臣編『教育改革』東京大学出版会、一九七五年、同「教育行政の地方自治原則の検討」『名古屋大学教育学部紀要』第二二巻、一九七五年、古野博明「戦後教育行政制度改革と教育自治」『北海道大学教育学部紀要』第二三号、一九七四年、同「教育課程編成の権限分配と指導助言」同前『紀要』第二四号、一九七五年、同「戦後教育立法と教育行政の事務配分」同前『紀要』第二六号、名古屋大学教育行政及び制度研究室編『教育委員会制度の理論的諸問題―教育行政研究第一号』一九七六年三月、三上昭彦「教育行政の機構と機能」『講座 日本の教育』第一〇巻、新日本出版社、一九七六年、同「戦後教育改革と教育委員会制度―教育委員会制度の歴史と理論(一)」『明治大学人文科学研究所紀要』第一五冊、一九七七年、など。また、最近の作品としては、樋口修資『教育委員会制度変容過程の政治力学―戦後初期教育委員会制度史の研究』明星大学出版部、二〇一一年、がある。

また、資料的にも重要な文献としては、文部省初等中等教育局地方課『旧教育委員会法の下における地方教育行政運営の沿革』、一九六二年、岸昌(自治大学長)編『戦後自治史X』自治大学校、一九六八年、天城勲「教育委員会法制定過程覚え書①〜⑨」『ジュリスト』No.972〜979、981、一九九一年二月〜六月、などがあげられる。

(2) 周郷博、宮原誠一、宗像誠也編纂『アメリカ教育使節団報告書要解』国民図書刊行会、一九五〇年。

(3) 本書「序章」の注(2)、田中二郎「教育改革立法の動向」での指摘。

(4) Bertrand Russell, On Education. 一九二六、安藤貞雄訳『ラッセル教育論』岩波文庫、一九九〇年、五〇頁。

(5)・(6)「田中耕太郎文書」(国立教育研究所、現国立教育政策研究所が所蔵)所収。なお、これにくわしく言及したものとして、注(1)の鈴木英一「教育委員会制度の成立」および佐藤秀夫「田中耕太郎の教育権論」『法律時報』一九七五年一一月号がある。大学区=学区庁構想の経緯についてはこれらの先行研究に多くを負っている。なお、田中耕太郎の「教育改革思想」全体に関する労作としては、勝野尚行『教育基本法の立法過程―田中耕太郎の教育改革思想研究―』法律文化社、一九八九年がある。

（7）田中耕太郎「地方教育行政の独立について」教育法令研究会『教育委員会 ― 理論と運営』時事通信社、一九四九年、二二六頁。
（8）同前、二二九頁。
（9）同前、二三五頁。
（10）同前、二三九頁。
（11）全文は、伊ヶ崎暁生・吉原公一郎編『教育の原典二・米国教育使節団報告書』現代史出版会、一九七五年、および村井実訳・解説『アメリカ教育使節団報告書』講談社学術文庫、一九七九年、など参照。なお、以下の「報告書」からの引用は、前者の文献による。
（12）宗像誠也『教育行政学序説』有斐閣、一九五四年、一八二頁以下、参照。
（13）伊ヶ崎暁生・吉原公一郎編『教育の原典二・米国教育使節団報告書』現代史出版会、一九七五年、に収録されている。
（14）『人民』第一巻第二号、一九四六年二月号に所収。
（15）新島繁「日本の民主化と教育の進路」『人民評論』一九四六年一月号。
（16）渡会秋高「一つの提唱―教育を人民の手で―」『民主評論』一九四六年三月号。
（17）海老原治善『続現代日本教育政策史』三一書房、一九六七年、三一〇頁に全文の紹介がある。
（18）『第二回国会衆議院文教委員会議録第二五号』（一九四八年七月四日）一～二頁。
（19）菅忠道「教育民主化の動向」『文化革命』一九四七年一月、創刊号、所収。
（20）教育刷新委員会（審議会）の成立の経緯、構成、機能とその特質等に関しては、佐藤秀夫「解題」日本近代教育史研究会編『教育刷新委員会 教育刷新審議会 会議録 第一巻』（総会一）、岩波書店、一九九五年所収を参照。
（21）日教組およびその前身であった全教協は、くりかえし「教刷委に組合側から委員を参加させること」を要求した。その結果、一九四七年一二月一九日付で日教組関係者二名（小笠原二三男、広川清隆）が任命されている。

(22) 教刷委での審議経過については、鈴木英一前掲論文、同「日本における教育行政改革案の系譜」『北海道大学教育学部紀要』一一号、古野博明「戦後教育行政制度改革と教育自治」(前掲)に詳しい分析がある。以下の記述も、これらに負うところが大きい。
(23) 文部省『教育刷新審議会要覧』一九五二年、一九頁、日本近代教育史研究会編『教育刷新委員会 教育刷新審議会 会議録 第一巻』(総会一)、岩波書店、一九九五年、一四～一五頁。なお、以下、教育刷新委員会の総会会議録からの引用箇所の表記は、煩雑さを避けるために単に『総会会議録』と年月日のみにとどめる。
(24) 同前『教育刷新審議会要覧』、二九～三〇頁。
(25) 同前、五四～五五頁。
(26) 教刷委第一四回総会における大島委員の発言、同『総会会議録』(一九四六年一二月六日)。
(27) 同第六一回総会での矢野委員の発言、同『総会会議録』(一九四八年三月一九日)。
(28) 『教刷委連絡委員会記録』(一九四八年三月一八日)。なお、この『連絡委員会記録』は、注(23)にあげた日本近代教育史研究会編『教育刷新委員会 教育刷新審議会 会議録』には収録されていないため、野間教育研究所が所蔵している書写版のものを参照している。
(29) オアー発言、同前『教刷委連絡委員会記録』。
(30) 鈴木英一、前掲注(22)の『北海道大学教育学部紀要』一一号所収論文。なお、前掲注(1)の同氏の論文「教育委員会制度の成立」では、「素人統制は、民衆統制(popular control)の理念に発展」と評価されている。
(31) 教刷委第一六回総会における飯沼内務次官の発言、同『総会会議録』(一九四六年一二月二〇日)。
(32) 有光次郎「CIEとの交渉」『文部時報』九〇〇号、所収。
(33) 相良唯一「月報創刊のころ」『教育委員会月報』二〇〇号(一九六七年四月号)、所収。
(34) 森戸辰男「教育委員会制度発足の頃」同前誌、所収。
(35) 黒岩重治委員の発言。『第二回国会衆議院文教委員会議録第一七号』(一九四八年六月二五日)八頁。

(36) 水谷昇委員、円谷光衛委員の発言を参照、『同前会議録第一五号』(一九四八年六月二三日)。
(37) 松本七郎委員の発言、同前二～三頁。
(38) 黒岩重治委員の発言、同前一頁。
(39) 伊藤恭一委員の発言、同前二頁。
(40) 織田正信委員の発言、同前二頁。
(41) 辻田力政府委員の発言、同前二頁。
(42) 黒岩重治委員の発言、同前三頁。
(43) 辻田政府委員の答弁、同前三頁。
(44) 野老誠委員の発言、同『会議録第一四号』(一九四八年六月二二日) 七頁。
(45) 前掲、注 (11) の鈴木英一論文。
(46) 野老委員の発言、同前『会議録第一四号』七頁。
(47) 久保猛夫委員の発言、同前三～四頁。
(48) 細野三千雄政府委員の答弁。
(49) 井出正敏公述人の公述、『第二回国会衆議院文教委員会公聴会議録第一号』(一九四八年六月二九日) 二頁。
(50) 久保猛夫委員の発言、同『文教委員会議録第一七号』(一九四八年六月二五日) 六～七頁。
(51) 黒岩重治委員の発言、同前六頁。
(52) 松本七郎委員ほか各委員の発言、同前八頁。
(53) 日本教職員組合『日教組十年史』同組合発行、一九五八年、六一一頁。
(54) 辻田政府委員の答弁、同前『会議録第二二号』(一九四八年七月一日) 一三頁。
(55) 松本七郎委員による共同修正案の趣旨および主要な修正箇所の説明は、同前『会議録第二五号』(一九四八年七月四日) 二～三頁。

(56) 同前『会議録』のほか、前掲、天城 勲「教育委員会法制定過程覚え書」⑤～⑥、『ジュリスト』No.976～977、岸 昌（自治大学長）編『戦後自治史X』自治大学校、一九六八年、一四〇～四一頁、など参照。
(57) 教育委員会法の制定に関する天城 勲の証言、前掲注（1）の木田 宏監修『証言 戦後の文教政策』所収、一〇四頁。
(58) 同前書、一〇五頁。

第Ⅱ章　公選制教育委員会制度の歴史的動態

――「未知」の制度と主体の「未成熟」

第1節　公選制教育委員会制度の趣旨、概要と特質

1 教育委員会制度の趣旨

教育委員会法（昭和二三法第一七〇号、本文六八条と附則二七条の全文九五条）にもとづいてわが国に初めて設置された教育委員会制度の趣旨、その概要と特質をあらためて簡潔に述べておこう。(1)

教育委員会法第一条には、この制度の目的と精神が、教育基本法第一〇条一項の規定を直接うけて、つぎのように謳われていた。

「この法律は、教育が不当な支配に服することなく、国民全体に対し直接に責任を負つて行われるべきであるという自覚のもとに、公正な民意により、地方の実情に即した教育行政を行うために、教育委員会を設け、教育本来の目的を達成することを目的とする。」

第二回国会衆院文教委員会での教育委員会法案の提案理由説明(2)のなかで、森戸辰男文相は、この法案の眼目は、「教育行政の地方分権」「教育行政の民主化」「教育（行政）の自主性確保」の三点にあると説明している。すなわち、教育基本法で宣言されている教育の目的を達成するために、「権限の地方分権を行い、その行政は公正な民意に即するものとし、同時に制度的にも機能的にも、教育の自主性を確保するものでなければならない」とし、「教育が不当な支配に服さぬためには、その行政機構も自主性を保つような制度的保障」が必要である。教育委員会は、知事または市町村長の下に属さない「独立の機関」であり、「直接国民に責任を負って行なわれるべき教育の使命を保障する制度」であるとしている。

森戸文相が提案理由説明のなかで指摘したこの三つの眼目は、その後文部省関係者によって公刊された教育委員会法やこの制度の解説書やコンメンタールなどで「三原則」として繰り返し指摘されている。(3) また、戦後の教育行政学

をリードした宗像誠也は、「戦後教育行政改革の根本原則」は、「教育に関する意志決定の主体は人民自身であるべき」、「教育行政は一般行政から独立すべき」、「教育に関する権限が大幅に地方に委譲されるべき」の三点にあり、「教育委員会制度はこの三原則を機構化するもの(4)」であると述べている。

2 ユニークな行政委員会としての教育委員会制度

教育委員会は法制度的視点からいえば、地方公共団体（自治体）に設置された「合議制の行政機関」であり、各種の審議会などの諮問機関である会議体と区別して、一般には行政委員会と呼ばれてきた。戦後日本の行政改革のなかでも行政機構の民主化の一環として、多くの行政委員会が設置された。その後廃止されたものもあるが、現在でも、都道府県には教育委員会のほかに、選挙管理委員会、人事委員会、公安委員会、地方労働委員会などがあり、市町村には教育委員会のほかに、選挙管理委員会、人事委員会又は公平委員会、農業委員会などが置かれている。一般に行政委員会は、政党等の圧力から独立して公正中立な処理が必要とされたり、専門的技術的な知識技能を求められる行政分野などに設置され、その行政分野の管理・執行の責任を負い、所管する事務についての準立法的機能および準司法的機能を併せもつものが通例であるとされる(5)。

これらの中でも、戦後初期の公選制教育委員会はひときわユニークな性格と機構をもつ行政委員会であるといえよう。それはアメリカで発達してきた教育委員会制度をモデルとしたものではあるが、制定・立案過程のなかでわが国の実情に合わせてデフォルメされ、アメリカのそれとはかなり異なった側面も有していることは前章でふれたとおりである。アメリカの教育委員会は、一般行政団体とは異なる独立した法人格である学区（School District）に設置され、独自の課税権（教育税の徴収権限）をも含めて大きな権限を持っている地方教育行政機関であり、首長からの独立性は日本に導入されたものよりはるかに強いものである。

教育委員会法にもとづいて、原則としてすべての都道府県と市区町村（以下、東京都の特別区をふくめて「市町村」という）に設置された教育委員会はつぎのような特徴を有するものであった。

その第一は、当該自治体内の「大学と私学」を除くすべての「教育、学術及び文化に関する事務」（同法第四条）を所管する合議制の教育行政機関である。従来、都道府県・知事、市町村・市町村長の権限に属していたこれらの事務を一手に管理・執行するものであり、首長と並んで自治体行政の重要な一翼を担うものである。当初は〝教育知事〟、〝教育市長〟などとも呼ばれたのである。主要な権限・事務としてはつぎのようなものが挙げられている（第四九条）。すなわち、学校その他の教育機関（以下、学校等という）の設置・管理・廃止、教育財産の取得・管理・処分、教育内容およびその取扱い・教科書の採択、校長・教員をはじめとする教職員の任免・研修、教職員組合との対応、教育委員会規則の制定・改廃、教育予算原案・教育条例原案の作成・送付（首長へ）などである。都道府県教委はさらに教育職員（教員・校長・指導主事・教育長）免許状の交付、教科用図書の検定などの権限・事務を行なうこととされていた（ただし、同法附則によって、教科書検定は「用紙割当制が廃止されるまで、文部大臣が行う」）。

第二に、任期四年の教育委員（都道府県七名・市町村五名）による合議体の教育委員会（狭義の教育委員会）は、議会で議員のうちから選出される一名を除きすべて公選（都道府県六名・市町村四名）される。前述のように戦後改革で創設された行政委員会は少なくないが、特に委員（議会選出の一名を除き）のすべてが公選される行政委員会は他には見られない。なお、当初は一般の政治選挙とは異なる教育委員にふさわしい選挙となるべく、六〇人以上の選挙人の推薦をもってその代表者が立候補届け出を行う「推薦立候補制」をはじめ「選挙区割」「供託金」を設けないなどの独自の選挙方式が導入されていたことも興味深い。また、会議は原則として公開することが明記され（第三七条）、住民に開かれたなかで合議によって教育政策を決定・執行していく〝ガラス張り〟の運営が求められていた。

第三は、高い専門性を有する教育行政専門職としての教育長の存在である。教育長は、教育職員免許法によって別途規定される固有の教育長免許状を有する教育行政の専門家のうちから、教育委員会によって任命される。教育長は教育委員会の指揮監督を受け、教育委員会の処理するすべての教育事務をつかさどり、教育委員会のすべての会議に出席して求めに応じて専門的な助言と推薦を行なうキーパースンである。補助機関ではあるが単なる補佐役ではなく、レイマン・コントロール（素人統制）とプロフェッショナル・リーダーシップ（専門家の指導）の協働とも称されたように、教育委員会と教育長の一体的協働関係が要請されるまことにユニークな行政委員会である。

第四は、文部省─都道府県教委─市町村教委は法制上の上下関係にはなく対等であり、専門的技術的な指導助言関係に置かれていた。すなわち、「文部大臣は、都道府県委員会及び地方委員会に対し、都道府県委員会は、地方委員会に対して、行政上及び運営上、指揮監督をしてはならない」と明記されていたのである（第五五条二項）。

第五は、また、教育委員会は首長（知事および市町村長）に対しても自主性・自律性を持つものとされ、教育予算原案・教育条例原案の作成権と首長への送付権、確定した教育予算の支出命令権などが保障されていたことである。

このように教育委員会はユニークな行政委員会であり、制度的にも運用上もかなり複雑なしくみを持っていたといえよう。

第2節　公選制教育委員会制度の展開と諸問題

1　教育委員の選挙の概要と諸問題

教育委員会制度の第一の眼目は、政治における主権在民の原則を前提にしつつも、政治とは異なる教育に関する意思の決定を住民（国民）自身が行なうこと、公正な民意を教育行政に直接反映させることであり、教育行政の国家統制・官僚統制を排して、住民による統制（教育の住民自治）を実現することであった。

教育委員の公選制は、この制度の〝一番根本の大事〟であり〝生命〟ともいうべきものであった。最初の教育委員選挙に向けて文部省が作成、配布した啓蒙的小冊子『教育委員会法のしおり』（一九四八年九月）では、つぎのように説かれていた。

「この制度は、教育は国民のものである、社会全体のものであるという精神を一番もとにおいて、国民と社会を深く信頼した制度です。特に教育委員会の委員を住民全部の直接選挙によって選ぶこととしたのは、この精神を最も徹底した形で表わしたものです。したがって教育委員会制度の一番根本の大事なことは、この委員の選挙なのです。(6)」

また、森戸辰男文相は、第一回教育委員選挙が数日に迫った時期に開催された都道府県知事会議で、改めて戦後教育改革および教育委員会制度の目的と意義、教育委員の選挙の重要性などを強調するとともに、格別の努力と支援を期待して要旨つぎのように述べている。

「(戦後の教育改革は) 従来の「国家のための教育」を「国民のための教育」に転換させることを目的とするものであり、教育委員会法の制定実施は、明治以降の中央集権的、画一的、官治主義の教育行政を一擲して、真に新しい民主主義教育行政を確立しようとするものである。すなわち、教育行政の民主化、地方分権化および自主性確保を三つの指導精神を旗印として、「国家による教育行政」を「国民による教育行政」に切り換えようとするものである。教育委員の選挙は、はじめて国民みづからが地方教育行政に発言権をもつべき最初の機会であり、教育行政の民主化が実現されるのである。(7)」

しかし、教育委員の選挙はわずか三回行なわれたにすぎない。第一回選挙は、一九四八年一〇月五日、四六都道府県（沖縄県は本土から分断され米軍政部の直接統治下におかれていた）・五大市と任意設置の四六市町村（二一市、一六町、九村）において実施された。第二回選挙は、一九五〇年一一月一〇日、四六都道府県・五大市・四四市町村（以上、半数改選）と新たに設置された一五市において行なわれた。また、第三回選挙は、一九五二年一〇月五日、四六都道府県・五大市および五六市町村（以上、半数改選）と地教委（市町村教委）全面設置にともなう全国九八九七市・区・町村・組合において実施された。なお一九五四年一〇月に予定されていた第四回選挙は、公職選挙法および教育委員会法の一部改正（同年六月）による教育委員半数改選制の廃止によって実施されず、一九五六年一〇月に延期されたのである(8)。

第一回の歴史的な選挙にむけて、政府・文部省、各府県当局は、教育委員会制度とその選挙の意義を国民（住民）に説いた。

芦田均首相、森戸辰男文相はそれぞれラジオ放送を通じて、要旨つぎのような談話を発表した。

「この選挙で人格の優れた見識ある人々が選ばれるかどうかによって、今後の教育がよくも悪くもなる。日本を背負って立つ若い人が、立派に育つかどうかはこの選挙で決まるといえる。従ってわれわれはこの機会に立派な教育委員を選ばねばならぬ。日本の将来を決める大事な選挙に世界の眼はそそがれている。一人残らず投票し、信用できる常識に富んだ見識ある人を選び、日本国民がまた健全な国民であることを示そう」（「朝日新聞」一九四八・一〇・五）。

また各府県等では、創意工夫をこらした選挙スローガンを競ってかかげた。「われらの教育はわれらの手で」（福島）、

「民主化のよい教育へよい委員」(茨城)、「よい社会はよい教育から」(埼玉)、「新しい教育は県民の手で」(山梨)、「いよいよ教育は私たちの手で」(兵庫)、「子を思う心で、えらべ教育委員」(香川)、「お互の名誉にかけて教育委員を選ぼう」(長崎)、「教育のすべてをわれらの手で」(佐賀)、など。(9)

教育委員選挙にもっとも積極的かつ組織的に取りくんだのは日教組であった。教育委員会法案の国会審議に際して、七項目の要望をかかげて法案修正運動をくりひろげた日教組は、教育委員会法公布と前後して、指令三号(一九四八・七・一三)、同四号(同七・一七)を発し、教育委員の選挙闘争を重視した。(10) 同指令は、まず、「教育委員会法の内容を全組合員に徹底させよ。あらゆる機会を利用して、一般大衆への啓蒙に努力し、教育委員会制度に対する理解を深めさせよ」(同三号)とし、つづいて「教育復興会議の中に、教育委員選挙対策委員会を設置する。教育復興会議未結成のところは県労会議その他民主的諸団体をもって同対策委員会を設置すること」(同四号)とした。

この対策委員会の任務として、①教委法の趣旨を徹底するための公聴会、研究会をひんぱんに開くこと、②宣伝ビラ、ポスターを散布すること、③候補者の決定などを「指示」した。日教組が、教育についての幅広い統一的組織体たる教育復興会議を選挙母体にするとともに、候補者についても、「ひろく民主勢力を代表するものを決定すること」(同指示)としていたことは注目されるが、後述するように広い分野から候補者が擁立されたとは必ずしもいえないといえよう。一九四八年六月一七日、中央四四団体によって国民の手で教育の復興と再建をめざして結成された中央教育復興会議および地方の教育復興会議は、「教育費の全額国庫負担」「教員の生活を守れ」「民主主義と民族の独立」「学ぶ自由と教える自由」などの共同の選挙綱領をかかげてこの選挙に取り組んだ。

第一回の教育委員会選挙が行なわれた一九四八年後半期は、すでにアメリカの初期対日占領政策の転換が開始された時期であった。周知のように、マッカーサーは、芦田均首相への書簡で公務員労働者の争議活動を禁止することを求め、これにもとづいて公布された「政令二〇一号」(一九四八年七月三一日)は、憲法によって保障されている国家公務員・地方公務員の労働基本権である争議権などを禁止したのである。これは当時の労働運動の中核的役割を果たしていた官公労の闘争力を弱めるとともに、官民共同の労働戦線の分断をはかるものであった。

一方、ＣＩＥは教育委員会法案の立案当初から、教育委員は公選による素人委員であるべきとの立場から、現職教員等の教職関係者の立候補禁止を文部省の反対を押し切って政府原案に強引に挿入させたが、この規定は国会で修正削除されたことについては前章でふれたとおりである。しかし、ＣＩＥは第一回の教育委員選挙にあたり、あらためて「教育委員には特定の政党や団体（教員組合）の進出がないように要望する旨の課長意見」を発表し（一九四八年八月九日）[11]、教育委員選挙が教職員組合や民主団体が主導して展開されることに対して強い危惧を表明した。これを受けて一部の府県の軍政部は、現職教員の立候補と教組や民主団体の選挙活動を抑える行動にのりだした。特に東京軍政部の選挙干渉は執拗かつ露骨なものであった。すなわち、すべての候補者を左翼政治機関のメンバーとして公認されたものなどと公然と非難した。こうした動向は他の地域でも見られ、現職教員や政党関係者で立候補を断念したり、取り下げた者は相当数にのぼったといわれる。また、熊本県では高位で当選した現職教員（立候補時に退職）二人が軍政部の干渉にもとづく選挙違反に問われ、結局、教育委員を辞退せざるをえなかった[12]。しかしこうした一連の言動が逆に教員組合の反発を買ったことも事実である。

それでも第一回選挙の都道府県教委（定員は各府県六名計二七六名）の立候補者数は七〇三名にのぼり、平均競争率は二・五倍強であり、最高四・八倍（東京都）から最低一・三倍（島根県）にわたっていた。立候補者を推せん団体別にみると、ＰＴＡ一一二名、公共団体九六名、教職員組合八二名、労農組合三七名などであり、問題となった教職関係者の立候補は、現職教員一七七名、教組役員一〇名であり、その他の教員経験者をくわえると全立候補者の約半数を占めた。

注目されていた投票率は、地域による格差はあったが都道府県平均五六・五％（男六〇・五％、女五二・九％）、同五大市四二・七％、同市町村七一・二％であり、一般自治体首長選挙の率を下まわったが、「低調を予想された割にはまず好成績」（「朝日新聞」一九四八・一〇・七）とも評された。

都道府県教委当選者を職業別にみると、現職教員が九五名（三四・四％）で最も多く、ついで農商工業関係の三七名、官公吏および会社員・役員の各三五名であったが、現職教員と「前歴において教員経験者」を合わせると七一・六％を占め、「教育者の委員会」（「朝日新聞」前掲）と評された。推せん団体別の当選率では、教職員組合が八四・七％と断然高く、二四県では推せん立候補者の全員が当選、福岡の四名をはじめ北海道など七県では三名が当選し、その組織力の強さを示した(13)。

四六都道府県・五大市の全当選者二九六名のうち二一三名の七二％は政治的に保守系であるといわれた(13)。GHQ教育関係当局は、選挙結果についての声明で「今度の選挙で特に注目される点は、急進分子が教育委員会をのっとり、日本教育を左右しようとした必死の努力が明らかに失敗したことである」と述べ、その主要な関心がどこにあったかを鮮明に示した。

第二回選挙は前述したように、既設の教委の半数改選とあらたに設置される一五の市教委の選挙として行なわれたが、その内容はほぼ前回と同様の傾向を示した。

地方軍政部は、前回と同様、教育委員として望ましい人間、好ましくない人間などの基準を指摘し、教職員以外の一般社会人が適していることを宣伝したが、前回のような直接的干渉は行なわれなかった(14)。

選挙の競争率、投票率とも前回とくらべ概して低調であった。競争率は、都道府県平均一・六倍強であり、最高は三・三倍（熊本県）であったが、福井、長崎二県は無投票当選であった（市町村のそれは二四を数えた）。投票率は、都道府県平均五二・八％（男五六・八％、女五〇・〇％）、同五大市二七％、同市町村は、既設市町村四七・二％、新設市五三％であった。都道府県教育委員の当選者のうち教職関係者は二六人（一八・六％）であり、前回に比べかなり低下した。

第二回選挙における投票率の低下や選挙全体の低調さが政府当局者やマスコミ関係で大きく問題視され、後にこれが教委制度の改廃の有力な理由の一つとされていった。

地教委全面設置にともなって実施された第三回選挙（一九五二年一〇月五日）は、前二回とは別の意味で複雑な背景をもっていたといえる。

教育委員会の設置単位の問題は、教委法の立案・審議時からの一貫した懸案事項であった。当初、一九五〇年一一月一日まで義務設置とされていた市町村教育委員会（地教委）は、二度の教育委員会法改正（一九四九年五月、一九五〇年五月）で、義務設置期限は一九五二年一一月一日に延期されていた。しかし一九五二年に入っても、設置の是非をめぐる議論に結論が出ず、政府・文部省は、まもなく発足が予定された中央教育審議会に諮って最終結論を出すとして、全面設置をさらに一年延期し、任期切れとなる半数の委員の任期を一年間特別に延長する旨の二法案を第一三回国会に上程した。この二法案は先議された参議院においては可決されたが、衆院文部委員会では、与党自由党が反対したことによって否決され審議未了となった。同法案は、つぎの第一四回臨時国会に再度提出されたが、吉田首相による〝抜き打ち〟衆院解散により、地教委の全面設置は予定どおり一九五二年一一月一日と確定し、同年一〇月五日の第三回選挙が全国的に行なわれたのである。

政府自らが上程した一年延期法案が、地教委を設置して教員組合と教職員の活動を監視させようと意図する政府与党の一部の反対で否決されるという事態は異常である。地教委設置にとりわけ深い関係をもつ全国市長会、全国町村会や日教組などがこぞって設置に反対し、返上論が唱えられるという、複雑かつ緊迫した情況下で第三回選挙が行なわれ、地教委全面設置が実施されたのである。

第三回選挙の平均競争率は、都道府県一・六倍弱、五大市二・〇倍、市一・六倍強、町村一・二倍であった。また、立候補者が定員を超えなかったことから無投票（当選）となった自治体が五県（千葉、滋賀、和歌山、高知、鳥取）、三五市、四八一九町村あり、それは市の一一・七％、町村の四九・九％にのぼった。投票率は全国平均六一・〇九％、都道府県平均五九・八％（男六一・六％、女五八・二％）であり、過去三回のうち最高を記録した。都道府県教育委員の当選者一三八名のうち、三五・五％（四九名）が教職関係者であり、そのうち四二名（全当選者の三〇・四％）が教組の推薦を受けた者であった。

以上が三回の選挙の概要である。「教育委員会制度の一番根本の大事なこと」といわれた教育委員選挙の三回の経験からつぎのことが指摘できる。

第一は、三回の選挙がいずれも異常な、少なくとも正常でない政治的・社会的条件の中で行なわれたことである。教育委員の公選制は、「教育選挙と政治選挙とにおいてそれぞれ異った選挙の様相があらわれるということを論理的に前提にしてはじめて成り立つ[15]」といわれ、政治選挙と異なり、無党派性、眼前の利害をこえた理想性などが特に強調された。しかし、実際の選挙は、ＧＨＱや一部の地方軍政部による政治的意図にもとづく露骨かつ執拗な干渉、自由党による教組の組織分断・監視の強化という政策的意図が強く反映したものであった。こうした動向が教組などに「反作用」をおよぼしたことは明らかであった。〝教育選挙〟と称されながら〝政治選挙〟の性格を色濃くもった要因のひとつはそこにあった。

第二は、この選挙が日本国民にまったく新しい経験であることから、趣旨が十分徹底されなかったことである。すでに前章で述べたように、法律案の立法過程は秘密にされ、文部省を中心として行なわれた広報活動も十分には行なわれたとはいえなかった。たとえば第一回選挙を一ヵ月後に控えて行なわれた世論調査によれば、「教育委員の選挙が近くあることを知っていると答えた者は六〇・五％いたにもかかわらず、教育委員会の仕事の内容を知っていると答えた者は、わずか一二・〇％にすぎなかった」と報じられている。[16]

第三は、投票率は住民の関心を示す重要なバロメーターといえるが、一般政治選挙のそれと比較した場合には一貫して低位であった。すなわち教育委員選挙（都道府県）の平均投票率は、衆参両院の国会議員の国政選挙に対しては一〇～二〇％、首長や地方議員の選挙に対しては二〇～二三、四％低く、特に大都市部では、投票率が二〇％台、三〇％台にとどまったところもめずらしくなかった。その限りでは教育委員選挙の投票率は低調であった。しかし、この単純な比較は一考を要する。一般政治選挙は国民・住民の教育問題をふくむあらゆる関心や要求にかかわる総合的な課題をめぐる選挙であるが、教育委員選挙は教育・文化問題にのみにかかわるものである。また、長い間、自らの意思を教育行政に反映する制度や機会を保障されず、その経験を持っていない住民（国民）が、自らの教育要求を明確に自覚し、それをかかげた教育主体として教育委員の選挙権をただちに行使できると考えることは、長年の歴史の「負の遺産」に対するあまりに楽観的な評価といわざるをえない。

第四は、とりわけ都道府県教委においては教職関係者の占める比率はかなり高かったことは前述したとおりである。これをもってただちに「公正な民意の反映、市民委員の選出をゆがめているきらいがある[17]」と評することはできない。後述するように、この制度の要とされている新たな資格（教育長免許状）を有した教育長候補者が未だ存在していない事態のなかで、教育委員に要求されていた資質は、単なる「常識にとんだ素人」ではなく、教育に関する深い識見と民主的力量であったからである。

2 教育委員会の運営と活動

一九四八年一一月一日、初の教育委員会が都道府県と五大市および四六市町村に、一九五〇年一一月一日には新たに一五市に、さらに一九五二年一一月一日には、全国で一万近い全市区町村で一斉に設置された。教育委員会に期待されていたことは、地域住民に支えられながら一般行政から相対的に自律性を確保しつつ、教育の民主化と教育諸条件を整備・充実させる活動であった。しかしながら、発足した教育委員会をとりまく政治的経済的環境は、当初から教育委員会の運営と活動を大きく外側から規制した。教育委員会自らが主体的にこうした情勢に立ち向かい、固有の活動をおし進めることは容易なことではなかったといえる。

とりわけ地教委の全面設置は、地方財政の赤字問題が顕在化しはじめた時期であり、それにもかかわらず設置に係わっての国の補助はほとんどなかった。

教育委員会の活動にとって内的な制約となったのは、第一に教育委員会事務局の構成とその貧弱さである。事務局の弱体は、とりわけ市町村教育委員会において著しく、半数以上の教育委員会が専任の事務局職員をまったくもたないか、専任者一人という状況であった。第二の問題は、先にもふれた教育長問題であった。教育長について当時の解説書はつぎのように説いていた。

「教育長は単に教育委員会の補助機関というのではなしに委員会の頭脳であり、同時に手足である。……教育委員会には教育長という専門職がおかれていて、その教育長が同時に事務局長であるわけである。教育長というのは従来の意味での行政官ではなく、広い意味での教育界の人であり、教育行政が、やはり広義の意味の教育に入ってきたことを示すものである。これが教育長職の存在の意義というべきである(18)」。

したがって、教育委員会法および教育公務員特例法（教特法）によって、教育長は固有の免許状を必要とする「教育公務員」と規定され、教育職員免許法は指導主事、校長とともに教育長免許制度を詳細に規定した。しかし、同時に教育委員会法は、一九四九年三月三一日までの暫定措置として「昭和二三年一一月一日に都道府県及び五大市の教育局部の長及びその職員は、……都道府県又は五大市の教育委員会の教育長又は事務局の職員に、任用されたものとみなす」と規定していた。

この暫定措置によって実際には、ほとんどの都道府県において、従前の教育部局の事務官僚が初代教育長に横すべりしている。文部省調査局『教育委員会の現況』（一九四九年三月二〇日現在）によれば、四六都道府県教委の教育長（ただし欠員一、不明一）の前歴は、教育部長三三名、学務（教学）課長三名、学校長二名、大学教授一名、一般部局長三名、他二名（市助役、文部省視学官）である。

東京都教育委員会の第一期公選委員であった堀江邑一は、「委員としての二ヶ月の所感」として、「今日まで開かれた教育委員会の審議の模様からみても、殆んどすべての議案は、教育長が教委にはかることなく、却って委員以外の方面の意向を参酌して作りあげたものを付議して、十分な討議を加える余裕さえ与えることなく、ほとんど原案のまま多数決で決定通過させているありさまである」[19]と述べている。また、高知県教育委員会の第一期公選委員の山原健二郎も、「予算は削減されたし、事務局は学務課の横すべりに過ぎなかったし、中央統制は依然として根を張っているし、その上何となく運営に敏速適格を欠いていた」と発足以来四ヵ月の経験を述べている。[20]

こうした状態は、前章でふれたように、教育委員会法案の国会審議過程で予測されていたことであり、それゆえ第二回国会での審議の結果、教育長を通しての旧態然とした教育行政の官僚統制を可能なかぎり排するため、教育長の権限を二重に制約する方向で政府案を修正したのである。第一は、教育長は教育委員会の指揮監督を受けて教育事務をつかさどること（第四二条）とし、第二に政府案をあえて修正し、教育委員会は、「事務を行うにあたり、教育長に対して助言と意見を求めることができる」（第四九条・第五〇条）としたのである（政府案では、「教育委員会は、教育長の助言と推薦により、左の事務を行う」となっていた）。

教育長をはじめとする事務局職員の多くが色濃く引きついでいる旧態然とした教育行政の体質を刷新していくことは、発足した教育委員会の重要な課題であった。しかし、この課題を達成するためには、教育長や事務局の権限を限定することで可能となるのではなく、真に要求されていたのは教育長や事務局員の「民主的な職務能力」を養成するとともに、教育委員会の会議や運営に民主主義を確立するという積極的な施策であったといえる。

この点で高知県教委と教組の活動は、先進的な一つの典型であったといえよう。

先にあげた山原健二郎（高知県教育委員）は、「教育長の備える性格の中で最高に評価されねばならぬものは、委員に望まれたと同様、改革的信念である。それがない限り従来の教育部長と変る所がない。民衆の声を聞き旺盛な企画性をもってそれを実現して行くだけの民主的能力が要求される」と述べ、「教育長に常に望むこと」としてつぎの五点をあげている。①適確《ママ》にして旧来の因習に捉われざる勇敢な原案の作成、②決議事項及び権限内の業務の報告、③陳情、通牒等の報告、④提案事項に対する各方面の世論聴取方法と世論、⑤事務局員の民主的統制である。また、「事務局員に望ましいこと」としては、①割拠主義の排除、②官僚気質の打破、③労働組合を作り、或は課内職員会議を開き局内の民主化をはかる、④委員会の決定事項は全員熟知すること、⑤任務を明確にし事務の敏速化をはかる、[21]などをあげている。

山原の問題提起の背景には、彼の出身母体であった高知県教職員組合を中心とした教育行政民主化の運動があった。公選制教委制度が発足する以前に、高知県教組を中核として農・漁民組織、文化・宗教団体、婦人団体などにより、「教職員適格者審査委員会」（一九四六年七月）、「私設教育委員会」（同年一〇月）が自主的に組織され、教育の民主化をめざした先駆的な活動がなされていた。[22]これらの運動は、公選制教委発足後は、教育委員会の民主化運動へと発展させられていった。県教組は、教育委員会の発足後、ただちに教委事務局民主化に関する「申し入書」（一九四八年一一月二六日）、教育委員会に対する「運営並に活動にたいする改善書」（同一二月二一日）、「高知県教育委員会に対する勧告」（一九四九年一月二六日）を提出し、事務局人事の民主的刷新、管理能力の改善、住民の教育要求の反映など教育行政民主化の積極的・意識的活動を展開したのであった。直接公選によって構成された教育委員会も、ただちに民主的内実を約束されているのではないというリアルな認識がそこにはあったといえる。

第3節　教育委員会制度の改廃をめぐる相克と帰結

1 市町村教育委員会（地教委）設置をめぐる相克

地教委の全面設置が間近に迫った一九五二年一〇月岡野清豪文相は、「地教委の設置は一ヶ年延期した方がよかったが、当時の情勢ではやむをえなかった。現行法では国情にそわない点もあり、近く地方制度を検討するので、その際地方制度調査会に教委制度もよく考えてもらうつもりだ」（「朝日新聞」一九五二・一〇・一三）として地方制度の一環として、教育委員会制度を検討する意向のあることを示すとともに、全面設置後は運営情況をしばらくみたうえで再検討する態度を決め、一九五三年一月、中央教育審議会に諮問した。

中央教育審議会答申（一九五三年七月二五日）は、教育委員会法の本旨を堅持しつつその枠内で、地教委の設置義務の緩和、選挙区の設定、現職教員の立候補は離職後一定期間をおくなど、若干の修正を加えたものであり、教育行政の独自性確保を基調とするものであった。

これに対し、地方制度調査会の答申（一九五三年一〇月一六日）は、教育委員会を都道府県と五大市にのみ設置し、教育委員の選出方法としては、地方公共団体の長が地方議会の同意を得て任命するなど、教育委員会法の諸原則を根底から改めるものであった。

しかし地方制度調査会の行政部会に参加していた田中義男文部次官が、文部省の意見として、つぎのように述べたことは記憶されてよい。

一、教育行政の民主的・自主的かつ地方の実情に即した運営を保障するために、全ての地教委はこれを維持し、公選制、原案送付権も堅持する。但し、小規模町村については、制度の簡易化、共同設置等を考慮し、選任方法においても、立候補資格の調整、間接選挙制を考慮する。

一、市町村の義務諸学校の教職員は、市町村の公務員とし、その人事は市町村の教育委員会をして行なわしめる。但し、人事交流の円滑をはかり、給与の負担及び支給と人事権との調整をはかる等のために必要な措置を行なう。[23]

田中文部次官が代弁した文部省のこの立場は、前記の中教審答申とほぼ軌を一にしており、地教委の廃止、教育委員の首長による任命制（公選制廃止）、原案送付権の廃止などを提案する地方制度調査会答申、すなわち自治庁・大蔵省の構想と対立するものである。

一九五三年五月、第五次吉田内閣に入閣した大達茂雄文相も地教委の維持を表明する。しかし地教委育成を主張する文部省の意図は、大達文相のおりにふれての所信表明や当時の文教政策の基調と合わせて考察される必要がある。大達文相は一九五三年六月二六日、衆院文部委員会で「教育勅語は憲法、教育基本法に反しない」と言明、翌年一月一七日の日本ＰＴＡ理事会では、「教員の政治活動禁止の制度化」を示唆する発言をしている。また文部省は、「山口日記事件」に関し、「教育の中立性維持について」次官通達（一九五三年七月八日）を発した。このような文脈の中に、文部省の地教委維持の方針をおいて考えるとき、「地教委維持の理由は……田中文部次官の主張にみられる一般的理由ではなく、特定の教育理念によって根拠づけられ[24]」、その特定の教育理念の実現の手段として地教委を機能せしめようとする政治的意図があったといわざるをえない。

こうして表面的にみれば政府内でまったく対立する教委制度対策が存在していたかのようであるが、本質的には、両者とも官僚的中央集権を志向する点では同様であったということができよう。すなわち、大蔵省・自治庁側は、地教委廃止論の先鋒にたつ全国町村会をはじめとする地方六団体（全国知事会・全国都道府県議会議長会、全国市長会・全国市議会議長会、全国町村会および全国町村議会議長会）の強い要請を背景にして、財政上の理由をかかげつつ教育行政の権限を首長に奪還する意図から地教委廃止論を主張したのであり、文部省は地教委の育成により教育行政の官僚統制をねらうものであったとみることができる。

一九五四年度予算編成に際し、ふたたび対立は表面化するが、大蔵省は地教委廃止の立場から地教委運営費と育成費を計上しなかった。文部省は、この点では妥協をせざるをえなかったが、逆に教育委員会制度それ自体を存続させることについては政府・与党の説得に成功した。このいわばぎりぎりの〝妥協〟には二つの背景があったと思われる。

一つは町村合併である。一九五三年一〇月一日施行された町村合併促進法により、全国的に町村合併が強力に推進され、全国の市町村の数は九八六八（一九五三年一〇月）→八九二八（五四年四月）→四八一二（五五年一〇月）と半減した。これにより、合併した町村では地教委設置にあたっての財政的難点が緩和され、「町村合併の成果は町村に教育委員会を設置する能力があるかどうかという観点から論議された設置単位の問題を、教員の人事権を中心とする都道府県教育委員会と市町村教育委員会の権限配分の問題とか日本教職員組合に対する対策とかいういわば政治的観点からの論議に変化させていった」といわれている。(25)

二つには、教職員の政治活動規制の実現への展望である。すなわち、政府・文部省は一九五四年、「教育公務員特例法の一部改正法案」および「義務教育諸学校における教育の政治的中立の確保に関する臨時措置法案」、いわゆる「教育二法案」を強行成立させることにより、一般に保守的傾向の強かった地教委をして教職員の統制をはかろうと考えたと思われる。

地教委育成と「教育二法」の〝結合〟は、政府・与党の思惑をそのまま満足させたであろうか。この思惑は、まず「官公労機関紙問題」（一九五四年七月）で大きな動揺をこうむる。

日本官公庁労働組合協議会（官公労）の機関紙である『官公労』に「吉田内閣打倒」のスローガンが記載されていた。これを問題視した大達文相は、発行責任者である佐久間孝一事務局長（日教組中央執行委員・千葉県立高校教諭）は人事院規定ならびに「教育二法」の一つである改正教育公務員特例法にふれるとして非難し、千葉県教委に対して適切な措置をとることを求めた。しかし千葉県教委は、約二ヵ月の検討後、「思うに本事案のごときは事項の片言隻句をとらえて論ずべきものではなく……教育二法律立法の精神である偏向教育は全く存在しえない事実に鑑み」違法の事実はないとの結論を出した。[26]またこの決定直後に行なわれた関東地区教育委員会協議会は、千葉県教委の結論を満場一致で支持した。[27]この一件は政府・与党をして「教育二法」の〝効力〟への期待を反省せざるをえず、政府・与党内では教育委員会制度の再検討の気運が急速に高まっていく。

教師の監視機関、教育の国家統制の末端機関としての機能を果たすべく政府・与党によって期待され育成された教育委員会は、それとは異なった独自な自主的判断を下したのである。

2 地教委と住民・教職員の結びつきの発展

地教委の全面設置により全国で一万に近い市町村に教育委員会が発足していたが、選出された教育委員もその活動を十分理解できず、人事問題にのみ熱心になったり、公正な民意の反映ではなく、市町村長に従属してしまう例もあり、その大半は政治的に保守的であったといわれていた。

地教委の全面設置は、地方財政の赤字が顕在化しはじめた時期であり、制度の充実をはかるための国家の補助はほとんどなかったため、その事務機構はきわめて貧弱であった。素人の教育委員を助け、教育行政を円滑におし進めるうえで重要な役割をになうべき教育の専門的知識と経験をもつ専任教育長の設置状況は、一九五三年一〇月の文部省調査でも、地教委総数の三四％にすぎず、町村合併後も、五〇％前後であった。その他の町村の多くは、助役、校長などが兼任し、まして事務局に指導主事などの専門職員をおくことはきわめて困難であった。

しかしながら、公選制の地教委の設置は、教育行政を住民に近づけ、住民の教育行政にたいする発言の可能性を広げるとともに、地方教育行政当局者を住民に近づけ、地域の劣悪な教育現実の正当な認識へ近づける条件をつくったことは事実である。地方財政の赤字による教育予算への圧迫や政府・文部省の低文教費政策の地方への影響は、こうした可能性や条件を拡大した。事実、複数の地教委により教育長や指導主事などの共同設置が行なわれた事例もある。地教委連絡協議会では、人事交流、教科書採択などの問題を中心とする教育事務の連絡調整、経験の交流をはじめ、教育諸条件の改善を要求して、地方議会や首長へ積極的に働きかける努力もされはじめた。

地教委の一斉設置に強く反対し、設置後も地教委返上論などをふくめて一般の市町村への設置に消極的態度をとっていた日教組中央や現場教職員も、教育二法反対闘争以来、教職員だけでは教育も教職員の権利も守れないことを自覚しはじめていた。日教組主催の第三回教育研究大会（一九五四年、静岡市）の分科会討論では、地教委の廃止論・育成論の両論が激しく交錯するなかで、つぎのような重要な視点・論点が出されていたことは注目される。

すなわち、「われわれの第一目標は、教育の民主化である。しかしながら、教育委員が保守的であるからといって、教育委員をやめさせてしまうことはできない。保守的である場合もあるが、それを手掛りとして、一歩努力する必要がある。この点真剣にかんがえたい。」（和歌山）[28]、「われわれは大きな観点を見落しているのではないか。私どもも学校の窓から、教育委員会をみて、私どもの都合に悪かったら反ぱつしようという点のみが強調されているのではないか。一般の村民はどんな感じをもっているかをよく調べているかどうか。教育委員は、教員の都合のいい面ばかりで活動してくれるとはかぎらない。われわれに都合が悪くても、一般村民大衆の立場から大衆の利益を検討するのを忘れているのではないかと懸念している。」（福島）[29]、との反省が出され、教師が地域の父母・住民の真の要求をとらえ、父母・

住民と結びついて、地教委民主化の基礎をつくりあげていく必要があるという実践的視点が強調されていたのである。第四次集会（一九五五年、長野市）では、父母や青年と結びついて地教委を変えていった実践例が多く出され、第五次集会（一九五六年、松山市）では、岐阜や大阪において、教育予算確保の運動が、教組・父母・地教委・校長会の統一した努力で進められたことが報告された[30]。

教職員の監視機関、教育の官僚統制の下部機関としての機能をはたすことを期待されて市町村に一斉設置された教育委員会は、その思惑をこえて〝変化〟しはじめていた。折から、国の低文教費政策や地方財政の赤字により多くの自治体では教育費が圧迫され、教育諸条件や教職員の労働条件の劣悪化が進行していた。地域住民の支持を受けて公選された教育委員（会）はその限りでは地域に密着しており、そうした教育現実を無視することはできない立場にあった。

教育委員会の多くは、教育諸条件の改善、教育予算の確保を要求して、地方議会や首長に積極的な働きかけをはじめていた。教組、父母、ＰＴＡなどと共同行動をとる事例も少なくなかった。また教組主催の教育研究集会などへの後援・協力など、注目すべき動向も生まれていた。地域に根ざした教育をになう教育（行政）力が芽生えはじめていたのである。

制度は一般的には住民（国民）の経験・実践・運動のなかで創造され、絶えず検証をうけて改編されていくものであり、民衆的基礎、民衆的土台をもっている。もっとも、わが国の近・現代史のなかでは、地方自治・住民自治の伝統の弱さと上からの制度化という支配的動向のなかで、一定の制度を住民が創造し、不断に改編・充実していくという体験は乏しい。

知られているようにアメリカにおける教育委員会制度の原型の発生の基礎は地域社会の住民であり、確かな民衆的基礎をもつものであった。前述したように、戦後教育改革の重要な支柱としてわが国に導入された教育委員会制度は、アメリカ教育使節団報告書が勧告した制度を範にしたものではあったが、そのまま具体化したものではなく、わが国の当時の情況を勘案し一定の工夫がなされたものではあった。しかしわが国の歴史のなかではまったく未経験のものであったゆえに、十分な民衆的基礎、土台をもつものではなかったといえる。

改革の直接の当事者や教育民主化の支柱としてこれに賛意を表し大きな期待をかけた人々も、もちろんこうした事情を看過したわけではなかった。本書第一章でやや詳しくのべたように、教育刷新委員会の建議や文部省を中心にした立案過程、ＣＩＥとの折衝過程、国会審議などにはそのことがはっきり看取できる。また宗像誠也は、教育委員会の発足に先立って十全な準備と国民への啓蒙の必要性を強調し、大田堯は地域社会の課題の設定と住民の連帯をめざした地域教育懇談会が教育委員会の民衆的土台となるべきことを指摘していた。[31]また、宮原誠一も「この機関がうまく使用されるかいなかは、かかって教育にたいする人民の関心と識見のいかんにある。その地方の住民がどれほど教育のことを本気で考えているか。正しく判断できるか。この住民の態度と能力とが、いずれにせよ教育委員会を支える土台である」として、「この土台をきづいてゆく最も直接の、そして最も有力な手段」[32]としてＰＴＡの重要性を説いたのである。

これらの人々が指摘した民衆的土台を築いていく「手段」が適切であったかどうかはともかくとして、教育委員会を支える民衆的基礎・土台の不可欠性を強調していたことは重要である。しかし、敗戦までの長い間、「教育はお上のもの」とされ、自らの意思を教育と教育行政に反映する権利と方法をうばわれていた住民（国民）にとって、教育要求と教育的識見をもった権利の行使の主体として地域の教育行政に積極的に参加するという自覚と力量は、法律や制度ができたからといってただちに獲得しうるものではなかった。住民自治の主体としての意識と力量、教育事業の主体としての自覚、総じて政治と教育における主権者としての自覚と主体形成は根本的には、法律や制度によってではなく、自らの体験と学習（自己教育）により獲得されていくものであるからである。

しかしながら、公選制教育委員会が設置され、地域により近く教育行政機関が組織され活動を始めたことは、その過程において、人々の教育関心を喚起し、高める契機をつくり、選挙等を通して教育行政に直接参加していく体験は教育事業の主体としての意識と自覚を徐々につくり出すことにつながっていったことは明らかであり、教育委員会はそれを支える民衆的基礎を部分的にもちはじめたのであった。地方教育行政法による公選制教育委員会の廃止はようやく形成されはじめたそれを打ち壊すものであったといえる。

〈注〉

（1）教育委員会法制定の前後に公刊された同法や教育委員会制度に関する解説書等は少なくない。例えば、古川原『教育委員会とは』日本教育新聞社、一九四七年、文部省「教育委員会法のしおり」一九四八年、豊澤登『アメリカにおける教育委員会の研究』理想社、同前年、時事通信社編『教育委員会法―解説と資料』同社、同前年、文部省文教研究会『教育委員会法の解説』新教育協会、同前年、玖村俊雄（文部省師範教育課長）監修『新教育の動向』愛知書院、同前年、日本教職員組合法制部編『教育委員会法解説』同組合出版部、同前年、大西正道『教育委員会法の解義』井田書店、同前年、文部省内教育法令研究会『教育委員会―理論と運営』時事通信社、一九四九年、森戸辰男外八氏共著『新教育基本資料とその解説』学芸教育社、同前年、教育行政研究会編『教育委員会制度』日光書院、同前年、北岡健二『教育委員会法逐条解説』学陽書房、一九五二年、文部省『教育委員会設置の手引』（前編・後篇）同前年、北岡健二・天城勲『教育委員会の理論と実務』港出版、同前年、安達健二編『市町村の学校と教育委員会』第一公報社、同前年、など。

（2）『第二回国会衆議院文教委員会議録』第一二号、一九四八年六月一九日、六頁。

（3）主な文部省関係者による解説書は、注（1）を参照。

（4）宗像誠也「教育委員会法の問題点」時事通信社編『教育委員会法―解説と資料―』同社、一九四八年、一〇頁。

（5）田中二郎「地方公共団体における行政委員会制度」『地方行政委員会制度論』（一九五六年、地方自治研究会）一～四頁。

(6) 前掲、文部省「教育委員会法のしおり」、一〇頁。
(7) 一九四八年九月二九日の知事会議での挨拶、『文部大臣式辞集』(文部省大臣官房総務課編集発行)、一九六三年、一二四～一二六頁。
(8) 選挙の概要については、文部省初等中等教育局地方課『旧教育委員会法の下における地方教育行政運営の沿革』一九六二年、自治大学校編『戦後自治史X』一九六八年、などを参照。
(9) 文部省調査普及局編『文部時報』一九四九年三月号。
(10) 日本教職員組合『日教組回覧情報』四二号(一九四八・七・一四)および四三号(同七・二一)。
(11) 日本教職員組合編集・発行『日教組十年史』一九五八年、一三〇頁。
(12) 同前書、一二九～一三〇頁。
(13) 新井恒易『日教組運動史』日本出版協同KK、一九五三年、一二九頁。
(14) 同前書、二三二頁。
(15) 持田栄一・宗像誠也「占領教育政策と民主化のよじれ」『思想』一九五三年七月号、二七頁。
(16) 「東京新聞」(一九四八年九月一二日付)に掲載された「教育委員選挙に対する世論調査」。これは、同年九月九日、都内一円の無差別抽出八三二名を対象にしたものである。
(17) 文部省「日本における教育改革の進展」(一九五〇年八月第二次訪日アメリカ教育使節団に提出した文部省報告書)、前掲『文部時報』八八〇号、一九五〇年一二月臨増号、所収、七三頁。
(18) 前掲、時事通信社編『教育委員会法―解説と資料』、四七頁。
(19) 堀江邑一「教育委員会は飾り物ではない」『明かるい教育』一七号、一九四九年二月、所収。
(20) 山原健二郎「教育委員会の民主的運営」『新しい教育と文化』一九四九年五月号、所収。
(21) 同前、山原論文。
(22) 詳しくは、境野健児「戦後高知における教育運動と教師の成長」『教育運動史研究』一五号、一九七三年九月、所収を参照。
(23) 犬丸直「地方制度調査会行政部会の答申と教育委員会制度」『教育委員会月報』三七号所収。
(24) 宗像誠也編『教育行政論』東京大学出版会、一九五七年、四七五頁。
(25) 前掲『戦後自治史X』、二三九〜四〇頁。
(26) 『教育委員会月報』四三号、六頁。
(27) 宗像誠也「教育二法施行後の文教政策の焦点」、時事通信社編『教育年鑑』一九五六年版所収、二〇頁。
(28) 日本教職員組合編『日本の教育』第三集、第一分冊、国土社、一九五四年、一二六頁。
(29) 同前書、一二七頁。
(30) 前掲、『日本の教育』第四集(一九五五年)、同第五集(一九五六年)、参照。
(31) 宗像誠也『教育学著作集第三巻』青木書店、一九七五年、大田尭『地域社会と教育』金子書房一九四九年、など参照。なお「大田構想」については藤岡貞彦「地方自治と教育要求」『地域住民と教育法の創造』(日本教育法学会年報四)有斐閣、一九七五年、および近年の労作である福井雅英『本郷地域教育計画の研究 — 戦後改革期における教育課程編成と教師』学文社、二〇〇五年、を参照。
(32) 宮原誠一『教育と社会』金子書房、一九四九年、一四八頁。

第Ⅲ章　教育委員会制度の大改編

――地方教育行政法体制の確立と特質

第1節　「教育三法」案と戦後教育法制の再編

1 自民党政権の登場と「教育三法」案

一九五五年一一月、自由党と日本民主党の二大保守党が合同し、巨大な政権党としての自由民主党（自民党）が誕生する。自民党が立党の理念と主要政策を明示した「政綱」の柱の中心に「自主憲法の制定」「教育の抜本的刷新」などを掲げていたことは格別に注目されなければならない。

第三次鳩山自民党内閣の文相として登場した清瀬一郎は、就任直後の記者会見の席上、教育については一片の所信も語ることなく、「文部大臣もいわば党の小使いで党の政策を忠実に実行するばかりだ」、「中教審の答申は貴重な参考にはするが、最終的には党議や内閣の方針をきめるうえに役立てるということになる」と〝党議優先〟の名で教育を自民党の政策に従属させる意思を公言した（一九五五・一一・二三付各紙）。清瀬文相が〝党議優先〟を唱えたことの問題性もさることながら、問題の核心は同文相を代弁者とする自民党自体の教育政策がいかなる内容のものであったかにあるが、これはただちにあきらかになった。

清瀬文相は、翌一九五六年三月の国会答弁で、「今こそ占領教育刷新のときである」、「教育基本法の改正は必要だ」と述べ、歴代文相が口に出さなかった教育基本法の再検討を平然と主張した。こうした自民党政権の意図は一連の法案となって第二四回国会（一九五五年一二月二〇日開会）に逐次上程された。第一は、教育基本法改正を含め、教育制度全般にわたる改革のため内閣直属の審議会を設置する「臨時教育制度審議会設置法案」（臨教審法案）、第二は、公選制教育委員会を廃止し、教育行政の中央集権化と官僚統制を企図した「地方教育行政の組織及び運営に関する法律案」（地方教育行政法案＝任命制教委法案）、第三は、教育内容の国家統制強化の要として教科書の国定化を企図する「教科書法案」であった。この三法案は、教育の理念・制度・内容の全般にわたって戦後教育改革の民主主義的諸原則を根本から否定するものとして相互に連関をなしていたことから、「教育三法案」（または、後二者を強調して「教育二法案」）と呼ばれた。

教育三法案が上程された第二四回国会には、教育関係以外でも憲法調査会法案、小選挙区法案、防衛二法案などの重要法案があいついで上程されていたことは留意されなければならない。

2 臨時教育制度審議会設置法案と教科書法案

臨時教育制度審議会設置法案（臨教審法案）の骨子はつぎのようなものである。内閣に臨時教育制度審議会（臨教審）を置き（一条）、「内閣の諮問に応じ、教育に関する現行制度に検討を加え、教育制度及びこれに関連する制度に関する緊急な重要政策を総合的に調査審議する」（二条）、審議会は内閣の任命による国会議員一〇名、学識経験者三〇名で構成され（三条）、他に総理大臣が任命する専門委員（学識経験者）および幹事（関係各行政機関職員）をおく（五・六条）、など全一〇条および附則からなる二年間有効の時限立法であった。

政府当局者は国会答弁で臨教審への諮問事項として、①教育基本法の改正、②道徳の基準の検討、③教育制度の再検討、④教育にたいする国の責任と監督の検討の四点をあげ、中教審の存在を無視し、自民党の意図にそった教育制度の全面改革案を答申させるねらいであることをあきらかにした。文部事務当局は、国会審議と並行して臨教審にたいするつぎのような具体的諮問事項案を決定していたが、これらはその後の文部省主導の教育政策動向の基調を示すものとして重要であった。

「一、教育にたいする国の責任と監督について＝①初等中等教育関係（初等中等教育の内容および教職員の人事取扱いについて）、②大学関係（国公立大学の管理者〔学長、評議会、教授会〕と文部大臣〔公立にあっては設置者も含む）との権限関係について。③私学関係（私学の管理運営にたいする国の権限と責任について）。二、教育行政組織について。三、国家的社会的要請に応ずる教育計画と学校制度の関係＝①職業教育関係、②私学関係、③技能者養成関係。四、教育財政について(1)」。

他方、教科書法案は、第一章・総則、第二章・検定、第三章・採択、第四章・発行及び供給、第五章・雑則、第六章・罰則、および附則の全六章六二条からなるものである。

まず「検定」については、①従前の教科用図書検定審議会を拡充強化、②各教科別に相当数の常勤専任教科書調査官の設置、③検定基準の整備、④検定合格本の有効期間の設定などが盛り込まれている。つぎに「採択」については、①郡市単位などでの同一教科書の採択制の導入、②採択の主体は教育委員会に確定、などである。さらに「発行・供給」に関しては、①発行者の欠格条件の明確化、登録制度の導入、②同一種目の教科書の種類の改訂の抑制、などが盛り込まれている。

こうした法案の骨子からもわかるように、教科書法案の眼目は専任の教科書調査官の大幅な増員などによって、文部大臣による教科書検定を強化することにおかれていたことは明白であった。前者は激しい世論の反対のなかで、一九五六年三月一三日に衆議院を通過したが、「地方教育行政法案」強行採決の混乱のなかで、「教科書法案」とともに審議未了・廃案となったのである。

第2節　地方教育行政の組織及び運営に関する法律の制定過程とその特徴

[1] 地方教育行政法案の概要と特徴

教育委員の公選制の廃止をはじめとして教育委員会制度を抜本的に改編しようとする「地方教育行政の組織及び運営に関する法律案」（地方教育行政法案）は、一九五六年三月八日、第二四回国会に上程される。

法案の主要な内容は、①教育委員の公選制を廃止し、首長が議会の同意を得て任命する、②教育委員会の会議公開原則規定の削除、③教育長の上位機関による承認制（都道府県・五大都市の教育長は文部大臣の、市町村教育長は都道府県教委による承認）、④文部大臣、都道府県教委の措置要求権の明定、⑤指導主事に事実上の命令監督権を付与、⑥教科書以外の教材の届出、承認制、⑦教育委員会の教育予算および教育条例の原案作成・送付権の廃止、確定した教育予算の支出命令権などの廃止、⑧教育委員会による勤務評定の実施、学校管理規則の制定、実施権限の明記、⑨「県費負担教職員」の人事権の市町村教委から都道府県教委への移譲、などであった。

これは、戦後新たに発足した教育行政の理念と機構の根本的な変更を意味するものであった。このことは、なによりも、教育委員会法第一条が掲げていた根本理念、すなわち、「この法律は、教育が不当な支配に服することなく、国民全体に対し直接に責任を負つて行われるべきであるという自覚のもとに、公正な民意により、地方の実情に即した教育行政を行うために教育委員会を設け、教育本来の目的を達成することを目的とする」という文言が全文削除されていたことに象徴的に示されていたといえる。

戦後教育行政民主化の三原則とされた「教育の民衆統制（民主化）」、「教育行政の地方分権化」および「教育および教育行政の自主性の確保」を著しく後退させるものであることは、法案の諸条項を一読するだけでも明確であった。

2 地方教育行政法の制定過程と国会内外の批判

この法案に対し、議会内外で広範な反対運動がおきたことは当然であった。この法案をはじめとする「教育三法案」反対の運動は、全国都道府県教育委員会委員協議会（全教委）、全国地方教育委員会連絡協議会（全地教委）の反対運動を皮切りに、日教組、小学校・中学校長会、民間教育団体、学生自治会、学者・文化人、主婦連、母親連絡会、PTAなど教育関係団体と国民の広い層を含んだ大運動となり、「教育を守る国会請願署名」は七二五万をこえ、国会史上、最高を記録した。

教育委員の全国組織である全教委（都道府県）・全地教委（市町村）は、政府内で教育委員会制度の再検討の動きが本格的に始まった当初から一貫して教育委員会法改正に反対する声明、決議、要望を採択、関係方面に働きかけるとともに、公選制教委制度の意義を世論に訴えた。全教委は、一九五五年二月「教育委員会制度に対する基本的態度」を決定、その冒頭で「現行教委法第一条の精神は飽くまでも堅持されなければならない」と強調した。全地教委も同年二月、就任したばかりの清瀬文相に地教委制度存続の申し入れを行なった。両者は、同年一二月一二日総決起大会を開き、地教委の公選制堅持と教育の中立性確保を宣言し、翌一九五六年三月八日の法案の国会上程の日、「総辞職の決意のもとに地教行法案阻止のためにあくまでまい進する」と共同声明を発した。ここには、地域の教育現実に近づき、住民の教育要求に耳を傾け、教育の官僚的中央統制に反対して、自主性を守ろうとする民主的に発展しはじめた教育委員会の姿が看取できる。日教組は、二月二〇・二一の両日、東京で第一三回臨時大会を開催した。教育三法案反対闘争の組織化を中心課題として開かれたこの大会では、①反動文教政策反対一〇〇〇万署名運動、②反動文教政策の粉砕と生活防衛のための全国統一行動―全国一斉職場大会、全国一斉総決起大会、「教育を守る」街頭宣伝または部落懇談会―などの運動方針を決定した。

矢内原忠雄（東京大学総長）、南原繁（前東京大学総長）、木下一雄（東京学芸大学学長）、大内兵衛（法政大学総長）、大浜信泉（早稲田大学総長）、安倍能成（学習院院長）、内田俊一（東京工業大学学長）、蝋山政道（お茶の水女子大学学長）、上原専禄（元一橋大学学長）、務台理作（元東京文理科大学学長）は「文教政策の傾向に関する声明」（いわゆる一〇大学長声明、一九五六年三月一九日）を発表した。末川博（立命館大学総長）など関西一三大学長は、四

日後これを支持する声明を出した。勝田守一（東京大学教授）ら六一七名の大学教授、教育者も「学問・思想の自由を守り、教育の統制に反対する声明」（同年三月二七日）を発表した。

これら学識者の各声明の趣旨は、最近の文教政策の傾向について、①文教政策が政争の道具にされていること、②教育委員会制度、教科書制度改正が民主的制度を根本的に変更し、教育の国家統制を復活しつつあることを強く警告し、③戦後の民主的教育改革原則を堅持すべきことを広く国民に訴えるものであった。

これらの反対運動に対して、日本教育学会や社会教育学会なども、それぞれ学会活動として批判と反対の意思を表明した。日本教育学会「教育二法案に対する意見」（一九五六年四月）は、つぎのように厳しく指摘している。

「両法案はともに、教育行政の中央集権化と教育内容の国家統制を強化し、政党の教育支配に道をひらくものであり、教育の自主性と創意による活発な教育活動を抑圧する危険のいちじるしいものであって、国民教育の健全な発達を妨げる法案である。しかも、それらはともに、文教に関する最高諮問機関である中央教育審議会の答申を無視し、あるいは、はなはだしく歪曲した、政党独善の法案である(2)」。

こうした各層独自の法案批判、反対運動と並んで、日教組、全教委、全地教委など当事者たる教育関係団体や多様な文化団体など各種団体の統一行動・共同闘争も積極的に組織された。教育関係一四団体は三月二九日、法案撤回を要求する共同声明を発表、つづいて四月四日二七団体による声明書が出された。また、同月九日には、教委法案粉砕教育関係団体全国総決起大会が教育委員、教組、ＰＴＡ等一五団体共催で、五月一八日には教育関係三〇団体による法案反対全国総決起大会が、約五万人（東京大会）が参加して開かれた。四月一四日全国一斉統一行動として行なわれた「教育二法案研究集会」には、全国で一〇〇〇万人が参加し、いわゆる一〇〇〇万動員全国研究集会といわれた。

各地域ともこの日の午後、地教委所在の市町村ごとに、県教組、地教委、青年団が中心になり、学校長、PTA、一般市民も参加し、法案の要旨説明のあと、反対趣旨が参加者全員の納得のいくように話し合いされ、集会の総意にもとづく反対決議を決めて政府・国会・各政党に打電された(3)。

3 地方教育行政法案の国会審議

こうした全国的、全階層的な法案反対運動を背景にして行なわれた「教育三法案」の国会審議における政府・与党関係者の態度は、以下にみるように戦後教育史・国会史上の〝恥部〟として記憶されねばならないと考える。

清瀬一郎文相は、ことあるごとに「党の小使い」論を吹聴し、法案は党の決定だから通さないわけにはいかないとして、野党議員の質問にたいする答弁は居直りと逃げ口上で終始した感がある。さらに「一〇大学長声明」にふれて清瀬文相は、「学長諸君のこの文章もいい文章だと思っております。(笑声)すなわち教育は政治の動向によって左右されるべきものではない。したがってまた、学長諸君はあまり政治にお口をお出しなさらぬ方がいいのじゃないかと思っております(4)」と笑殺し、「政府のすることに何もかも統制だ、圧迫だ、上からの命令だと考えられるのは、失礼だけれども少し頭が古いと思っているのです(5)」と居直り、七〇〇万余の請願署名にたいしては、「署名してくれと言われたら、よくそれをする人もあるのです。だから署名の数が何万だということで、社会的にこれを尊重するなんていうことは、今ここで申し上げるわけにはいきません(6)」とまったく無視の態度をとった。

ここには、政府・文部省が民主的諸制度を堅持しうる能力を持ちえていないことが示されていた。こうした政府・与党の態度に審議は渋滞をきわめた。政府は「他の重要法案は犠牲にしても任命制教委法案は成立させる」として、衆院文教委員会の逐条審議が法案全文一〇六条のうち、わずか第八条までしか終了していないにもかかわらず審議打切りを宣言、四月一九日、衆院本会議で議長職権による文教委員長の中間報告動議を可決した。また参院でも、六月一日から二日にかけ、五〇〇〇人の警官隊を一四時間にわたって院内に導入、座り込んで議場封鎖をする野党議員を排除して、強引に「通過」・「成立」させたのである。

第3節　地方教育行政法の理念と構造 ― 連続と断絶

1 地方教育行政法の理念と構造

地方教育行政法の成立により、教育委員会法は廃止され、公選制教委制度に代わって新たな任命制教委制度が制定された。地方教育行政法第一条は、「この法律は、教育委員会の設置、学校その他の教育機関の職員の身分取扱その他地方公共団体における教育行政の組織及び運営の基本を定めることを目的とする」と法律の趣旨を謳っている。「基本を定める」とは、「この法律で地方公共団体における教育行政及び運営はすべて規定し尽され、他の法律をまつまでもなく、その運営ができるという趣旨ではない」のであって、「地方公共団体における教育行政の組織及び運営は、同時に地方公共団体の組織及び運営であって、地方公共団体の組織及び運営一般に共通して定められるべき事項は、地方自治法の規定するところであるから、本法はその意味で主として地方自治法の特別法というべきであり、実際の地方教育行政の組織及び運営は、本法の規定と地方自治法の一般規定との綜合の上に成りたつものである」(7)と説明されている。

問題は、地方自治法の一般規定との総合の上になりたつべき「教育行政の組織及び運営」の基本原則はいかなるものであるのかということであった。この点に地方教育行政法第一条は、まったくふれるところがなく、形式的・事務的な規定に終始している。この事実は、旧法たる教育委員会法第一条が、教育基本法第一〇条の趣旨を自覚しつつ、教育行政のよってたつ基本原則を積極的に明示していたこととくらべてきわだって対照的であるといえる。

地方教育行政法の眼目は三点であるとされた。一つは教育の政治的中立と教育行政の安定の確保、二つは教育行政と一般行政との調和、三つは国・都道府県・市町村を一体とした教育行政制度の樹立であり、清瀬文部大臣はこのことを国会答弁の中で「調和・中立・安定・連携」と表現した。

第一点の「教育の政治的中立と教育行政の安定の確保」については、①教育委員の公選制の廃止と地方公共団体の長による議会の同意を得た任命制（第四条）、②同一政党の所属者が委員の過半数を占めることの禁止（第四条三項、第七条）、③委員の積極的な政治活動ないし政治団体の役員となることの禁止（第一一条五項）などがあげられたが、最大の問題点は①である。

公選制を廃止し任命制に代える理由として文部省当局者が掲げた点は、①公選制は、党派的支配を招きやすく、教育の中立性を危うくするので、教育の中立性確保には任命制がよい、②任命制の方が教育委員に適任者が選任できる、③一般行政、とくに地方公共団体の長と調和・協調しやすい、④地方公共団体の長や議会は一般公選によっているので、任命制は、「公正な民意による地方の実情に即した教育行政」に反するものではなく、住民の解職請求も認められている、などである。

しかしこれらは、いずれも説得力のある理由とはいいがたい。公選制のもっているとされる欠陥の是正をいいながら、実は、後述するような一層大きい欠陥をもっているといわざるをえない。また、教育の中立性の確保をいいながら、任命制は知事や市町村長および議会の多数派の党派性をより強く教育に反映することになるであろうことは容易に推測されることであった。当時の全国紙の論説は、「多くの場合政争を背景として選ばれる府県知事、市町村長の任命となれば、自ずと教育委員に政党色が反映して教育の政治的中立そのものが容易に保たれなくなるだろう(8)」、「いまの日本でこのような任命制を行なった場合に議会勢力や首長の情実人選が行なわれないという保障はない。むしろ教育委員会が公選の場合よりもっと質の悪い骨抜きのものになる危険のほうが現状では大きい(9)」などと批判した。

公選制と任命制とのどちらが「人格高潔で、教育・学術及び文化に関し識見を有する」委員を得やすいかは、単純に即断することはできないであろう。しかし「重要な問題は公選か、長の任命かの予想的な成績判定にあるのではなく、公選制がもっていた教育行政にたいする地方住民の国民的参加を拒否しようとする政策を、改正法案が示しているということである。上記の二つのことは混同されてはならない[10]」のである。③の点については、あらためて吟味する必要もなかろう。任命制による委員が首長と調和・協調しやすいのは、首長が自らの「型」にあった人物を任命するからにすぎない。④の点は、任命制が教委制度の基本理念、すなわち教育基本法第一〇条の趣旨を根本から否定するものであるという批判への反論の主要な論理であった。これについて文部省当局者はつぎのように述べていた。

「教育は国民全体に対し直接に責任を負って行わるべしとの法の規定は、……教育全般にわたる原則論を述べたものである。すなわち、新憲法下における教育は、その根源を主権者たる国民全体におき、その国民全体に対し直接に責任を負って行われるべしとの大原則を述べたものである。……従って、この原則が教育委員にのみ独占のものでないことは、もちろんであり、学校の校長、教員はもとより、文部大臣、知事、市町村長等、いやしくも教育に関係する人々の大原則であるというべきである。この規定から、教育委員は公選であるとの要請が出るとすることは、曲解以外の何ものでもないであろう」、「民意の反映ということも、選挙によりその地位についた知事や市町村長が同じく選挙による議会の同意を得て委員を任命するのであり、教育委員会はその担任する教育事務の処理については、従来と同様独立の行政機関として、その責を議会を通して直接住民に負うのであって、住民からの解職請求も認められていることであるから、不十分であるとは考えられない[11]」。

だが文部省当局者は、わずか八年前、教育基本法第一〇条第一項の「国民全体に対し直接に責任を負って」の趣旨について、つぎのように明言していた。「……直接にというのは、国民の意思と教育とが直結しているということである。国民の意思と教育との間にいかなる意思も介入してはならないのである。この国民の意思が教育と直結するためには、現実的な一般政治上の意思とは別に国民の教育に対する意思が表明され、それが教育の上に反映するような組織が立てられる必要があると思う」[12]。また、文部省は、一九五二年地教委全国設置に際して作成した『教育委員会設置の手引』では、より鮮明につぎのように述べていた。

「新憲法下、教育法規も国民代表の国会で制定する法律の形式をとることになり、地方公共団体の長も公選され、行政民主化の骨格は構成されたが、民主政治の基礎を培う教育を真に国民のものならしめるためにも、又過去の弊風を打破するためにも、更に積極的に教育行政への国民の参与の道を開くためにも、これに即した教育行政機関が構想されたのである。教育委員会はそのため従来の独任制機関の形式をとらず、住民の公選による合議的な委員会制度を採用し、これによって、国民みずからの手によって教育を管理運営しようとするのがその第一のねらいである」[13]。

第二点の「教育行政と一般行政との調和」については、①教育予算原案作成・送付についてのいわゆる「二本建制度」を廃止し、「地方公共団体の長は、歳入歳出予算のうち教育に関する事務に係る部分その他特に教育に関する事務について定める議会の議決を経るべき事件の議案を作成する場合においては、教育委員会の意見をきかなければならない」（第二九条）とした。公選制教委制度が発足する際に、最大の難点とされたのは、ほかならぬ財政権を有しないことであった。発足した教育委員会は、敗戦後の劣悪な教育条件を改善・整備することで苦心努力した。この点で、公選制教委が果たした役割は少なくなかった。この背景には、父母・住民の教育要求実現の多様な運動が教育委員会自らの努力を支えたことがあったことはいうまでもないが、制度的には、教育委員会が教育予算原案・教育条例原案を作成し、首長に送付することができる権限（二本建制度）があった。しかし任命制教委では、このささやかな制度保障をも廃止され、財政面から教育行政の独立性はさらに弱化させられ、首長部局（一般行政）への従属を促進させられた。

②教育長の任用資格規定が完全に削除された。教育長は教育委員会の要職であり、教育行政の専門家として重視され、当初は教育委員会法・教育職員免許法等によって、固有の教育長免許状を必要とする「教育公務員」と規定されていた。その後、一九五四年の教育職員免許法改正の際、教育長免許制度は廃止されたが、教育公務員特例法において、指導主事・校長とともに任用資格が規定された。任命制教委制度の発足にあたっては、指導主事は地方教育行政法で、校長については学校教育法施行規則でそれぞれ任用資格が付加されたにもかかわらず、法制度的にはひとり教育長のみが専門的資格を一切必要としないものとされたのである。新制度のもとでいっそう大きな権限を有することとなった教育長は、教育の経験をまったくもたない者でもなることが可能となったのである。これは、その後一般行政畑出身の教育長を多くうむことになり、教委制度そのものの形骸化を内側から促進する要因のひとつになったといえる。

第三点の「国、都道府県、市町村一体とした教育行政制度の樹立」は、地方教育行政法の提案理由においてもっとも強調されたことのひとつであり、この点にかかわった制度改編はつぎのごとくであった。①教育長の任命にあたっての承認制の導入（任命承認制）。すなわち、都道府県教委および五大市教委の教育長の任命にあっては文部大臣の、市町村教委の教育長にあっては都道府県教委の事前の「承認を得る」ことが定められた（第一六条）。現行地方制度において地方公共団体の執行機関の構成員をふくめ、職員の任命行為に関係大臣等の承認を要件とするのはまったくの異例なことであった。のちに政府の審議会すら、この制度の廃止を答申したほどであった（一九六四年の臨時行政調査会答申、一九六五年の地方制度調査会答申、なお、後述するように、この任命承認制が廃止されるのは四〇年あまり後の一九九九年地方教育行政法改正によってである)。②文部大臣の措置要求権の明示。文部大臣は、都道府県・市町村について地方公共団体の長または教育委員会の教育事務の管理執行が違法、または不適正で「教育本来の目的を阻害しているものがあると認めるとき」、それぞれの機関に違反の是正・改善のため必要な措置を講ずべきことを要求することができるとする規定である(第五二条一項)。③文部大臣又は都道府県教委の全般にわたる指導、助言及び援助の規定(第四八条)。このことは教育委員会法では、「法律に別段の定めがある場合の外」、文部大臣は各級教委に対し、都道府県教委は地教委に対し、行政上、運営上の指揮監督を禁じており、また都道府県教委は地教委に対し「技術的・専門的な助言と指導を与えること」と明記されていたことが想起されなければならない。

国会での参考人公述において、かつて文部省参与として教育委員会法案の作成にも関与した田中二郎(東京大学教授)が、「この法律全般にわたって随所に現われておりますす規定を綜合してみますと、何か教育についてはすべて文部大臣あるいは文部省が責任を負うというような体制に入りつつあるのではないか」と正鵠を射た批判[14]をしたことにみられるように、「国、都道府県及び市町村一体とした教育行政制度の樹立」とは、文部省→都道府県教委→市町村教委という上下の関係秩序を新設することにより、縦の系列を強化する教育行政の中央集権化にほかならないことは否定できないだろう。

以上の三点の他に地方教育行政法の趣旨として強調されたことのひとつに、「指導行政の確立と学校管理の明確化」がある。従来の教育委員会法には、指導主事の教員に対する助言と指導に係わって、とくに「命令及び監督をしてはならない」と明記されていた。地方教育行政法ではこの重要な文言を削除して、「指導主事は、上司の命を受け、学校における教育課程、学習指導その他学校教育に関する専門的事項の指導に関する事務に従事する」(一九条)と改めたのである。指導主事の上司とはいうまでもなく教育長である。

また、地方教育行政法には、学校等の「組織編制、教育課程、教材の取扱その他」の管理運営の基本的事項について定める教育委員会規則（学校管理規則等）の制定（第三三条）、都道府県教委・市町村教委による教職員の行政研修（第四五条）、教職員の勤務評定（第四六条）など、一連のあらたな事項が規定されたのである。これらはその後、都道府県教委・市町村教委による学校・教職員への強力な管理統制を生み出す法的根拠規定となっていったことは周知のとおりである。

2 教育委員会制度の大改編――連続と断絶

地方教育行政法にもとづく任命制教委制度の理念とされたことを検討してきたが、「地方自治の原則を尊重し、……『公正な民意により、地方の実情に即した教育行政を行う』ことを否定するものではない(15)」とする文部省当局者の説明にもかかわらず、任命制教委制度は、教育行政における民主主義、地方自治の原則から大きく後退しているといわざるをえない。

近年、一部の中堅・若手研究者から、教育委員会法と地方教育行政法の「断絶性」を強調する筆者らの見解に対して、そのような「通説的」な言説は一面的であり、新旧両制度（新旧両法）の「連続性」をこそ明確に評価すべきであり、そうすることによりバランスのある認識が可能であると強調する言説が主張されている(16)。

確かに地方教育行政法によって、市町村、都道府県単位におかれる合議制の執行機関（行政委員会）としての教育委員会自体が廃止されたわけではなく、また公選制教委制度から引き継がれている要素がないわけではない。新制度への改編の中でも旧制度の特徴はそれなりに残されており、今日における教育行政民主化の足がかりを提供している一面があることは看過されてはならないだろう。また、当時は教育委員会制度それ自体を廃止しようとする激しい教育と政治をめぐる力学が働いているさなかで、ぎりぎりの妥協を重ねながら教委制度そのものの存続をかろうじて守り抜いたとの「感慨と認識」が、とりわけその衝に当たっていた当時の文部省当事者・関係者にあることもそれなりに理解できる。これらの要素や経緯をふくめて、新旧教育委員会制度における「連続と断絶」を総合的に検討し、バランスある評価が必要であることはもとより当然であろう。[17]

しかしながら、地方教育行政法による教育委員会制度の改編によって、この制度の当初の理念と原則は基本的に継承されたというこれらの見解にはとうてい同意することはできない。その後の現実を直視すれば明らかなように、事実はその逆であり、理念と制度原則は著しく歪められ後退したといわざるをえない。繰り返しになるがその理由を再論しておこう。

すなわち、第一には、教育委員の公選制廃止・議会の同意を得ての首長による任命制と会議公開制規定等の削除により、教育委員（会）の「住民代表性」および住民に対する「直接責任性」は著しく後退するとともに、それによって首長や議会に対する行政委員会としての自主性を弱めたことがまずあげられる。第二は、教育委員の任命・同意制の導入に加えて、教育予算原案・教育条例原案の作成・送付権などの財政関係の独自な制度的な権限を一切失うことにより、行政委員会として自主性・自律性を著しく弱めたことである。第三には、教育長の任命承認制、措置要求権や教育委員会の行なう事務全般に対する「必要な指導、助言又は援助」などの規定によって、文部大臣の教育委員会に対する（また都道府県教委の市町村教委に対する）事実上の統制機能が強化されていることである。これによって文部省 → 都道府県教育長・事務局 → 市町村教育長・事務局を軸とした上意下達の教育官僚統制システムが確立し、教育行政のタテの関係における行政委員会としての自主性・自律性も著しく弱められたことは明らかである。第四には、教育長の専門性を担保する資格規定がまったく削除されたことにより、教育委員会は本来高い専門性を担保することを期待されていた行政委員会としての特質を制度的には弱めることになった。教育長任命承認制の導入がそれを代替する機能を果たすともいわれたが、それは問題の本質を逸らした言説であろう。一方で個々の教育委員会の専門性を制度的に弱体化させておき、他方で文部省の教育委員会に対する専門的指導、助言、援助を強化するという仕組みは、行政委員会自身の専門的指導・助言行政における自主性・主体性を二重に弱めることにならざるを得ない。第五は、こうしたなかで逆に学校や教職員に対する管理・監督システムの整備（学校管理規則の制定、勤務評定の導入など）と「上司の命を受けて」行われる「指導・助言行政」の強化は、学校や教職員への抑圧を強め、その自主性・自律性を弱めることに繋がっていかざるを得ないのである。

総じて地方教育行政法によって再編された教育委員会制度は、「合議体の執行機関」という行政委員会としての形態を存続させつつも、教育委員会法によって規定されていた本来の理念と原則は歪められ後退したといわざるを得ない。すなわち、住民との直接的なつながり（民主主義および住民代表性の契機）、教育予算原案および教育条例原案の作成権・首長への送付権等の固有な権限（首長部局からの独立性の契機）、文部省や都道府県教委に対する「対等な関係」（分権化の契機）、教育長等の専門資格性（専門性の契機）などを大きく後退させたことは否定できないだろう。それらによって任命制教育委員会制度は〝内側〟からも〝外側〟からも「形骸化」を余儀なくされる多くの要因を内包していたといえるのである。

戦後文部省の要職を歴任し、この制度の大改編やその後のあり方にも深く係わってきた元文部官僚の一人が、つぎのように述懐していることは興味深い。あえて紹介しておこう。

「地教行法制定当時、教育長の承認制度には、教委制度の地方分権化の目標に照らしていかがなものかという批判はあったのだが、教育界の当時の情勢からやむをえないこととして立法化された。……文部省としては、教育行政の地方分権化、教育委員会の自主性の尊重という理念はしばしば抑えても教育行政の一枚岩の団結を確保せざるをえなかったのであるが、残念ながらその期間が長くなりすぎてしまった。そのため、教育行政の硬直化、超保守主義化を招き、国民や住民の意向を進んで実現しようとする態度にブレーキがかかることとなった(18)」。

〈注〉

（1）時事通信社『時事通信内外教育版』一九五六年六月一二日。

（2）日本教育学会「教育二法案に対する意見」一九五六年四月、同学会編『日本教育学会の教育改革意見書・要望書等資料集（一九五四〜一九七〇）』、一九七二年九月、所収。

（3）日本教職員組合編『日教組十年史』、参照。

（4）『第二四回国会参議院文教委員会議録』二〇号。

（5）同前、『参議院文教委員会議録』二一号。

（6）同前、『参議院文教委員会議録』二〇号。

（7）木田宏『改訂逐条解説地方教育行政の組織及び運営に関する法律』第一法規、一九五六年、四〇頁。

（8）『朝日新聞』一九五六年一月一二日付「社説」。

（9）『毎日新聞』一九五六年一月一二日付「社説」。

（10）五十嵐顕「教育委員会制度改正を批判する」『教育』一九五六年四月号、所収。

（11）木田宏「地方行政の組織及び運営に関する法律の基本理念」『自治研究』第三二巻七号、所収。

（12）教育法令研究会『教育基本法の解説』国立書院、一九四七年、一三〇頁。

（13）前掲、文部省『教育委員会設置の手引（前編）』一九五二年、三頁。

（14）『第二四回国会衆議院文教委員会公聴会議録第二号』（一九五六年四月九日）一〇頁。

（15）前掲、注（7）の木田前掲書、四一頁。

（16）近年の代表的な労作として、本多正人編著『教育委員会制度再編の政治と行政』多賀出版、二〇〇三年、などがある。

（17）地方教育行政法の制定をめぐる木田宏証言、木田宏監修『証言 戦後の文教政策』第一法規、一九八七年、所収。

（18）今村武俊「提言 教育委員会発足五〇周年に望む」『教育委員会月報』五八五号、一九九八年一一月号、所収。

第Ⅳ章　任命制教育委員会制度の歴史的動態

――「定着」と「形骸化」

第1節　任命制教育委員会制度の展開——「定着」と「形骸化」

1 任命制教育委員会制度の発足と委員の任命

地方教育行政法に拠る新たな教育委員会は教育委員の任命からスタートする。

それに先立って文部省は、一九五六年六月三〇日、次官通達「地方教育行政の組織及び運営に関する法律等の施行について」を発し、教育委員の任命にあたってのつぎのような基本態度を明らかにした。「教育委員の任命は地方公共団体の長が議会の同意を得て行うのであるが、教育委員の人選よろしきをうるか否かは新制度の成否にもかかわるものであるから、公正な立場に立ち、教育について大局的判断をなしうる広い識見の人材を選任すること」[(1)]。また、同年八月の文部省主催の新法「説明会」では、清瀬文相は「私見」としながらも、より具体的に任命にあたっての留意事項をのべている。すなわち、①教育委員会の委員は、政党に関係なき達識者のみで構成する方が良い、②特定の団体代表や利益代表は避けるべきである、③ただし、教育の政治的中立を堅持するという重責に堪えられる人物であること、④必ずしも教職の前歴者であることを条件にすべきでないこと、⑤前委員留任という声があるが、この際、人心一新も一つの考え方である、などである[(2)]。

一方、教育委員会制度の廃止を強力に主張してきた全国町村会は、初めての教育委員の任命にあたって、「新教育委員会法運営申合せ」（一九五六年六月一七日）を行い、つぎのような確認をしている。「①教育に対する関心を更に昂揚する。②教育委員はなるべく政党所属者を避けるべきも保守革新を問わず教育に関し識見を有する穏健中正な人物を任命する。③党派にかかわらず政治的紛争を招来する人選を避けること。④教育委員に適任者ある場合は特に婦人の任命を配慮すること。⑤前各号によるの外教育委員の任命に当っては、公選による教育委員より水準まさるものを選びたる印象を与えうるよう配慮する。⑥教育委員のうち一名は教育長として適当なものを予め配慮する。（後略）」[(3)]

一九五六年一〇月一日に発足した任命制教委の委員構成には、「慎重な配慮」「人心一新」の跡が顕著であった。四六都道府県教委のうち、委員総入れ替えをした府県は三三（七一・七％）にのぼり、公選制時代の委員が任命された事例は一三県二一名であり、全国二二九名のうち、わずか九・二％にすぎなかった。(4)

② 教育委員会制度の「変容」と「定着」

新たに発足した任命制教育委員会は、いかなる人びとにより構成され、教育委員会はいかに運営され、いかなる機能を果たしたのであろうか。(5)

第一に、教育委員の社会的構成上のおもな特徴として、①党派的には無所属が大半であり、一見、政治的中立性が保たれたかにみえるが、ほとんどが保守系であった。②一般に、高年齢化、高学歴化がすすみ、職業別構成では社会的上層である「管理的職業」「専門的・技術的職業」層が急増し、反対に勤労階層出身の委員はきわめて少なくなった。第二には、教育委員会の権限、地位が低下し、運営の中心は、教育長を中心とした事務局に移ったことである。すなわち、①教育長・事務局の専決事項は増加し、②教育長・事務局の委員会に対する発言権が強化され、③陳情や交渉にはほとんど教育長や部課長が対応するようになっていることである。

第三は、首長による任命制、教育予算の編成・支出権の喪失、教育財産の取得・処分権の喪失などにより、教育委員会の自主性はいっそう弱化し、地方行政全体の中での比重も低下し、一般行政への従属傾向が強まったことである。教育長へ知事部局からの横すべり人事が目立ってきた。

第四は、文部省の若手官僚が都道府県教委等の教育長などの主要ポストに〝天下り〟するなど、都道府県教育長や事務局を通じて文部省の指導、諸施策の徹底が浸透し、教育委員会の内部機構そのものの中央出先機関化の傾向が一部でうまれたことである。

第五は、都道府県教委は、市町村教育長の承認権、教員人事権、指導行政権の拡大などにより、市町村教委の上級機関としての性格を強めたことである。府県内の出張所（教育事務所）は県教委の意思伝達機関として重視されるようになった。

こうして文部省―都道府県教育長・教委―市町村教育長・教委という中央集権的教育行政機構が復活された。これと並行して、任命制教委の発足以後、地方教育行政法にあらたに盛り込まれた規定を活用して、勤務評定の実施、学校管理規則の制定、学習指導要領の全面改正と法的拘束性の付与、道徳教育の復活、教科書検定の強化、学力テストの実施など教職員の管理統制と教育内容統制を眼目とした一連の施策が堰を切ったように強行されていったことは、公選制教委制度（教育委員会法）を廃止して任命制教委制度（地方教育行政法）を確立した政治的・行政的意図を鮮明に示しているといえるであろう。次節では、任命制教育委員会が「定着」したといわれる一九七〇年代前半の教育委員会の人的・社会的構成の実態と問題点に絞って、やや詳しく検討していくことにする。

第2節　任命制教育委員会の人的・社会的構成の実態と問題点―一九七〇年代の一断面

1　教育委員会の人的・社会的構成と問題点

本節では、任命制教委制度の発足後十数年の歴史的推移と実態を、教育委員会の社会的・人的構成の問題に焦点をあてて検討し、全国的な動向と問題点を実証的に明らかにしていきたい。具体的には、①「狭義の教育委員会」である教育委員の社会的構成の問題[6]、②教育長の人的構成の問題、③いわゆる教育長の「天下り」人事の問題[7]、の三点について検討する。

さて、この間に教育委員会制度はどのような変化をとげて今日に至っているのであろうか。とりわけ、一九六〇年代から七〇年代にかけ強力におしすすめられた高度経済成長政策や全国総合開発政策と密着して展開された中央・地方の教育政策のなかで、教育委員会制度には大きな変化がもたらされたと思われる。

文部省『地方教育行政の調査報告書』（一九七二年五月一日現在）によれば、全国には三四四八の教育委員会（Ａ・都道府県四六、Ｂ・市町村三四〇二）が設置されており、そこには一万三四五七人の教育委員（Ａ・二二八人、Ｂ・一万三二二九人）、三三三三一人の教育長（Ａ・四六人、Ｂ・一万三二八五人）、四万八五二九人の事務局職員（Ａ・一万四八六七人、Ｂ・三万三六六二、一三二六人の兼務者を含む）、合わせて六万五三一七人の教育行政関係者が勤務している（なお、「復帰」前の沖縄県は含まれていない）。

この巨大な教育行政組織がいかなる原則にもとづいて組織され、いかなる人びとにより構成され、いかに運営され機能しているかは、教育事業の全体とそこで実現される教育の内実に大きな影響をあたえているといえよう。

教育委員会制度の実態分析を行なううえで、合議制の執行機関たる委員会がいかなる人びとによって構成されているか、どのような人びとが委員に任命されているかをつかむことがまず必要であろう。教育委員（会）の社会的構成の分析はもとより多様な構成要素について行なわれる必要があろうが、ここでは、資料の制約から、①年齢別構成、②職業別構成、③その他（学歴別、性別など）の客観的側面に限定して分析する。これらの分析に入る前に、地方教育行政法が規定する選任方法と委員の資格要件をあらためて確認しておこう。

(1) 教育委員の選任方法と資格要件

地方教育行政法等によれば、教育委員の選任方法と資格要件はつぎのとおりである（地方教育行政法の条項は調査当時のものである）。

①「委員は、当該地方公共団体の長が被選挙権を有する者で、人格が高潔で、教育、学術及び文化に関し識見を有するもののうちから、地方公共団体の長が、議会の同意を得て任命する。」（地方教育行政法第四条第一項）

②過半数が同一政党に所属することとなってはならない（同条第四項）。

③委員は非常勤で（第一一条）、任期は四年であり（第五条）、特別職に属する地方公務員である（地方公務員法第三条）。右の規定を補足するものとして、当局者によりつぎのような説明がなされてきた。「委員は大局的立場に立って、教育行政の方針又は大綱を決定し得る識見と能力を有することが必要であるが、必ずしも教育行政の実際の運用についての専門的知識と経験を有する人でなくてもよい」[8]し、「必ずしも当該地方公共団体に住所を有する者に限らない」（昭三二・八・二二文部省初中局長通達）。

このように資格要件の規定はきわめて抽象的ではあるが、父母や住民の切実な教育要求を代表しうる人びとというよりは、高い学歴をもつ「文化人」「有識者」を委員の適任者として示唆しているといえよう。

(2) 教育委員の年齢別構成

〈表I―A〉および〈表I―B〉は、一九五六年一〇月一日に発足した任命制教育委員会の教育委員の年齢別構成について、都道府県（A）、市町村（B）別に発足時から一九七二年までの推移を実数および百分比で示したものである。なお比較対照のために、最上段に公選制の最終時（一九五六年六月現在）の実態を加えてある。

一見して明らかなことは、（A）、（B）ともに六〇歳以上の委員が年々増加の一途をたどり、一九七二年では、（A）においては六五％以上、（B）においても四五％以上を占めており、任命制発足直後は公選制末期とほぼ同様であるが、その後は委員の高齢化現象が顕著であることであろう。

教育委員会の人的・社会的構成の実態と問題点

表Ⅰ－A　教育委員（都道府県）の年齢別構成

	総　計	30～39歳	40～49歳	50～59歳	60歳以上
1956年 6月	254 (100)	4 (1.5)	70 (27.6)	87 (34.3)	93 (36.6)
1956年10月	229 (100)	6 (2.6)	47 (20.5)	101 (44.1)	75 (32.8)
1957年	226 (100)	4 (1.8)	43 (19.0)	98 (43.4)	81 (35.8)
1958	225 (100)	4 (1.8)	34 (15.1)	99 (44.0)	88 (39.1)
1959	221 (100)	4 (1.8)	37 (16.7)	74 (33.5)	106 (48.0)
1960	228 (100)	4 (1.7)	31 (13.6)	74 (32.5)	119 (52.2)
1961	226 (100)	3 (1.3)	25 (11.0)	83 (36.4)	117 (51.3)
1962	224 (100)	3 (1.3)	24 (10.7)	80 (35.6)	117 (52.4)
1963	223 (100)	1 (0.4)	21 (9.4)	78 (35.0)	123 (25.2)
1964	225 (100)	3 (1.3)	16 (7.1)	73 (32.5)	133 (59.1)
1965	226 (100)	5 (2.2)	17 (7.5)	60 (26.6)	144 (63.7)
1966	224 (100)	4 (1.8)	17 (7.6)	58 (25.9)	145 (64.5)
1967	222 (100)	2 (0.9)	19 (8.6)	56 (25.2)	145 (67.3)
1968	228 (100)	2 (0.9)	21 (9.2)	55 (24.1)	150 (65.8)
1969	230 (100)	0 (0.0)	21 (9.1)	58 (25.2)	151 (65.7)
1970	229 (100)	0 (0.0)	21 (9.2)	56 (24.5)	152 (66.3)
1971	227 (100)	1 (0.4)	22 (9.3)	58 (25.6)	147 (64.7)
1972	228 (100)	1 (0.4)	17 (7.5)	58 (25.4)	152 (66.7)

（注）　1. 1958年6月は、公選による委員数である。（但し、1名の議会選出委員は含まれていない）
　　　　2. 1956年10月は、任命制発足時のものである。
　　　　3. 上段の数字は実数、（　）は百分比をしめす。
（出典）文部省「地方教育行政の調査報告書」より作成。

表Ⅰ－B　教育委員（市町村）の年齢別構成

	総　計	25～29歳	30～39歳	40～49歳	50～59歳	60歳以上
1956年 6月	18,487 人 （100%）	101 (0.5)	1,391 (7.5)	4,527 (24.5)	7,126 (38.6)	5,344 (28.9)
1956年10月	19,528	137 (0.7)	1,718 (8.8)	5,091 (26.1)	7,904 (40.4)	4,678 (24.0)
1957年	15,392	76 (0.5)	1,326 (8.6)	4,109 (26.7)	5,964 (38.7)	3,917 (25.5)
1958	14,804	38 (0.3)	1,098 (7.4)	3,790 (25.6)	5,764 (38.9)	4,114 (27.8)
1959	14,076	26 (0.2)	919 (6.5)	3,325 (23.6)	5,511 (39.2)	4,295 (30.4)
1960	14,062	22 (0.2)	832 (5.9)	3,153 (22.4)	5,473 (38.9)	4,582 (32.6)
1961	13,904	17 (0.1)	818 (5.9)	3,043 (21.9)	5,353 (38.5)	4,673 (33.6)
1962	14,115	18 (0.1)	767 (5.4)	2,953 (20.9)	5,343 (37.9)	5,034 (36.7)
1963	13,678	17 (0.1)	681 (5.0)	2,757 (20.2)	5,097 (37.2)	5,126 (37.5)
1964	13,765	23 (0.1)	575 (4.2)	2,753 (20.0)	5,092 (37.0)	5,322 (38.7)
1965	13,796	12 (0.1)	556 (4.0)	2,778 (20.1)	4,914 (35.7)	5,536 (40.1)
1966	13,831	10 (0.1)	496 (3.6)	2,744 (19.8)	4,644 (35.0)	5,737 (41.6)
1967	13,388	8 (0.1)	415 (3.1)	2,664 (19.9)	4,498 (33.5)	5,803 (43.4)
1968	13,513	11 (0.1)	341 (2.5)	2,696 (19.9)	4,454 (33.0)	6,011 (44.5)
1969	13,458	12 (0.1)	368 (2.7)	2,763 (20.5)	4,362 (32.4)	6,968 (44.3)
1970	13,440	10 (0.1)	366 (2.7)	2,729 (20.3)	4,193 (31.2)	6,142 (45.7)
1971	13,124	5 (0.0)	319 (2.4)	2.625 (20.0)	4,025 (30.7)	6,149 (46.9)
1972	13,229	6 (0.0)	298 (2.3)	2,638 (19.9)	3,964 (30.0)	6.323 (47.8)

（注）　1. 1956年6月の欄は公選の委員数である（1名の議会選出委員も含む）。
　　　　2. 1956年10月の欄は任命制発足時のものである。
　　　　3. 上段の数字は委員の実数、（　）は百分比をしめす。
（出典）文部省「地方教育行政の調査報告書」各年度版より作成。

とくに都道府県教育委員（A）についてはこの傾向が著しい。すなわち、①四〇歳未満の委員は皆無に近く、②五〇歳未満の委員総数をとっても全体の一〇％にも満たないこと、③九〇％余が五〇歳以上であり、さらに六五歳以上が全体の四〇％余を占めていること、[9] ④これらは公選制の最終時期はもとより、任命制初期と比べても年齢別構成上の「公正さ」をあまりにも欠いていること、などである。

市町村教育委員（B）については、高齢化の進行は多少緩慢といえようが、ほぼ前者と同様の傾向を指摘しうる。すなわち一九七二年には、①四〇歳未満はわずかに二％余であり②五〇歳未満の総数でも二〇％を若干上まわるにすぎず、③六〇歳以上が四七・八％と半数に迫り、⑤五〇歳以上の総数は七七・八％と圧倒的である。

⑶ 職業別構成

教育委員の職業別構成の推移と現状は、〈表Ⅱ—A〉（都道府県）および〈表Ⅱ—B〉（市町村）に百分比で示されている。

＊　職業分類項目のうち、①「専門的・技術的職業従事者」とは、高等教育あるいはそれと同程度以上の学力および相当長期の実際的経験を必要とする職業に従事する者とされており、具体的には技術者、学校長、教員、医師、薬剤師、芸術家、研究者、弁護士、著述者、宗教家などが含まれる。②「管理的職業従事者」とは、事業体を主宰する者あるいは事業体の一部課以上の管理を行なう者とされ、具体的には会社役員（取締役、理事、社長など）、団体役員、非営利法人の役員（組合の長、理事など）、事業主、支配人、などが含まれる。③ただし、事業主、支配人および幹部職員であっても自ら直接事務、販売、生産、研究等の作業に従事するものは含まれない。④「事務従事者」のうち課長以上の者は、「管理的職業従事者」として扱われている（文部省『地方教育行政の調査報告書 ― 昭和三一年六月・一〇月現在 ―』一〇〇頁）。

表Ⅱ－A　教育委員（都道府県）の職業別構成比

	専門的・技術的職業従事者	管理的職業従事者	農林・漁業従事者	生産従業者	事務従業者	販売・サービス従事者	無　職
1956年 6月	12.2%	25.6	16.1	2.4	1.2	3.9	38.6
1956年10月	26.6	34.5	6.6	1.3	—	4.4	26.6
1957年	24.8	38.5	4.4	0.4	—	3.2	28.3
1958	25.3	40.9	4.9	0.4	—	1.4	27.1
1959	27.6	36.6	5.4	0.5	—	3.7	26.2
1960	29.0	32.5	4.8	0.4	0.4	3.5	27.8
1961	29.4	32.0	4.8	1.8	0.4	2.2	29.4
1962	29.0	35.7	6.8	—	—	0.9	27.7
1963	30.9	36.8	2.7	—	—	0.9	28.7
1964	29.3	38.2	3.1	—	—	1.3	28.0
1965	23.0	42.5	4.0	0.4	—	2.2	27.9
1966	22.8	41.5	5.3	—	0.5	3.1	27.2
1967	26.5	42.7	5.4	0.5	—	1.4	23.0
1968	25.0	46.1	3.9	—	—	0.9	24.1
1969	24.8	48.2	3.9	—	—	2.2	20.9
1970	28.4	44.6	2.2	1.3	—	1.7	21.8
1971	26.4	45.8	3.5	0.5	—	2.2	21.6
1972	27.2	45.6	3.5	—	—	0.9	22.8

〔注〕　1. 1956年6月および1956年10月の欄は表Ⅰ－Aと同じ。
　　　2. －該当者がないことをしめす。
〔出典〕表Ⅰ－Aと同じ。

表Ⅱ－B　教育委員（市町村）の職業別構成比

	専門的・技術的職業従事者	管理的職業従事者	農林・漁業従事者	生産従業者	事務従業者	販売・サービス従事者	無　職
1956年 6月	13.3%	13.1	47.1	4.9	3.2	8.7	9.6
1956年10月	14.3	18.7	41.2	2.8	2.7	5.9	14.4
1957年	14.8	16.9	45.4	3.9	2.7	7.2	9.1
1958	14.4	17.5	46.0	3.3	2.5	7.5	8.8
1959	14.9	17.1	45.3	3.7	2.2	7.6	9.2
1960	14.9	17.7	44.6	3.8	2.2	7.5	9.3
1961	14.8	18.1	44.6	3.3	2.3	7.9	9.0
1962	14.8	18.3	43.8	3.6	2.1	8.2	9.2
1963	15.4	18.0	43.7	3.1	2.3	8.1	9.4
1964	15.4	17.9	42.9	3.0	2.4	8.5	9.9
1965	15.6	18.4	42.1	3.3	2.5	8.5	9.6
1966	15.2	19.0	41.3	3.3	2.4	8.9	9.9
1967	15.7	19.5	40.9	3.1	2.2	8.4	10.2
1968	15.8	19.5	40.6	3.0	2.1	8.7	10.3
1969	15.7	20.2	39.8	3.0	2.1	8.9	10.3
1970	15.6	20.3	39.1	2.8	2.4	9.0	10.8
1971	15.6	20.1	38.0	3.0	2.5	9.2	11.5
1972	15.9	20.4	37.2	2.7	2.5	9.3	12.0

〔注〕　1956年6月および1956年10月の欄は表Ⅰ－Bと同じ。
〔出典〕表Ⅰ－Bと同じ。

まず、都道府県教育委員〈表Ⅰ―A〉について現状（一九七二年）を概観すると、「管理的職業従事者」が四五・六％」「と圧倒的に多く、ついで「専門的・技術的職業従事者」の二七・二％、「無職」二一・八％となっており、「農林・漁業従事者」「販売・サービス従事者」はわずかに三・五％、〇・九％であり、「生産従業者」「事務従事者」は皆無である。特徴的傾向として指摘できることは、第一に、「管理的職業従事者」と「専門的・技術的職業従事者」の二者の構成比が、任命制への転換とともに過半を占めるようになり、以後漸増を続け、最近数年間は全体の七〇％を超え、「無職」を除けばほとんどすべてであること。

第二に、実際には職業構成人口の大半を占めている「農林・漁業」「生産」「事務」「販売・サービス」の各従事者は、合わせても全体のわずかに五％前後にすぎず、とくに「生産」「事務」従業者は任命制発足とともに教育委員から締め出されている。

第三に、公選期の構成に比べ任命期のそれはいっそう大きな偏りを示し、その度合は時とともに拡大していることである。

つぎに、市町村教育委員〈表Ⅱ―B〉の場合について概観しよう。現状（一九七二年）では、「農林・漁業従事者」がもっとも多く、三七・二％を占め、ついで「管理的職業従事者」二〇・四％、「専門的・技術的職業従事者」一五・九％、「無職」一二・〇％と続いている。「生産」「事務」従事者は各二～三％にすぎない。都道府県委員の構成のような極端な偏りはみられないともいえようが、「専門的・技術的職業従事者」および「管理的職業従事者」が増加傾向にあるのに対し、「農林・漁業従事者」「生産従事者」が減少傾向を示していることは、相対的にはその進度が緩慢であるにしても、やはり都道府県と同様の傾向にあるといえよう。この傾向は人口規模の大きい都市の委員会ほど顕著であるといえる。(10)なお、「無職」の前歴は明らかでないが、そのうち六〇％余が教職歴を有していることからみて、(11)退職校長等が多数を占めていると考えられる。

(4) その他の構成

前掲文部省『報告書』には他に学歴別、男女別、教職歴別の有無などについての統計が年度ごとに載っている。ここではごく簡単に、これらの点についてふれておこう。

一九七二年五月現在の都道府県教育委員の学歴別構成(カッコ内は市町村教育委員)は、大学卒五五・八%(一八・八%)、高校卒一六・二%(九・一%)、師範卒一四・〇%(一七・四%)、中学校卒一〇・五%(二八・九%)、その他三・五%(二五・八%)である。ともに大学卒の比率が漸増しており、人口規模の大きな市教委では府県の構成比に近づいている。

男女別構成における女子の占める比率は、都道府県で一〇%余、市町村で四%余であり、大半が男子によって占められ、比率の変化はあまりない。

教職歴を有する委員の構成比は、都道府県で三五%前後、市町村では二五%余であるが、後者では漸増傾向がみられる。

(5) 社会的構成の問題点

宗像誠也が戦後いちはやく紹介していたように、アメリカの教育学者G・S・カウンツがその著『教育委員会の社会的構成』で、アメリカの教育委員会の人的構成問題にかかわって、つぎのような問題を提起したのは、この調査の時点から約五〇年前となる一九二七年のことである。「教育委員が顕著に有産・有識階級にかたより、職業別人口では大きなパーセンテージを占める労働者の代表が少ないのでは、はたして教育委員が民衆の意思を代表しているといえるだろうか」と。(12)

わが国における任命制教育委員会の社会的構成の現状は、歴史的諸条件の差異を捨象した一般的統計結果に限っていうならば、カウンツが批判の対象とした当時の矛盾をさらに拡大しつつあることを示している。すなわち、第一に、とりわけ部道府県や部市部においては、社会的上層である「有産」「有識」階層―とくに「管理的従事者」―の比率が圧倒的であり、職業別人口の大半を占める一般勤労者階層の構成比は皆無に近くなっていることである。たとえば北九州市では、全員が会社社長・役員で占められており、岡山、群馬、富山、奈良、福井の諸県でも三〜四人を占めている。(13)

第二に、年齢構成的には、高齢化現象が顕著であることは、教育委員が、第一線を退いた人びとないしは企業や地元有力団体のトップに位置する人びとの名誉職的なものとして位置づけられる傾向を強めていることである。したがって、第三に、今日の教育委員会は、切実な教育要求をかかえている一般住民諸階層の意向はきわめて反映されにくい現状となっていること。

第四に、以上のことから、「住民に直接責任を負う」教育行政を執行する機関として創設された教育委員会の本来の性格はまったく形骸化され、教育委員会の実質的権限は、教育長を中心とする事務局の上層部に移行していることを示しているといえよう。

2 教育長等の人的構成と問題点

(1) 教育長の任用資格等の問題

教育長の人的構成の現状分析に入る前に、現行法制における教育長の任用資格等について、旧教育委員会法の規定と対比しながら検討しておきたい。現行法制のあり方が、後に見る教育長の人的構成に少なからぬ影響を与えていると思われるからである。

教育委員会の創設時において、教育長は教委制度が実際に機能する際の要の地位にあるものとつぎのように位置づけられていた。「教育長は単に教育委員会の補助機関というのではなしに委員会の頭脳であり、同時に手足である。……教育委員会には教育長という専門職がおかれていて、その教育長が同時に事務局長であるわけである。教育長というのは従来の意味での行政官ではなく、広い意味での教育界の人であり、教育行政が、やはり広義の教育に入ってきたことを示すものである。これが教育長職の存在の意義というべきである」[14]。

教育委員会法および教育公務員特例法（教特法）によって、教育長は固有の免許状を必要とする「教育公務員」と規定され、教育職員免許法（教免法）は指導主事、校長などとともに教育長免許制度を詳細に規定した。教育長を短期間で養成するための「教育長等講習」（ＩＦＥＬ）が精力的に実施されたゆえんである。その後、一九五四年の「免許法」改正の際、教育長免許状制度は廃止され、教特法において、指導主事、校長とともに任用資格が規定された。ところが、前述したように、地方教育行政法制定とそれにともなう教特法の改正により、任用資格規定も完全に削除されたのである（指導主事については地方教育行政法で、校長については学校教育法施行規則でそれぞれ任用資格が附加されたにもかかわらず）。かわって、都道府県・政令指定都市の教育長の任命にあたっては文部大臣の承認制、市町村教育長の任命にあたっては都道府県教委の承認制という〝外的規制〟が加えられた。かくして、任命制の発足とともに、教育（ないしは教育行政）の経験をまったく持たない者でも教育長になりうることとなったのである。これは「承認制」とともに、教育委員会制度そのものの〝形骸化〟を内側から促進する契機となるのである。

つぎに検証する教育長の人的構成の実態は、その〝促進度〟を私たちに示してくれるだろう[15]。

⑵ 教育長の人的構成

〈表Ⅲ－Ａ〉は、都道府県（本土復帰の沖縄県を含む）および政令指定都市の現任教育長（一九七四年五月現在）について、筆者が出身分野別に調査分類したものである。

＊　ただし、出身分野の確定は必ずしも前歴（教育長就任の直前の職）にもとづくものではなく、主要な経歴にもとづくものである。たとえば、一般行政職員出身者のなかには、教育次長の前歴を持つ事例があり、自治省関係者のなかには、前歴として当該府県の一般行政部局長などに一期ないしは二期以上就任した後に教育長へ横すべりした者も多く含んでいる、など。

〈表Ⅲ―A〉にみられるとおり、第一は、四七都道府県・九政令指定都市の教育長五六名のうち、一般行政職出身者が三〇名（五三・六％）と過半を占めていることである。任命制発足時（ただし、沖縄県は含んでいない）においては、五一名中一〇名（一九・八％）、また当時の指定都市は五市にすぎず、他はすべて教育関係職出身（公選時の教育長三六、教育次長一、高校長四）であったが[16]、勤評闘争前後に新たに一〇名増え[17]、一九六〇年代にはさらにその数を増し、現在は実数比で三倍化したといえよう。

第二は、そのなかでも自治省関係者が大きな比重（三六・七％）を占めていることが特徴である（この点は後述する「天下り」問題の節で詳しくふれたい）。

第三は、一般行政職のうちでも、企画（調整）部関係、総務部関係、商工労働部関係を前歴とする者が大きな比重を占めていることである。この点はたんなる人事異動政策の一環にすぎないとの見方もできようが、一九六〇年代以降の教育政策が地域開発政策およびこれと密着した労働力政策に従属し

表Ⅲ－A　教育長（都道府県・指定都市）の出身分野

	都道府県（47）	指定都市（9）	計（56）	
一般行政職（計）	25人	5人	30人	53.6%
(1) 地方一般行政職	14	5	19	33.9
(2) 自治省関係	11	0	11	19.7
教育関係職（計）	22	4	28	48.4
(3) 学校長	9	0	9	16.1
(4) 教育委員会	11	3	14	25.0
(5) 文部省関係	2	1	9	5.3

てすすめられてきたことと深い関係があると考えられる。

第四は、一般行政職出身者は教育関係職出身者に比べ、教育長就任年齢が平均して五歳前後低いことである。この点は、教育長職が一般地方行政機構の出世階段として位置づけられているとみることもできよう。

つぎに、市町村教育委員会の教育長についてはどうであろうか。〈表Ⅲ－B〉は、一九七二年五月現在の概要を実数および百分比で示したものである。

これによれば、「教職歴」を前歴にもつ市町村教育長が一四二五人で全体の四三・四%を占め、「その他の地方公務員」一五・六%、「教育長」一二・四%がこれについでいる。一般行政出身教育長の比率は、都道府県・指定都市ほど顕著ではないが、「市町村長・助役・収入役」と「その他の地方公務員」の合計は二〇%にのぼり、少なくない比重を占めてきつつあるといえよう。なお、市町村教育長総数の約六五%が六〇歳以上であることを考えあわせると、「教職員」の前歴をもつ教育長のなかには、退職校長などが多くふくまれていることが推察される。

表Ⅲ－B　市町村教育長の前歴

前　歴	実　数	構成比
教育長	408	12.4
教職員	1,425	43.4
教育委員会関係職員	287	8.7
市町村助役収入役	143	4.4
その他の地方公務員	513	15.6
国家公務員	12	0.4
その他	497	15.1
計	3,285	100%

〔出典〕文部省「地方教育行政の調査報告書」（1972年5月1日現在）10ページ。

(3) 教育長の人的構成の問題点

教育長に自治省など一般行政出身官僚が大きな比率を占めていることは、教育行政の一般行政への〝従属〟を示す一つのバロメーターであるといえる。前述のように、任命制教育委員会への移行とともに、教育長の専門家としての資格規定が削除され、その任免権が実質的には知事ないしは市町村長に移ったことからみて、こうした事態は少なからず予想されたことであった。また、一九六〇年代になって以降、中央政府がおしすすめてきた高度経済成長政策とその主要な施策である大規模な地域開発政策に呼応し、「中央直結の地方自治」をかかげ、さきを争って工場や観光資本の誘致に努めてきた自治体当局者の基本施策からみても、これは当然の結果ともいえるだろう。

任命制教育委員会の発足とともに、教育長は制度的にも実質的にもより大きな権限をもつようになり、地方教育行政の基本方針や具体的施策を決定し、執行するうえで、きわめて重要な地位におかれてきた。教育長は本来、教育行政の専門家であり、その豊かな専門性によって素人（レイマン）中心の委員会に適切な指導・助言を行ない（プロフェッショナル・リーダーシップの発揮）、一般行政部局に対し、教育行政の「自主性」を主張し、一般行政サイド等からの「不当な圧力」が教育現場に及ばないように努力するとともに、より積極的には、子どもの学習権を十全に保障しうるような、また教職員がその本来の仕事に安心して専念しうるような条件の整備に尽力することが求められている。ところが、教育の経験がなく、教育という仕事の機微に暗い一般行政出身者の教育長にこうした役割を期待することは難しい（もちろん教職員出身の教育長が誰でもそうした期待に応えているとはいえない）。一般行政畑を長い間歩んできた教育長は、多くが「行政手腕」のある〝能吏〟である。法規に精通し、政治的かけひきにはたけている。しかしながら、子どもや教育現場の状況に注意をはらい、校長や教職員の要求に耳を傾けることは不慣れである。その結果しばしば教育的発想を欠いた教育政策がつぎつぎとすすめられ、これを批判する勢力にたいしては、法規あるいはそれにより附与された権限にもとづき、権力的に対応していく状況が生じやすいともいえる。

首長部局（一般行政部局）にたいする相対的独立性を弱めた教育行政制度が、一般行政出身者を多くうみだし、彼らがいっそうその傾向を促進するという相関関係が定着してきているともいえよう。

3 いわゆる「天下り」人事の問題

(1) 教育長への「天下り」

前掲の〈表Ⅲ－A〉にもあるように、都道府県・指定都市の現任の教育長への中央省庁からのいわゆる「天下り」

事例は全国で一三県一市である。このうち自治省関係者が一一県、文部省関係者が二県一市である。すなわち、自治省関係は、岩手、千葉、神奈川、富山、岐阜、三重、兵庫、徳島、香川、高知、熊本の一一県であり、文部省関係は、群馬、鹿児島、北九州の二県一市である。

今回の調査で判明したことの一つは、現任の教育長に関する限り、「天下り」は自治省関係者が文部省関係者をはるかにしのいでいることである。これは、前節でみたように、教育長に一般行政職出身者の占める比重の増大—府県教育行政の一般行政への従属性の増大—に深くかかわっているといえよう。ただし、留意しておきたいことは、さきにもふれたように、自治省関係者の「天下り」は、ストレートに当該自治体の教育長に就任する場合は少なく、当該自治体の一般行政部課長等にまず着任し、その後教育長に就任する事例が大半であり(たとえば、自治省大臣官房調査官→県総務部長→教育長〈香川〉、自治省税務局課長補佐→県総務部地方課長→教育次長→教育長〈徳島〉など)、教育長にストレートに着任した事例は岐阜(自治省大臣官房付)、三重(自治大学校教授)の二県のみであった。

「天下り」教育長の歴史と現状の詳細は、不明な点がきわめて多く、今後の詳細な調査・検討が必要であるので、以下二、三の点を指摘するにとどめたい。

まず、歴史的にみると、一九五七年八月、三重県教育長に文部省官僚が着任したのがそのもっとも早い事例といえよう。一九六〇年前後には二名の文部省関係者(初中局視学官)が茨城、三重に、一名の自治省関係者が滋賀に「天下り」した事例が今までのところ確認できるが、急増するのは一九六五年以降といってよかろう。すなわち、ほぼこの時期に就任している前任教育長のうち、全国で九県一市の教育長が「天下り」である。文部省関係が七県一市(宮城、秋田、千葉、和歌山、広島、福岡、鹿児島の各県と北九州市)、自治省関係が二県(三重、香川)である。自治省関係の現任教育長はこの時期、府県の一般行政部課長に「天下り」、七〇年代初期に教育長に横すべりしたということができる。

つぎに、「天下り」は地域的に一定の偏りがみられることである。例えば、三重県は最近二期連続して自治省からの「天下り」であり、過去文部省からの二件を合わせ、四代の「天下り」教育長が存在したことになる。同じく現在二期以上続いている事例として、香川（自治省・二期）、鹿児島（文部省・二期）、千葉（文部省、自治省・各一期）、北九州市（文部省・三期）などがある。一見して気づくことは、これらは、いずれも「中央直結の地方自治」を強調し、地域開発を強力におしすすめてきている諸県（市）である。

第三に、「天下り」教育長は本省庁で課長、同補佐、視学官等の地位にあったものが多く、教育長就任の年齢は多くが四〇代の前半である（たとえば、高知—四一歳、千葉・三重—四二歳、鹿児島—四三歳、香川—四五歳、北九州市—三六歳など）。地元の教育関係職出身の教育長がほぼ五五歳前後で就任していることと比べ、およそ一〇歳の開きがあり、「行政手腕」にたけた若手官僚の抜てき人事であるともいえようか。

⑵ 教育次長・部課長への「天下り」

文部省若手官僚の「天下り」は、教育委員会事務局の教育次長、部課長クラスに、より広範に集中してみられるのが特徴的である。これらの事例については、この時点で公表されている資料は皆無であり、府県ごとの個別調査以外に確認の手だてはなさそうであるが、およそ半数の府県・指定都市の調査の中間集計によれば、教育次長、部長クラスへの事例は四県（四名）、課長クラスは一五県（二〇名）を数える。

教育次長・部長へは、福島、千葉、佐賀、福岡（部長）、課長としては香川（三名）、岡山・大分（二名）、青森・宮城・千葉・三重・滋賀・奈良・広島・徳島・高知・島根（各一名）である。教育次長クラスについてみると、福島は五期連続、佐賀は三期、福岡は二期連続である。彼らはほとんどが文部省課長補佐の前歴をもつ三〇代後半の若手官僚であり、二～三年の任期を終えて本省へもどり、課長クラスの地位についているようである。

課長クラスについてはどうか。この場合にはつぎの点を指摘しうる。

①「天下り」ポストとして、指導課長、教職員課長、管理課長、社会教育課長など指導行政、人事行政にかかわる重要ポストが大半であること。②国体開催を控えた県にはほぼ例外なく保健体育課長への「天下り」がみられること。③同一のポストに交替に「天下る」事例が多く、各県で「天下り」の〝専用ポスト〟を確保しているとも思えること。たとえば、宮城・三重（指導課長）、岐阜・大分（管理課長）、島根（学事課長）、千葉（社会教育課長）、香川（総務課長）などは、いずれも二期以上連続している。④いずれも三〇歳そこそこの若手官僚であり、本省の係長ないしは一般事務官の前歴で着任し、二〜三年後に課長補佐等の待遇で本省へ〝帰任〟する事例が多くみられること。⑤教育長、教育次長クラスへの「天下り」と異なり、任命制教委発足とともに、かなり広範に見られることである。任命制教委発足直後の一九五六年一二月の時点で、すでに、一六道府県一九名（半数の九名が社会教育課長）の事例がみられるのである。

(3)「天下り」の背景・要因と問題点

「天下り」人事の直接的要因は、「中央直結の地方自治」を標榜する地方自治体の理事者側の政策・体質にあろう。彼らは東京事務所を設け、中央省庁の政策動向や関連情報をいち早く察知するとともに、中央省庁との人的結合を強化しようと努める。おそらくその最大のメリットは、国からの補助金や情報が得やすくなるという点にあるといわれている。

しかし、その背景にはわが国の地方自治制度の問題がある。憲法（第八章）にも明記されているわが国の地方自治は、実質的にはいわゆる「三割自治」であり、それは、自主財源の比率の低さと国の機関委任事務の比率の高さに典型的に示されている。また、中央各省庁はこうした制度上の特質と自治体の体質を利用して、自治体の重要ポストを確保し、中央の統制力を強めるとともに、省庁間での〝縄張り〟をより拡げようとする。一般的に言えば、「天下り」人事は「中央」と「地方」の両者の利害の〝産物〟ないしは〝合作〟であるといえよう。また、それは、若手官僚に「現場教育」を行ない、将来の中央行政を担う「人材」を育成するという、中央省庁のキャリア人事政策の一面をもつといえる。したがって一般行政の分野では比較的早い時期から一般化していたことと思われるが、教育行政の分野では任命制発足以降に顕著になったものであろう（公選制教委時代の実態については不明である）。

「天下り」人事の第一の問題点は、さきにふれたように、人的パイプを通して、教育および教育行政の中央統制を強め、教育における地方自治を侵害することである。

第二に、「天下り」官僚の多くは、「出先き」意識を強く持ち、任期も短く、したがって地域の実情や従来の慣行に暗いため、それらにとらわれずに施策を推進し、地元の教育現場に新たな混乱と矛盾を生んでいることである。福岡県および北九州市や香川県の教育行政にみられた事例はその典型であろう。「文部省はいわば中間行政」「出先きは思い切ったことが出来ます」という香川県のある「天下り」課長の言葉は象徴的である。(18)

以上、限られた調査・資料によった分析ではあるが、全国的な視野から一九七〇年代前半期における教育委員会の人的・社会的構成の実態と問題点の一端を明らかにすることができた。要点を改めてまとめておこう。

第一は、合議体としての教育委員会を構成する教育委員は、年齢構成上は高齢化が顕著であり、職業構成的には、管理的職業（主に企業経営者層）が半数近くを占め、残りはほとんど、専門的・技術的職業および無職で占められていること。逆に、年齢的にも職業的にも、切実な教育要求を持つ階層にある委員は僅少であること。

第二に、法制的にも、実質的にも大きな権限を有する都道府県および指定都市の教育長は、その過半が教職の経験をまったく持たない一般行政官僚によって占められていること。

第三は、都道府県・指定都市の教育委員会では、教育長をはじめ事務局の重要な部課長ポストに、文部省および自治省の若手中央官僚の「天下り」が一般化していること。

第四には、以上のことから、「公正な民意により、地方の実情に即した教育行政を行うため」(旧教育委員会法一条)に設置された教育委員会は、形式的にも、実質的にも〝形骸化〟され、人的構成上からも、一般行政への従属化、中央集権化の傾向がはっきりと指摘されること、などである。

ここで明らかにされた事実は、一九七〇年代の教育委員会制度の実態の一断面にすぎない。私たちは、さらにつぎに列挙するような課題にとりくむことにより、教育委員会制度の現実態を、いっそう総合的に、リアルに把握していく必要があると思う。

①教育委員会の運営の実態分析(会議の開催状況、議題、審議の内容、公開=傍聴状況など)、②審議会の実態分析、③事務局機構の実態分析(出張所=地方事務所の設置状況、権限と機能、部局の構成と中間職制の実態、など)、④教育行政の実施過程と内容の分析(長期総合教育計画の作成過程と内容、指導行政、人事行政―採用、管理人事を含め―、条件整備行政、社会教育行政、高校教育行政、同和教育行政など分野ごとの行政の実態分析)、⑤教職員組織との協議、交渉および協約の締結状況の分析、⑥知事部局との関係の実態分析(予算、人事など)、⑦文部省と都道府県教委、都道府県教委と市町村教委の関係の実態分析、⑧教育長および教育委員長(教育委員)の全国組織の役割と機能の実態分析、など。

また、全国的な実態分析とともに、いくつかの典型的な教育委員会の総合的分析が必要となるだろう。

第3節　教育委員会制度の「形骸化」と改革の模索――一九七〇年代の動向を中心に

1 教育委員会制度再検討の動向と土壌

(1) 再検討の新たな機運と動向

教育委員会制度の発足三〇周年をむかえた一九七〇年代の後半期に入って、教育委員会（制度）論は再び活発となり、この制度の再検討と新たな可能性の模索が試みられていく。

戦後教育行政の制度的支柱であった公選制教育委員会が一九四八年に発足してから、この制度の意義、設置単位・設置時期、委員の選出方法、一般行政部局との関連など多くの論点にわたって、活発な論議が展開されたことは先述したとおりである。しかし、一九五六年の任命制教育委員会制度への強行的改編以降、教育委員会（制度）そのものにたいする関心と論議は急速に後退し、一九六〇年代末においては、「いまさら教育委員会制度の検討でもあるまいという声が聞こえてきそうに思われるほど、今日教育委員会制度の意義を問い直す動きは少ない」[(19)]などと評されていた。

教育委員会制度への関心と論議が再び活発になるのは一九七〇年代に入ってからのことといえよう。たとえば、日本教育学会第三一回大会（一九七二年）は「教育委員会制度の再検討」を「課題研究」のひとつとしてとりあげたが、以後の年次大会では関連テーマについての報告が少なからぬ会員によってなされている。日本教育法学会においても第三回総会（一九七三年）で「教育における住民自治と学校自治」分科会が設けられ、第四回総会では特別講演「地方自治と教育委員会制度」（田中二郎）が行なわれ、第八回総会（一九七八年）では「教育の地方自治と教育委員会制度」分科会が設定された。また、日本教育行政学会第三年報（一九七七年）は、「公教育の経営と教育行政―教育委員会制度の再検討」を特集している。

教育関係学会の研究動向とは別に、注目すべきとりくみは、一九七〇年一二月、日教組中央執行委員会の委嘱を受けて発足した教育制度検討委員会の三年半にわたる論議とそれらを集約した「日本の教育改革を求めて」と題する教育改革構想（一九七四年五月）の提言である。もとよりこの委員会の論議と提言は、わが国教育のほぼ全分野を視野に入れて行なわれた包括的なものであるが、「教育行政の民主化をどうはかるか」と題する分野にかかわっては、教育委員会制度に焦点を合せた検討がそうとうの時間と精力を費やして行なわれている。その結果、教育行政改革のあり方についての三原則—①教育行政における住民自治、②教育の自主性と教職員の権利を保障する教育行政、③「条件整備」としての教育行政—の提起とともに、教育委員会の公選制の実現を中心として一〇項目に及ぶ当面の制度改革が提言されているのである。

一九七〇年代に入ってからの教育委員会制度の再検討と新たな可能性の模索というとき、そのひとつの特徴は、単なる理論上や教育改革構想上のそれをこえて、実践として運動としてとりくまれている点にある。二、三の事例をあげておこう。

第一は、沖縄の公選制教育委員会制度の存続運動とこれを擁護・支持する運動である。周知のように一九七〇年一一月、沖縄の本土復帰問題に関連して、「沖縄復帰対策要綱（第一次分）」が閣議決定されたが、そのなかで、政府は復帰とともに沖縄で続いてきた公選制教委制度を廃して、本土と一体の任命制へ移行させる（地方教育行政法を全面的に適用する）方針を明示していた。沖縄の屋良朝苗主席は政府に提出した「復帰措置に関する建議書」のなかで、「沖縄の教育行政制度は、教育の自主・独立の民意の反映という民主教育の基本理念を基調とし、民立法によって県民がかちとったもの」であり、「県民のあいだに長年なじまれ、定着し、この制度の沖縄教育行政における功績は高く評価され」、「今やその存続要請は沖縄の決定的な世論」であるとして、公選制の存続と本土での復活を強く要望した。また、沖縄県教組も文部省に公選制の維持を申し入れている。本土でもこれらに呼応したいくつかのとりくみがなされた。野党による公選制復活を中核とする「地方教育行政法一部改正案」の国会上程、中野区議会による「教育委員会の公選制復活についての要望書」の政府への提出、「民主教育をすすめる国民連合」による教育委員の公選制をめざした準公選運動の提唱などはその一例である。

第二は、一九六〇年代後半から七〇年代にかけて、都市部を中心に急速に増加した、いわゆる革新自治体を基盤にして徐々に広がってきている教育行政民主化の多様なとりくみである。これらの地域では、一定の有利な条件をふまえ、父母・住民と教職員の運動を背景にして教育条件の改善、整備、教職員の労働条件の改善と教育活動の自主性の擁護、教育行政への住民と教職員の参加などとともに、教育委員会制度の機構と機能を本格的に再検討しようとする多様なとりくみがある。くわしくは次節で述べるが、それらは今日、「教育における住民自治」「国民の教育権」を制度的に保障する具体的形態の一つとして、公選制の復活を基軸とした教育委員会制度の本来の理念と機構と機能の〝復権〟と新たな可能性の追求をめざしているといえる。

(2) 教育委員会制度を考える新たな主体と土壌

一九七〇年代に入り、教育委員会制度の再検討の気運が高まり活発化したのは、偶然的な事柄ではなく重要な必然的契機が存在している。そこには、教育委員会制度を考える新たな主体の形成と土壌の豊かさが確かなものとして存在している。それは、戦後教育改革期や一九五〇年代の情況とは位相を異にしたものといえるのである。

任命制教育委員会の発足以降、とりわけ一九六〇年代以降、高度経済成長政策のもとで農業の切り捨て、過疎・過密問題、公害問題など地域の自然と社会の「破壊」状況が全国でひき起され、それは教育以前のもっとも根源的な問題ともいえる子どもの生命や健康の破壊、教育と発達の不可欠の要件というべき家庭や地域の環境＝家庭・地域の教育力を急速に崩壊あるいは衰退させていった。経済政策に従属してすすめられた能力主義・国家主義的教育政策は「教育荒廃」といわれる状況を深刻な形でうみ出していった。

これにたいして、国民各層の多様な住民運動と父母・住民と教職員を中心とした地域教育運動は地域破壊と「教育荒廃」を密接に結びついたものとしてとらえ、これを放置し、これをさらに拡大しようとする国と地方の政治と教育行政にたいし、地方自治の革新（政治における住民自治）と教育行政の民主化（教育行政における住民自治）の実現をめざして立ち上がっていった。

これらの多様な運動のなかで、人々は学習と体験と連帯を通して、住民自治の思想と教育権の思想を獲得してきたのである。「教育権の民衆的自覚」（藤岡貞彦）を背景に、地域に拡がっている教育の「荒廃」状況を批判し、その克服をめざす父母・住民と教職員は、教育の「荒廃」の主要な要因が、国の地域政策と教育政策にあり、さらにこれと直結した地方自治行政、教育行政にあり、任命制教育委員会がその一端をになっていることをとらえはじめてきたのである。

七〇年代になって活発化した教育委員会制度への関心とその再検討の気運は、このような新しい主体と土壌を背景にしているのである。教育委員会制度は、わが国で初めて、民衆的基礎に立って本格的に検討されようとしているともいえるのである。

２ 教育委員会の「定着」と諸問題

(1) 教育委員会制度の現状診断とその視点

『教育委員会月報』（文部省初等中等教育局地方課編集、当時）の「教育委員会制度三〇周年記念号（一九七八年一一月）」の巻頭論文は、教育委員会制度の現状をつぎのように評価している。「地教行法に基づく新教育委員会制度が実施されて以来、すでに二〇数年の歳月が流れた。変革された教育委員会も今やまったく土壌に定着した観がある。」「現在、教育委員会制について、これは是非とも改正の急務に迫られているといったような問題はあまりないようである」[20]と。また、同誌「地教行法施行二〇周年記念号」（一九七六年一〇月号）において、諸沢初中局長も、勤評、学力調査、教育課程の改訂、主任制の実施などにおいて、日教組等の反対運動にもかかわらず、「教育界に秩序と安定向上をもたらす過程において、地方教育行政機関としての市町村教育委員会が第一線にあって大きな役割を果してきたことは、この教育委員会制度が着実に成長し、わが国に定着してきたことを物語るものである」[21]と述べている。

ここには、文部省関係者が当時持っていた認識と教育委員会制度観が率直に表明されている。すなわち、勤評、学力テスト、主任制の導入など文部省がつぎつぎとうち出してきた諸政策を教職員や父母・住民の反対を押し切ってでも積極的に具体化、実施することが教育委員会の任務であり、その任務と責任を果してきた教育委員会の姿に、制度の「成長」と「定着」をみているのである。

「公正な民意により、地方の実情に即した教育行政を行うために」（旧・教育委員会法第一条）というこの制度のそもそもの趣旨は、一九七〇年代の文部省の教育委員会制度観には、ほとんどみられないといわねばならない。「確かに教育委員会というものは定着した。だがそこでは〝一割自治〟までが定着してしまったのではないか[22]」という指摘は、痛烈に事態の核心をついていると思われる。

しかしながら、同じ前掲二冊の『教育委員会月報』に所収されているその他の論稿や座談会などを読むと、多くの問題点や矛盾点が指摘されており、教育委員会制度の定着度は中央の施策がスムーズに下達される以外は、決してかんばしくないともいえる。

(2) 教育委員会の法制上、運営上の問題点

これまでしばしば指摘してきたように、地方教育行政法下の教育委員会は、法制的にも、実質的にも著しくその自主性、自律性が弱まり、地域や学校に山積された教育問題の積極的な解決への努力や、父母・住民と教師の教育要求

に自らすすんで耳を傾ける姿勢はきわめて弱いといってよい。一方では文部省―都道府県教育長―市町村教育長というタテの教育行政機構に組みこまれ、他方では、一般行政部局への従属を深め、当初教育委員会に期待された「地域住民に直接に責任を負う教育行政」は大きく後退しているといえる。これは、地方教育行政法制定時に多くの識者が批判し、危惧したことであり、必然的な傾向であるといわねばなるまい。以下、このような傾向を生んでいる法制上、運営上の問題について簡単に指摘しておきたい。

第一は、教育委員の任命方式とその運用の問題である。委員の任命は、首長が議会での同意をスムーズにとりつける必要があり、議会の各会派の代表者の話し合いで実質的には内定されることが多いといわれている。こうした場合、何らかの各会派間のかけひきが前提となり、委員の本来の資格要件への留意は弱まらざるをえない。たとえば、東京都のように、あらかじめ候補者の出身分野をある程度決めている場合もみられる（学識経験者、女性、産業界、文化芸術などの五分野）。大きな問題は、教育委員として意欲、活動力、現実の教育問題への識見と感覚をもつ人が選ばれることが少なく、かつて宗像誠也が喝破したように、「人格高潔にして後向き」の傾向が強いことであろう。前掲『教育委員会月報』（一九七八年一一月）座談会にも、「任命制についてはもう一つ何かないと形骸化が進む」との指摘もみられる。

第二は、教育委員会の権限と運営の問題である。教育委員会の権限、地位が低下し、教育委員の識見の質量ともかかわって、運営の中心は事務局に移っている。「教育長任せという教育委員会になってきた[23]」「積極的質問もなく、激しい議論もなく、事務局原案のあるものは、概ねその線で決まる[24]」と当事者からの指摘もある。さらに「全国の都道府県と市町村に教育委員会というものはあるが、その実態は○○県教育部や××市教育課というのとほとんど変りはない[25]」との酷評も出ている状況である。教育委員会の権限の多くは「教育長専決に関する規則」により、教育長に委譲されており、住民や教職員との対応・交渉もほとんど教育長をはじめ事務局があたることはよく知られているとおりである。

第三は、首長による任命制、教育予算原案の編成送付権、支出命令権の喪失、教育財産の取得・処分の取り上げなどにより、教育委員会の首長部局に対する自律性はいっそう弱まり、地方行政全体の中での比重も低下し、結果として、一般行政への従属傾向が深まっている問題があげられる。教育長の資格要件が一切なくなったこともあり、府県レベルでは、知事部局から教育長へ横すべりする人事も目立っている。都道府県・指定都市教育委員長、教育長会議などにおける文相の教育長人事の再考を促す発言はその証左でもある。

第四は、都道府県教育委員会は市町村教育長の承認権、教員人事権、措置要求権、基準制定権などにより、市町村教育委員会の上級機関としての性格を強め、都道府県内の教育事務所（出張所）は、都道府県教育委員会の意思伝達機関として重視されている。とりわけ、最近は府県の指導主事を通して、指導行政の強化が進められている。主任制度化問題をめぐっては、東京都教育庁ですら、措置要求権規定の存在にあえてふれて、都下区市町村教育委員会に早急な規則改正を「指導」しているのである。

第五は、教育長の承認権、措置要求権、指導助言権に加えて各種補助金制度の運用により、文部省の都道府県教育委員会、市町村教育委員会に対する「指導」が著しく強化されていることがあげられる。この点は地方教育行政法の眼目の一つであったことはすでにみたとおりである。また、文部省や自治省の若手官僚が都道府県や指定都市の教育長、部課長に〝天下り〟するなど、教育長や事務局を通して、文部省の指導、諸施策の徹底がはかられている。近年の福岡県および北九州市教育委員会などはその典型事例であろう。「我が国の社会にはまだ、中央依存とでもいった空気が残っているようで自分の地域をよくするためにはどうしたらよいかということを主体的に考えることをしないでよそを眺めながらそれにならうという空気があります。そういう態度をとることは教育委員会制度の趣旨と相反することです(26)」という木田宏元文部次官の言葉は、日本の社会や教育界になお根強く残存している事態の一面を指摘しているといえる。しかし、地方教育行政法とそれによって発足した任命制教委制度は、そうした地域住民や自治体関係者の〝空気〟を変革していく契機を大きく後退させたのではないだろうか。文部省で地方教育行政法案の立案の中心的役割を担ったのは、他ならぬ若き木田地方課長その人であった。

3 教育委員会の可能性

(1) 可能性を規定する要件

現行教育委員会制度は、法制上、運営上さまざまな制約があり、公選制教育委員会制度に比べれば制度原理における民主的性質は大きく後退していることは前章で述べた。また、前節で概観したような教育委員会の支配的傾向―形骸化と「病理性」―は、現行任命制教委制度の法制と機能そのものに大きな要因があることも確かなことであろう。しかしなお、現行教育委員会制度は、各自治体におかれた相対的に独立した行政委員会であり、自治体に必置される地方教育行政の中心的自治組織であり、その限りで少なくない権限をもっていることは否定しえない事実である(27)。また、法制の運用、解釈にあたっては、憲法・教育基本法(ここでは一九四七年制定の旧教育基本法を念頭においている)の明示する原則にもとづいて行なわれることは当然である。ここに、現行教育委員会の民主的行政執行の一定の可能性が存在する法制度的根拠があるといえる。

ところが、この可能性は、市町村教育委員会についてみるならば、①文部省をはじめとする中央省庁、②都道府県教育委員会、③首長部局、④議会などとの関係―「外的」制約の程度によって規定される面が強くあることも自明であり、とりわけ、当面の状況下にあっては、後三者(②~④)の民主的性質と教育的識見の度合に規定されるといえよう。また、それは、教育委員会の民衆的基礎としての父母・住民と教職員の民主的力量と識見(これはまた、後三者の民衆的基礎でもある)の度合に根本的に規定され、さらに教育長をはじめとする事務局と教育委員各人および委員会総体の民主的力量と識見に内的に規定されるといえるのである。したがって、一般的に表現すれば、教育委員会の可能性は、これらの要件の組合せにより規定されていくのであるが、制度そのものを運営する教育委員会、事務局の民主的力量と識見に第一義的に規定され、次いで首長部局と議会のそれに規定される。一九六〇年代後半から七〇年代にかけて陸続と誕生したいわゆる革新自治体を中心にして、教育委員会の可能性が様々な制約を持ちながらもそれなりに多様に発揮された事実は、以上のような理由にもとづいている。

(2) 可能性を模索する試み

地方教育行政法の下での教育委員会制度の可能性がどのように模索され、実現されてきたのか、いくつかの分野について、状況を概観してみたい。

第一は、教育委員選任にあたっての改革の試みである。

教育委員の公選制は、戦後創設された教育委員会制度の眼目であり、教育委員会制度の再検討にあたって第一にとりあげられてきている点である。しかし、公選制の実現は地方教育行政法の改正を必要としており、現行法のワク内で、公選制に近い効果を期待して構想されてきたのが「準公選方式」である。これは、東京都特別区の区長準公選制に準じたものであり、首長の教育委員候補の選任については、地方教育行政法上、何らの規定がないことから、自治体が条例を制定し、それにもとづいて住民の投票を行ない、首長は、その投票結果を尊重して教育委員候補者を選任し、議会の同意を得て、正式に任命するというものである。

一九七一年、さきにふれた沖縄の本土復帰にあたり、沖縄教職員組合などを中心に実施への模索がなされ、一九七四年には武蔵野市議会に議員提案として条例案が提出されたが審議未了、廃案となっている。今回、中野区で進行している準公選実現運動は、七年にわたる歴史とともに、中野の教育をよくする会、住民の条例直接請求運動として全国初のとりくみである。教育委員会制度のあり方そのものが住民の検討対象となり、その改革をめざして住民が立ち上り、二万余の請求署名を集めたことは大いに注目に値することである。(28)品川区長準公選条例をめぐる東京地裁判決（一九七五・二・三）に倣っていうならば、教育委員準公選制は、「住民の自治参加の方策を可能な範囲で具現したもので、いわば叡知の所産と評すべきもの」といえよう。この制度が実現し、適切に運用されるならば、現行教育委員会の可能性は大きく開かれることはまちがいあるまい（区長準公選制および中野区で実施された教育委員準公選については、第Ⅵ章で詳しく述べる）。

沖縄県で一九七二年以降実施されている試みは推せん制である。同年一二月、「沖縄県教育委員会委員の選定要綱」にもとづき、県教組、ＰＴＡ連合会、市町村教育委員連合会、医師会、市長会など八団体のなかから、知事が依頼した推せん委員によって推せんされた者から五人の委員が議会の同意を得て任命されているのである。これは推せんにかかわる団体など、なお検討の余地があろうが、任命制の運用に新たな可能性の一歩を進めるものである。また、埼玉県では、教職員組合が、「憲法、教基法を尊重し国民の教育を受ける権利と教育労働者の労働権を保障する立場に立つこと」など四カ条からなる「教育委員選任の基準」を決定、知事に要請したことがある。任命手続きの民主化とともに、教育委員の資質要件について父母・住民や教師の中に、論議を起し、合意を形成していくことは教育委員会制度の民衆的基礎を形成していくうえでも重要な意味をもつといえる。

第二は、教育委員会会議の運営の改善の試みである。

ここには二つの側面がある。その一つは、会議運営の公開制を徹底することである。日時、議題、場所を明示した事前の公示制（自治体の広報などで）を確立することや傍聴制度、議事録の公開制を確立することなどがあげられる。主任制問題の審議にあたって、傍聴者から意見を聴取する試み（会議は休会にして）が一部の教育委員会で行なわれている。二つは、審議を形式的なものにせず、実質のあるものにする努力である。これは、合議体としての教育委員会が、全員の一致をめざし、徹底した論議を重ね自らの主体的な意思を確立することであるともいえる。月一、二回の教育委員の会議内での論議に終らせず、状況に応じて会議を重ねる必要があろう。「一〇・四通達事件（内申抜き処分事件）」に関する福岡地裁判決（一九七七年一二月）が、その一節で市町村教育委員会の「独自の判断」「独自の裁量」を行なうことの意義を説いていることは重要であろう。那覇市教育委員会が重要案件で月十数回の会議を重ねたり、武蔵野市教委が主任制をめぐって数回の議論を行なっているのはその一例である。

第三は、教育行政への住民参加である。教育委員会の意思決定および執行段階に直接、間接に教育理論や父母住民の声を反映させ、決定の内実をより科学的に、民主的にする努力である。

その一つは、審議会等の民主化がある。これは住民参加の代表的な形態であり、形式的にはほとんどの自治体で一般化されているが、少なからぬ審議会が、政府の関係審議会同様に当局の政策を追認し、住民の「合意をうる」という形式を整える「カクレミノ」的機能を果している。審議会が住民参加の実をもつためには、①審議会の委員構成の民主化、②審議過程の民主化（常時審議会とその審議内容を公開すること）、③構成員の決定に対する批判の自由を保障すること、などが不可欠となろう。二つ目は、学校の新設、増築など教育、文化施設建設などにあたり専門家を含む住民、父母、教職員の実質的参加を保障することなどがある。例えば、京都府城陽町教育委員会（当時）では、新設校建設にあたり住民の運動組織として結成された「新規小学校対策会議」に対応し、教育委員会の諮問機関として「学校建設審議会」を設置し、学校新設にかかわるあらゆる分野に住民の意見、要望を反映させ、住民参加の学校づくりの方式をつくり出し、以後この方式を学校建設の基本方針としたといわれている。(29) 三つ目は、教育（学校）予算の民主的編成の試みがあげられる。前記城陽市教育委員会では、つぎのような編成方式をつくりあげている。第一段階は、教育委員会の事務局担当者が各小学校に出向き、実情を調査しつつ、意見を聞く、第二段階は、教育委員全員が、あらかじめ提出された各校の予算要求書に眼を通し、各学校を視察し、校長から説明を受け、意見を交換する。第三段階は、教育委員会の定例会で、事務局原案を審議し、決定する、というものである。予算審議は多くの場合、事務局に全くまかされ、教育委員は形式的関与しか行なわれないが、この事例は注目に値しよう。

第四は、教育委員会が日常的に父母・住民、教職員と接するチャンネルを整備する試みがあげられる。

これは他面では、教育委員が教育委員会への出席や学校などの祝祭典に参列するという通常の活動形態をこえて、日常的に活動を行なうということになる。機会をとらえて積極的に住民、教職員と接し、議論し、要求をつかむということである。京都府教育委員会が府下各地で行なってきた「教育を語る会」「ろばた懇談会」はよく知られている。中津川市教育委員会は、市内を数個の地区に分け、全教育委員と教育長以下、幹部職員が出向き地区住民と討議し、要求を聞き、教育委員会の方針、施策について意見を求める移動教育委員会の開催というユニークな試行をはじめている。教育委員全員と校長会、ＰＴＡ（育友会）、教職員組合など教育関係団体との懇談会、「教育と子どもを語る市民の会」などの試みも、いくつかの地域でとりくまれている。

第五は、「教育条件の整備」の一環として地域に教育をめぐる民主的な人間関係、社会関係を父母、教職員と協力して創りあげるとりくみである。

この点について、大谷良一・前城陽市教育委員長のつぎの言葉は示唆に富んでいる。「教育諸条件の整備ということについて、人によっては校舎やグランドやプール、などの教育施設や教育備品、ならびに教員の確保や労働条件の改善など、物的諸条件の整備充実であると、狭くとらえておりますが、教育が国民全体に対し、責任をもってすすめられるようにするためには、民主的な社会関係、人間関係の形式と整備が不可欠であって、親と教師の信頼関係を強めることも教育行政の責任であり、きわめて重要な『教育諸条件の整備』ではないか。(30)」これは、中津川市教育委員会が市民に提唱している「地域ぐるみで家庭と地域の教育力を回復する運動」と軌を一にするものである。

実は、これらこそ、ある意味では、戦後初期の公選制教育委員会がその中心的な活動の一つとして期待されていたことがらの内実であるといえないだろうか。このようにいくつかの先進的な教育委員会は、ある面では公選制教育委員会の当時の一般的な水準をもこえ、この制度に期待されていた活動の水準を切り拓いてきたともいえよう。

〈注〉

（1）山本敏夫・伊藤和衛『新しい教育委員会制度—その批判的解説と資料』一九五六年、高陵社書店、所収の資料参照。
（2）文部省大臣官房総務課『文部大臣式辞集』一九六三年、二〇頁。
（3）前掲、『新しい教育委員会制度―その批判的解説と資料』、所収資料
（4）文部省『地方教育行政の調査報告書』一九五六年一〇月一〇日現在、四四頁。
（5）詳細は、持田栄一「教委制度改革後における地方教育行政の問題」一九五六年、日本教育学会教育政策特別委員会（地方教育行政小委員会）研究報告「都道府県教育行政の一般的状況」一九五七年、山本敏夫・鈴木英一「地方教育行政と内容統制」一九五八年など参照。
（6）この時期の教育委員会の社会的構成を分析したものとして、高橋亜細亜「都道府県教育委員会の社会的構成の推移」（『神奈川県立外語短期大学紀要』第三集、一九七〇年）、同「市町村教育委員会の社会的構成の推移」（同前、第四集、第五集、一九七二年）がある。
（7）このうち②、③については国民教育研究所の研究グループの一つである「地方自治の革新と教育行政の民主化」研究会が、一九七四年夏に、各県教職員組合（一部高教組）の協力をえて行なった「文部省の天下り人事等の調査」によるところが大きく、その「中間報告」でもある。なお、この調査（中間報告）のもつ限界について、ふれておかなければならない。第一に、この調査においては、教育委員会の人的・社会的構成の分析にあたり、年齢、職業、出身分野など、構成要素のうちのきわめて限定された「客観的」側面のみが対象とされ、「主観的」側面である、思想信条、教育観などはあつかわれていないこと。第二に、主として都道府県教委および政令指定都市教委が対象とされ、市町村教委については、参考程度にしかふれられていないこと、である。したがってこ

の調査研究は、主として都道府県教委・政令指定都市教委について、全国的にみられる一般的な動向と問題点を概観するに過ぎないといわなければならない。
(8) 木田前掲書、五二頁。
(9) 六五歳以上の教育委員の占める比率は、一九七〇年—四〇・一%、一九七一年—四三・六%、一九七二年—四一・三%である(文部省、前掲『調査書』各年度版)。
(10) 国立教育研究所紀要第四五集「市町村教育委員会の行政機能に関する研究」八〜九頁、一九七〇年。
(11) 文部省、前掲書(一九七二年五月一日現在)、七頁。
(12) 宗像誠也『教育行政学序説』有斐閣、一九五四年、一八二〜一八四頁。
(13) 『日本教育年鑑』(一九七四年版)の「教育委員名簿」による。
(14) 時事通信社編『教育委員会法—解説と資料』時事通信社、一九四八年、一四七頁。
(15) 黒田幸弘「現行教育委員会制度の問題点」(『中国・四国教育学研究紀要』一三号)は、「天下り」人事問題をふくめ、教育長の人的溝成の実態について検討した数少ない論文である。なお、教育長の「天下り」(中央省庁からの出向人事)問題に関する近年のものとしては、村上祐介「都道府県教育長への出向人事をめぐる中央地方関係」『愛媛大学法文学部論集 総合政策学科編23』、二〇〇七年九月、同「都道府県教育長人事の実証的分析」『日本教育行政学会年報・33』教育開発研究所、同年など一連の労作がある。
(16) 『教育委員会月報』No.76所収の「教育委員名簿」より算出。
(17) 同前、No.112所収の「教育委員名簿」より。
(18) 愛媛・香川教育問題学術調査団『愛媛・香川教育問題調査報告書(香川の部)』(タイプ刷)、一九七一年、一一五頁。
(19) 平原春好「自治体の理念と教育委員会制度」『教育』一九六九年六月号。
(20) 相良惟一「我が国における教育委員会制度の歩み」『教育委員会月報』一九七八年一一月号。

(21) 前掲『教育委員会月報』一九七六年一〇月号、諸澤論文参照。
(22) 『毎日新聞』一九七八年一一月一二日付の「記者席」欄。
(23) 前掲『教育委員会月報』一九七八年一一月号所収、「座談会Ⅱ」における松下芳夫教育委員会委員長の発言。
(24) 五十嵐栄治『いち教育委員のメモ』(その一)自費出版、一九七七年一〇月、七一頁。
(25) 前掲、『毎日新聞』「記者席」欄
(26) 前掲『教育委員会月報』一九七八年一一月号所収、「座談会Ⅰ」における木田宏前文部事務次官の発言。
(27) 神田修「地方教育行政の責任と限界」『季刊教育法』一六号、一九七五年春。小出達夫「地方教育行政の組織及び運営に関する法律」同前二三号、一九七七年春。
(28) 三上昭彦「教育委員会の準公選制」『季刊国民教育』三八号、一九七八年秋季号所収、参照。
(29) 大谷良一「城陽市教育委員の時代をふりかえって」京都教育センター編『教育を国民の手で』第二号、一九七八年所収。
(30) 同前、大谷論文、参照。

第Ⅴ章　教育委員会制度の活性化政策

——「形骸化」と「活性化」の諸方策

第1節　臨時教育審議会答申と教育委員会の「活性化」方策——第一次活性化政策

一九八七年八月二〇日、三年間の審議を終えた臨時教育審議会（臨時教育審議会設置法にもとづき総理大臣の諮問機関として総理府に設置。以下、臨教審と略称する）は、四次にわたる答申を通して、「個性重視の原則」に立ち、「生涯学習体系への移行」を主軸とする教育体系再編の青写真と多様な改革のメニューを提示した。そのなかで私たちが注目することがらの一つに、第二次答申（一九八六・四・二三）が提言した教育委員会制度の「活性化」問題がある。同答申はその第四部「教育行財政改革の基本方向」のなかで、今日の（市町村）教育委員会は、「各地域の教育行政に直接責任をもつ『合議制の執行機関』としての自覚と責任感、使命感、教育の地方分権の精神についての理解、自主性・主体性に欠け」、「制度として形骸化していたり、活力を失ってしまっているところも少なくなく制度本来の機能を十分に果たしているとは言い難い」と、その現状をかなりきびしく批判している。こうした認識にたって答申は、「戦後四〇年を経過した現在、教育委員会制度の歴史的経験を冷静にふまえて、この制度を真に再生し、活性化させるための国民的合意の確立が必要である」と述べ、いくつかの当面の改善方策を提示している。(1)

これだけはっきりと教育委員会の「形骸化」を指摘し、その「再生と活性化」を提言したものは、中央教育審議会（中教審）など文部省関係審議会をはじめとする政府関係審議会などの正式な文書（答申など）としては、おそらく初めてであり画期的である。しかし、問題はその先にある。まず、なぜ教育委員会は、そのように「形骸化」し「活力」を失ってしまったのか、その原因をあきらかにすることである。つぎに、この制度を「真に再生」し、「活性化」させるとはどういうことか。その趣旨と内実を明確にすることである。さらに、そのために必要な法制度改革と具体的な方策を明確にすることである。はたして臨教審答申は、これらの諸問題についてどのような認識と分析をおこない、改革提言をしているのだろうか。いずれの点でも多くの検討すべき問題をはらんでいるといえる。

さて、臨教審答申の提言を受け、それを具体化するために文部省に設けられた「教育委員会の活性化に関する調査研究協力者会議」（座長・木田宏独協学園理事長）は、「教育委員会の活性化について」と題する報告書（一九八七・一二・四）をまとめた(2)。これを受けて同省は、教育助成局長通知「教育委員会の活性化について」（同・一二・一六）(3)を都道府県および指定都市教育委員会などに送付するとともに、次期通常国会に「地方教育行政の組織及び運営に関する法律」（地方教育行政法）の改正法案を提出するための準備作業を進めていると報じられた。

ここでは、臨教審答申に見られる教育委員会制度に関する現状認識、歴史認識、改革の課題意識と方策などの検討を通して、多くの面で形骸化してきているこの制度を「真に再生し、活性化させる」方途を考えてみたい。

1　臨教審答申の現状認識とその問題点

臨教審答申が、今日の教育委員会は「形骸化」し、「活力」を失っているものも少なくないとして、その現状をかなり厳しく批判したことは画期的である、とさきに述べた。恐らく、中教審をはじめ文部省関係の審議会では、こうした現状認識は出されなかったと思われる。前章ですでに紹介したように、およそ一〇年前、文部省関係者は教育委員会制度の現状について、「教育委員会制度が着実に成長し、わが国に定着してきた」（諸澤正道・文部省初中局長(4)）、「現在、教育委員会制について、これはぜひとも改正の急務に迫られているといったような問題はあまりないようである」（相良惟一(5)）などときわめて楽観的な評価をしていたからである。

もっとも、こうした認識は、その後、臨教審の発足とその議論の動向などをにらみながら、かなり変化していったことも事実である。例えば、玉井日出夫（文部省地方課長補佐）は、「教育委員会の運営について、教育委員会の会議が形式化、マンネリ化しているなどレイマンコントロールの趣旨が形骸化しているのではないか、地域住民との意思疎通が必ずしも十分ではなくその多様なニーズへの教育委員会の対応が画一的、硬直的ではないかといった意見や批判がある」[6]と間接的な表現ながら、教育委員会制度の「形式化」「マンネリ化」「形骸化」の実態を認めている。また、文部省が臨教審のヒヤリングの際に提出した資料「教育委員会制度の現状と課題」（一九八五・一〇・二九）[7]のなかでも、「今後の課題」として「教育委員会の組織、機能の充実強化」を掲げ、「教育委員会が父母、地域住民の身近な存在としてその声を十分かつ適切に反映しながら一層活発な運営が行われるよう関係者の自覚と自主的努力を促進するための方策が必要である」としている。

こうした変化は、次のような事実を背景にしていることは間違いないであろう。すなわち、東京・中野区における教育委員準公選制の実施とその成果にたいする世論の熱い注目、校内暴力やいじめなどのいわゆる教育荒廃にたいする教育委員会の対応のにぶさ、さらにそれらを背景にして臨教審が教育委員会制度を重要な検討課題の一つとして正面から取り上げることが明確になったことなどである。さきに紹介したように、この制度が「成長・定着」し、「改正の急務に迫られている問題はあまりない」などという〝能天気〟な認識は、実態からもはるかにかけはなれているばかりでなく、この制度を検討課題にすえた臨教審に対応できなかったことは明らかである。しかし、文部省関係者のその後の認識に見られる特徴は、教育委員会に関する問題のほとんどは、その運営面や関係者の意識にあるのであり、現行の制度そのものにはない、という点にある。文部省としては、こうした対応をすることにより、臨教審の審議と提言が現行の任命制教育委員会制度の制度的根幹部分に及ばないように配慮したものと思われる。臨教審の現状認識の形成に少なからぬ影響をあたえたと思われる教育委員会関係五団体連絡会（全国都道府県教育委員長協議会、都道府県教育長協議会、全国市町村教育委員会連合会、全国都市教育長協議会、全国町村教育長会）の見解や提言も、その基調においてはほぼ同様であるといえよう。[8]

さて、臨教審の教育委員会制度の問題に関する審議は、どのようにすすめられたのだろうか。臨教審は、第一次答申（一九八五・六・二六）で、「我が国の教育の現状と問題点は、教育制度や施策などの在り方と深くかかわっている」、「教育の現状を踏まえ、未来を展望しながら、我が国教育行財政の抜本的な見直しを行わなければならない」と述べ、「教育行財政の見直し」を「主要課題」（八つの柱）の一つにかかげた。そして、「抜本的な見直し」をおこなう対象領域（課題）のなかに、「教育における国・地方の責任と役割分担」をかかげ、国（文部省）と地方公共団体（都道府県教委、市町村教委など）の責任と役割分担の検討、とくに市町村教育委員会の充実と役割の明確化などをあげたのである。

以後、臨教審でのこれらの問題の検討は、主として第一部会が担当することになる。臨教審が独自に編集・公刊した広報誌『臨教審だより』（月刊、一九八五年一月創刊）などによれば、第一部会では、「文部省の許認可・諸規制」（文部省大臣官房）、前記の「教育委員会制度の現状と課題」（文部省教育助成局）、「初等中等教育における教育課程行政」（文部省初等中等教育局）などをテーマに文部省関係者からのヒヤリングをおこない、続いて「地方教育行政」「教育委員会の活性化について」をテーマに教育委員会関係者（仙台市、足利市、勝沼町の各教育委員長および県教育長経歴のある大学教授）などからヒヤリングをおこなっている（他に、第一次答申以前におこなわれた前記教育委員会関係五団体からのヒヤリング、同関係五団体連絡会の「教育委員会の（運営の）活性化」〔第一次・二次提言〕、全国都道府県教育委員長協議会・都道府県教育長協議会「教育改革に関する意見〔その二〕」などがある）(9)。

これらにみられるように、これらはいずれも文部、教育委員会関係者からのものであり、それらの内容にはいくつかの共通の特徴点がある。一つは、先にもふれたように、教育委員の選任制（任命制）、教育長の任命承認制、教育委員会の権限問題など現行制度それ自体の根幹部分にかかわる問題状況にはほとんどふれず（教育長の任期制と市町村教育長の専任化の必要についてのみ言及）、それらを前提にして、教育委員会の機能と運営の現状と問題点を指摘していること。二つは、市町村教育委員会のそれには比較的詳しく言及しているものの都道府県教育委員会にはほとんどふれていないこと。三つは、最も重要な点であるが、そこには、住民の自治と参加の視点に立った現状と問題点の指摘がまったく欠落していること、である。こうした現状認識にみられる一面性と弱点は、ほとんどそのまま臨教審答申にも継承されているといえる。

②「形骸化」の原因と背景

それでは、なぜ教育委員会（制度）は、このように「形骸化」し、「活力」を失ってしまったのであろうか。その原因や背景を、この制度の「歴史的経験を冷静に踏まえて」明確にすることは、この制度を「真に再生し、活性化させる」ための方策を明らかにするうえで不可欠である。

臨教審第二次答申が、その原因としてあげているのはつぎの三点である。(10)

(一) 戦後、教育における地方自治への大きな転換があったにもかかわらず、依然として、戦前の国から与えられた教育という意識が教育関係者の間に根強く残存し、自分のことは自分の責任で、身近な事は身近な機関の責任で処理するという自治意識が未成熟なため、制度の本旨が十分に生かされていないこと。

(二) 教育界、学校関係者の間に、身内意識が強く、「教育上の配慮」という大義名分もあって、問題を公開して処理しない閉鎖的な体質と上からの判断や指示を待つ画一主義的な体質が働きがちであること。

(三) 教育には、安定性や連続性が必要であることとも関連して改革に対して消極的な面が見られたこと。

なるほど、答申が指摘しているように教育界（教育行政・学校関係者など）に、なお「自治意識の未成熟」、「閉鎖的」かつ「画一主義的」体質などがあることは否定できない（もっとも、それは教育界・学校関係者に限られたことではないと思われるが）。また、それらがこの制度の「形骸化」の一因であり、その背景にあることは確かであろう。

教育委員会制度を支え、運営するうえで、関係者の自治意識と自治的力量がきわめて重要な問題であることは論をまたない。戦後教育改革期、この制度の創設・導入にあたり、あるいは全国の市町村への一斉設置に際して、その問題が一貫して重要視されたことは、すでに該当する各章でふれたとおりである。その点で答申がこの制度を支え、運営する主体の問題（自治意識や体質）に言及したことは重要であり、大いに注目すべきであろう。

しかしながら、「形骸化」の原因と背景を上記の点だけ説明するのは、あまりに一面的であるだけでなく意図的であるといえよう。ここでも答申は、「教育荒廃の諸要因」の分析（第二次答申第一部）の場合と同様、最も大きな根本原因と背景に目を向けることを意識的に避けているといわざるをえない。以下にみるように、答申のいう「教育委員会制度の歴史的経験を冷静に踏まえて」考えるならば、その大きな根本の原因は、一九五六年の地方教育行政法による教育委員会制度の大改編とその後の一連の教育政策と官僚的、上意下達的な教育行政の強行にあったことは明らかであり、答申のいう「自治意識の未成熟」、「閉鎖的」かつ「画一主義的」な体質の存在も「地方教育行政法体制の成立」と無関係でないのである。

「教育委員会制度の歴史的経験」のなかで最大のことがらは、公選制教育委員会制度（教育委員会法、以下、旧法ともいう）から任命制教育委員会制度（地方教育行政法）への改編（改正）問題であったことは、その評価の如何にかかわらず、明らかなことではなかろうか。

あらためて簡潔に述べるならば、この改編によって、①教育委員の公選制の廃止と任命制の確立（地方公共団体の長が議会の同意を得て任命）、②会議の公開制原則の後退（旧法に明記されていた規定の削除）、③教育委員会の権限と規模の縮小（教育予算原案、教育条例原案の作成権と首長への送付権＝いわゆる「二本建制」の廃止、教育財産の取得・管理・処分権の廃止、教育長任命権の制約など）、④市町村教育委員会の権限の縮小と都道府県教育委員会の強化（県費負担教職員の任免権の都道府県教委への委譲、都道府県教委の「準則」制定権、教育長承認権など）、⑤

教育長の任用資格制の廃止と承認制の導入（都道府県・指定都市の教育長は文部大臣の、市町村教育長は都道府県教委の承認制、なお市町村教育長は教育委員のなかから選任することになる）、⑥文部大臣の権限の強化（教育長承認権、措置要求権、教育委員会の事務処理適正化のための積極的な指導・助言権、調査権など）、⑦学校や教職員等への教育委員会の管理・監督権限の強化（指導主事の権限強化、教職員の勤務評定、行政研修の導入および学校管理規則などの制定）、⑧さらに、旧法第一条に高らかに謳われていた同法の目的規定（「この法律は、教育が不当な支配に服することなく、国民全体に対し直接に責任を負って行われるべきであるという自覚のもとに公正な民意により、地方の実情に即した教育行政を行うために教育委員会を設け、教育本来の目的を達成することを目的とする。」）の全文削除、などのきわめて重要な法制度改正が行われたのであった。

当時の文部省当局者によれば、改正の主な趣旨は、①教育の政治的中立と教育行政の安定の確保、②教育行政と一般行政の調和、③国、都道府県および市町村一体としての教育行政の運営の確保、の三点にあり、新法は旧法の理念を基本的には踏襲しつつ、同時に、よりわが国の実情に即した適正な制度とするためである、と説明された（なお、文部省が臨教審に提出した前記文書でも、全く同様の説明がなされている）。しかしながら、当時も、その後今日にいたるまで、繰り返し多くの論者によって指摘されてきたように、改正の趣旨とされた上記の新「三原則」は、教育委員会法の制定にあたって強調されていたこの制度を貫く「三原則」（教育行政の民主化、地方分権化、自主性の確保）および同法一条に明記されていた教育委員会制度の設置目的の規定と比べてみるならば、その強調点において鮮明な対照をなしており、前者（新「三原則」）は後者を全く否定しているとはいえないまでも、従前の「三原則」等とは異質な原則であり、それを前面に出して強調することにより、本来の原則をはるかに後退させていることは、上記の具体的な改正点を一見すればますます明確であろう。そしてまさに、三〇年余り前（臨教審答申時からみて）のこの法制度の大改編に、この制度を「形骸化」させていく根本的かつ大きな原因と必然性があったのである。

すなわち、第一に、公選制の廃止と公開制原則規定の削除により、住民が教育行政に直接参加し、その意思を反映させる制度的な手段はほとんどなくなったことである。公選制の廃止は二重の意味で教育委員会の「民衆的基礎」を奪ったと言える。一方で、住民を教育委員会から遠ざけることによって、他方で教育委員（会）を住民から乖離させることによって。

第二に、教育委員会は教育予算原案、教育条例原案の首長への送付権などの重要な権限を喪失あるいは縮小されたことによって、また任命された教育委員は、住民の直接的信任を受けていないという理由により、公選された首長（任命権者）や議会（同意権者）にたいして自他ともに対等性を失うことによって、行政委員会としての自主性、主体性を著しく弱めたのである。これはまた、教育委員会の内部においては、教育委員の合議体としての委員会（狭義の教育委員会）と教育長・事務局との関係にも影響をあたえた。すなわち、教育委員会の権限の教育長への委任ともあいまって、教育委員会の運営の実権は教育長・事務局にいっそう移行し、教育委員の合議体としての委員会は「形式化」・「形骸化」していくのである。住民との直接的なパイプを切断され、権限を縮小された教育委員会はその内側から「形骸化」していくことは必然であろう。

第三に、教育長承認制をはじめ上記の④～⑥項にみられるような法制度の改正によって、文部大臣、都道府県教育委員会、市町村教育委員会の間には、それまで法制度的には基本的に存在していなかった上下関係、広範な分野にわたる強力な「指導・助言・援助」関係が作られ、権限はより上級の行政機関に増大した。文部省→都道府県教育委員会（教育長・事務局）→市町村教育委員会（教育長・事務局）というタテの行政パイプ・上意下達のルートが太く貫通したことは否めない。都道府県教育委員会（教育長・事務局）は、その結接機関として格別に重要性をましたといえよう。命令監督権は明文としては規定されなかったが、文部省なり都道府県教育委員会の日常的な細部にわたる「指導・助言」が示されることによって、都道府県教育委員会あるいは市町村教育委員会はその「指導・助言」に反する、あるいはそれが許容する範囲をこえた自主的、主体的活動を展開することがむずかしくなることは当然であろう。こうして教育委員会は外側からも「形骸化」を余儀なくされていくのである。

第四は、看過してはならないことであるが、一面では教育委員会の学校等の教育機関や校長・教職員等に対する権限が強化されたことである。勤務評定や行政研修の導入、学校管理規則の制定などによって、任命制教育委員会による学校や校長をはじめとする教職員にたいす監督権はきわめて強化されたことである。また、学校の内部では、「学校における秩序の確立」の名のもとに、教育行政の末端に位置づけられた学校管理者としての校長のもとで、「法律（命令）に服した整然とした学校の管理運営体制」を確立することが強力におし進められていく。職員会議を校長の「補助機関・諮問機関」化し、いわゆる特別権力関係論にもとづく職務命令を多用した学校運営が強まり、校長をふくめた教職員相互の自由闊達な論議と合意による民主的な学校運営は大きく後退していくのである。そしてこの動向は、一九六〇年代の高度経済成長期の経済政策に従属した教育政策と、「中央直結の地方自治」のスローガンのもとでおしすすめられた地方政治によって一層進行したのである。

以上のことから、教育委員会の「形骸化」の最も大きな原因は、地方教育行政法による教育委員会制度の大改編とそれによって確立された文部省↓都道府県教育委員会（教育長・事務局）↓市町村教育委員会（教育長・事務局）というタテの官僚的行政機構をとおして押し進められた上意下達的な教育行政にあることは明らかであろう。ところで、この法制度の大改編とその後の上意下達的な官僚的教育行政は、教育委員会制度それ自体の「形骸化」をもたらしただけでなく、臨教審答申がこの制度の「形骸化」の原因であると指摘している自治体関係者・住民の「自治意識の成熟」を妨げ、「閉鎖的」かつ「上からの判断や指示を待つ画一主義的」体質などを残存させ、さらには助長してきたことが看過されてはならないだろう。

もっとも、「自治意識の未成熟」やこうした「体質」は、より根本的・歴史的には、明治維新に始まる日本の近代化のなかで形成された〃負の遺産〃でもある。上からの「近代化」と教育の地方自治・住民自治および学校の自治を否定し、抑圧してきた戦前の公教育体制のなかで歴史的に形成されてきたものである。戦後教育改革とりわけ公選制教育委員会制度の創設は、戦前の長い間にわたり閉ざされていた、父母・住民や教育関係者などが地域の教育行政に直接参加する道をはじめて拓き、教育と教育行政にたいする関心を強めさせ、自治の意識と力量を形成する契機を法制度として保障したのである。確かに教育委員会制度そのものに対する理解・認識の不十分さ、それに加えて制度運営におけるさまざまな不慣れ、弱点、問題点があったことも先述したとおりである。むしろ、それはある意味では不可避的かつ必然的なことであったともいえる。しかし、この制度の実施によって人々の関心が高まり、自治の意識と力量が徐々に形成されつつあったこともまた一面の事実である。公選制から任命制への大改編とその後の官僚的教育行政は、こうした方途や契機を閉ざし奪うことによって、むしろ自治の意識と力量の成熟を妨げ、教育委員会の「閉鎖的」、「画一主義的」体質を残存、助長させたというべきであろう。

３　教育委員会「活性化」の意味と諸方策

さて、「形骸化」していると指摘された多くの教育委員会を「真に再生し、活性化させる」にはどのような方策が必要なのであろうか。具体的な方策を論ずるまえに、そもそも教育委員会が「活性化」し、「真に再生」するとはどのような事態をさし、どのような要件を満たしていることであろうか。このことにかかわって臨教審第二次答申は、つぎの三点をあげている。(11)

（一）それぞれの地域の教育行政が直面している具体的・日常的課題、学校・図書館などの実情や児童・生徒・父母等をはじめとする地域住民の教育上の意見・批判・要望などに精通していること。

(二) それぞれの地域の教育行政に関する意思決定、管理、執行につき実質的な当事者能力と機敏な行動力、明確な責任感をもっていること。
(三) それぞれの地域の特性を考慮して、個性豊かな、各地域住民に密着した教育行政を推進するだけの自主性、主体性をもっていること。

これらはいずれも今日の多くの教育委員会に著しく欠けている点であり、その活性化と再生にとってきわめて重要な不可欠な要件であることは異論のないところであろう。しかしながら、こうした不可欠な要件はどのようにして形成され、獲得されるのであろうか。臨教審答申はそれについてほとんど述べていない。

さらに上記の要件だけでは十分ではない。すなわち、第一に、「地域住民の教育上の意見・批判・要望などに精通」しているだけでなく、地域住民に開かれ、地域住民自身がさまざまな方法で地域の教育政策の決定や教育行政の運営に参加しうるものであること、第二に、学校や社会教育諸施設の教職員の教育上の専門的な意見・批判・要望などに精通しているとともに、彼ら自身がさまざまな方法で参加しうるものであること、第三に、「実質的な当事者能力」を発揮するための固有な権限(とりわけ教育予算、教育条例などにかかわる一定の権限)とそれらを適切に行使できる専門性をもっていること、などが不可欠であろう。

しかしながら、臨教審答申が提言している「活性化の方策」のおもな事項は、つぎの六点に止まっている。すなわち、①教育委員の人選、研修、②教育長の任期制・専任制(市町村)の導入、③苦情処理の責任体制の確立、④適格性を欠く教員への対応、⑤小規模市町村の事務処理体制の広域化、⑥知事部局等との連携などである。以下、各事項の順に具体的な答申内容を検討しておこう。また、必要に応じて、文部省内に設けられた前述の「調査研究協力者会議報告書」(以下、「報告書」と略称)のおもな「活性化提言」にもふれることにしたい。

(1) 教育委員の人選について

教育委員として、①人格高潔で教育・文化に識見を有し、教育行政に深い関心と熱意を有するなど、よりふさわしい人材を選ぶこと、②その際、若い人材・女性の積極的登用、地域外からの登用の考慮、国立大学教官からの登用を可能とすること（報告書）、などが提言されている。②の部分が積極的に考慮されれば、人選の範囲が広がり、委員の構成に多少の変化はみられようが、それによって①でいわれている人材が選ばれる保証はない。①に関してはこれまでも繰り返しいわれてきたことであり、「それだけでは実は、何もいわないことに等しい。どうすればそのような教育委員が得られるか、という方法論[12]」が問題であり、東京・中野区の準公選制はそのひとつの方法として全国の高い関心を呼んでいたことは、周知のことである。臨教審答申が準公選制の問題（公選制、推薦制なども含め）に一言も言及していないことはむしろ不可解である。「いきいきとした活動を続けている、教育委員会の優れた経験を交流し合い、一部の非活性化してしまっている体質を根本的に改善していくことが不可欠である[13]」とのべている答申自身にも反している。当時にあっては、中野区の準公選制教育委員会こそ全国で最もいきいきと活動を続けている教育委員会であることは誰の目にも明らかであろう。

もっとも、この問題が臨教審でまったく論議されなかったわけではないようである。臨教審総会の論議では、「(準公選に対する) 世間の関心の高さからいうと、臨教審が何らかの態度を決める必要があるのではないか」、「公選制になれば意見が活発になって住民の意向が教育行政に反映されると思う」、「公選制と任命制の中間のやり方はないだろうか」などの意見も出されたが、結局「面倒な問題に深入りするのは避けた方が得策」という「政治的配慮」により、答申ばかりか『審議経過の概要（その三）』にすらふれられなかったと報じられている[14]。

(2) 教育長の専任制（市町村）と任期制について

この点について答申は、教育委員会の活性化のためには、教育長に適材を得ることがきわめて重要であり、そのための方策に関し、「教育長の資質・要件、専任化、都道府県教育委員会の教育長も含めた任期制の導入、教育長の任命承認制度の得失等を総合的に検討する必要がある」としており、きわめて歯切れが悪い。これを受けた文部省協力者会議「報告書」では、専任化（市町村）、任期制の実施についてはより明確に提言している。これについては、先述のとおり地方教育行政法制定の際に〝余儀なくされた〟ものであり、制度の本来の趣旨からみてそれ自体は当然であろう。

問題の焦点は教育長任命承認制の再検討にあったことは周知のことであるが、臨教審答申では結局見送りとなった。香山健一・元臨教審委員によれば、「制度上の見直しの象徴的な具体例として、都道府県教育長の文部大臣による任命承認の廃止問題を提起した。これに対しては当時、文部省の反対が極めて強く、臨教審内部でも必ずしも明確な問題意識をもっていない委員がいたことから合意形成に至らず、第二次答申では見送られることになってしまった」とされている。[15] 前記「報告書」でも任命承認制の堅持を明記しているが、「この制度は、国、都道府県、市町村が協力して教育長に適材を確保するための制度として意義がある」というのがその主な理由である。この点とかかわって「報告書」は、市町村教育長の任命承認にあたり「都道府県教育委員会として、適切な基準を示すなどの措置を講じること、市町村の要請に応じて「人材を市町村教育長として派遣する」制度の検討などにふれている。また、教育長の資質・要件についても、「制度として固定するのではなく、現行の任命承認制の活用によって、教育及び教育行政に専門的な経験や識見を有する適材を広く総合的に判断して確保することが適切である」として現行制度の維持を主張している。

教育長承認制度は、前章でもふれたように、文部省 ↓ 都道府県教育長 ↓ 市町村教育長という上意下達的教育行政のカナメとなってきたものであり、教育の地方自治の原則からいっても、臨教審答申が強調している教育委員会の自主性、主体性の確立からみても矛盾するものである。さきにふれたように、文部省の強い抵抗もあって、臨教審は結局これに手をつけることができなかった。一方「報告書」はむしろ積極的にこの制度の維持を提言しているだけでなく、「適材の確保」を理由に「適切な基準」の設定や「派遣」（いわゆる「天下り教育長」）などによってこの制度をさらに強化する途を打ち出しているのである。ここには、〝市町村教育委員会には、文部省や都道府県教育委員会の援助・協力がなければ教育長に適材を確保する能力がない〟といわんばかりの、従来からある文部省官僚の自治体に対する〝後見人〟的意識と姿勢が濃厚にみられるのではないか。もっとも、それと表裏をなして自治体の一部にも文部省や自治省の官僚を積極的に招致しようとする傾向があることも、前章（教育長の「天下り」問題）で指摘したとおり看過することはできない。

⑶ 苦情処理の責任体制の確立、地域住民の意向等の反映について

臨教審答申は、教育委員会が父母、地域の意向や要望、苦情を適切に反映するための方策として、教育委員が出向いた懇談会、広報広聴活動の格段の充実、苦情や相談の受付・対応・処理の仕組みの整備・確立（中学校区単位などで）、学校等の教育活動の現状を地域住民に公表することなどを提言している。他方、「報告書」はこれらについてのより具体的な方策を示すとともに、それに加えて教育モニターの活用、テレビ・ラジオなどをふくむ各種の広報媒体を活用した広報活動、都道府県教育委員と市町村教育委員の協議会の開催など多様な方策を例示している。いわば〝行動する教育委員会〟の提唱であり、「活性化」方策全体の〝目玉〟にあたる部分といえる。これらの施策や活動の多くは、本来すべての教育委員会が当然の日常的活動として実施すべきことがらであるといってよい。とするならば、なぜ大半の教育委員会が、これまでこうした当たり前のことがらを日常活動として展開できなかったのだろうか。恐

らく、「活性化」の〝大号令〟のもとに、ここに提言されている多様なメニューのいくつかは、今後少なからぬ教育委員会で取り組まれるであろう。しかし、それらの方策によってこの制度を活性化させ、「真に再生」させることができるのだろうか。

「教育委員会の活性化」という時、誰もが思い浮かべるのは中野区の準公選教育委員会の活動であろう（次章で詳述する）。それは全国で最も活性化している教育委員会であることには大方異論はないだろう。中野区の教育委員会はなぜ活性化したのだろうか。主な要因は、「区民投票」の導入などによる住民参加制度の確立、「住民代表性」をもった教育委員の選任、会議公開制の徹底の三点にあると筆者は考える。「住民参加と公開にもとづく活性化」と要約してもよいだろう。臨教審答申や文部省協力者会議「報告書」の提言は、「住民参加」はもとより「会議の公開制」にすら一言もふれていない。「住民とともに、住民との直接のつながりにおいて教育委員会を活性化していく」、という発想は極めて希薄であるといわざるをえない。

(4) 事務処理体制の広域化、知事部局等との提携

「活性化がとくに問題となる」のは人口規模が小さい市町村である、という認識に立つ臨教審答申は、地方自治法に定める事務組合、教育委員会の共同設置などによる事務処理体制の広域化、共同化、効率化を積極的に図ることを提言している。「報告書」も指摘しているように、市町村教育委員会では、本務職員数が一〇人以下のところが六二・九%、指導主事を配置しているところが二六・六%であり、事務局体制の充実が不可欠であることは間違いない。しかし、臨教審答申自身が強調している「教育における地方分権の推進」の原則に立つならば、広域化、共同化を安易に強調すべきではなかろう。こうした地域こそ、住民と教職員などの積極的な参加と協力を得て活性化を実現することを、まず追求すべきであろう。すでにそうした事例は各地域に散見される。首長部局などとの提携問題もまた同

様である。公立・私立学校にかかわる学校教育行政の二元化の現実や生涯学習体系の確立の要請からいっても、首長部局との提携・協力は必要である。しかし、その際、教育委員会の自主性、主体性が十分保障されなければならないだろう。

⑸ 適格性を欠く教員への対応

「教員の職に必要な適格性を欠く者については、適切な分限処分等の措置が行われることが必要である」との立場から第二次答申は、任命・内申・具申権の機能の有機的な連携による対応、既設の健康審査会等の機能の充実のほか、必要に応じて、適格性を欠く者について教育委員会がとるべき措置を「調査・審議し、意見を提出する機能」をもつ諮問機関を設置することも考えられる、としている。この問題は当初、臨教審の第三部会で「教員の資質向上の方策」の一環として提起され、一部の委員が異様な熱意をもってその具体化を図ろうとしたものである。すなわち都道府県教育委員会に「教職適性審議会（仮称）」を設置し、新任教員の適格性の審査および適格性を欠く〝問題教師〟の審査をおこなわせるというものであった。さすがにこれには臨教審内でも異論が少なくなく、結局、教育委員会の活性化方策のなかで扱うこととなり、上記のような提言に一応落ち着いたものである。しかし、この問題を教育委員会の活性化のバロメーターのひとつとして位置づけることは大いに疑問がある。この問題は、教員人事管理上の難問の一つであり、慎重な配慮と調査・研究のなかで検討されなければならないだろう。

第2節　地方分権一括法と教育委員会制度の再編――第二次活性化政策（一九九〇年代）

一九九三年六月、国会の衆参両院で全会一致の下に採択された「地方分権の推進に関する決議」を直接の起点として始まった九〇年代の地方分権改革は、地方分権推進法の制定（一九九五年五月）、地方分権推進委員会の設置（同年七月）と勧告（第一次・九六年一二月〜第四次・九七年一〇月）、地方分権推進計画の閣議決定（九八年五月）をへて、一九九九年七月に、「地方分権の推進を図るための関係法律の整備等に関する法律」（以下、「地方分権一括法」という）が成立・公布されたことにより、国レベルの法制度的改革としては一段落した（なお、九八年一一月に地方分権推進委員会の第五次勧告がなされ、九九年三月第二次地方分権推進計画が閣議決定されている）。

地方分権一括法は、共通部分である地方自治法の大改正を中心とした四七五本にのぼる関係法律の改正（一部に廃止する法律も含む）を一括した法律であり、本則四七五条および付則二五二条からなり、新旧対照条文などの関係資料部分を含めると全体で四〇〇〇ページにも及ぶ膨大なものである（広辞苑二冊分にも相当するという）。国による地方公共団体（以下、地方自治体あるいは自治体ともいう）に対するコントロールの中軸となってきたと目される機関委任事務の廃止をはじめ、国の地方自治体に対する関与を廃止・縮小することによって、従来の中央集権型行政システムを転換し、「分権型行政システム」を構築することをめざしたものであるといわれている。同法は一部をのぞいて二〇〇〇年四月一日に施行された。これによって、わが国の地方自治体と国との法制度システムの基本的な枠組みはそれなりに大きく変化することは間違いない。

教育文化の分野についてはどうであろうか。改正された法律四七五本のうち文部省関係（地方分権一括法の本則第一二五条〜第一四五条）は、地方教育行政の組織及び運営に関する法律（地方教育行政法）をはじめ学校教育法、社会教育法、文化財保護法など二一本である。これらは、さきの地方分権推進計画およびその教育分野の検討事項を具体化した中央教育審議会の答申「今後の地方教育行政の在り方について」（一九九八年九月）にもとづき、関係法律の改正が必要となったものである。なかでも注目されるのは地方教育行政法の根幹部分に及ぶ大幅な改正である。一九五六年に同法が制定されて以降初めての大改正であり、教育委員会制度のあり方および文部省 ― 都道府県教委

―市町村教委の法制的関係に大きな転換がもたらされることになったのである。

はたしてこの地方分権一括法によって、二一世紀の「分権型社会の創造」への確かな道は開かれるのだろうか。勧告が述べているように、国・都道府県・市町村の上下主従の関係（中央集権型行政システム）は、対等・協力の関係（地方分権型行政システム）へと変革される契機となるのだろうか。そして何よりも、中央集権的性格の強いわが国の教育行政システムを転換していく確実な契機となるのであろうか。

本章では、まず地方分権一括法が制定される経緯を跡づけ、その制定に向けて大きな役割を担った地方分権推進委員会とその勧告を検討する。ついでこの法律の概要と特徴を確かめ、それが教育の地方分権と教育委員会制度のありかたに何をもたらしたのかを整理するとともに、若干の論点にふれることにする。

1 地方分権一括法への道程

(1) 一九九〇年代分権改革の〝起点〟―国会決議と第三次行革審答申

周知のように、憲法の保障する地方自治の充実をめざした地方分権改革の問題は、戦後の半世紀をとおして繰り返し課題とされてきたものである。古くはシャープ勧告（一九四九年）やそれを受けた地方行政調査委員会議（いわゆる神戸委員会）の行政事務再配分に関する勧告（一九五〇～五一年）をはじめとして、これまでさまざまな分権改革提言が公表されてきた。それらの提言の中には、部分的には実施された事項もあるが、中央省庁などの強い抵抗を受けて、抜本的な改革は先送りされてきた。また、一口に分権改革論といっても、そこには①事務再配分の内容、②税財源の分権と税制、③分権の〝受け皿〟問題（市町村と府県の二層制の存廃・市町村合併・府県廃止・道州制・連邦制など）、④住民参加の在り方、⑤分権改革の優先順位などをめぐって多くの対立点・論争点を含んださまざまな潮流が複雑に対抗してきた。このように分権改革の問題は、多様な要素をもった古くて新しい課題である。

地方分権一括法に結実した地方分権改革の新たな動向は一九九〇年代に入って本格化する。その大きな契機となったものは、さきにふれた国会の衆参両院で全会一致で採択された「地方分権の推進に関する決議」（一九九三年六月）と臨時行政改革推進審議会（第三次行革審）の「最終答申」（一九九三年一〇月）であったといわれている。

日本の憲政史上はじめてといわれている衆参両院の決議は、ほぼ同文のものであるが、東京への一極集中の排除と国土の均衡ある発展を図り、国民がゆとりと豊かさを実感できる社会をめざし、中央集権的行政のあり方を問い直し、国から地方への権限移譲・地方税財源の充実強化などによる自治体の自主性・自律性の強化が急務であることを指摘し、「地方分権を積極的に推進するための法制定をはじめ、抜本的施策を総力をあげて断行していくべきである」と結んでいる。これらの決議には、住民自治の視点が明示されていないなどの弱点はあるものの、国会が積極的に地方分権の推進を決議したことは画期的といえよう。

一方、細川首相（当時）に提出された第三次行革審の最終答申は、それまでの臨調・行革審での論議を集大成したものであるが、行政改革の基本的課題として規制緩和と地方分権の二つの柱を位置づけ、「今日、我が国をめぐる内外の情勢は急速に変化しつつあり、これまでの中央集権的な行政体制の在り方を根本から問い直し、地方分権の新たな段階を切り拓いて行くべき状況に立ち至っている」との認識のもとに、国と地方の役割分担の本格的な見直し、国からの権限の移管等の推進、地方自治体の財政基盤の強化、地方行政体制の確立、地方分権に関する立法化等の推進についてそれぞれ提言している。とりわけ、「立法化等の推進」に関して、①内閣・首相のリーダーシップの下に行政改革の一環として地方分権に関する新たな推進体制を整備し、②基本理念、課題と手順等を明らかにした地方分権の大綱方針を一年程度を目途に策定し、③それに沿って基本的な法律の制定をめざすべきであるとして、地方分権を行政改革の一環に明確に位置づけるとともに、その推進に関する具体的な方法論を提示したことは、その後の事態の進行を方向づける上で大きな影響を及ぼしたといえる。

上記の国会決議と最終答申と前後して、経団連などの財界団体、政治改革推進協議会（民間政治臨調）、全国知事会をはじめとする地方六団体、第二四次地方制度調査会などから地方分権推進にかかわる見解・提言・意見書・答申がつぎつぎに出され、地方分権の推進を政策課題へと浮上させる条件は整備されていった。こうした動向を背景にして、自民党単独政権の崩壊によって誕生した細川―羽田―村山連立政権のもとで、地方分権の推進に向けての法制度改革は急速に当面の政策課題として具体化されていった。[16]

(2) 地方分権推進法の制定と地方分権推進委員会の勧告

一九九五年五月、村山内閣の下で「地方分権推進法」が成立する（衆院では委員会・本会議とも全会一致、参院では本会議は賛成多数）。同法は五年間の時限立法であり、総則、地方分権の推進に関する基本方針、地方分権推進計画、地方分権推進委員会の全四章一七条および附則から構成されている。その眼目は、①国は地方自治の確立を図る観点から、自治体への権限の委譲、国の関与、必置規制、機関委任事務、負担金・補助金等の整理・合理化など所要の措置を講ずること、②政府は地方分権の推進に関する施策の総合的かつ計画的な推進を図るための「地方分権推進計画」を作成すること、③総理府に、両議院の同意を得て首相が任命する七名の学識経験者からなる地方分権推進委員会（以下、「分権推進委」と略称する）と事務局を設置すること、④分権推進委は、分権推進計画作成のための「具体的指針」を首相に勧告するとともに、分権推進計画に基づく施策の実施状況を監視し、必要な意見を首相に述べること、⑤首相は、分権推進委から勧告又は意見を受けたときはこれを尊重すべきこと、などである。

このように、分権推進委は単なる諮問機関ではなく、分権推進計画の「具体的指針」を首相に勧告するとともに、政府・各省庁の分権施策の実施状況を監視し、必要な意見を具申するなどの権限をもつ独立性の強い委員会である。また、その勧告や意見を首相は尊重することを義務づけられている。とくに、「この『具体的な指針』と『勧告の尊重義務』が組合わされている点こそ、地方分権推進委員会が直面した種々の特殊事情の内の最たるものであった[17]」といわれている。

一九九五年七月三日に第一回委員会を開いた分権推進委（委員長・諸井虔日経連副会長）は、その後、各一〇名余の専門委員を加えた二つの部会―「くらしづくり部会」（福祉・医療、教育・文化、雇用・婦人・少年などの分野を担当）と「地域づくり部会」（国土・土地利用、住宅、産業・通信などの分野を担当）―および委員・専門委員・参与による三つの検討グループ―①行政関係、②補助金・税財源、③地方行政体制等―を設置し、精力的な調査審議を重ねていった。まず、委員・専門委員が直接執筆したといわれる中間報告（一九九六年三月）が公表され、続いて第一次勧告（同年一二月）、第二次勧告（一九九七年七月）、第三次勧告（同年九月）、第四次勧告（同年一〇月）が出された。以下、それぞれの内容について簡潔に確かめておこう。

「分権型社会の創造」とのタイトルを付した中間報告（九六年三月）は、地方分権推進の背景・理由、その目的・理念とめざすべき分権型社会の姿、国と地方の新しい関係、地方行政体制等の整備、主な行政分野ごとの分権改革の方向などが提示されている格調の高い文書である。まず、地方分権は基本的には地域住民の自己決定権の拡充を図り、あらゆる階層の住民参画の拡大による民主主義の活性化を目指すものであること、また、それは明治以来続いてきた中央集権型行政システムを新しい分権型行政システムに変革するものであり、「明治維新・戦後改革に次ぐ第三の改革」ともいうべきものの一環であって、数多くの法令の改正を要する世紀転換期の大事業である」との基本認識を表明している。さらに、「新たな地方分権型行政システムの骨格」として、①国・地方の関係の上下・主従関係から対等・協力関係への転換と機関委任事務制度の廃止に向けての抜本的改革、②各中央省庁の地方に対する権力的関与の必要最小限への縮小と公正・透明な調整ルールの確立、通達による不透明な関与の排除と「法律による行政」原理の徹底、が打ち出されるとともに、条例制定権・自主課税権の拡大や地方行政への住民参画の促進などが示されている。

第一次勧告（一九九六年一二月）では、機関委任事務を廃止し、それを自治事務、法定受託事務および国の直接執行事務へ振り分けること、前二者への国の関与の一般原則（法定主義、一般法主義、公正・透明の三原則）と類型化（一般ルール法の制定）などの基本方向などが明示され、第二次勧告（一九九七年七月）では、法律ごとの区分で五六一にのぼる機関委任事務の自治事務、法定受託事務等への振り分け、福祉・保健・教育分野に多くみられる必置規制の見直し、国庫補助負担金の整理・合理化、地方行政体制等の整備（地方行政改革の推進・市町村合併と広域行政の推進、地方議会の活性化など）が提言された。続く第三次勧告（同年九月）では、厚生、労働行政における地方事務官制の廃止と、大きな懸案事項として残されていた沖縄などの駐留軍基地用地の使用・収用事務、労務管理等の事務の国の直接執行事務化が確定され、第四次勧告（同年一〇月）においては、個と自治体および都道府県と市町村の間の係争処理の仕組み（第三者機関の設置）、市町村の規模に応じた権限委譲などが提言されたのである。

(3) 分権推進委勧告の特徴と問題点

中間報告に対しては大方の高い評価と期待が寄せられたものの、一次から四次にわたる一連の勧告が提示した個別事項の評価、および中央地方関係システムの総体に対する評価は、専門家やジャーナリズムの間でも大きく分かれている。中間報告では高らかに表明されていた地方分権理念と分権型社会の骨格を構成する考え方が、第一次勧告では総論部分でも後退し、個別領域に踏み込んだ第二次勧告以降は一層トーンダウンしていることは、各勧告を順次一読すれば明らかである。機関委任事務の廃止と国の関与の一般原則を明示した点は評価されるが、①機関委任事務の約四割もが国の強い関与を受ける法定受託事務化されたこと、②自治事務に対しても「指示」「是正措置要求」という国の強い関与の仕組みが導入されたこと、③事務権限の自治体への委譲、とりわけ市町村へのそれは少ないこと、④税財源の自治体への委譲はほとんどないこと、⑤必置規制の廃止・緩和により、教育、福祉行政での専門性や住民サービスの低下の恐れがあること、⑥自治体行政への住民参加制度の拡充は、市町村合併の場合以外はほとんどないこと、⑦国・自治体間での係争処理機関の中立性・公正性の問題、⑧本来自治体が独自で決めるべき地方議会の議員定数の上限を削減の方向で法制化したこと、⑨駐留軍基地用地の使用等に関する事務を直接執行事務化し、自治体の関与できる余地をなくしたこと、⑩総じて、地方分権を行政改革（規制緩和）路線に包摂していく傾向が強まり、住民自治の充実強化のための地方分権という視点からの提言は不十分であること、などが批判の論点として出されてきた(18)。

分権推進委の委員として中心的役割をになった西尾勝（東京大学教授、当時、のち国際基督教大学教授）は、こうした批判や論点に留意しつつ、次のように指摘している。すなわち、「第三の改革」ともいえるこの大事業を平常時の政治状況のもとで円滑に遂行するには、すべての問題点を一挙に根底から解決することなどはおよそ不可能であり、「今次の分権改革は、あくまで第一次の分権改革として、地方分権を推進していくためのベースキャンプを設営したに止まるものと受け取られるべき」であり、当事者の一人としては、「現在の政治状況下で期待可能な最大限の成果を上げ得たと確信している」と(19)。次いで、今次の勧告作成にあたって分権推進委の採った基本戦略と方法を次のように説明している。第一に、地方分権を推進する基本方策には事務権限の委譲と国の関与の縮小廃止の二つがあるが、今次の改革では主として後者の方策を採ることによって自治体の自己決定権の拡充に重点を置いたこと。実際にも勧告事項の九割以上は関与の縮小廃止に属している。第二には、主要なターゲットを自治体に対する国の関与の中核的な制度となってきた機関委任事務の廃止と必置規制などの廃止縮小に置いたこと。第三として、勧告内容を実現可能な事項にしぼったこと。すなわち、勧告にもられた改革事項はすべて各省庁と合意に達したものであり、実現可能なものであること。第四に、各省庁の責任ある複数の関係者とのグループ・ヒヤリング（膝詰め談判）方式を採用し、合意形成を進めたこと、などである(20)。

(4) 分権推進委勧告にみる教育委員会制度等の見直し

分権推進委で教育分野の課題をおもに担当したのは「くらしづくり部会」（部会長・大森彌東京大学教授）である。まず、「中間報告」では、「地域が人を育む」という視点に立って、人々が個性を育み、さまざまな可能性を引き出しうるような教育・学習システムをいかにして確立するか、という問題意識のもとに具体例を検討・整理したと述べている。義務教育制度に関する検討の視点としては、教育を受ける子どもの立場に立った見直しを行うために、「教育の第一線にいる教師と子供たちのふれあいの現場を重視する」、「教育委員会のあり方について、その担うべき事務の範囲やその活性化の方策も含め、見直しが必要」との二つがあげられている。例示された三項目の改革方向として、①教育課程編成の一層の弾力化、②義務教育学校の就学指定の自治事務化、③義務教育費国庫負担制度にかかる各種事務の大幅な簡素化、が示唆され、また、教育長の任命承認制については、廃止の方向での検討が述べられている。「中間報告」のこうした注目すべき視点や問題意識は、その後の勧告の中にどのように具体化されたのであろうか。

教育・文化分野に関する勧告の内容は多岐にわたっているが、教委制度をはじめ地方教育行政にかかわる主なものは次の四つに整理することができる。

第一は、教育・文化分野における機関委任事務の廃止である。分権推進委の整理によれば、この分野の法律単位でみた機関委任事務は三八件ある。これらは自治事務と法定受託事務および双方にまたがる事務に振り分けられた。学校法人の設立認可事務のほか国の補助金がかかわる事務は法定受託事務とされたが、就学義務、学級編制の基準設定、教育職員の任免、免許状授与などを含め残りの機関委任事務は基本的に自治事務となった。法定受託事務はもとより、自治事務に対しても国の関与（助言・事前協議・是正措置要求など）は残されているが、機関委任事務に対してなされてきた国の包括的な指揮監督は廃止されることになるのである。

第二は、文部大臣の教育委員会・首長への関与の廃止・縮減である。

一つは、教育長の任命承認制の廃止である。周知のように、地方公共団体の人事のうち、教育長だけが国あるいは都道府県教委の承認を要するという異例な制度であり、分権推進委が当初から問題点の筆頭に掲げたものである（前述したように臨教審でもその廃止が一時検討されたが、文部省の反対で見送られた）。文部省は今回も分権推進委のヒヤリングの場で、教育長の「中立性・安定性の確保」や「適材確保のための牽制機能」などを理由として執拗に廃止に一貫して強く抵抗していることが議事録から看取できる。[21] これに対して分権推進委は、「承認制によらなければ教育長の政治的中立性や安定性を確保できないということには合理的な理由が見出せない」として、文部省の抵抗を突っぱねて「廃止」合意に至ったのである。

二つは、機関委任事務の廃止に伴って文部大臣の教育委員会に対する指揮監督（地教行法五五条）の廃止。三つは、首長・教育委員会に対する文部大臣の措置要求（同五二条）については、新たな一般ルール法に沿って行うものとする、としたこと（都道府県教委の市町村または市町村教委に対する措置要求についても同様）。四つは、都道府県・市町村に対する文部大臣（市町村に対する都道府県教委）の広範な指導・助言・援助（同四八条）については、一般ルール法の規定に留意しつつ、教育委員会の自主性を高める観点にたって見直す（少なくとも同条項末尾の「行うものとする」との表現は改めるものとする）、としたことなどである。分権推進委の「くらしづくり部会」の部会長を務めた大森彌（東京大学教授）は、「教育行政の特例法、あれにやっと手を付けることになりましたので将来は大きい意味をもつ」と述べている。[22] 確かに上記の諸提言は、四〇年余の長きにわたる集権的地教行法の根幹部分を、文部省の統制関与を縮減する方向で改正することを求めたものとして評価できる。もっとも、中間報告では重視されていた文部大臣の教育課程への監督権限の見直し問題は、「教育課程の基準の一層の大綱化や弾力化を図る」との抽象的な表現に終わり、また、教科書検定への国の関与はまったく不問にされていることなどと合わせて、教育内容行政における分権化の不徹底さは否めない。

第三は、教育委員会の活性化のための方策の検討である。任命承認制の廃止にともなって教育長に適材を確保する方策や小規模市町村教育委員会の事務処理体制の充実方策、教育行政に地域住民の意向を反映するための方策などが検討課題として上げられている。これらはかつての臨教審答申でいずれも指摘されていたものであり新鮮さに欠けている。

第四は、社会教育・生涯学習分野にかかわる勧告である。一つは、審議会や専門職員等の「必置規制」の見直しであり、①公民館運営審議会の設置、公民館館長や主事の専任規定、館長の任命にあたっての審議会からの意見聴取、②国の補助金を受ける図書館の館長の司書資格と専任規定、司書等の配置基準、③博物館などの学芸員等の定数規定、④青年学級の主事・講師の必置規制などは、いずれも「廃止」あるいは「廃止の方向で見直す」とされている。専門職員の配置は各自治体の「自主組織権」の問題であり、また、必置規制は行政サービスの総合性・効率性を失わせるという理由から、それを国が法令等で制約すべきではないという立場からの提言である。二つは、文化・生涯学習の所管組織を、教育委員会か首長部局のいずれにするかは自治体の主体的判断に委ねるとして、現状を追認している。

しかし、これらの提言には、住民の学習権、自治と参加、教育・文化（行政）の自律性・専門性への配慮がほとんどみられず、社会教育・生涯学習とその行政にかかわる教育基本法・社会教育法制の理念と制度の根幹にかかわる重大な問題をはらんでいることは間違いない。分権推進委は「地方六団体の意見に基づいてロジックと戦略を組み立てた[23]」といわれているが、その問題がここにも明確に読み取れるように思える。

2 地方分権一括法の概要と特徴・意義・問題点

(1) 概要と特徴

さて、政府は分権推進委の第四次までの勧告を受けて、一九九八年五月に地方分権推進計画を作成し、それを踏まえて翌九九年三月末に地方分権一括法案を国会に提出した。衆議院では五月一三日に本会議で趣旨説明・質疑の後、行政改革に関する特別委員会に付託され、質疑、広聴会等をへて、ごく一部の修正の上、六月一一日本会議で賛成多数で可決。参議院では六月一四日の趣旨説明の後に行財政改革・税制等に関する特別委員会に付託、七月八日本会議で賛成多数で可決・成立した。なお、衆参両院の各特別委員会でそれぞれ附帯決議がなされている。

地方分権一括法（案）の内容については、「分権推進委の勧告事項はほぼ一〇〇％忠実に盛り込まれ、勧告と分権推進計画と法案の間に見られる表現上のずれは、ごくわずかな範囲内にとどまっている」[24]といわれている。この膨大な法律を勧告等と照らしてその異同を比較精査する余裕はないので、とりあえず同一括法の概要と特徴にふれておこう。

野田毅自治相（当時）の国会における法案趣旨説明[25]や自治省関係者の解説[26]によれば、地方分権一括法の趣旨はつぎの六点にあるとされている。

第一は、国と自治体の役割分担の明確化である。すなわち、国は本来果たすべき次のような役割――①国際社会における国家としての存立にかかわる事務（外交・防衛・通貨・司法など）、②全国的に統一して定めることが望ましい国民の諸活動又は地方自治に関する基本的な準則に関する事務（公正取引の確保・生活保護基準・労働基準など）、③全国的な規模、視点に立って行うべき施策・事業の実施（公的年金・宇宙開発・基幹的交通基盤など）―を重点的に担うものとされる。他方、自治体は、「住民の福祉の増進を図ることを基本として、地域における行政を自主的かつ総合的に実施する役割を広く担うもの」とされている（改正地方自治法第一条の二）。

第二は、機関委任事務制度の廃止とそれに伴う事務区分の再構成である。前記のように、すべての機関委任事務は国の直接執行事務と廃止される事務を除き、法定受託事務と自治事務に区分されている。法定受託事務は、「国が本来果たすべき役割に係るものであって、国においてその適正な処理を特に確保する必要があるものとして法律又はこれに基づく政令に特に定めるもの」（改正地方自治法第二条九項一号）とされ、自治事務は、「地方公共団体が処理する事務のうち、法定受託事務以外のもの」（同第二条八項）と定義されている。地方自治法に置かれていた機関委任事務に係わる規定―主務大臣・知事の指揮監督権、取消命令権、職務執行命令権など―は削除されるとともに、それにそって機関委任事務を定めていた三五一の個別法律が改正された。

第三は、国の自治体に対する、都道府県の市町村に対する関与の「抜本的」見直しと新たなルールの創設である。これは機関委任事務の廃止と並んで、今回の一括法の核心部分とされているものである。分権推進委勧告では新たな関与の基本類型については、「一般ルール法」の制定が示唆されていたが、一括法では地方自治法改正の形式がとられた。まず前記のように、主務大臣・知事の包括的な指揮監督権が廃止されるとともに、関与の「法定主義」と「必要最小限の原則」が明文化された。次いで、関与の基本類型として、自治事務については、①助言・勧告、②資料の提出要求、③協議、④是正の要求の四つが、法定受託事務については、①～③に加えて、④同意、⑤許可・認可・承認、⑥指示、⑦代執行の七つが規定されている。しかし、法定受託事務への関与のうち④～⑥も自治事務についても限定的に可能であるとされ、⑦代執行も例外的に認められることになっている。自治事務に係わる④是正の要求とともに、これらの法定受託事務に係わる関与を自治事務にも認めていることは、地方分権の趣旨に反するものとして国会審議において大きな論点となったものである。さらに、関与に係わって、その公正さと透明性を確保するものとして、書面主義の原則、許認可等の審査基準の設定・公表、標準処理期間の設定・公表などの手続きルールが規定された。

また、国の関与をめぐる国と自治体との間の係争を解決する仕組みとして、「国地方係争処理委員会」が創設された。この委員会は、総理府に置かれるものであり、国会の同意を得て首相によって任命される五人の委員からなる「公平・中立でかつ独立性を有する機関」とされている。同委員会は、自治体から国の権力的な関与（法的拘束力ある関与）

に不服の申し出がなされた場合に審査を行い、その関与が違法の場合は、国に対して必要な措置を講ずるよう「勧告」する。自治体は、同委員会の審査結果や勧告に対する国の対応に不服がある場合は、高等裁判所に提訴できるというものである。また、都道府県と市町村の間の係争案件については、案件ごとに自治大臣に任命される三人の「自治紛争処理委員」の合議によって同様な対処をするものとされた。

第四は、権限委譲の推進である。三五本の個別法の改正により、国の権限が都道府県に、都道府県のそれが市町村の規模能力に応じて委譲される。現行の指定都市・中核都市に加えて、政令で指定される特例市（人口二〇万以上）が創設され、それに一定の権限が委譲される。また、「条例による事務処理の特例制度」が創設され、都道府県の条例によって都道府県の権限に属する事務を市町村に再配分することが可能となる。

第五は、必置規制の廃止・緩和である。国の法令等で、自治体における組織の設置や置くべき職員の名称・配置基準・資格などを義務づけているものが「必置規制」と呼ばれている。これらは、国による自治体統制の一つの手段であり、自治体の自主組織権を侵害し、地方行政の総合化・効率化を妨げるものとして地方六団体からも廃止縮小の要望が出されていた。三八本の法律が改正され、その廃止・緩和がなされている。

第六は、自治体の行政体制の整備・確立に関する現行法制度の改正である。まず、地方議会の活性化を図るためとして、議員立法および修正動議の提出、発議要件を現行の議員定数の八分の一以上から一二分の一以上に緩和すること。次に、議員定数に関する現行の「法定定数制度」（地方自治法で人口区分ごとに定数を規定）を廃止し、「条例定数制度」（改正地方自治法の人口区分ごとの上限数の範囲で条例によって定数を定める）を導入する。但し、定数の上限数は削減されている。また、自主的な市町村合併を促進するために、住民発議制度の拡充、知事による合併協議会設置の勧告、合併に際しての財政支援措置の充実などを内容とする法律改正が行われている。

以上が、地方分権一括法のおおまかな内容と特徴である。これによって現行の国と自治体間の行政の基本システムが大きく変わることは間違いないであろう。もっとも、それが言葉の本来の意味における地方自治とその基盤である住民自治の活性化をもたらし、民主主義と人権が保障される分権型社会への確実な制度的保障になるか否かは即断が難しい。前述した多くの問題点や疑問点があることも事実である。しかし、住民や自治体が積極的に活用しうる制度や手掛かりも少なくなく、それらを活用しきる住民と自治体関係者の新たな自治意識と自治力量が求められていることは確かなことである。

(2) 地方分権一括法の評価をめぐって

周知のように、分権推進委の一連の「勧告」およびそれらにもとづいた地方分権推進計画についての評価は専門家の中でも大きく分かれてきたが、それらを踏まえて法制化された地方分権一括法に関しても同様である。例えば、「今回の改革は、基本的な制度の枠組みを転換するものとして、分権型社会の形成に向けた大きな前進となるものといえよう(27)」、「今回提案されている一連の分権改革は、現時点において、現在のさまざまな状況のもとで望みうる、直ちに実行可能な最善の改革案になっている(28)」との積極的な評価がある。しかし一方で、「形式的な法制化主義がまかり通って、地方自治、住民自治を拡充させていく内容が不足している。機関委任事務が廃止されて『三割自治』から『六割～七割自治』になるといわれているが、法改正によって、むしろ壮大な関与のしくみがつくられたといわざるを得ない(29)」との厳しい批判がよせられている。

多くの論者が指摘しているように、留意すべきことは、地方分権一括法と同時に「中央省庁等改革関連法」が成立・公布されたことである。これは、行政改革会議の「最終報告」(一九九七年一二月)にもとづいて立法されたものであるが、内閣法の一部を改正する法律、内閣府設置法など中央省庁の再編に関する一七本の独立した法律を総称したものである。内閣・官邸の機能とリーダーシップを抜本的に強化するとともに、現在の一府二二省庁を一府一二省庁に大くくりに再編、〃スリム化〃することによって戦後型行政システムを根本的に改め、より効率的、機動的な政府を実現することをめざしたものとされている。[30] 中央府省庁の新体制は、二〇〇一年一月六日に発足し、文部省は科学技術庁と合体して文部科学省になった（文部科学省設置法）。一八七一（明治四）年に文部省が創設されて以来、一三〇年後の節目の年にあたっている。

地方分権一括法と中央省庁等改革関連法、この二つの膨大な法律（法律群）は一体のものとみなされ、国会での委員会審議も、行政改革に関する特別委員会（衆議院）、行財政改革・税制等に関する特別委員会（参議院）でそれぞれ同時並行的に行われた。内閣府の設置による内閣・官邸機能の抜本的な拡充・強化、総務省・国土交通省など新たな巨大な省の実現は、地方分権一括法による「地方分権の推進」にどのような影響をもたらすのであろうか。

この一見したところ矛盾しているとも思われる二つの改革はどのように結びついているのであろうか。国会内外の論議においても、こうした重要な問題は十分に明らかにされたとは思われない。

(3) 地方分権一括法と教育の地方分権改革・教育委員会制度改革

前述したように、地方分権一括法のうち文部省関係部分は、二一本の関係法律等の一部改正（青年学級振興法は廃止）からなっている。これは、閣議決定された「地方分権推進計画」と同計画において検討事項とされたものの具体化について提言した中教審答申（一九九八年九月）にもとづいている。

関係法律二一本の改正のポイントは、つぎの五つに整理できるだろう。

第一は、機関委任事務の廃止とそれにかかわって必要となった教育関係法律の改正である。第二は、教育長の任命承認制の廃止をはじめ文部大臣・都道府県教育委員会の関与の廃止・縮小を基調とした教育委員会制度の再編にともなう地方教育行政法の改正であり、教育の地方分権にかかわる改正の中心を占めているものである。第三は、必置規制の廃止あるいは緩和にともなう社会教育法をはじめとする社会教育関係の諸法律改正である。第四は、学校教育法の「監督庁」の読み替え規定の廃止にかかわる改正である。第五は、権限の委譲にかかわるものであり、文化財保護法や地教行法の改正である。

まず第一は、教育分野においても機関委任事務は廃止され、それは自治事務と法定受託事務に振り分けられた。文部省資料[31]によれば、法律で規定された従前の機関委任事務は一〇五件あり、そのうち六四件（六一％）が自治事務に、四一件（三九％）が法定受託事務となった。学校法人・宗教法人の設立認可事務のほか国の補助金が係わる事務などは法定受託事務とされたが、就学義務、学級編制、教職員の任免、教員免許状授与などの事務をはじめ多くが自治事務となった。もっとも、自治事務の大半は都道府県（教育委員会）のものであり、市町村（教育委員会）のそれは「学期の決定」「学齢簿の作成」「就学校の指定」などわずかである。自治事務に対しても文部省や都道府県教育委員会の関与は残るが、従来のような包括的な指揮監督権は廃止されるのである。

第二に、文部省等の教育委員会等に対する、都道府県教委の市町村教委に対する関与の廃止・縮小を中心にして、地方教育行政法は一九五六年の制定以降はじめての大改正が行われ、教育委員会制度はその根幹部分を含めて再編される。一〇年余り前の臨教審答申では文部省等の強い抵抗によって踏み込めなかった地方教育行政法の根幹部分の改正である（本章の一を参照）。すなわち、教育長の任命承認制が廃止され、都道府県教委・市町村教委の教育長は文部省や都道府県教委の「承認」（お墨付き）が不要となり、それぞれ各自治体が自前で任命することがようやく可能となったのである。しかし、任命承認制の廃止と連動して、これまで都道府県および政令都市の教育長は教育委員以外から任命されていたが、今次の改正によって市町村教育長と同様に、教育委員の中から任命されることになったことは留意すべきである（なお、この改正によって都道府県教委・指定都市教委の委員は六人とすることができるとなったが、うち一名は教育長を兼ねるので〝実質的〟には定数は変わらないといえる）。また、機関委任事務の廃止にともなって文部大臣・都道府県教委の指揮監督の規定は削除され、文部大臣等の教育委員会に対する措置要求の規定も削除され、改正地方自治法に新たに規定された一般的関与に従うことになる。問題となっていた文部大臣・都道府県教委の広範な指導・助言・援助については、「行うものとする」との義務規定が「行うことができる」と改正され、都道府県教委による市町村立学校に関する基準設定権の規定も削除された。

第三は、必置規制の廃止・緩和問題により社会教育、図書館法、博物館法などが改正される。公民館運営審議会の任意設置化、館長や主事の専任規定、館長の任命にあたっての審議会からの意見聴取義務規定は削除される。また、社会教育委員、公民館運営審議会の委員の構成規定が簡素化され、現行の委嘱手続き規定も削除される。図書館については、国の補助金を受ける図書館の館長の司書資格と専任規定、司書等の配置基準規定はともに削除され、図書館協議会の委員構成規定が簡素北される。博物館については、博物館協議会の委員委嘱規定などが削除されることになる。これらの問題は、特に社会教育関係者から強い批判が出されていたものであるが、これらによって自治体のサービスが後退することにつながってはならないだろう。

第四は、学校教育法上にある各種の基準設定にかかわる「監督庁」規定を、「文部大臣」、「都道府県の教育委員会」などに明確化し、「当分の間、文部大臣とする」などとされていた規定を削除するものである。現行の「読み替え規定」をそのまま適用したものではあるが、法的には「当分の間」という文部大臣等の「暫定権限」を「恒久化」したといえる。

第五の権限委譲にかかわるものとしては、文化財保護法にかかわる三件のほか、県費負担教職員の研修権限が都道府県教委から中核市教委へ、市町村立高等学校の通学区域設定の権限が都道府県教委からすべての市町村教委へ委譲されることのわずか二件に止まっているのである。

第3節　文部省（文科省）・中教審答申の教育委員会制度改革――第三次活性化政策

1 地方教育行政の在り方に関する調査研究協力者会議の「論点整理」の特徴と問題

分権推進委の第一次勧告を受け、文部省は、一九九七年一月末に「二一世紀に向けた地方教育行政の在り方に関する調査研究協力者会議」（以下、「協力者会議」と略称）を設置し、一九九六年七月の中教審第一次答申「二一世紀を展望した我が国の教育の在り方」が提言した「開かれた学校づくり」などの諸課題とあわせて調査研究を委嘱する。この協力者会議は、学識経験者（七名）、教委関係者（四名）、学校長（三名）と首長部局関係者（三名）の計一七名のメンバーからなっている。学識経験者のなかには、分権推進委の部会長を務める学者をはじめその学風からみてリベラル派と目される二、三の行政学者、教育行政学者も含まれていることは注目される。しかし、残りの大半は広い意味で教育行政（学校行政）の内側に身を置いていることからみて、この会議は全体として、地方教育行政や学校運営のあり方を外側（父母・住民、教職員など）から問う視点において大きな弱点を持っているといえる。協力者会議は、一九九七年九月に「論点整理」の形で報告をまとめた。これは、その後の中教審での審議の〝基礎的な資料＝たたき台〟とされ、中教審の審議の方向に大きなインパクトを与えたものであることから、まずその特徴と問題点をみておきたい(32)。

「論点整理」は「総論」と「各論」から構成されている。「総論」では、行政委員会としての教育委員会は今後も維持される必要があるが、個性や自主性・主体性の重視などの今日の教育改革理念を踏まえた「見直し」が必要であると明記されている。「見直しの視点」として、①特色ある「開かれた学校づくり」を支援し、専門的立場から地域コミュニティを育成する視点、②市町村の規模や地域の特性に応じて、一律的な取り扱いを改めるという視点、③地方分権の推進という行政全体の動向に留意する視点、の三つがあげられている。教育委員会制度の意義として「教育の中立性の確保」が一面的に強調されており、見直しの視点については、教育における住民自治・参加という視点の欠落など根本的な問題を多々含んでいるものの、発足して四〇年余、学校運営や教育行政における民主主義を衰退させてきた地方教育行政法体制下の教育委員会制度に対して、「見直しが必要」との認識がようやく打ち出されたことは画期的である。

「各論」としては、①学校と教育委員会、市町村・都道府県・国相互の関係および私立学校と地方公共団体との関係、②地域住民と教育委員会、学校の関係、③教育委員会の事務処理体制、④地域コミュニティの育成と地域振興、の四つの柱について、それぞれ協力者会議としての、①現状認識と問題点の把握、②制度の見直しの方向と主な論議が整理・紹介されている。各論の柱ごとに出された意見と論点は、ほとんど「……ではないか」といった断定を避ける表現がとられており、また相対立するものも両論併記されており、協力者会議の内情や構成メンバーの力学が反映されている点では興味深い。しかし、現状の問題点を指摘し、検討課題を積極的に提起している意見は、他方の現状を肯定的にとらえ、その改革方向にブレーキをかける意見によって相殺され、「見直しの方向」に位置づいていない場合が少なくない。

「論点整理」のなかで、「見直しの方向」で検討する必要があるとされている主な事項にはつぎのようなものがある。

「学校と教育委員会の関係」の分野では、学校の自主性・自律性を確立するために、①教育委員会が制定する学校管理規則や諸基準の弾力化、②学校に対する指示・命令や指導・助言の在り方、③学校予算の編成の在り方や校長の執行権限の拡大、④学校の自主的取組みを支援する観点からの教育委員会の機能の見直し、など。

「都道府県と市町村、政令指定都市、中核都市の関係」の分野での検討課題としては、①都道府県の市町村に対する指導・助言の在り方を法律上の規定（地方教育行政法四八条一項等）を含めて見直す、②都道府県の専門性に裏付けられた指導・助言機能の充実、③中核市への教職員の任命権の一部や研修事務の委任、など。

「国と都道府県の関係」分野では、①国の都道府県に対する指導・助言や措置要求の在り方を法律上の規定（同法四八条一項、五二条一項等）を含めて見直す、②国の指導・助言機能における専門性の充実、など。

「地域住民と教育委員会、学校の関係」の分野では、住民の意向を教育行政、学校などの教育機関に反映させる観点から、①教育委員の数の弾力化や選任に際して住民の意向を反映させる工夫、②教育委員の処遇の改善、③学校が住民・保護者の意向を把握・反映する仕組み、④図書館、公民館などの社会教育施設が住民の意向を把握・反映する仕組みの導入、⑤教育行政に関する意見申し出や苦情処理の充実、オンブズマン制度導入の可否、⑥住民に対する積極的な情報提供の在り方・その方法、⑦学校、教育行政への地域の活力の導入（学校ボランティア、地域企業での教員研修、民間団体・事業者との連携協力など）、など。

「教育委員会の事務処理体制」の分野では、①教育長の任命承認制の廃止と適材確保の方策、②市町村教育長の専任化、③市町村教委の規模の拡大と機能の充実方策、④小規模な町村教委の事務処理体制の在り方、⑤地域の多様な人材の協力・活用、など。

「地域コミュニティの育成と地域振興」の分野では、①教育委員会と首長部局との関係の在り方、②生涯学習を中核とした民間の団体・事業者との連携協力の推進、③学校区を中心としたコミュニティ活動の振興と学校外活動の推進方策、④大学等との連携を含む地域全体の人づくりの観点に立った施策の推進、など。

以上が「論点整理」の「見直しの方向」のなかでリストアップされているおもな検討課題である。かつての臨教審や従来の文部省の教育委員会活性化方策と比べれば、現行制度の根幹の改正を含むはるかに多様な施策が検討対象となっていることは注目される。しかし、当然取り上げられるべき、教科書行政、指導行政、研修行政にかかわる問題、首長部局に対する教育委員会の権限、教育委員会の運営（会議の運営・公開、教育委員の活動など）問題などの検討がないことは疑問である。また、論議の部分で一部の委員から明快に指摘されている父母・住民の学校・教育行政への参加、さらに子どもの学校運営等への参加、教職員の教育政策立案への参画の検討は、きわめて弱いか、ほぼ完全に欠落している。これらは先にふれたように、個々の問題というより協力者会議の基本的な視点にかかわる問題であるといえる。

[2] 中教審答申と教育委員会の活性化・学校の自主性・自律性の確立

これを受けた町村信孝文相（当時）は、一九九七年九月末、別件をテーマにして開催中の中教審に「今後の地方教育行政の在り方について」を追加諮問する。中教審内に「地方教育行政に関する小委員会」が設置され、前記「論点整理」を基本的な資料として精力的な審議が開始される。中間報告（一九九八年三月）の公表をへて、正式答申「今後の地方教育行政の在り方について」が同年九月に提出された。

答申は、「はじめに」で基本的な考え方を述べた上で、教育行政における国、都道府県、市町村の役割分担の在り方（一章）、教育委員会制度の在り方（二章）、学校の自主性・自律性の確立（三章）、地域の教育機能の向上と地域コミュニティの育成及び地域振興に教育委員会の果たすべき役割（四章）から構成されている。この構成からも明らかなように、今回の答申の特徴は、「学校の自主性・自律性の確立」と「地域の教育力の向上……に教育委員会が果たすべき役割」の二つの柱を立て、「学校と教育の在り方、それを支える教育委員会の在り方に焦点を当て」、学校および教育行政に関する制度とその運用を見直すことに力点を置いていることにあると思われる。「基本的な考え方」の末尾には、次のように記されている。「行政改革、地方分権の観点を十分に考慮し、国の果たすべき役割を明確にした上で、例えば、これまでの細部にわたって指導等を行っていた文部省の行政の在り方を見直すとともに、国や都道府県の市町村や学校に対する関与を必要最小限度のものとするなど、各地域や学校における主体的かつ積極的な活動を促進する観点から地方教育行政制度の在り方について見直しを行い、新たな国、地方公共団体と学校との連携協力体制の在り方を示すこととした」、と。分権推進委の勧告が、主として国と都道府県・市町村の間の関与関係と事務再配分に限定されているのに対して、中教審答申はさらに学校や地域への「分権」を検討しているようにも見える。

答申が提言している具体的な改善方策の内容は多岐にわたっているので、以下、主に法令の改正が必要となると思われる事項にしぼって特徴を見ておきたい。

まず、「教育行政における国、都道府県、市町村の役割分担の在り方」では、①学校設置基準等の監督庁規定「当分の間、これを文部大臣とする」（学校教育法第一〇六条）は、国の役割を明らかにする観点から見直す、②教育課程の基準の大綱化・弾力化、③公立小・中学校の学級編制および教職員定数の弾力的運用と市町村教育委員会の自主的判断の尊重、④国・都道府県の指導、助言等を義務づけている規定（地方教育行政法第四八条等）の見直し、⑤都道府県教育委員会の有する市町村学校の組織編制等の準則設定規定（同法第四九条）の廃止の方向での見直し、⑥教職員の研修等に関する権限の中核市への委譲、などが挙げられている。

次に、「教育委員会制度の在り方」に関しては、①条例による都道府県等の教育委員の定数の増員（例えば七人）、②教育長の任命承認制の廃止と議会同意制の導入、③指定都市を除く市町村の教育長の専任化、④都道府県を含む広域連合への教育委員会の設置など、いずれも地方教育行政法の改正を要する方策が提言されている。

答申の〝目玉〟ともいわれている「学校の自主性・自律性の確立」の柱では、「校長の方針の下に地域の実情に応じた組織的、機動的な学校運営が行われるようにするため」に、学校の自主性・自律性の確立が企図されている。具体的には、①学校の裁量を拡大する方向での学校管理規則の見直し、②教職員人事や学校予算の編成・執行に際しての校長の意向反映や裁量の強化、③校長の任用資格の弾力化、④職員会議の性格の明確化（校長の職務の円滑な執行に資するため、校長が主宰するなど）、⑤校長の推薦により学校設置者が委嘱する学校評議員制度の導入、など学校運営に係わる全権を校長に集約し、その校長の強力なリーダーシップによる学校運営が期待されているように見える。

最後に、「地域の教育機能の向上等」の柱では、教育委員会が地域の関係機関等と連携協力して教育環境を整備し、さまざまな教育機能の協調・融合を促進するための総合的な施策の推進の必要性が強調されている。具体的には、①特別非常勤講師として地域の人材の積極的な登用、②地域コミュニティの拠点としての学校、公民館等の活用、などが挙げられている。

〈注〉

（1）文部省大臣官房編集『文部時報』、一九八七年八月臨時増刊号「臨教審答申総集編」、ぎょうせい、一七五～一七六頁。
（2）報告書の全文は、『内外教育』（一九八七年一二月八日）に掲載されている。
（3）教育助成局長通知の全文は、『日本教育新聞』（一九八七年一二月二六日付）に全文が掲載されている。
（4）諸澤正道『地教行法施行二十周年にあたって』文部省初等中等教育局地方課『教育委員会月報』一九七六年一〇月号、第一法規出版。
（5）相良惟一「我が国における教育委員会制度の歩み」前掲『教育委員会月報』一九七八年一一月号。
（6）玉井日出夫「教育委員会の運営について」前掲『教育委員会月報』一九八五年一月号。
（7）前掲『教育委員会月報』一九八六年二月号、所収。
（8）臨時教育審議会編『臨教審だより』一九八五年六月臨時増刊（第一次答申関係資料集）、第一法規出版、参照。
（9）前掲『臨教審だより』一九八六年四月臨時増刊（第二次答申関係資料集）、参照。
（10）前掲『文部時報』（臨教審答申総集編）一七五～七六頁。

(11) 同前『文部時報』一七五頁。
(12) 『毎日新聞』一九八六・四・二六付「社説」。
(13) 同前『文部時報』一七五頁。
(14) 『朝日新聞』一九八六・四・二五付。
(15) 香山健一「教育の地方分権の推進」『学遊』一九八八年一月号、所収。
(16) この間の一連の動向は複雑である。とりあえず、自治体問題研究所編『解説と資料「地方分権」』自治体研究社、一九九三年、兼子仁・村上順『地方分権』弘文堂、一九九五年、西尾勝「制度改革と制度設計―地方分権推進委員会の事例を素材として」(上・下)『UP』三二〇～三二一号、東京大学出版会、など参照。
(17) 前掲『UP』所収、西尾論文(上)。
(18) 例えば、自治体問題研究所編『地方分権への提言』自治体研究社、一九九七年、同編『地方分権の「歪み」―地方分権推進計画の検証』、同、一九九八年、五十嵐敬喜ほか「座談会・地方分権の動きを検証する」(一)・(二)『法学セミナー』一九九七年一二月号、一九九八年一月号、太田昇「地方分権の現状と課題」寺田宏洲編著『地方分権と行財政改革』新評論、一九九九年、など参照。
(19) 西尾勝「第一次分権改革の到達点と今後の課題」自治省編『地方自治法施行五〇周年記念・自治論文集』ぎょうせい、一九九八年、四五～四六頁。
(20) 同前、西尾論文、および同氏による「地方分権推進の政治過程と地方分権推進委員会の調査方針」同編『地方分権と地方自治』(新地方自治法講座一二)ぎょうせい、一九九八年、同『未完の分権改革―霞が関官僚と格闘した一三〇〇日―』岩波書店、一九九九年、など参照。
(21) 第二〇回、第二三回、第二九回、第四八回の『分権推進委議事要録(詳細版)』を参照。
(22) 座談会「地方分権推進委員会第一次勧告をめぐって」における大森彌の発言。『ジュリスト』№1110(一九九七年四月一五日号)、一六頁。

(23) 前掲の注(17)の五十嵐敬喜ほか「座談会」(一)、『法学セミナー』一九九八年一月号、参照。
(24) 西尾勝氏の国会での公述意見。『第一四五回国会衆議院行政改革に関する特別委員会広聴会議録第一号』一九九九年六月七日、三頁。
(25) 野田自治大臣の提案趣旨説明、『第一四五回国会衆議院会議録第二九号』一九九九年五月一三日、二〜三頁。
(26) 佐藤文俊「地方分権の推進を図るための関係法の整備等に関する法律(いわゆる地方分権一括法)について」『ジュリスト』No.1165(一九九九年一〇月一五日号)。
(27) 前掲、佐藤論文。
(28) 前掲の西尾公述意見。
(29) 自治体問題研究所編『地方自治法改正の読みかた』自治体研究社、一九九九年。
(30) 中央省庁等改革推進本部事務局「中央省庁等改革関連法」『ジュリスト』No.1166(一九九九年一一月一日号)。
(31) 文部省教育助成局地方課『教育委員会月報』一九九九年八月号。
(32) 三上昭彦「教育委員会は『再生』するか」『季刊 人間と教育』一七号、旬報社、参照。

第Ⅵ章　教育委員準公選制の展開と到達点・課題

――東京・中野区の自治的試み

一九七〇年代末から八〇年代初頭に始まった東京・中野区における教育委員準公選制の実施は、全国初の試み（実験）として、教育関係者はもとより世論の高い関心をよび、全国的に注目されるところとなった。

教育委員の準公選制とは、「ごく概括的にいえば、現行の教育委員『任命制』のもとで、自治体の長が議会の同意を求めていく教育委員候補者の選定に、何らかのかたち・手続きにより他の意思を導入する制度的しくみと活動[(1)]」といわれている。この定義によるならば、中野区の教育委員準公選制は、住民の直接請求運動を契機にして制定された条例にもとづくものであり、住民が投票によって教育委員候補者の選定に参加する「住民参加」の自治的しくみと諸活動であるといえる。

「準公選制」という名称・概念、そのしくみと活動は、必ずしも中野区で初めて提起されたものとはいえない。一九六〇～七〇年代にかけて、練馬区をはじめ一連の東京都特別区で取り組まれ、品川区で最初に実現した区長準公選制を範としたものである。当時、特別区の区長は公選制ではなく、都知事の承認を得て区議会で選出する方式であった。中野区の教育委員準公選制は、区長準公選制の思想と方式から多くを学びつつ、それを創意的に〝応用〟し〝発展〟させたものといえる。

しかし、後述するように、二つの準公選制（区長準公選制と教育委員準公選制）は、その思想と方式の両面で同列に論ずることはできない側面がある。前者は独任機関である区長の選任過程への住民参加方式であるが、後者は政治・行政から自主性・自律性を要する教育文化行政をになう複数の教育委員の選任過程への住民参加方式である。それは一般の政治選挙の投票とは異なる思想と方式をもつことから、あえて「文化的投票方式」と位置づけられたゆえんである。また、二つの準公選制における「準」の意味づけも異なっている。前者は、文字通り〝公選制復活への一里塚〟として位置づけられ、限りなく公選制に近づくものとしての「準」であり、実際にその運動は練馬区から各区に拡がり、その要求の正当性とインパクトを国も無視することはできず、ついに地方自治法改正による区長公選制の実現をもたらしたのである。他方、後者も当初の一時期の運動参加者のなかでは同様の位置づけがなされていたが、その後の中野区での取り組みの過程で、公職選挙法による公選制とは異なる独自の「教育委員候補者選びの文化的投票方式」を創造し、それをとおして住民が教育行政に多様なかたちで参加しうる自治的「住民参加システム」として再定義されたのである。こうして「準」の概念に新たな光があてられ、積極的かつ創意的な意味が与えられたのである。

中野区の教育委員準公選制は、「違法論」等を根拠としてこれを抑圧しようとする政権政党や文部省、鈴木都政などの政治的・行政的諸力に抗しながら四期一六年間（ここでは第一期の準公選教育委員が選任された一九八一年から、第四期の最後の委員の任期が終了した一九九七年まで）続いた。しかしながら他の自治体へは拡がらず、道半ばにして廃止を余儀なくされた。しかし、この〝実験〟はじつに豊かな成果と〝遺産〟を日本の教育と自治の歴史にもたらしたといえる。

本章では、こうした認識に立って、中野区における教育委員準公選制をめぐる歴史的動態をあとづけ、その制度の概要と特徴、運用の実際、活性化した教育委員会の状況、準公選制の意義と成果、問題点と課題などについて検討していきたい。

第1節　教育委員準公選制をめぐる歴史的動態

1 教育委員公選制復活をめぐる動向 ― 準公選への「前史」

教育委員準公選制の思想と方式は、教育委員の公選制復活をめざす動向の中から生まれたものであり、それを抜きに論ずることはできない。教育委員の公選をめざす動向には、これまでおよそ三つの活期がみられる。第一の活期は、勤評、学校管理規則反対運動などと結びつけて公選制復活運動が提唱され、一定の展開をみせた一九五八年から六〇年代初頭の時期。第二のそれは、沖縄の本土復帰に際して、沖縄の公選制教委を擁護する課題を動因として高まった七〇年代前半の時期。そして第三は、一九七七年以降の中野区住民による準公選運動に代表される時期である。以下、前二期における動向の概要とその特徴、問題点について簡単にのべておきたい（第三期の動向は後節でふれる）。

(1) 公選制復活運動の提唱と展開 ― 第一活期の動向

一九五六年六月、第二四国会において制定された地方教育行政法は、戦後教育体系の枢要的部分を構成していた教委制度 ― その機構と機能 ― を抜本的に改組再編し、この制度はもとより、わが国の教育行政全体のしくみにおける民主主義的性質を著しく後退させるものであった。その内容の重大性とともに、議会制民主主義を大きく逸脱した審議過程は、広汎な世論の厳しい批判を生んだことは、すでに第三章で述べたとおりである。

この法律を主要な根拠として矢つぎばやに具体化された勤評、学校管理規則の制定、新教育課程の伝達講習会など一連の施策とその実施主体として前面に登場した任命制教育委員会の実態と動向は、教育委員任命制化の政策意図と新制度の機能をより鮮明な形で人びとの前に示した。「勤評・学テ体制」とも言われた任命制教委制度下の現実は、「教育行政の如何は全教育の死活を制する」[2]という戦後教育改革時の名言にこめられた重い意味を改めて自覚させずにはおかなかった。教育行政の民主化、とりわけ教育現場にもっとも近接した教育行政機関である教育委員会制度の「民主的再編」は、民主教育の実践と運動にとって重要な課題となったのである。「教育委員の公選制復活」は、この課題の集約的表現であったといえよう。

勤評、学校管理規則反対運動のただ中にあった日教組は、一九五八年二月の第四五回中央委員会で、一連の「教育危機」が教育委員の任命制を契機に生じているとの認識に立って、「教委を公選制とし国民の手にとり返す方向」で勤評阻止の宣伝を強化することを確認する。[3] 続く同年六月の第一七回定期大会の一九五八年度運動方針では、「教育委員会の公選制獲得」を「主要闘争目標」の一つとして確定し、「公選制獲得の闘いを国民大衆とともに推進し、教育を国民の手にとりかえさなければならない」とした。①任命制教委の実体とそれが教育現場にあたえた影響の全国的調査の実施、②公選制獲得をめざした署名運動、懇談会などによる世論の喚起、③公選制復活を中心とした地方教育行政法改正案の作成と立法闘争、などが具体的方針として提起された。また、これらと結びつけて、民主的中央教育委員会の新設、公選制教委の設置などを含んだ総合的な教育改革構想である「民主教育確立の方針」（第二次草案）が提案され、教研集会などで論議を深めていくことも確認されている。(4)

公選制復活を中核として旧教育委員会法のほぼ全面的復活を内容とした「教育委員会」法案(5)は、翌一九五九年三月、社会党による議員提案として上程された。同年一〇月の国民文化会議主催の全国国民文化集会、同一一月の子どもを守る文化会議はともに教育委員公選制復活を決議し、これを受けて、日教組第四九回中央委員会（五九年一一月）は、国民文化会議を中心とする「教育委員の公選制復活一千万署名」を提唱し、国会での立法運動へ結びつけることを確認した。しかし、一九五九年秋から六〇年前半にかけては、世論は日米安全保障条約改定（新安保条約批准）の是非をめぐり沸騰し、安保改定・新安保条約反対の国民的運動が、わが国史上空前の高揚をみせた時期であり、公選制復活運動もそれに「吸収」されざるをえなかった。日教組は一九六〇年一〇月の第五二臨時中央委員会で、改めて一千万署名運動の方針を具体化した。新たに登場した池田内閣の荒木文相による教育基本法の改正発言を重視して、「教基法改悪反対、教委公選制復活、荒木文相不信任」一千万署名（五〇万組合員が一人二〇人分を目標とする）が決定され、一〇～一一月の二ヵ月が運動期間とされ、一定のとりくみがなされた。

以上が第一期における公選制復活運動の概要である。「教育委員の公選制復活」の課題は日教組の一九五八年度定期大会で提唱され、一九六〇年度の運動方針に至る少なくとも三年間は、民主教育を守る運動の中心に位置づけられ、多様な具体的行動が提起され、国民文化会議など教育文化団体との共同行動も試みられた。しかし、一千万署名運動は第一期をすぎても「ほとんど実施されていない」(日教組第五三回中央委員会議案)[6]といわれる事態にみられるように、公選制復活運動は「国民的運動として発展しなかった」(日教組第二三回定期大会議案)[7]のである。

この時期は政治史上も教育史上も、わが国の戦後史のなかでももっとも激動した一時期であり、教師への勤務評定制度の導入、学校管理規則の制定、特設道徳教育講習会の開催など、矢継ぎばやに出される諸施策に対して、これを阻止することに運動の全力量が注がれた。日教組の各地における運動の焦眉の課題は、都道府県・市町村の任命制教育委員会を直接の推進主体とする一連の文教施策に対して、いかに有効に対決するかにあり、「公選制の復活」という教育制度改革の課題は、当面の運動課題としてはとうてい位置づくものではなかったといえる。まして当時、一般の父母や地域住民にとっては、この課題は主体的な関心とはなりえなかった。また、この期の運動は、全国的な署名運動を背景にして国会での法改正を実現する、という位置づけのもとで構想されていたが、いわゆる「五五年体制」といわれた当時の国会の与野党勢力の構成や政府・文部省の姿勢からみても、その実現可能性は皆無に等しいといってよかった。公選制の復活の提唱とその運動は、客観的にも主体的にも浸透し発展しうる現実的基盤をほとんどもちえなかったといえるだろう。

(2) 公選制復活運動の新たな土壌と主体 ― 第二活期の動向

「教育委員の公選制復活」は、その後も一九六〇年代を通して、日教組や社会党・共産党など革新政党の年次方針や政策大綱の一項に一貫して掲げられてはいたが、スローガンの域をこえるものではなかった。また教育委員会制度そのものの改革に対する実践的、理論的関心と論議も、京都府教育長不承認問題(一九六〇年代半ば)など若干の事例を除けば、急速に後退した。これは教育委員任命制化と地方教育行政法体制の一つの帰結でもあった。しかし、一九七〇年代を迎え事態は大きく変化する。その背景にあった事柄は、本土復帰にともなう沖縄の公選制教委制度廃止問題である。

一九七〇年一一月、沖縄の本土復帰問題に関する「沖縄復帰対策要綱（第一次分）」が閣議決定されるが、それは復帰とともに沖縄で存続してきた公選制教委制度を廃して本土と一体の任命制へ移行させる（地方教育行政法を全面的に適用する）方針を明示していた。沖縄県民の世論はこれを強く批判し、公選制教委制度の存続を要求した。屋良朝苗首席により政府に提出された「復帰措置に関する建議書」（一九七一・一一・一八）は、つぎのようにのべていた。「沖縄の教育行政制度は、教育の自主・独立と民意の反映という民主教育の基本理念を基調とし、民立法によって県民がかちとったもの」であり、「県民のあいだに長年なじまれ、定着し、この制度の沖縄教育行政における功績は高く評価され」、「今やその存続要請は沖縄の決定的な世論」である。「この際本土において、現行教育行政制度の非をあらため、沖縄の祖国復帰を契機として本土法も沖縄と同様な制度に改正されるよう要求する」[8]と。また、沖縄県教組も別途公選制の維持を政府に申し入れるとともに、日教組などへ協力要請を行なったのである。

本土では沖縄完全返還の運動を背景に、これらに直接呼応した動向がうまれた。まず、日教組は一九七〇年度運動方針で、国民の教育を受ける権利の保障をめざす「教育国民運動」の第一の課題として、「沖縄の祖国復帰に伴なう教委制度の本土なみ改悪に反対してたたかうとともに本土における任命制教委制度の中央集権強化のなかで本来の機能をうしない住民の教育要求にこたえていない実態を明らかにし、教委公選制をめざし、地域住民の声を反映する教育行政をおこなわせる運動」の強化をかかげる。[9]続く一九七一年三月の第八三回中央委員会では、「沖縄の公選制教委を守るたたかいと並行して本土においては公選制教委復活の運動を署名、宣伝、啓蒙活動をふくめて展開」[10]するとした。第一期の運動以降は、各年次方針の「たたかいの目標」の一項目としてささやかに掲げられていたにすぎなかった「教育委員の公選制復活」は、沖縄の公選制教委制度擁護の課題と結合して再び重要な運動課題として位置づけられたのである。また、同年一一月、教育文化関係の諸団体、労働組合など一六団体を幹事団体として結成された「民主教育をすすめる国民連合」は、「八大要求」の一つとして「教育委員の公選制と国民の教育権の確立」をかかげ、沖縄の公選制を守り本土での復活の要求をふくむ「民主教育をすすめる国民大署名」運動を、各地に結成された共闘組織とともに開始した。[11] さらに、野党議員による公選制復活を中心とした「地方教育行政法一部改正法案」（一九七一～七二年）の国会上程や中野区議会による「教育委員会の公選制復活についての要望書」（一九七一年一一月）の政府への提出がなされた。

沖縄の公選制教委制度を擁護し、復帰後もその継承を求める運動を契機に再び活気をみせたこの期の公選制復活運動は、政府の政策意図に対抗する一時期のカンパニア運動として終るのではなく、国民の教育および教育における住民自治の理念に支えられた教育改革を実現する歴史的な課題の一環として位置づけられていく。その点で日教組中央執行委員会の委嘱によって一九七〇年一二月に発足した教育制度検討委員会（会長・梅根悟和光大学学長）の精力的な論議と改革提言は、少なからぬ役割を果したといえる。同制度検討委は、第一次報告（一九七一年六月）で、教育の民主主義的発展を保障する要件として「教育における住民自治の原理」をかかげ、[12] 第二次報告（一九七二年六月）では、父母・住民に直接責任を負った教育行政の実現課題の中心に「教育委員会の公選制の実現」を位置づけ、[13] さらに最終報告（一九七四年五月）では、前二者をふまえ、公選制実現に至る過程として、準公選方式や推薦方式をはじめ現行制度下でも可能と考えられる改革を提言したのである。[14]

また、この時期の運動は中央の教育関係団体の取り組みにとどまらず、いくつかの地域で父母・住民や教職員（組合）などによる地域レベルの多様な形態の活動として広がったところに、第二の特徴がある。沖縄では任命制への移行に際して、教組、ＰＴＡ連合会など関係団体による県教育委員の候補者推薦方式が県の「要綱」によって制度化されている（一九七二年一二月）。[15] 中野区では「公選制の復活、準公選制実施をめざし、当面、区民の声を反映した選任」を要請した区議会への陳情書が、都教組中野支部により二度にわたって出された（一九七一～七二年）。[16] さきの中野区議会の「要望書」はこの陳情にもとづいている。東京都下の武蔵野市では、市長の教育長任免のあり方とそれをめぐって起った教育委員総辞職問題を契機として、学者・文化人によるアッピール「教育委員の任命について訴える」（一九七二年一〇月）と「民主教育をすすめる市民の会」による準公選制の検討（一九七三年）、共産党議員団による「教育委員準公選条例」の提案（一九七四年）などが行なわれた。(17) また、国分寺市においても、PTA連合会や市民組織「国分寺市教育を考える会」による、教委制度や公選制、準公選制に関する学習活動、市長や市議会への教育委員の民主的選任を求める要請活動、教育委員適任者の推せん活動、「考える会」主催の市民集会の開催などの注目すべき一連の活動が一九七二～七三年ごろから続けられていく。(18)

このような第二期の教育委員の公選制をめざす運動は、一九六〇年代の高度経済成長政策とそれに従属した国家主義・能力主義的教育政策によりもたらされた地域破壊と教育荒廃の状況のなかで、これを批判し、多様な要求の実現とかかる状況の克服をめざす住民運動、地域教育運動の発展を背景にしている。これらの運動のなかで、学習と体験と連帯を通して住民自治の権利と国民の教育権の思想を獲得した父母・住民と教職員がこの期の公選制復活運動に加わりはじめたのである。また、全国に陸続として生まれたいわゆる革新自治体と次節で詳述する自治体段階で実現可能な準公選方式などの提案は、従来は国政革新後のプログラムと考えられていた教育委員の公選制復活の課題を自治体段階でもとりくみうる現実的課題とさせ、公選制復活運動が新たな地平を切り拓く展望をあたえたのである。教育委員の公選復活の運動は新しい担い手と土壌を背景に新たな高まりをみせたのである。

2 「準公選方式」への着眼と実現への模索

(1)「準公選方式」の〝発見〟──区長準公選運動の意義

いわゆる準公選方式は、全国の自治体で唯一首長の公選制が実施されていなかった東京特別区の区長公選運動のなかで〝発見〟され創造されたものである。教育委員の準公選は、その発想と方式に学び、それを応用したものともいえる。したがって、まず区長準公選運動の歴史的意義についてふれておきたい[19]。

一九五二年八月の地方自治法の大改正により、それまで一般の市町村長と同様区民の直接選挙で選出されていた東京都特別の区長は、「区議会が都知事の同意を得て選任する」(旧自治法第二八一条三項)選任制度に変更された。「都区の一体的関係を明確にし、大都市における行政の統一的かつ能率的な処理をはかるため」というのがその改正理由であった。公選制の廃止は、憲法に明記されている地方自治および民主主義の根幹としての地方自治・住民自治の権利を著しく歪めるものであったが故に、党派を越えた特別区の理事者、区議会をふくめた区長公選制復活の運動がその後各区で持続的に展開されていった。

当時の運動は、区議会に設けられた「特別区制調査特別委員会」の活動、二三区が共同して行なう「自治権拡充大会」などのカンパニア活動および労働組合や革新政党などによる活動を主要な内容としていた。これらの運動は公選制復活に関する区民世論を高めるうえで一定の効果をあげたが、住民のエネルギーを引き出し結集して地方自治法を改正させるまでには至らず、次第にマンネリズムに陥っていった。区長公選運動は新しい発想と担い手を必要としていたのである。また、区長選任制度は回を重ねるたびに、候補者の決定をめぐる不正事件や混乱が増加し、区議会内での保守会派内部の派閥争いや多党化を背景にして、候補者決定に際して合意が成立せず、区長空白期が一年前後におよび、区政が停滞する区が続出するなどの病理現象が日常化していた。区長公選制の復活は選任制度の実態からも要請されていたといえるのである。

二三区のなかで最も生活環境、教育・文化施設などの整備がたち遅れ、政争と腐敗により区長が一年余にわたって空席となっていた練馬区では、一九六七年七月、学者・文化人、主婦、青年、労組員、区議などによる住民組織「練馬自治体問題研究会」(大島太郎会長)が生まれた。この研究会は、従来の区長公選運動の反省をふまえ、公選制の実現はどうすれば可能かという実践的立場に立って研究を重ねた結果、つぎの事実を〝発見〟したのである。すなわち、区長選任制度を定めた当時の地方自治法および同施行令には、「区議会による区長候補者の決定↓都知事の同意↓区議会の選任」という三段階の手続きが規定されているだけであり、第一段階の区議会による区長候補者の決定方法については何も規定がなく、いわば「法の空白地帯」になっていること。したがって、区長候補者を区民の投票によって選出し、その結果に基づいて区議会が候補者を決定することを定めた区条例を制定し、現行法制の空白地帯を埋めることが可能であること。そしてこの方式は、現行法規下で憲法の精神を生かすもっとも民主的かつ可能な方法であり、『公選』ではないが、それにもっとも近い成果をあげることができるという意味で『準公選』と名づけられた[20]」こと、である。

こうして〝発見〟された準公選方式を区民運動によって実現していくために、「区長を選ぶ練馬区民の会」が結成されその活動のなかで準公選方式の思想と制度構想はより深められ、「区長公選運動の基本構想」（一九六七年八月）として具体化、体系化されたのである。「基本構想」は区長準公選運動の性格と展望についてつぎのようにのべていた。すなわち、①この運動は、区民が区長選任に直接参加するという立場に立つ広範な民主主義の運動である、②この運動が実現されるならば、他の特別区にも受けつがれ、将来の自治法改正を目ざす区長公選運動にたいしても最大の貢献を果す、と[21]。

事態はまさにこの予測通りに進展したといえよう。練馬区に発した区長準公選運動は、「その創造性と原理性のゆえに[22]」各区に急速に広がった。そして、中野区議会での初の「区長準公選条例」の可決（一九七一年六月、但し、これは区長職務代理者により再議に付され、継続審議となる）、江戸川区での約七万に達する条例制定の直接請求署名運動（一九七二年五月）などをへて、一九七二年一一月、品川区における準公選区民投票の実現として結実しただけでなく、政府をして一九七四年六月の地方自治法の改正を引き出し、区長公選制の復活を実現させたのである。

住民運動によってうみ出された区長準公選方式は、「まさに地方自治の本旨に合致し…住民自治参加の方策を可能な範囲で具現したもの、いわば叡知の所産とも評すべきもの」（東京地裁判決）[23]であり、一地域にはじまった運動が国の法律改正をひき出したという点では、「立法史上の画期的できごと」[24]であったといえる。またそれは、教育委員の公選制復活運動が新たな地平を切り拓くうえでも大きな示唆をあたえるものでもあった。

(2) 教育委員準公選への模索と隘路

区長準公選運動が各区に広がっていくなかで、その参加者の中から「次は教育委員の準公選だ」という声が出されていた。例えば、この運動の理論的指導者の一人であった政治学者の篠原一（東京大学教授）は要旨つぎのように明快に問題を提起していた。「議会で教育委員が選任される以前に、条例にもとづいて住民投票によって教育委員候補者をえらび、その結果にもとづいて議会が選任するという準公選方式を考えてはどうか。そのためには、条例制定の直接請求運動をおこさねばならない。議会の党派勢力を按分するような形で教育委員がきめられる現行制度の下では、ほんとうに教育に熱意をもった人は教育委員になることはほとんど不可能に近い。これに対して、住民投票の過程で行なわれる教育論議とその投票の結果は、地域の教育のためによりよい結果をもたらすことは確実である。どこかの地点で、この一点突破の試みを勇敢に行なわなければならないときにきている」[25]、と。

ほぼ同じ時期に、前述した教育制度検討委員会でも、区長準公選制と教育界で既に長い歴史をもっている国立大学の学長選挙方式の双方の検討をふまえて、教育委員の準公選制の妥当性と現実性についての論議が重ねられていた。同委員会会長の梅根悟は、総評主催の「教育と労働者」シンポジウム（一九七二年一〇月）の席上、現行法制下でも、この準公選方式を教育委員会制度にそのまま生かすことは可能であり、当面、革新自治体などで住民運動の形で実現していく必要がある、と提言している[26]（なお、さきにふれたように、同委員会が正式に教育委員準公選制を提言するのは、一九七四年五月の最終報告の中である）。また、「民主教育をすすめる国民連合」は、第二回民主教育をすすめる国民大集会（一九七二年一一月）で、全国的な運動団体としては初めて、「当面の重点要求」の一つに「教員委員の準公選制の運動」を位置づけ、条件のある地域でこの運動を展開することを打ち出した。

これらと前後して、いくつかの革新自治体の下で、準公選制への模索と実現への試みがなされていく。さきにも部分的にふれたように、中野区、国分寺市、武蔵野市と本土復帰前後の沖縄の市町村などである。沖縄では一九七三年四月、市町村教委が任命制へ移行したが、それに先立って県教組は準公選条例と住民投票実施要領の試案を作成、その制定を首長と議会に働きかけたが、客観的にも主体的にも十分な条件が整わず、それまでの公選制下の委員の再任や県教委の例にならった推薦制など次善の方法をとらざるをえなかった(27)。武蔵野市では全国で初めて議員提案の形で準公選条例が市議会に上程され、一定の審議が試みられたが、「調査研究を要す」として継続審議に付され廃案となったのである(28)。

このように、教育委員の準公選制は、教育委員の公選復活要求の高まりを背景に、区長準公選運動の発展と成功に強く触発されて、実現への模索と試みがなされたが、区長準公選のような本格的な住民運動としては成熟せず、それは後述するように一九七七年に始まる中野区での運動を待たざるをえなかったのである。

そこにはそれなりの理由があったといえよう。教育委員の準公選方式は、その思想と方法において区長準公選方式とほぼ共通したものといえるし、その「応用問題」として提起されてきたことは前述した。しかし、理論的にも実践的にも事情はより複雑であり、実現に際してより多くの隘路を持っていたからである。一つは、当時の法制との関係である。首長の公選制は憲法八章に明記された地方自治原理、とりわけ住民自治の原則からみて自明であり、全国の市町村長が公選制であるにもかかわらず、特別区長のみ例外とされていることの問題性は、衆目の一致するところであった。しかし、教育委員は全国的に任命制が法定されており、準公選制の導入は、違法性のある異例なものとして映りやすいことである。二つは、教育委員準公選方式の内部構造の相対的な複雑さである。区長準公選方式にあっては一人の候補者を選定するが、教育委員の場合は多くの場合、複数であり、しかも教育長候補者が含まれており、多様な要素を考慮し工夫した準公選方式の内部規定が必要とされるなど、複雑な問題が内包されていたのである。三つは、一九五六年以降の長い間、任命制教委制度が存続したため、住民一般の教育委員（会）それ自体に対する認識と関心は低く、「教育委員（会）とは何か」についての共通認識がきわめて低いこと（区長準公選運動では「区長とは何か」はほぼ自明のことであった）。四つは、教育委員候補者の「住民投票」は、かつて教育委員の公選制を知っているごく一部の世代を除いて初めての体験であることからくるイメージの不鮮明さに加え、一般政治選挙のもつ病理現象と政党政派の対立がもち込まれ、「教育の政治的中立性」が犯されるのではないか、という漠然とした危惧が一般的に存在していること。五つは、教育の荒廃状況を克服するためには、教育委員の準公選制という制度改革よりも他に優先されるべき切実な課題が多いのではないか、また、権限の少ない教育委員を選んだところで、実質的効果は期待できないという考え方があること。六つは、革新自治体の機能が高まれば任命制の下でも住民の意思にそった民主的教育委員を選任できるし、財政上からみてもより得策であるとする問題の立て方。さらには、住民の意識、関心からみて時期尚早とする論の存在、などである。

以上のような問題を一つずつ克服して、教育委員準公選制の意義、具体的なイメージとしくみを明らかにし、住民の合意を形成することには相当の努力と専門的力量を必要としていたのである。それまでの教育委員準公選制への取り組みは、こうした隘路を克服していく理論的・実践的な力量を十分に持ちえなかったといえよう。

3 中野区における教育委員準公選運動の特徴と意義

(1) 準公選制運動の経緯 ―― 概要・背景・特徴

中野区における教育委員準公選をめざすとりくみの直接的契機は、一九七七年一二月に結成された「中野の教育をよくする会」（黒田秀俊会長、以下「よくする会」と略称）を母体として起された教育委員準公選条例制定の直接請求署名運動である。その後の一連の経緯は、平坦ではなくきわめて曲折にとんだものであった。その詳細は他に譲るが、ここでは本稿の主題に必要な限りで、以下一連の経緯の中での各節々における主な点を時系列的に述べておく。(29)

（1）「よくする会」を母体とする住民運動として行なわれた条例制定直接請求署名は、一九七八年七月一日から法定期間である一ヶ月間に、法定数（区内有権者の五〇分の一＝五二三八人）の四倍をこえる二万三一五七人（有効署名数一万九二二三人）となり、九月一日、「中野区教育委員候補者決定に関する区民投票条例（案）」を添えた「条例制定請求書」が大内正二区長に提出される。

（2）これを受理した大内区長は、一九七八年九月一八日、臨時区議会を招集し、「条例案は現行法に抵触する」との否定的な「意見」を添付して、条例案（「教育委員の候補者を定めるにあたっては、区が実施する区民投票の結果を尊重して区議会に同意を求める」を眼目とする）を、提案した。区議会は、「条例審査特別委員会」（定数一二人、以下、「特別委」と略称）の設置を決定、条例案を付託した。これにより主要な舞台は区議会の「特別委」に移った。

（3）「特別委」は、参考人からの意見聴取、二日間にわたる公聴会、有志議員による沖縄県下教育委員会の事情調査などをふくめ、およそ三ヶ月におよぶ慎重な審議、調査を行ない、賛成会派の共同修正提案を受け入れ、一九七八年一二月一二日（特別委）および一二月一五日（本会議）でそれぞれ条例案を修正可決した。

（4）大内区長は当該条例の議決は「違法」であるとして、地方自治法第一七六条四項にもとづき「再議」に付したが、議会は即日（一二月二六日）、同条例を再議決（賛成二六、反対二〇）する（なお、第一七六条一項による「再議」は条例制定に「異議」がある場合の再議であり、この場合には三分の二の議決が必要であるとされており、もし区長がこの途を選択したなら、当時の区議会の会派構成からみて、条例は否決される可能性がきわめて高かった)。

(5)再議決された条例をなお違法とする大内区長は、同法第一七六条五項にもとづき美濃部亮吉都知事(当時)に対して、上記議決の取り消しの裁定を求める審査の申し立てを行なった(一九七九年一月八日)。美濃部都知事は、同年四月五日、「議決は合法である」として区長の申し立てを棄却する裁定を行なったのである。

(6)都知事裁定を受けた大内区長は、なお「条例は違法との認識を払拭し得ない」との立場を表明しつつも、これを不服として直ちに裁判所に出訴することはせず、直後に予定されていた区長選挙で選ばれる新区長に判断をゆだねた。激しい選挙戦の結果、準公選実現をかかげ、革新統一候補として立った青山良道候補が当選する。青山新区長は、一九七九年五月二五日、同条例の公布を行ない、教育委員準公選制のとりくみは区側の正式な行政課題となった。

(7)青山区長は、七月一日「教育委員選任問題担当」を区庁内に設置するとともに、八月二二日には兼子仁(東京都立大学教授)をはじめとする教育学者、法学者五人を「教育委員選任問題専門委員」(以下、「専門委員」と略称)に委嘱、区民投票の実施にむけて具体的作業を開始する。

(8)上記「専門委員」は、一九八〇年一月二一日、「教育委員選任問題に関する報告」を青山区長に提出する。同報告では、教育委員準公選制としての区民投票は、「教育委員選びの住民参加のしくみ」であり、一般の政治選挙とは異なる「文化的投票制」である、との基本的な考え方にもとづき、創意工夫にとんだ「区民投票のしくみ」、「投票勧誘運動とそのルール」、「区民投票の結果の尊重の基準」などを明らかにした。この報告は、教育委員準公選制の基本的意義と区民投票の性格に新しい光を当て、創意的なしくみを提言することにより、その後の中野区における実施のとりくみに決定的影響を与えたものといえる。

（9）専門委員報告とそれを受けて構想された区民投票実施要綱にもとづき、青山区長は一九八〇年三月区議会に、同条例によって一〇月実施が予定されている区民投票実施の教育委員選任事務経費予算（約三九三七万円）を提案する。ところが、先の区長選挙後野党に転じた公明、民社の両会派は、条例制定に賛成したにもかかわらず、一〇月実施に反対し、当初から条例に反対してきた自民および新自由クラブ（但し、条例議決時には議席はなかった）と結んで「区民合意・議会合意ができていない」ことを理由に、区民投票実施経費予算全額を否決（但し、広報費約六五八万円は可決）した。条例を二度にわたって可決・制定した議会が、そのために必要な予算を削除するという不可解かつ重大な事態が生じたのである。

（10）こうした事態のなかで、区議会は全会派の一致にもとづき、「教育委員候補者選定区民投票施行に関する調査特別委員会」（以下、「調査特別委」と略称）が設置され、六月議会までに、「区民投票実施に必要な事項」（具体的には、区民投票施行規則など）を審議することになる。他方、「よくする会」「教育委員の区民投票を成功させる中野区連絡会」（一九八〇年三月一四日結成）および同「全都連絡会」（三月二四日結成）は、連日議会の傍聴を行なうとともに、準公選制の意義と現状を訴えるチラシの区内全戸配布、駅頭での署名・宣伝活動、区民集会などを行ない、区民の関心と世論を高める努力を重ねた。区が同年五月に実施した「準公選に関するアンケート調査」（回答者七〇九人、回収率七一・二％）では、四三・三％の人が準公選に関心を示し、四六・八％の人が一〇月区民投票に参加すると答えた。また、全国の研究者八七八人の連署による「中野区教育委員の準公選の実施を支持する教育学者・法学者の声明」（五月二三日）などが公表されるなど、区内外の世論も徐々に高まりを見せた。

（11）一九八〇年六月二六日に始まった六月議会は、準公選条例が公布されて以降の最大のヤマ場となった。青山区長は再度、準公選実施経費を補正予算に内示した。条例制定に賛成しながら三月議会で実施予算の削除に与した公明・民社の両会派は、区民の関心の高まりを前にして、実施予算を再び否決する正当な根拠を失っていた。自民党などの保守会派も、三月議会では、公・民との提携のために違法論の主張を下ろし、準公選制の広報費と教特委設置を認めたことから、再度、違法論を正面に打ち出した予算の否決はむずかしかったといえる。一方、準公選制推進与党にとっても、一七：三一という議会少数与党としての厳しい現実があった。このようななかで、与野党間での妥協策が模索された。その結果、同年七月四日、全会派一致で条例の一部改正案が可決され、改正条例に即した実施予算は改めて九月議会に提出されることになった。

(12) 改正された主要な点はつぎの通りである。①区民投票が郵便投票方式となったこと、②区民投票の結果の「尊重」が「参考」に変更されたこと、③「二年ごと」の投票が「四年ごと」になったこと、④「定数」の明記が削除されたこと（教育長予定の教育委員候補者は区民投票による候補者以外からも選びうる）、⑤立候補者の推薦署名数が「六〇人以上」から「六〇人以上一〇〇人未満」と上限が規定されたこと、⑥第一回区民投票の実施期日が、「一九八〇年一〇月」から「一九八一年二月末日」までとなったこと、などである。

(13) 一九八〇年九月一七日、区議会は実施予算を全会一致で可決し、準公選制の実施は最終的に確定された。一〇月二五日には「中野区教育委員候補者選定に関する区民投票条例施行規則」が公布され、合せて、「投票執行計画」が確定された。区側は、これにもとづいて、精力的な区民への広報活動を改めて強化するとともに、区民投票実施本部をスタートさせ、最終的な準備作業に入ったのである。

以上のように、当初条例と比べて、「内容的には妥協して後退した」との批判も一部ではなされたが、むしろ区議会の全会派の合意をつくり出すための粘り強い努力と英知の結集こそが評価されるべきであろう。当初条例案に一貫して反対していた保守会派をふくめて、条例制定の直接請求に込められた区民の要求とその重みを正当に評価すべきであるという議会の良識が発揮されたというべきであろう。

(2) 準公選運動の背景と要因

ところで、多くの複雑な要素と隘路をもつ教育委員の準公選運動が、なぜ全国の他の自治体にさきがけて中野区で始まり、成功したのか、そこにはどのような背景と要因があるのだろうか。この問いに明快に答えることは容易ではないが、少なくともつぎのような点を指摘することはできるだろう。

第一は、中野区の革新的・歴史的な土壌ともいうべきものである。一九五二年に各界・各層の区民によって結成された「中野懇談会」は、学者・文化人のリーダーシップのもとで平和と民主主義の擁護、区民の間での対話と自由な言論を拡大することを目的として多様な地域活動を展開したといわれる。最盛期に四〇〇人余の会員を数えたこの会の存在は、区民の中にリベラルな政治感覚、社会感覚を培うとともに、人的な結びつきを背景に諸勢力の共同活動を重視する空気を醸成したと思われる。(30) 原水禁運動や沖縄問題への先進的なとりくみ、一三区で初の「革新区長」(非自民五会派の共同による)の誕生と区長準公選条例の可決、多様な住民運動の展開、区議会の会派構成などに表われた中野区民の政治意識、社会意識の相対的高さを指摘することができる。

第二は、革新区政を誕生させて以降、自主・参加・連帯の三つの自治原理にもとづく行政姿勢が徐々にそれが要因の一つとなって確立され、住民の区政参加が多様に試みられ、住民が相対的に高い区政参加意識、自治意識、権利意識を持っていることである。教育委員の準公選運動は、こうした意識に強く支えられていたといえる。

第三は、中野区の準公選運動には「前史」があることはすでに指摘したが、その時期の運動の背景には、区長準公選運動、沖縄の公選教委制度を擁護し本土で復活させる運動、ＰＴＡ活動をはじめとする教育運動が存在し、これらの運動にかかわった父母、住民、教職員、議員などのなかにはその後も一貫して、教育行政の民主化という課題意識が持続され、その当然の帰結として教育委員の準公選制の必要性が強く意識されていたことがあげられる。「よくする会」の中核はこうした人びとにより構成されていたのである。

第四は、一九七七年の時点で「よくする会」が組織され、直接請求の形で準公選運動が開始された動因の一つは、革新区長が教育委員人事に関して、議会各会派はもとより与党議員や住民の意向をかたくなに退け、自己の「専属的権限」を固持し、結果として民主的選任方法が全く前進しなかったことがあろう。とりわけ、一九七五年末の教育委員一名の改選に際して、議会側の不満が頂点に達し、区長との対立が六ヵ月もつづく事態が生じ、関係者に準公選条例を直接請求の形で成立させる決断をさせたと思われるのである。

第五は、「よくする会」を中心に、父母・住民・教職員組合、革新三会派の中心的議員が当初から密接に連携し、協力し、相補って運動がすすめられたこと。それは特に条例案が上程され主な舞台が議会に移行した後に重要な推進力となったといえる。

第六は、条例審議の主導権をとった革新三会派が、住民の連日の傍聴・監視を背景に特別委員会の設置をふくめ慎重な審議を組織し、参考人や公述人に第一線の専門家を呼び、教育論を前面に押し出しながら、質の高い審議内容をうみ出すことに努力したことがあげられよう。(31) また、最終局面での、粘り強い説得と柔軟な対応を通して全会派の合意を形成した区議会の努力も高く評価されよう。

第七は、マスコミをはじめ全国の世論が、積極的かつ好意的に中野区の一連の取り組みをとりあげ、支持したことがある。

第八は、条例公布後の青山区長をはじめとした行政側の積極的な啓蒙・広報活動と専門委員の精力的かつ創意的な活動の成果（上記の「報告書」）はきわめて大きなものであったといえる。これにより準公選制の意義とイメージが具体化され、住民サイドの独自の活動とあいまってこの問題についての区民の意識を急速に高めたからである。

(3) 準公選運動と条例制定の意義

中野区における教育委員準公選運動は、一九七〇年代初頭に提唱され、若干の地域で模索されながらも実現に至らず、なお理論上、政策上の教育改革構想の次元にとどまっていた教育委員の準公選制を、全国で初めて現実の制度として具体化した。この事実は、教育運動の歴史において大きな意義をもつものであるといえよう。また、「第三の発案権」ともいわれる条例制定の直接請求権を行使して、「下から」の教育改革運動として準公選条例の制定・公布を実現したことは、わが国の教育改革の歴史のうえでも画期的な事柄といえる。

制定された準公選条例がうたっているように、中野区の準公選制は、「憲法、教育基本法の精神に基づき、……区民の自由な意志が教育行政に反映されるよう民主的な手続きを確保し、もって教育行政の健全な発達を期することを目的とする」（同条例第一条）ものである。教育委員の公選制が廃止されて以降、父母・住民は教育行政に直接自分たちの意思を反映させる制度的保障のルートを失なった。これが大きな要因となって、戦後教育改革をつらぬく原理の一つである教育と教育行政における住民自治と、それを実現するうえでの必須の装置としてその発展が期待された教育委員会は、著しく形骸化し、父母・住民から疎遠なものとなってきたのである。民衆的基礎を欠いた教育委員会は、中央教育行政の下請機関としての機能は発揮しえても、地域に根ざした、地域住民に直接責任を負った生き生きとした創意的な教育行政機能を発揮することはできない。中野区の教育委員準公選方式は、形骸化し民主主義的機能を著しく衰退させている任命制教委制度に、住民の「自由な意志」を反映させることにより民衆的基礎を確保し、本来の機能を回復させようとする第一歩の試みである。中野区における運動は、そのことの重要性を世に問い、それが可能であることを実証したのである。

この運動は、運動を担った当事者にとっても、当初から明確な青写真のもとで、確固とした条件と展望をもって進められたものとはいえなかった。むしろ、その運動の全過程をふり返るならば、条件が一つでも異なれば、その時点で運動が挫折をよぎなくされる局面が幾度もあったともいえる。一つの段階を越さなければ次の段階が容易に予測できない状態に常におかれていたとさえいえる。教育委員の準公選制にとっての固有な隘路とつぎつぎに直面する困難な局面を、関係者の熱誠と英知と粘り強い努力によってかろうじて克服してきたと言ってよい。しかし、こうした努力のなかで、従来理論的にも、実践的にも必ずしも明らかではなかったいくつかの問題、論点に光が当てられ、教育委員準公選制の思想と方法と内部構造をより鮮明にしたことは重要である。この点で区議会の審議と教育委員選任問題専門委員報告の果した役割は大きい[32]。

その一つは、準公選制の核である「住民投票」の性格に関する問題である。前記専門委員報告は、公選制が教育委員の当選を直接決める選挙であるのと異なり、「準公選投票」は、「住民が投票という形で参加していく住民参加のしくみ」であること。またそれは、地域住民の文化的活動として、一般の政治選挙とは異なる「文化的投票制」であり、当然それにふさわしい「文化的自主性」と投票のしくみが生み出されなければならないと規定したのである。この「文化的投票」概念にはなお不鮮明な点と若干の疑問が残るが、教育委員選任にふさわしい新しい投票方式の理念と制度創造を提起した意義は大きい。すでにふれたように旧教育委員会法も当初はこの点を考慮して「推せん制」など二、三の独自の制度が規定されており、これまでの運動のなかでも政治選挙と異なる「新しい公選制」の示唆[33]がまったくなかったわけではないが、「文化的投票制」なる概念を提出することによりこの点を鮮明に打ち出したことは初めてであろう。

二つは、さきにもふれたことであるが、教育委員準公選制における〝準〟の意味に新しい光を当て、新しい意味づけを与えたことである。区長準公選制と同様に、教育委員準公選の運動の初期の段階では、それは公選制実現の〝一里塚〟として、できるだけ早期に公選制へストレートに直結されるべきものと考えられていた。条例案の審議と専門委員報告は、教育委員準公選制は、公選制復活への単なる一歩ではなく、むしろ〝準〟に固有な意味があることを明らかにしたといえる。すなわち、準公選制にあっては、それぞれの地域で公職選挙法によらない多様な方式を工夫し創造することが可能である。また、〝準〟公選制の多様な実践のなかで初めて、将来実現されるべき教育委員の選出にふさわしい公選制の内実が明らかにされるのであるとしているのである。筆者は、準公選制は住民が直接教育委員の決定に参加する公選制を志向したものと位置づけているが、それはかつての教育委員会法への単なる復帰ではなく、自治体ごとに多様な内実をもった方式として創造されるべき「新しい公選制」であると考えている。それゆえに、この問題提起は積極的な意味をもっていると考える。(34)

第2節　教育委員準公選制の展開

1 準公選区民投票制度の概要と特徴

中野区の準公選区民投票制度の趣旨としくみは、「中野区教育委員候補者選定に関する区民投票条例」（以下、「区民投票条例」と略称）、同「区民投票施行規則」、区民投票実施本部「立候補者の手引」（以下、「手引」と略称）、教育委員選任問題専門委員「教育委員選任問題に関する報告」（以下、「専門委員報告」と略称）の四つの例規および基本文書によって、その詳細が定められている。(35)

その趣旨としくみの核心部分は、教育委員の任命制を規定している現行法制の枠内で、区長が教育委員候補者を選定するのに先立って「区民投票」を実施し、その投票結果を「参考」にして、区議会に候補者を提案し、区議会も投票結果に表れている「区民の意向」を尊重して「同意」するというものである。このしくみの中軸となっているのが区民投票制度であるが、そこにはさまざまな創意工夫をこらした多様でユニークな区民参加のしくみが組み込まれた興味深いものである。以下、上記の例規・基本文書によりながら、この制度の趣旨と制度の概要、および特徴と意義について簡潔にのべてみよう。

(1) 区民投票制度の趣旨と基本的性格

区民投票制度の基本的趣旨は、すでにふれたように、区民投票条例第一条で、つぎのようにうたわれている。「日本国憲法、教育基本法の精神に基づき、区長が、地方教育行政の組織及び運営に関する法律第四条に定める教育委員会の委員を任命するに先立ち、区民の自由な意志が教育行政に反映されるよう民主的な手続きを確保し、もって教育行政の健全な発達を期する」と。そして、同条例第二条は、「民主的な手続き」として、区長が区民投票を実施し、「その結果を参考にしなければならない」としている。

一九五六年の地方教育行政法によって、教育委員は「地方公共団体の長が議会の同意を得て任命する」こととなり、住民は教育委員の選任にあたり、自らの意思を直接的に表明し、反映させる権利を、これまで長い間失ってきている。地方教育行政法が任命制を定めている以上、これを根本的に変更すること（たとえば直接公選制の実施）は、国の立法政策をまたざるをえないことは自明である。しかし、首長が教育委員候補者を選定するにあたって、広く住民の意思を調査し、その結果を参考にすることは教育行政の民主主義、住民自治の原則からみてむしろ当然であり、また必要不可欠であるといえよう。ここから、教育委員候補者選定の区民投票にはつぎのような基本的性格が付与されている。

第一は、この区民投票は、現行法制の枠内で行われるものであり、条例を根拠とする中野区独自の投票制度であること。第二は、公選制のように教育委員を投票で直接決定する制度ではなく、「自治体の長が委員候補者を決定する際の判断に住民の意思を反映させていく手だて」「住民が投票という形で参加していく住民参加のしくみ」（専門委員報告）であり、「住民参加の手続としての区民投票」（手引）であること。

区民投票制度の第三の基本的性格として強調されている点は、これが一般の政治選挙における投票とは異なった「文化的投票制度」（専門委員報告）としての性質をもっていることである。今日、一般の住民にとっては、公職選挙法にもとづいた政治選挙における投票以外の方式を経験する機会はほとんどない（あえてあげるならば、総選挙時に行なわれる最高裁裁判官に対する可否の投票、自治体の議会の解散、首長や議員のリコールに関する投票などがある）。したがって、それとは別個の投票制度をイメージすることはかならずしも容易ではない。しかし、中野区の準公選区民投票は、中野区独自の条例と規則にもとづいて実施されるものであり、また、以下にみるように、「教育委員選びへの住民参加」にふさわしい新しいしくみとしての創意工夫がなされており、公職選挙法にもとづく従来の選挙・投票概念とは異なった新しい投票の理念と方式が創造されているのである。

⑵ 区民投票制度のしくみと特徴

区民投票制度の特徴の第一は、いわゆる推薦立候補制が採用されていることである。

区民投票の立候補者になるためには、区内有権者六〇人以上（一〇〇人未満）の所定の「推せん書」（以下、中野区の表記に従って「推せん」とする）が必要である。区民は、区長から「推せん用紙」の交付を受け、積極的に立候補者の推せん活動（教育委員としてふさわしいと思う者に立候補を依頼し、区民有権者にその推せん者になってもらうために働きかける活動）を行なうことができる。但し、一人の区民が二人以上の候補者を推せんすること（重複推せん）はできないとされている。立候補の届出は、本人または代理人が直接届け出ることとされ、その際、推せん書のほかに、立候補届、住民票の写し、宣誓書（禁固以上の刑に処せられた者でない旨等を誓う文書）、政党所属申出書、協定案合意書（後述する）などを提出しなければならない。

推薦立候補制自体は、旧教育委員会法による第一回の教育委員選挙（一九四八年一〇月）の時にも採用された方式であった。当時の方式は、推薦連署人は六〇人以上何人でも可能であったこと、届出人は推薦代表者に限定されていたこと、所属党派名の記入は不用とされたことなど、今回のそれと比べ若干の異同はあったが、「出たい人より出したい人」を住民が広く候補者として推薦するところに眼目があった。[36] 中野区の方式は、その趣旨を継承しつつ、かつての経験に照らし、現行法に整合するよう若干の変更をくわえたものといえる。

第二の特徴は、投票運動の性格とそのあり方にみられる。この区民投票制度には、公選法が適用されないことについてはさきにふれた。それにかかわり、立候補者が行う投票運動は、「区長と立候補者が別に定める協定によらなければならない」(区民投票条例第八条二項)とされ、「区長は、協定案を、あらかじめ区民の意見を聴いて作成するものとする」(区民投票施行規則二二条)となっている。これをうけて、区民各層から任命された「教育委員選任問題区民会議」の提言にもとづき、「教育委員選び区民投票に関する協定書」(案)が作成されている。[37]

投票運動の性格として強調されている点は、つぎの二点である。第一は、区民間での話し合いと運動の自由が保障されていることである。いうまでもなく、金品で区民の自由な意思を損なったり、他人を誹謗中傷したり、社会常識を超える行為で区民生活に迷惑をかける言動は禁じられている(施行規則二〇条)が、いわゆる〝戸別訪問〟をふくめた話し合い、討論会、集会などの自由は広く保障されていることは注目される。立候補者と区民、区民同士が中野区の教育と教育行政のあり方について論議を深め、中野区教育行政を担うにふさわしい教育委員候補者を選び出す活動が重視されているのである。区民はただ立候補者とその支援者から一方的に働きかけられる対象としてではなく、区民自らが運動に加わり、適当な候補者を選定する主体になることが期待されているのである。

第二は、投票運動において、「教育の中立性」と「公正」を確保するための工夫がなされていることである。協定書(案)では、投票活動を政治選挙などの自前運動やその他の目的に利用することが禁じられるとともに、宣伝カーの運行、氏名等の連呼行為、新聞広告、ビラ・印刷ハガキなどまとまった費用を要する文書の大量配布も行なわないこととなっている。「文化的投票制度」たるこの投票運動が、組織力と資力をもった政党や労働組合などの既成の組織・団体が前面に立って、激しい運動を展開することにより、政治的抗争がストレートにもち込まれたり、区民一人ひとりの活動が事実上圧迫をうけ、後退をよぎなくされることがないようにするための配慮といえよう。また、公正確保のために、区民は、公正を欠く行為があった場合などに関して、区長に意見を申出ることができる。

投票運動は、立候補届出の際に行われる区長との協定の締結以後から、投票期限の日まで可能であり、最大限に活用する場合はおよそ一ヶ月間となっている。

第三の特徴は、投票運動の「公営化」が図られていることである。

協定書（案）では投票運動に関して一定の制約がなされている反面、立候補者の氏名・経歴、主張、見解、抱負などに関する情報提供は公営化されている。すなわち、立候補者の共同ポスターの作成と掲示、公報の発行とその全戸配布（投票ハガキと共に各世帯に郵送）、区報・広報宣伝車による情報提供、立候補者が配布するビラ用紙の交付（一万枚）、共同意見発表会開催（二回）、座談会等の会場提供などがそれである。また、立候補者に対する「教育委員選び区民投票に関するアンケート」の回答も、重要な情報の一つとして区報に掲載される。立候補者に関する確実な情報提供と投票活動における公平性・公正性の担保がその趣旨である。

第四の特徴は、ハガキによる郵便投票制の導入である。

この方式は、専門学会などの選挙では広く活用されている方式であるが、一般住民の投票制度として導入されるのは、おそらく初めてではなかろうか。前述したように、当初条例では一般の投票所方式がとられていたが、区議会各会派のねばり強い合意形成による条例改正によって、それに代えて新たに導入されたものである。投票ハガキには中野区の教育と学校、教育行政などについて自由に意見や要望・提案などを記載する欄が設けられており、教育に関する自由記述アンケート調査の役割もになっており興味深い。

また区民投票実施本部は、世帯ごとに、公報と個人あての投票ハガキを投票期限一〇日前までに送付する。区民は、送付を受けた日から投票期限までの間に、投票ハガキを投函する。投票は一人一票、単記、無記名で自書することとなっている（但し、点字および自書できない者の意思にもとづいた代書も可）。

⑶ 投票結果の公表とそのとり扱い

区民投票条例第九条により、区民投票の結果は、区民に対しすみやかに公表されねばならないと規定されている。結果の公表は区報によって行われる（同条例施行規則五〇条）。

さきにふれたように、区長は教育委員候補者の選定にあたり、区民投票の結果を「参考にしなければならない」（区民投票条例第二条）とされている。当初条例にうたわれていた「尊重」が「参考」へと改正されたものであるが、実質的にはその意味するところは大同小異といえよう。

いうまでもなく、区長によるこの行為が、準公選制の収斂点であり、その内実をめぐって多くの論議がなされ、また、準公選に対する批判者の批判の論点の一つともなった点である。品川区などで行われた区長準公選制の場合は、一人の区長候補者を選定すれば足りるのであり、一般的には区民投票での第一位の得票者をそのまま候補者に選定することが当然視され、その通り運用された。しかし、五人の委員から構成されている合議制の執行機関たる教育委員会の委員候補者の選定は、同時に複数の候補者を選定する場合も多く、また既存の教育委員との構成のバランス、法定の資格や欠格条項との関連も勘案しなくてはならない。さらに、常勤の教育長を兼ねる委員候補者が対象とされる場合もある（中野区の場合、改正条例で教育長候補たる教育委員は、区民投票の対象から当面はずすことになったため、この点に関する難点は一応解消したといえる）。このように、区長準公選制と比べ教育委員準公選制の場合には事情は単純ではないといえるのである。

区民投票結果の「尊重」(ないしは「参考」)の規準については、専門委員報告のなかで、さまざまな場合を予想して慎重な検討がなされ、それを参考にして区長サイドからも一定の「規準」が議会で明らかにされた。すなわち、区民投票結果を受けた区長の教育委員候補者選定における判断規準は、当然のこととして得票順位が重要な規準となるが、そのほかにも、つぎの三つの要素が勘案される必要があるとされたのである。

一つは、「積極的な要素」(専門委員報告)とされているものとして、①得票数が相当に大きいこと、②教育委員の全体構成にてらし年齢・性別・職能別などにかかわる要素、③教育・文化に関する識見が社会的に顕著であること(教育委員としての実績も含まれる)などである。二つは、「消極的要素」(排除的要件)として、①教育委員としての欠格条項(地方教育行政法第四条二項)および同一所属政党委員の制限条項(同条三項)にあたること、②区長と締結した協定に違反した事実の判明、など。三つは、区民投票の投票率(極端に低率である)、各立候補者の得票の分布(たとえば、一人が極端に高く、他はほぼ横一線で低い)などの投票の実状にかかわる要素である。

② 準公選教育委員会の発足・展開と教育委員会の「再生」

第二回の区民投票の成功をめざして結成された住民側組織の一つに、「第二回教育委員の区民投票を成功させる中野区連絡会」(以下、中野区連絡会と略称)がある。中野区連絡会は、「中野の教育をよくする会」をはじめとする教育関係団体、婦人団体、労組などで構成されている準公選運動の中心的な組織であるが、一九八四年一〇月一四日、「ビラ」(タブロイド版四頁)を新聞折り込みで全戸に配布した。そこには準公選教育委員会三年半の歩みが、つぎのように簡潔に総括されている。

区民投票を経験した中野区教育委員会は、めざましい変化と活動をくり広げてきました。変化というのは、教育委員会が名実ともに区民に身近なものとなり、いつも区民の方に顔を向けて仕事を行うようになったことです。

しかし、まだ解決しなければならない多くの問題がたくさんあります。現実の壁はビクともしていない、といえるかもしれません。私たちは、この三年半の期間は、中野の教育をもっと本質的なところで変えていくための土台作りであったと考えます。地道な努力の積み重ねですが、その方向は決してまちがっていない、と胸をはって言い切ることができます。

準公選教育委員会の変化の第一は、合議制の委員会が活性化し、主体性が確立されてきたことである。会議がひんぱんに開かれ、議論も活発となり、委員会の自主的、主体的な姿勢が確立され、会議の内容がはっきりと変わってきたことであろう。

委員会の会議（定例会・臨時会・協議会）の開催回数は、準公選運動がはじまった一九七七年からすでに増加の傾向にはあったが、準公選委員が任命されてからは毎週金曜日の午前一〇時から定期的に開かれるようになった。第一期の四年間における会議の開催数は、一九八一年―六三回（定例会一二回、臨時会九回、協議会四二回）、八二年―六一回（うち協議会四一回）、八三年―六〇回（同前四〇回）、八四年（九月まで）―四〇回（同前二八回）となっている。全国の市町村教育委員会の大半は、月一回の定例会をふくめ年間十数回というのが現状であることを考えるなら、中野区教育委員会の場合はいかに活発であるかがわかろう。また、それまで教育長と事務局担当者がすべておぜん立てをした事務局主導型の会議運営は、委員主導型になり、委員一人ひとりの意見が活発に出され、形式的でなく教育の本質にかかわるかなりつっこんだ実のある論議がしばしば行なわれるようになり、慎重かつ粘り強い合議をへて、委員会としての意思がはっきりうち出されるようになった。

一九八一年七月に骨格が策定されその後整備された「教育行政目標」（行政基盤、学校教育、社会教育の三つの領域）には、準公選教育委員会の意欲的な基本姿勢がはっきりあらわれている。とりわけ、四つの柱一二項目からなる「行政基盤」は注目すべき内容をふくんでいる。「教育自治の確立」―①教育委員会運営の自主性・独立性を確保する、

②教育行政施策・教育予算編成を自主的に決定する、③地方教育行政法五九条の廃止を推進する、「民主的教育行政の推進」—①教育委員と教育関係者・区民との対話をすすめる、②教育広報・広聴の充実をはかる、③区民要望把握体制の整備につとめる、「学校教育・社会教育の連携」—①学校教育施設の地域開放を促進する、②社会教育施設等の学校活用を促進する、③学校と地域の教育力の相互活用をはかる、「教育体制の整備」—①社会教育事業の総合調整をはかる、②教育財産を適正に管理する、③教育施設の整備をすすめる。

第二は、会議の公開制の徹底と粘り強い傍聴活動の展開である。会議の運営が〝ガラス張り〟となり、ごくわずかの秘密会（人事案件など）を除いては、協議会もふくめすべての会議が公開されるようになり、傍聴者は少ない時でも一〇人前後、多い時には五〇人近く（後述する「夜の教育委員会」の場合は区外からの者をふくめ一五〇〜二〇〇人前後）の傍聴者が熱心に傍聴を続け、この三年半で、その総数はのべ三〇〇〇人をこえている（一九八一年五五〇人—平均一六・二人、八二年七六七人—同一八・七人、八三年一〇三三人—同二五・二人、八四年七四六人、ただし九月まで）。区民の請願によって「傍聴規則」も改正され、傍聴者のメモ、録音も許可されるとともに、傍聴者には前回の会議の簡単なまとめと当日の会議の議事一覧、アンケート用紙、関連資料が配布（ないしは回覧）され、毎月の最後の会議では、議事終了後に傍聴者の感想や意見をのべる機会も設けられている。注目すべき画期的な事柄である。

第三は、もっとも注目される活動として、五人の委員が一致して「地域に積極的にうって出る」ことを確認し、地域や学校の実態や要求をつかむために、父母・住民や教職員などと懇談会や対話を行なってきたことである。委員会が開かれる金曜日の午後と夜は各委員とも他の予定を入れないようにして、いろいろな組織・団体の求めに応じた〝出前型〟の懇談・対話集会や、委員会側から申し込んだ〝行商型〟のそれをつみ重ね、その回数はこれまで七〇回をこえている（一九八一年一三回、八二年二三回、八三年一七回、八四年一九回）。求めに応じた会合だけでなく、教育委員が自ら地域や学校、教育施設へ出向き住民や教育関係者の声に耳を傾ける積極的な姿勢は特筆すべきことであろう。

第四は、広報・広聴活動が活発になされてきたことがあげられる。全戸を対象にした教育委員会独自の広報紙『教育だより〝なかの〟』が、一九八二年度からは年四回発行されるようになり、特集記事のほかに毎号、委員会の活動を簡潔に記した日誌をはじめ、会議の傍聴や対話集会のよびかけが載っている。また、事務局の努力により、『ようこそ教育委員会へ』と題するリーフレットがつくられ、教育委員の横顔、事務局の構成、委員会のおもな活動の目標と内容が一目でわかるようになっている。また、画期的な試みは、一九八三年度から年二回開かれている「夜の教育委員会」であろう。これは昼間に傍聴できない区民にもその機会を保障することをおもな目的にして発足したものであるが、それには勤め帰りの男性や区内の学校の教師、他地域からの傍聴者も少なくない。「夜の教育委員会」は形式的には委員会の協議会であるが、実際の内容としては公聴会ともいえる。毎回協議テーマが事前に設定され、区民に公示される。これまで取り上げられたテーマとしては、「中野の教育の現状と課題について―健全育成と非行政策」「子ども、地域、家庭」「授業妨害と『出席停止』問題」「教育改革―地域からの提言」など、父母・住民や教職員の関心の高い問題がとりあげられてきている。はじめに各委員がそれぞれ意見をのべた後は、傍聴者の意見がつぎつぎと発表され、真剣かつ熱気あふれる〝教育フォーラム〟が毎回展開されている。

第五は、以上のような活動をふまえて、子どもの教育を受ける権利と人権を保障するためのきめの細かい条件整備行政の実現への努力が父母や学校現場の声を反映させながらはじめられてきたことである。病弱な子どものための健康学園の開設、給食用ハシの導入と合成洗剤の石けんへの切り替え、福祉読本（副読本）の作成、憲法学習フィルムの購入などをはじめとする新規事業が、限られた予算内ではあるが、とりくまれている。文部省の「通知」に端を発した小中学校の児童・生徒の「出席停止」問題に際しては、教育法の専門家を招いた教育委員の研修会、父母・教師からの意見聴取などをふくむ約六カ月の慎重な審議を重ね、新設された学校管理規則の当該条項が、乱用されたり拡大解釈され、子どもの教育を受ける権利が奪われないような独自の歯どめが、規則や要綱に規定されたのである。準公選教育委員会が発足する直前の一九八〇年度の予算編成から青山区長によって導入された「枠配分方式」（一定の範囲内で教育委員会が予算の積算をする方式）は、教育委員会が自主的に活動するうえで効果を発揮している。

第六は、教職員をはじめとする現場関係者が、働きやすい条件をつくるための努力である。準公選教育委員会はまずは学校現場の教職員のナマの声（悩みや要求）を聞き、そのおかれた実態を把握することからはじめている。一九八三〜八四年度にかけては区内の全小中学校の教職員と学校別に対話集会を行なうとともに、教職員組合の代表との定期的な懇談、委員会に設けられた各種検討委員会（施設整備検討委、児童・生徒実態調査委、健康学園建設委、教師生活実態調査委など）には教職員組合の代表も位置づけられるようになっている。教師の生活実態調査「都市の教師 ― その生活と仕事」もそうした活動の一環である。一九八四年度から導入された「校割予算」の新しい編成方式は教育現場の自主性を生かした経費配分を可能にし、校長・教職員に歓迎されている。

第七は、委員会事務局の姿勢や活動スタイルも、従来の形式的な法令主義、慣例踏襲主義的なものから委員会審議に積極的に協力し、父母・住民や現場の声に耳を傾けたものに変わってきつつあることである。「事務局の側でもものごとを本質にさかのぼってどうあるべきかを考えておかないといけない[38]」という発言にも見られるように、当初ギクシャクしていた委員との関係も改善され、委員と「共につくるという精神が定着してきた」（同前）といわれている。

このように、準公選教育委員会はわずか三年半の活動のなかでその姿勢と体質を大きく変えはじめたのである。自らすすんで父母・住民、教育関係者と対話し、その悩みや要求に耳を傾け、学校や地域に山積している問題を精確にとらえる努力を重ねるなかで、それらを解決するために真剣かつ意欲的に活動している教育委員会は、これまで他に例をみないであろう。

第３節　教育委員準公選制の到達点と課題

1 教育委員の準公選制と住民参加

中野区における教育委員の準公選制は、出発の時から全国の大きな注目を集めてきた。全国で三〇〇〇以上もある自治体のなかのわずか一つの地域でのとりくみが、これほど全国の関心を持続的によんだこともまれであろう。

教育委員の準公選制は、教育行政への住民参加のしくみである。現行の任命制の枠内で、独自の条例によって住民投票制度を導入し、教育委員の選任過程に住民の自由な意志を直接反映させ、住民の信任を得た教育委員を選任することにより、教育委員会を住民に直接責任を負った教育自治機関として再生させようとするものである。

一九五六年の地方教育行政法によって教育委員の公選制が廃止されて以降、住民は地域の教育行政に直接自分たちの声を反映させる制度的保障の根幹を失ってきた。戦後教育改革の重要な原理の一つである教育行政における住民自治と、それを実現するうえでの必須の装置として期待された教育委員会は、著しく形骸化し、住民から疎遠なものとなってきたことは周知のとおりである。民衆的基礎を欠いた教育委員会は、上意下達の機能を果たすことはできても、地域住民に直接責任を負った自治的、創意的な教育行政機能を発揮することはできない。

すでにのべたように、中野区の教育委員準公選制は、住民から久しく失われていた教育行政への住民参加を現行法制の枠内で復活させ、形骸化して、民主主義的機能をほとんど失っている任命制教育委員会に民衆的基礎を確保して、本来の機能を回復させる第一歩の試みである。

しかも重要なことは、それが、「第三の発案権」ともいわれる条例制定の直接請求権を行使した住民の教育改革運動として実現されたことである。この制度の最初の実施責任者であった青山中野区長がのべたように、「与えられた自治ではなく、自ら創り出す自治を考える上で、画期的なこと」(39)であり、わが国の教育と自治の歴史において大きな意義をもつものである。

中野区の教育委員準公選制の制度的側面からみた固有な意義は、つぎの四点にあるということができる。

第一は、すでにふれたように、教育委員の選任過程に住民を参加させ、教育・文化に対する住民の意向を教育行政に反映させる機会を制度として保障したことである。それは教育の住民自治を具体的、制度的に一歩前進させたといえる。またそれは、教育委員会の活動そのものに対する住民の関心を持続させ、日常的な教育行政への参加へと継続させる契機ともなっているのである。

第二は、教育委員に、「住民代表性」を形成することである。準公選制の下での教育委員候補者は、六〇人以上の推せん者をもってはじめて立候補が可能になるだけでなく、投票勧誘運動の全過程をとおして多くの住民と接し、住民の信任（投票）を受け、それをへてはじめて任命されるのである。こうしたプロセスのなかで、三つの〝側面〟での「住民代表性」の意識ないしは認識が形成されたことに注目する必要がある。一つは、教育委員自身の内面に形成され自覚される「住民代表」としての意識・認識である。現行法制度の下での教育委員は議会の「同意」を得て首長によって任命される。首長も議員も住民代表性を有しているゆえ、その限りで任命された教育委員にも「住民代表」としての意識・認識が皆無とはいえないだろうが、準公選教育委員と比べるならばその程度ははるかに脆弱なものであるといえよう。準公選制をへるなかで、「住民から推された」「住民から信任を受けた」という自覚と責任意識は、教育委員会を内部から活性化する第一義的要因となる。

二つは、住民の間に形成される「住民代表性」の認識である。少なくとも区民投票や推せん活動に積極的に参加した住民は、準公選教育委員を首長や議員と同様に「住民代表性」をもっているとの意識・認識を共有する。そして三つは、首長や議会（議員）をはじめ教育長・教育委員会事務局、学校などの教育機関の関係者、総じて自治体内の諸機関・部局の関係者に形成されるそれである。現行の任命方式によって任命された教育委員ではなく、住民の信任を得て選任されたという認識が自治体や教育機関の関係者にも形成されることに注目する必要があろう。

こうした「住民代表性」の意識と認識こそ、教育委員会を自主的、主体的に活性化していく根源的なエネルギーとなっているのである。

第三は、区民投票制度の実施は、〝教育と教育行政を語る公共の広場〟を制度的につくり出したことである。「文化的投票制」ともいわれているこの制度の下では、立候補者と支援者は個別訪問をも含めた多様な形態での住民との自由で活発な教育論議の機会が保障され推奨されている。それらは立候補者にとっては教育委員候補者として、地域や学校の具体的な問題についての〝生きた研修の場〟であり、それらに参加した住民にとっても地域の教育問題について理解を深め、共通の課題をつかむことのできる〝公共的な場〟でもある。

第四は、「地域からの教育改革」に住民が共同してとりくんでいくうえでの一つの重要な〝土台形成〟の意義をもっているといえるのである。父母や住民の教育をめぐる意識や要求はますます多様化しており、その共同化は困難さを増している。準公選制は地域の教育の共同化、教育の公共性の内実を形成する一つの契機を制度として内包していたものということができるのである。(40)

2 準公選制と教育委員会の活性化

教育委員の区民投票は過去四回行なわれている。各回の立候補者数・投票者数・投票率は、〈表Ⅳ－1〉のとおりである。

区民投票の投票率は、この制度にたいする区民の関心の度合いを示すバロメーター

表Ⅳ－1　区民投票の投票者数／投票率／立候補者数

区民投票	投票者数	投票率	立候補者数
第1回（1981年）	107,874	42.99%	8（男5・女3）人
第2回（1985年）	69,470	27.37	8（男3・女5）
第3回（1989年）	64,572	25.64	7（男4・女3）
第4回（1993年）	59,644	23.83	10（男7・女3）

である。一九八一年の第一回は、大方の予想をはるかに超える四二・九九％を記録した。しかし、第二回、第三回は、「条例は違法」との立場に転じた自民党中央・中野支部などの激しいボイコット運動や大量の街宣車を動員した右翼の妨害活動、さらに文部省・都教委による中止要請が繰り返されるなかでの実施であった。その結果、投票率は二七・三七％（第二回、一九八五年）、二五・六四％（第三回、一九八九年）と漸減していき、一九九三年の第四回区民投票は、さらに一・八ポイント低下して二三・八三％となった。とはいえ約六万人の区民が参加し、一〇人の立候補者のうち四人が「規定数」（投票資格をもつ区民の五〇分の一にあたる五〇〇〇票）に達した。

この推移をどう見るかは準公選廃止条例が提案された臨時区議会での論議の重要な争点となり、投票率の「二〇％台の低迷」は条例廃止論の大きな論拠とされたのである。

第四回の投票結果について、神山好市区長は、「前回と比較して若干低下しましたが、たび重なる妨害や、教育・文化という限られた領域の投票であるにもかかわらず約六万人もの区民が参加したことは、たいへん意義深いことである」とのべている（一九九三年二月一六日「区長談話」）。投票率の評価は、何を判断規準にするかによって大きく異なってくると思われる。一般の政治選挙と単純比較することや、第一回のそれと二回目以降の区民投票を状況の違いを無視して比較することは適切かつ公正な評価とはいえないであろう。少なくとも、一般の政治選挙と異なる「文化的投票制」といわれる区民投票の特質とそれが実施された諸条件を十分にふまえてなされる必要がある。

教育委員準公選制の区民投票は、自治体の仕事や住民の生活にかかわるすべての問題をめぐって争われる一般の政治選挙とは異なり、教育・文化という限られた特定領域に関するものであること。一票を激しく争って当落を決める選挙ではなく、教育委員候補者の選定過程に住民が参加するシステムであること（したがって中野区では、正式には「選挙」とは言わず「区民投票」と呼ばれた）。また、住民の移動率が高く、単身者や学齢期の子どもをもたない世帯などが多い大都市部での〝教育の住民自治の実験〟であること。さらに、先述したように、二回目以降は区内外からの不当なボイコット運動の展開や違法論の喧伝など、正常でない状況の下での実施を余儀なくされたことなどを視野においた総合的な評価が必要である。筆者は、このような視点からいって、二回目以降の投票率は十分に高いものとはいえないものの、評価に値するものであると考えている。(41)

また、さきに指摘したように投票率は住民の関心度を示す重要なバロメーターではあるが、それは準公選制の実態を評価する一つの要素である。区民投票活動全体の内容を複眼的に見ることが重要であろう。準公選制の過程と情況を注視してきた筆者の見るかぎり、区民投票活動は全体としては回を追うごとに「文化的投票制」としての内容を充実させてきたとの感を強くもっている。最後となった四回目のそれは、立候補者もはじめて一〇人の大台にのり、半数は五〇歳以下の子育ての最中にある父母であり、候補者の多くは地域における子育てや教育の地道な活動、スポーツ・文化活動、生協活動などに多様な形でかかわってきた体験をもっていた。もっとも重視されてきた教育論議も、四回目にはじめて設定された意見交換型の共同意見発表会を含めて、子どもや地域の現実に根ざしたより充実したものになってきているといえる。区民投票活動が「政争の具」になっているなどとの判断は、その全体を見ないきわめて一方的な評価であるといわざるをえない。

準公選教育委員によって構成された教育委員会の活動の軌跡とその成果は、この制度を評価するもっとも重要なものであろう。準公選制の実施を契機として中野区の教育委員会と教育行政は確実に変化し、全国の注目を集めたことはよく知られている。

まず、教育委員会それ自体が活性化し、子どもや学校や地域に目をむけた自主的、主体的な姿勢が確立されてきたことである。〈表Ⅳ－2〉は、教育委員会の年間の開催数（定例会・臨時会・協議会）と傍聴者数（後述の「夜の教育委員会」を含む）の統計である。

会議は毎週金曜日の午前中に開催され、委員一人ひとりの発言はもとより、委員と事務局関係者との議論も活発となり、委員会としての意思がより明確に出されるようになっていた。

つぎに、会議の公開制（議事録の公開制を含む）がいっそうすすめられ、会議の運営は文字通り〝ガラス張り〟となっている。人事案件などに係るわずかの秘密会を除き、協議会を含めすべての会議が公開されている。また、毎月最終の会議では、議事終了後に傍聴者が意見を述べる機会もつくられている。会議の「公開度」においても中野区教育委員会を超えるところは全国にないと思われる。会議の公開制は、教育行政情報の公開でもあり、教育委員会と教育行政のあり方を深く規定する要件である。

三つは、教育委員による区民や教育関係者との懇談や対話活動、広聴・広報活動の活発な展開が挙げられよう。その一つとして関心を呼んできたのは「夜の教育委員会」である。

〈表Ⅳ－3〉は、「夜の教育委員会」の開催状況（開催日・各回の主要テーマ・傍聴者数）の一覧表である。

会議の時間の半ば以上は毎回予告されたテーマに関する〝広聴会〟の形式をとり、傍聴者（参加者）の発言・意見・討論に当てられている。年二回ではあるが、「授業妨害と出席停止」「いじめの克服」「登校拒否」「公立と私立」「学校五日制」「性教育」など、教育現実と区民の関心にそったテーマのもとに行われる「地域の教育フォーラム」ということもできる。筆者も度々傍聴したが、教育委員と傍聴者との間での議論を深めるための工夫などさらに必要と思われる点はあるものの、

表Ⅳ－2　中野区教育委員会の開催回数／傍聴者数

年度	開催数	傍聴者数	年度	開催数	傍聴者数
1981	63（12-9-42）	550人	1988	59（12-8-39）	510人
1982	61（12-8-41）	767	1989	62（12-9-41）	542
1983	60（12-8-40）	1,033	1990	65（12-11-42）	465
1984	55（12-4-39）	1,247	1991	62（12-8-42）	576
1985	64（12-11-41）	723	1992	69（12-13-44）	495
1986	61（12-5-44）	921	1993	66（12-12-42）	386
1987	62（12-7-43）	650			

注　（　）内は定例会、臨時会、協議会の開催回数

全国に先駆けた貴重な興味深い試みである。

四つは、学校教育、生涯学習・社会教育の両面における積極的な施策の実施がある。たとえば、「校割り予算方式」の実施（一定額を学校ごとに自由に編制・執行できる方式）、栄養士の全校配置や図書館運営協議会の設置、地域生涯学習館の開設などがある。

五つは、教育予算の枠配分方式の導入とその活用である。これは教育予算総額のうち一定枠を教育委員会の裁量に任せるもので、準公選制の出発に向けて、教育委員会の自主性を強めるために区長から提案されたものである。

近年、「教育委員会の活性化」が文部行政におけるキーワードの一つになっているが、中野区の教育委員会は、全国でももっとも活性化し、住民に開かれ、住民の声に耳を傾ける姿勢をもった教育委員会であることは間違いないであろう。教育委員会が果たすべき課題は山積しているが、これらの実績は、準公

表Ⅳ－3　夜の教育委員会　テーマと参加者（傍聴者）数

開催日	テーマ	参加者数
1983.5.27	中野の教育の現状と課題について－健全育成と非行対策	157人
10.28	子ども、地域、家庭について	178
1984.5.25	「授業妨害と出席停止」を考える	173
10.26	教育改革－地域からの提言	258
1985.6.21	学校施設の地域利用をどうすすめるか	76
10.25	あなたは教師に何を望むか－教育調査をもとに	76
1986.3.7	いじめの克服について	175
5.30	地域における子どもの生活	115
10.31	学校給食について語る	92
1987.5.29	ゆとり教室（空き教室）の利用について	118
10.30	中野区の生涯学習を考える	190
1988.5.27	区民が見つめる中野の教育－親の意識調査から	113
10.27	あなたは生涯学習に何を望みますか－学校、家庭、地域の中で	53
1989.5.26	あなたがつくる中野の教育－教育委員と語る	140
10.27	これからの校則－たのしい学校生活を	115
1990.5.25	登校拒否	134
10.26	暮らしの中の文化・スポーツ施設	43
1991.5.31	いま、公立と私立を考える	127
10.25	学校が5日制になったら	138
1992.5.29	子どもたちの放課後	98
10.30	性教育を考える	169
1993.5.21	子どもの健康を考える	62
10.29	学校がめざす教育と親が期待する教育	73

中野区教育委員会「教育要覧」各年度版より作成

選制の実施と自治と参加と公開の原則に立った委員会運営と諸施策によっていることは明らかである。

3 道半ばにしての「終幕」と「遺産」

(1) 準公選廃止条例案の提案と区民、世論の批判 ― 危機に立つ教育委員準公選制

全国でただ一つの試みとして注目されてきた東京都中野区の教育委員準公選制は、第四回区民投票が実施された一九九三年二月から一年もたたない頃から存亡の危機に直面することになった。同年一一月三〇日になって、区議会自民・民社の両会派による「区民投票条例を廃止する条例」案が突然提案され、公明党もこれに同調する立場をとったことによる。この廃止条例案は、後述するような区民や世論の厳しい批判の前に審議未了となったが、翌一九九四年一月一七日に開かれた臨時区議会には、前回の定例会に続いて再び自民・民社両党の区議団による「区民投票条例を廃止する条例」案が提出された。公明党もこれに賛同する態度を明らかにしたため、準公選制廃止派は区議会の過半数を占めることになった。臨時会の会期は一五日間であった。議案は本会議で審議された後、総務委員会に付託され、わずか四、五日間の委員会審議のあと、会期最終日である一月三一日の本会議で採決するとの日程が確定していた。

一方、それに対抗して社会・共産などの準公選制存続派からは、準公選条例存続の賛否を問う「準公選区民投票条例についての区民投票条例」案が提出された。これは、区民からの直接請求をもとに全会一致で制定され、しかも一三年余の実績をもつ準公選条例を廃止する場合は、区民の総意を問うべきであるとの趣旨である。また、区民などから出されている四〇〇件を超える準公選制存続の請願・陳情の審議をふくめて慎重に議事を進める必要があると強く主張した。

区議会を舞台にしたこうした緊迫した事態をまえに、準公選制の存続を求める区民の動きも活発であり、世論も性

急に廃止を求める区議会の姿勢には批判的であった。

一九九三年一一月末に突然、準公選廃止条例案が提出されたことを知った区民は、連日、区議会への陳情・請願、廃止反対署名、区役所を囲む〃人間の鎖〃による抗議などうねりのような反対運動を繰り広げた。廃止条例案の採決が予定されていた一二月九日の本会議は、区民数百人が深夜まで見守る中で流会になり、廃止条例案は審議未了・廃案になった。年が明けてからは、準公選条例の改廃に関する「区民投票」の実施を求める署名をはじめ、さまざまなグループによる集会や宣伝活動が活発に展開された。

全国紙の社説や論評も相次いで出されている。「準公選廃止に説得力はない」(『朝日新聞』「社説」一九九三年一二月七日)、「教育委員会の活性化のために」(『東京新聞』「社説」同七日)、「存続と活性化をめざし論議を」(『毎日新聞』「社説」同一一日)、「東京都中野区の教育委員準公選 ― 意義大きい住民参加」(同前紙「記者の目」一九九四年一月一二日)、「準公選廃止は分権への逆流だ」(『朝日新聞』「社説」同一月一七日)などである。ニュアンスの違いはあるが、いずれも準公選制の意義と成果を重視するとともに、存廃の最終的判断は区議会のみで行なうのではなく、住民投票などの形で住民にゆだねてはどうかと提言した。

教育学、法律学をはじめとする全国の学者・研究者もこの突然の廃止動向に強い憂慮を表明し、一九九三年一二月六日の「廃止条例案の撤回を求める緊急声明」に続いて、臨時区議会の開催直前（翌九四年一月一七日）には、第二次声明である「東京・中野区の教育委員『準公選』廃止に反対する学者・研究者の緊急声明」が一〇〇〇人を超える賛同者をもって公表された。さらに同日、一〇人の法律学者、教育学者および弁護士による「意見書」が区議会議長と区長に提出されている。それは、専門的立場から詳細に準公選条例の適法性を論証するとともに、この条例は「地方住民の創意工夫にもとづき、現行法の枠内で、教育委員の選任により民意を反映しようとした努力の所産として、高く評価されてきた」として、廃止することなく堅持するよう強く要望したのである。

廃止条例案の提案理由として挙げられたものには、①投票率の低迷、②区長の選任権を侵すとの批判がある、③議会の同意権を奪う、④政争の具とされてきた、などである。前掲の『朝日新聞』社説（一二月七日付）が適切に批判しているように、それらはいずれも「説得力はない」。とりわけ、自会派をふくめ区議会の全会派の合意と区民自治にもとづいて制定された条例によって実施された区民投票をボイコットなどによって自ら妨害しておきながら、投票率の低下を非難し、さらにはそれを理由に挙げてこの制度の廃止を主張することは、あまりにもアンフェアーな論法であろう。必要なことは、改めてこの制度の意義とそれが生み出したものについて冷静に論議することである。

しかし、一九九四年一月三一日、中野区議会は準公選条例の廃止条例を自民・民社・公明の各会派の賛成多数で可決した（施行は一九九五年一月）。

廃止条例案が可決される直前（一九九四年一月二五日）に、筆者は中野区議会（総務委員会）に参考人として招かれ、初代準公選教育委員であった俵萠子（評論家）らとともに意見陳述する機会を与えられた[42]。筆者の意見陳述の趣旨は、中野区における準公選制の創設の全経緯と約一三年間におよぶこの制度と運営の実態に照らして見るならば、それらの廃止理由の論点はいずれも一面的な認識を免れず、正当かつ合理的な廃止理由とはならないことを指摘した。さらに、もし中野区で準公選条例の廃止が正当化される場合にはつぎの三つの場合しかないだろうと指摘した。すなわち、一つは中野区における準公選制が、プラス面よりマイナス面の方が圧倒的に多いと判断されるに至った場合である。このような場合は廃止されるのはやむを得ないであろう。二つは、準公選制よりも優れた教育行政への住民参加方式が生み出された場合である。その時はもとより準公選制にこだわる必要はない。三つは、準公選制が明らかに違法であることが裁判において確定した場合であり、この場合は司法の命ずるところにより廃止せざるを得ないことは当然であろう。しかし、中野区の具体的な実情はその何れの場合にも当てはまらない状況であると確信する、と述べたのである。

中野区の教育委員準公選制は、区民投票を通して教育行政への住民参加を保障し、「自治・参加・公開の原則」によって教育委員会の本来のあり方と活力を再生し、子ども・学校・地域に根ざした教育行政と教育改革をめざすものであった。その〝実験〟は道半ばでひとまず「終幕」を余儀なくされたが、今日の地方分権時代にその歴史と「遺産」から学ぶべき事柄は少なくないといえる。

⑵ 廃止の背景と政治力学 ― 準公選制はなぜ廃止を余儀なくされたのか

中野における具体的な真実、四回の区民投票の実情と、一六年間にわたる準公選教育委員会の歴史的な動態はどうであったかということを十分に押さえた上で、廃止理由や議論の当否が吟味される必要があろう。なぜ廃止されざるを得なかったのか。その背景と政治力学について私見をのべておきたい。

第一は、文部省をはじめ、美濃部都政に代わった鈴木都政下での都知事・都教委による「違法論」の喧伝と、それに拠る廃止への「勧告」「通知」が区民投票の実施の度ごとに執拗に繰り返されたことである。すでに述べてきたように、中野区では区長、区議会、区民も挙げて地方教育行政法に照らして、「準公選制は違法ではない」という法律の「自治的な解釈」を行ってきた。これは地方自治を考える上で非常に重要なことであろう。政府・文部省や東京都・都教委の行政解釈（美濃部知事に代わった鈴木俊一知事以降）に対して中野区の「自治的な解釈」を対置してきたのである。少なくとも中野区では、合法・違法の論議は決着がついており、また当時の美濃部都知事による「合法裁定」も出されていたのである。都知事の裁定は、現行法の仕組みとしては国に代わって行われたものである。さらに、教育学や憲法学などの専門家のなかで違法論を公然と主張したものはいなかったのではなかろうか。

しかしながら、政府・文部省や美濃部都政以後の東京都・都教委によって繰り返された「準公選違法論」はボディブローのように効いてきたと思われる。

第二は、高槻市（大阪府）[43]など一、二の自治体でも「第二の中野」を目指した動きもあったが、結果的に実らないなかで中野区は孤立して行ったことである。もし、〝第二、第三の中野〟がつぎつぎと全国で生まれていたならば、事態は相当違ってきたのではなかろうか。他の自治体に拡がらなかった大きな理由の一つも、上記の政権党や文部省などによる違法論の強調や行政指導であったことは間違いなかろう。

第三には、第二回区民投票の前後から実施過程への理不尽な妨害があったことである。中野区の準公選区民投票に政争が持ち込まれたという批判がなされたが、その事実経過を見る限り政争は区や区民の外部から持ち込まれたという印象を否定できない。最初の区民投票は、区議会自民党も含めて全会派一致で制定された改正条例・施行規則などにもとづいて、成功裡に実施されたことを改めて想起することが必要である。

ところが二回、三回の区民投票に際しては、自民党中央の国民運動本部や右翼団体が外から乗り込んで来て、中野区の区民、議会、区長が一致して実施への努力を積み上げて来たものを外部から潰そうとしたわけであり、当然事態は「政治問題化」されて行かざるを得なかったのである。それは強いられた「政争」であったといえよう。区民の一部には「準公選はもういい、やる度に右翼が来て迷惑する」といったムードが作られていったことは否めない。区民投票活動のプロセスには、何千何万もの区民が参加しており、ごく一部に勇み足やルール違反的行為がなかったわけではなかろう。しかし、全体的に見れば「文化的投票制」にふさわしい公正さが担保されており、誕生した準公選教育委員会の活動を精査しても、政争が持ち込まれ、教育と教育行政の政治的中立性が侵されたという非難は全く当たっていないといえる。

第四は、投票率が漸減したことが廃止論を勢いづけたことは否定できないと思われる。すでにふれたように、投票率は四二・九九％（第一回）→二七・三七％（第二回）→二五・六四％（第三回）→二三・八三％（第四回）と漸減していき、一度も回復出来なかったのである。しかし、この事実をどう見るかという問題は単純ではない。一般の政治選挙の投票率が全国各地で低落傾向にあることも考えるならば、その背景にはさまざまな要因があると思われる。

第五には、準公選の存廃問題に区長選をめぐる政治力学が深くかかわっていたといわれている。準公選に対する区議会各会派の合意が崩れた中で、区長からみれば全会派の支持を取り付けるためには準公選を維持しておくことは難しいとの政治判断が強まったといわれている。すでにみたように、全会派が一致してスタートした準公選制は、第二回区民投票では自民党中央の強い〝指令〟のもとに区議会自民会派が反対に転じ、第三回投票では民社党が〝区民合意が崩れた〟との理由を掲げて反対にまわったのである。こうした中で、区長が全会派の支持を得た区政運営をしたいという立場に立てば、準公選制の継続は一つの〝トゲ〟のような障害であるという政治判断が強まることはありうる。準公選制廃止条例案が提案された時点で、区長は準公選制存続にむけて積極的なリーダーシップをとったとはいえない。区長選をめぐる政治的な力学が、何らかの形で働いていたように思われる。

第六には、より本質的な問題として、〝教育の公共性〟の精神の弱まりが背景にあったのではないか。準公選制の目的あるいは精神とは、地域のすべての人々が、共同して地域の学校や社会教育やその他の教育諸環境をよくして行くというものである。すなわち、地域の教育を人々が手を携えて共同して作り上げて行こうという〝教育の公共性〟の精神がその根底にある。そのためにこそ、教育委員会を住民のもの、住民に開かれたものにする必要があるという考え方である。

しかし、厳しい受験戦争の拡がりと低年齢化の中で、こうした〝教育の公共性〟はさらに揺らいできている。中野区もふくめて東京などの大都市圏では、地元の公立中学・高校には進学せずに、私立・国立大学附属を目指そうとする区民層の動向が強くなっている。そうした区民層から見ると、地元の学校や教育委員会の在り方にはあまり切実な関心は向かわない。教育委員が準公選であろうとなかろうとほとんど関心はない。こうしたことも含め、住民の教育関心・要求は多様化・階層化してきている。教育は地域の共同的な力で作り上げるという理念に大きな揺らぎが出てきている。教育委員準公選の投票率の低下傾向の背景には、このより複雑で困難な問題があると思われる。

(3) 小括にかえて

ところで、中野区の教育委員準公選制の廃止条例の成立が濃厚であると報じられていた一九九三年末に、筆者は短い論稿を全国紙の一つに投稿した。そこには中野の住民自治の成果の所産である準公選制の存続への願いをこめて、準公選制とそれをめぐる問題に関する当時の筆者の見解と想いが圧縮して述べられている。すでに二〇年の歳月をへているが、それは今日においても基本的に変わっていないので、ここにその全文を採録して、本章のむすびとしたい。

「中野区準公選制の灯を消すな」

東京都中野区の教育委員準公選制が危機に直面している。先月末に、自民・民社両党の区議一五人の連名で提出された「中野区教育委員候補者選定に関する区民投票条例を廃止する条例」案は、公明党の賛同を得て九日の本会議で可決されることが濃厚であるという。

全国初の試みとして注目され、一二年余にわたって続いてきた教育自治の貴重な試みが、議会で十分に論議もされず、区民の声も聞かれることなく、代案も示されないままに、一部会派による議員提案でいとも簡単に廃止されようとしている。

教育委員の準公選条例は、一五年前に、二万人に上る区民の署名をもって直接請求されたものである。これを受けた区議会は、特別委員会を設置して約三ヵ月にわたって慎重な審議を行い、最終的には全会一致で現行の条例を成立させた。そこには、会派を超えて、熱のこもった真摯な審議姿勢が貫かれていた。直接請求に込められた区民の願いを尊重しつつ、教育への住民参加の新しい仕組みを創造しようとする姿がみられた。この熱い初志はどこに行ってしまったのか。

ところで、「準公選制廃止」条例案の提案理由の説明では、①区長の持つ教育委員候補者の選任権を侵すという違法論がある、②投票率が二〇％台に低迷している、③政争の具になってきた——などが挙げられている。

この制度が「違法でない」ことは、中野区ではすでに決着済の問題といえよう。すなわち、区議会は慎重な審議を経て二度にわたり条例を可決し、都知事の合法裁定も得て、最終的には全会一致で決めたのである。条例によれば、区民投票の結果はあくまで「参考」にされるのであり、区長の「選任権」や区議会の「同意権」を法的に侵すものではない。にもかかわらず違法論が、かつての自民党中央や文部省によって持ち込まれ、自治と区民合意を牽制してきたのである。

投票率が二回目以降は二〇数％になっていることは事実である。原因の一つが、違法論の喧伝と常軌を逸した激しいボイコット運動にあったことは否めない。さらに「政争」を持ち込んだのは、区民投票に積極的に参加した区民や候補者では決してなかったことも明らかにしておきたい。

教育問題だけに限定される区民投票の投票率を一般の選挙と単純に比べることはできない。区内の人口の流動は激しく、地域の教育問題に関心を持たない人々も少なくない。また、わが子の教育には強い関心があっても、今日のような受験競争の下では、その関心が地域の公立学校や教育環境をより良くしていく方向にはなかなか向かわない。文部行政による上からの管理主義と競争主義によって半ば窒息させられている公教育への期待そのものが低下しているのである。投票率が低下した根本的原因はこの点にこそあると考える。

準公選制は、区民投票を通して教育行政への住民参加を保障し、教育委員会の活力を再生し、地域からの教育改革に区民が共同して取り組むことをめざした。一般の選挙とは異なる「文化的投票制度」としてさまざまな創意と工夫がなされている。実際に、中野の教育委員会は全国でもっとも身近で開かれたものになっている。また選任された教育委員が、区民の期待を背に、熱心な議論と活動を展開し、委員会本来の活力と機能を再生しつつある。

しかし、その成果は、今日の厳しい教育危機を克服する課題からみればささやかなものであることも認めざるを得ない。「学校や教師はあまり変わっていない」との声もある。特別区の教育委員会は権限も限られ、地域の学校は国や都の教育政策と行政に強く規制されている。この制約下でより積極的な施策を実施していくには、委員会としての政策力量と行政能力を高めるとともに、地域の英知の結集と新たなネットワークづくりが必要である。例えば、校長、教職員、ＰＴＡなどと協議して父母の学校参加の仕組みをつくることも一案であろう。開かれた教育委員会だけでなく、開かれた学校が切実に求められているからである。

中野区の準公選制はなお「実験」の過程にある。いま大切なことは性急に廃止することではなく、一二年の成果と問題点、今後の課題について区民や関係者と率直に論議を重ね、制度の充実を図ることであろう。準公選制の灯を軽々に消してはならないと切に思う。（朝日新聞「論壇」、一九九三・一二・八付）

〈注〉

（1）神田修「教育委員準公選の意義と教育委員会改革の課題」『教育評論』一九八〇年七月号、所収。

（2）田中二郎「教育改革立法の動向」『法律時報』一九四七年七月号、所収。

（3）『日教組教育新聞』一九五八年二月一四日号、同『縮刷版三』労働旬報社、一九六九年、三二八～九頁。

（4）同前、一九五八年五月一四日号、『縮刷版三』三七四～六頁。以下、日教組の動向に関する記述は、特に注記しない限り、同紙に掲載された大会、中央委員会の各議案および関連記事によっている。

（5）法案全文は、『日教組教育新聞』一九五九年三月一三日号、同『縮刷版三』五三六頁。

（6）同前、一九六〇年一二月九日号、同前縮刷版、一八六頁。

（7）同前、一九六一年五月二六日号、同『縮刷版四』二六八頁。

（8）宮原誠一、丸木政臣ほか編『資料日本現代教育史』（第三巻）三省堂、一九七四年、六一六～七頁。

(9)『日教組教育新聞』一九七〇年五月一二日号、同『縮刷版七』一九七九年、三四五頁。
(10)同前縮刷版、五六〇頁。
(11)『一九七二年民主教育をすすめる国民大集会討議資料』一九七二年一一月。
(12)教育制度検討委員会・梅根悟編『日本の教育はどうあるべきか』一九七一年、勁草書房、一三九〜四〇頁。
(13)同前編『日本の教育をどう改めるべきか』一九七二年、同前、一四六頁。
(14)同前編『日本の教育改革を求めて』一九七四年、同前、三七〇〜三頁。
(15)詳しくは、伊ヶ崎暁生「教育委員の公選制と準公選制」『国民教育』第一七号、一九七三年七月、参照。
(16)詳しくは、三上昭彦「中野区における教育委員準公選運動」伊ヶ崎暁生・兼子仁・神田修・三上昭彦編著『教育委員の準公選』労働旬報社、一九八〇年所収、同「教育委員準公選をめぐる歴史的動態」『日本教育法学会年報』第一〇号、有斐閣、一九八一年参照。
(17)武蔵野市での動向についてのまとまった資料は未見であるが、とりあえず、『新三多摩新聞』一九七四年一二月一四日号、新三多摩新聞社、など参照。
(18)本尾良「教育委員公選制をめざして」『市民』第一四号、一九七三年五月、冨田淑子「教育の住民自治を目指して」『第二〇回社会教育研究全国集会・第二八特別分科会報告書』一九八〇年、所収、など参照。
(19)区長準公選運動の経過および総括については、区長を選ぶ練馬区民の会記録刊行委員会編『練馬準公選運動の記録』都政新報社、一九六九年、同『区長準公選実現の記録』同前、一九七二年、東京都政調査会編『区長準公選 — その思想と方法』同調査会、一九七二年、神原勝「区長公選制の意義と特別区の自治」『ジュリスト増刊特集一』、一九七四年など参照。本節の叙述は、これらに多くをおっている。
(20)前掲『区長準公選—その思想と方法』三五頁。
(21)前掲『練馬準公選運動の記録』九二〜九八頁。
(22)前掲『区長準公選 — その思想と方法』三二頁。

(23) 品川区長準公選条例に関する「東京地裁判決」一九七五年三月三日。
(24) 前掲、注(19)の神原論文、参照。
(25) 篠原一「体験的教育論―『行動する市民』を求めて」『教育』一九七二年一〇月号、所収。
(26) 梅根悟「日教組『制度検討委』の公教育への提案」『月刊総評』一九七二年一一月号、所収。
(27) 詳しくは、伊ヶ崎前掲論文、参照。
(28) 『武蔵野市議会報』第一四九号、一九七五年一月三〇日付、参照。
(29) 前掲の注(16)の拙稿、および黒田秀俊『教育は誰のものか―教育委員準公選運動の記録―』教育史料出版会、一九八〇年、など参照。
(30) 中野懇談会の活動については、中野区編『中野区史』(昭和編三)、中野区発行、一九七二年、および前掲の黒田『教育は誰のものか』を参照。
(31) 区議会の審議内容の詳細は、中野区議会編『教育委員候補者決定に関する住民投票条例審査特別委員会速記録』一九七九年、参照。
(32) 教育委員選任問題専門委員は、一九八〇年一月二一日に「教育委選任問題に関する中間報告」、同三月三日に同最終「報告」を出している。この専門委員には兼子仁(東京都立大学・法律学)、神田修(立正大学・教育学)、松原治郎(東京大学・教育学)、室俊司(立教大学・教育学)、吉田善明(明治大学・法律学)の専門研究者五人が委嘱された。
(33) 前掲、本尾論文参照。
(34) 詳しくは、前掲「教育委員選任問題に関する報告」のほか、兼子仁「教育委員『準公選条例』をめぐる法律論」『ジュリスト』六八四号(一九七九年二月一五日号)、西山邦一「教育委員準公選の論点」『季刊教育法』第三四号(一九八〇年一月)、松原治郎「教育委員準公選制の意味」同前誌三五号(一九八〇年四月)および兼子仁、西山邦一、溝部忠増「(座談会)追求される〝自治の原理〟―中野区教育委員準公選の現状」『地方自治職員研修』

一九八〇年四月号、など参照。

（35）これらの基本例規や文書は、伊ヶ崎暁生・兼子仁・神田修・三上昭彦編著『教育委員の準公選』労働旬報社、一九八〇年、中野区編著『教育委員準公選の記録 ― 中野の教育自治と参加のあゆみ』総合労働研究所、一九八二年、兼子仁・神田修編『資料 中野区・教育委員準公選を知るために』エイデル研究所、一九八五年、などに収録されている。

（36）辻田 力監修・文部省内教育法令研究会『教育委員会 ― 理論と運営 ―』（時事通信社、一九四八年）、六〇～六一頁。一九四九年の公職選挙法の成立により、第二回目以降の教育委員選挙からは同法が適用されることとなり、推せん立候補制は廃止された。

（37）いずれも上記の注（35）に掲げた中野区編著『教育委員準公選の記録』、兼子・神田編『資料 中野区・教育委員準公選を知るために』などに収録されている。

（38）中野区企画広報課『PR』一九八三年二月号、所収の「座談会」を参照。

（39）青山良道「教育における住民自治の展開 ― 教育委員選び区民投票の軌跡」『教育』一九八一年六月号、所収。

（40）三上昭彦「教育委員会の活性化と再生」神田修編著『教育法と教育行政の理論』三省堂、一九九三年、所収。

（41）三上昭彦「『準公選』の成果と教育委員会の権限」『住民と自治』一九九三年四月号、参照。

（42）参考人はつぎの四名である。準公選制に反対（廃止条例に賛成）する立場からは、秋山昭八（弁護士）と中村富雄（日本自然村理事長）、賛成（廃止条例に反対）する立場からは、俵 萌子（評論家、第一期準公選教育委員）と筆者である。

（43）高槻市では、「私たちの手で教育委員を選ぼう。市民の会」を中心に、教育委員準公選条例の直接請求が成立し、条例案が市議会に提案されたが、僅差（賛成一八：反対二〇）で否決された。詳細は、円実義雄『〝準公選〟の試練 ― 教育委員準公選の未来を展望して』、自費出版、一九八五年、佐賀二郎『高槻「準公選」奮戦記』、自費出版、一九八六年、池田知隆『理想のゆくえ』長征社、一九八六年、などを参照。

第Ⅶ章　教育長・教育委員の公募制の展開と課題

――福島三春町から全国へ

地方分権一括法の制定・施行（二〇〇〇年四月）と分権改革の動向を背景にして、福島県三春町（同年一一月）を皮切りに、二〇〇五年一一月までの約五年間に、全国の一六市町村でいわゆる教育長公募制が実施され、一五名の公募教育長が誕生した（東京都国立市では公募した教育長候補者の市長提案を、議会が「同意」しなかったことにより任命されなかった）。また、これとほぼ並行して、教育委員の公募制・推薦制も実施され、ほぼ同数に近い市区町村に拡がった。本章では、筆者が日本学術振興会科学研究費補助金を得て実施した実態調査（二〇〇三～二〇〇四年度および二〇〇五～二〇〇六年度、公募制を実施した市町村長および公募によって選任された教育長・教育委員などへの聴き取り調査と関係資料の収集・分析等）をふまえて、この制度の概要とそれをめぐる諸問題を実証的に明らかにするとともに、それが焦眉の課題となっている教育委員会制度の改革問題にどのような示唆を与えているかについても若干の検討をしたい。

すなわち、第一に、教育長・教育委員の公募制の現状、この制度が導入・実施された背景と趣旨、制度の内容と特徴、制度運用の実際と公募教育長の特徴などを明らかにする。第二に、この制度の導入・実施が提起した問題、教育委員会活性化へのインパクトなどに注目しながら、教育長・教育委員の公募制の意義、問題点および課題について検討する。そして第三に、教育長・教育委員の公募制が教育委員会制度の改革問題にどのような示唆を与えているかについて検討する。

なお、本題に入る前に、「教育長公募（制）」、「公募教育長」という用語の適否について一言ふれておきたい。後にやや詳しく述べるように、現行法の下では、教育長は教育委員会が教育委員の中から任命することになっており（地方教育行政法第一六条二項）、首長は直接教育長を任命することはできない。首長は教育長としての資質と適格性をもった教育委員を議会の同意を得て任命するのである。したがって、「教育長公募（制）」は、正確には「教育委員（教育長）候補者公募制」あるいは「教育長教育委員候補者公募制」などというべきであり、また、「公募教育長」は「公募制を経て任命された教育長」とでもいうべきであるが、記述の煩雑さを避けるために、ここでは上記の短い用語を使用することにしたい。

第1節　教育長公募制の展開と諸問題

1 教育長公募制――その背景と動向

(1) 背景

教育長公募制の試みは、地方分権一括法の制定・施行を契機にして、地方公共団体（以下、自治体ともいう）自らの創意的な発案によって実施されてきたものである。すでにふれたように、地方分権一括法は四七五本の関係法令の一部改正（廃止も含む）からなっている。そのうち二一本を占める教育関係法令の改廃の中核は、制定後はじめてといえる地方教育行政法の大幅な改正である。とりわけ教育長の任命承認制（教育長の任命に当たっては、都道府県・指定都市の場合は文部大臣の、市区町村の場合は都道府県教育委員会の承認を得なければならない）の廃止によって、各自治体は当該教育長の任命を、文科省や都道府県教委の関与を受けずに自前で実施できることになったのである。一九五六年の地方教育行政法の制定以降、およそ半世紀におよぶ長期間にわたって、自治体の固有の職員でありかつ地方教育行政のキーパーソンである教育長の任命権は、上部機関による承認制という〝くびき〟によって強く制約（自治体側の自主規制を含め）されていたのである。教育長公募制の発案と導入・実施の直接的な契機となったものは、この法制度的な〝くびき〟の撤廃であった。

同時にそれは、今日の分権改革の時代状況を背景にした自治体改革のなかで生まれたものでもある。すでに述べたように、「第一次分権改革」とも「未完の分権改革」（西尾勝）ともいわれている一九九〇年代の地方分権改革は、機関委任事務の廃止を軸に国、都道府県のさまざまな関与（その代表的な事例の一つが教育長の任命承認制）を縮減したものの、新たな形態の国の関与を残し、財源移譲や権限委譲を十分にともなわないものであることは、多くの論者によってくり返し指摘されてきたところである。小泉内閣になって本格的に推進された「三位一体」的改革路線は、財源委譲をはるかに上回る額の交付金や補助金の削減と表裏をなしていたことから、とりわけ財政基盤の弱い市町村に大きな負担を強いてきている。また、こうした自治体財政の困窮を主要な動因として、「平成の市町村合併」が住民と自治体関係者の本意に必ずしもそわない形で実施されてきた。筆者がインタビューした首長の多くも、自治体が直面しているこうした厳しい状況を率直に訴えている。このように今日の分権改革は多くの矛盾と問題点を孕んでいるものの、それが地方の裁量権を拡大し、新たな地方自治を切り拓く一定の法制度的条件をもたらしている側面があることも否定できない。そうしたなかで、すべての自治体が厳しい自助努力と行政改革を迫られている。教育長公募制は、こうした分権改革の潮流を背景にして進められている自治体改革、新たなまちづくりの一環として取り組まれているものでもある。

また、教育長公募制は、今日の教育委員会（制度）改革の時代状況を背景にしたものでもある。教育長公募制の発案・導入・実施の試みは、教育委員会制度を再検討すべきであるという時代状況を背景にしつつ、それを先取りして発案・実施された「下からの教育改革」ともいえる基礎自治体の自主的、自治的な取り組みの興味深い一環である。

(2) 教育長公募制の動向と特徴（三春町から加西市へ）

〈表Ⅶ－1－1〉は、二〇〇七年一二月末までに教育長公募制を実施した一六市町村（七市・八町・一村）を実施年月日順（正確には公募教育長の就任年月日順）に並べ、市町村名と人口、実施時の首長名と就任年月日、公募教育長名と就任時の年齢、主な経歴および就任年月日、任期、応募者数などを一覧表にしたものである。但し、東京都国

〈表Ⅶ－１－１〉　教育長公募制と公募教育長一覧

（2007.12末　現在）

市町村名	人口	首長名	就任日	教育長名	主な職歴	就任日（退任日）	任期	応募数
1）福島県三春町	20,300	伊藤　寛	80.03.23	前田昌徹（67）	国立大教授	00.11.01	4年	453
						（04.02.29 辞職）＊1		
2）静岡県蒲原町	13,400	山﨑寛治	99.04.25	山下一宇（62）	公立小中学校長	01.05.16	2年	102
				〃		03.05.16	4年（再任）	
						（06.03.30 編入合併失職）		
3）愛知県西春町	33,200	上野政夫	86.11.21	吉野茂雄（53）	国立大講師	01.10.01	4年	96
						（05.09.30 任期満了退任）		
4）神奈川県逗子市	59,800	長島一由	98.12.25	野村昇司（68）	公立小学校長	01.12.21	4年	528
						（05.12.20 任期満了退任）		
5）千葉県浦安市	139,800	松崎秀樹	98.11.08	村井由敬（58）	学校法人役員	01.12.25	1.5年	257
						（03.06.30 任期満了退任）		
6）東京都青ヶ島村	200	菊池利光	01.10.01	飯島ゆかり（37）	福祉施設職員	02.04.01	2.5年	173
				〃		04.10.01	4年（再任）	
						（05.08.24 辞職）＊＊2		
7）石川県加賀市	67,600	大幸　甚	99.02.08	伊藤啓一（52）	国立大教授	02.04.01	4年	94
						（02.08.31 辞職）＊＊＊3		
8）福島県原町市	48,000	渡辺一成	02.04.17	渡邉光雄（53）	ジャーナリスト	02.09.12	3年1月	28
						（05.09.30 任期満了退任）		
9）佐賀県西有田町	9,700	岩永正太	99.05.01	木本信昭（63）	市教育次長	02.10.03	4年	107
						（06.02.28 新設合併失職）		
10）宮城県志津川町	13,800	佐藤　仁	02.03.25	片桐　博（65）	公立中学校長	02.10.20	4年	72
						（05.09.30 新設合併失職）		
11）福島県白河市	47,300	成井英夫	02.08.28	平山伊智男（64）	公立高校長	02.11.25	4年	24
						（05.11.06 新設合併失職）		
12）三重県朝日町	6,700	田代兼二朗	03.06.05	小久保純一（46）	会社員	03.10.01	1年	11
						（04.09.30 任期満了退任）		
13）宮崎県清武町	28,000	一ノ瀬良尚	03.05.01	神川孝志（61）	公立小学校長	04.08.02	1年2月	12
						（05.10.16 任期満了退任）		
14）長野県富士見町	15,500	矢嶋民雄	01.08.29	小林洋文（60）	公立短大教授	04.10.01	4年	59
15）兵庫県加西市	50,700	中川暢三	05.07.29	八巻一雄（64）	公立高校長	05.11.04	1年8月	36
				〃		07.07.07	4年（再任）	
＊16）東京都国立市	71,700	上原公子	98.05.01	○○○○（63）	特別区企画部長、教育部長		4年	26
					（03.09.19 議会不同意、任命されず）			

（備考）
1）首長名は公募制実施時のもの、就任日は１期目のもの
2）教育長の年齢は新任時のもの、「主な職歴」は必ずしも就任直近のものではない
3）人口は2003年3月31日現在の住民基本台帳人口の概数（市町村自治研究会編集『全国市町村要覧』平成15年版による）
4）＊国立市では、公募教育長候補者の市長提案を議会が不同意、公募教育長は任命されず、よって氏名を伏した
5）＊１～＊＊＊３の教育長は任期中途での辞職
6）西有田町および白河市の教育長は、合併後の有田町、（新）白河市の教育長にそれぞれ新たに任命（非公募）されている

立市の場合は、公募によって選定された当該教育委員（教育長）候補者の任命提案に対する議会の同意が得られず、任命されなかったため、本表の最後に挙げてある。

これら一五自治体の事例から看取される特徴は以下の諸点である。

第一は、この制度が導入・実施された時期は、地方分権一括法とその一部をなす地方教育行政法の大幅な改正が施行された二〇〇〇年四月以降であることである。前述のように、教育長公募制が実施された背景・要因には、地方教育行政法の改正によって教育長の任命承認制が廃止され、市町村教育委員会の教育長の選任は、都道府県教育委員会の関与を受けない固有の権限になったことがあることは明白であろう。

第二は、公募制実施市町村が地域的にみれば〈東高西低〉的にやや偏在していることである。教育長公募制の嚆矢となった三春町が位置する東北地方には四自治体（同町を含め福島県三、宮城県一）、関東にも四自治体（東京都二、千葉県と神奈川県各一）、中部東海には四自治体（長野県、静岡県、愛知県、三重県の各一）がある一方、近畿以西は兵庫県加西市と九州の佐賀県西有田町と宮崎県清武町の二自治体のみであり、中国・四国には皆無である。一九八〇年代以降から今日にかけて、「三春の教育改革」は全国的にも注目を集めてきたが、それに新たな一ページを加えた三春町の取り組みは、より近い地域に強い影響を与えてきたともいえよう。

第三は、その大半が人口数万人以下の小規模市町村であり、そのほぼ三分の二が大都市圏以外に位置する自治体であること。すなわち、一五市町村のうち五万人以上一〇万人未満は四、三万人以上五万人未満は三、一・五万人以上三万人未満は三、一・五万人未満は五自治体である。都道府県や政令市・中核市・特例市はもとより、人口一〇万人超の自治体も千葉県浦安市（一四万人弱）を除いて皆無である。これにはそれなりの理由があると推察できる。都道府県や大都市の教育長職は、多くの場合、当該首長部局の管理職人事システム（地方官僚制）の一環に組み込まれており、その限りで人材にも不足しない。また、文科省や総務省など中央省庁からの〝出向〟人事はあっても、庁内管理職や議会あるいは地元教育界との軋轢を押して、あえて一般公募を実施する積極的な理由を見出しにくいのであろう。

第四は、公募制を実施した首長は、浦安市、国立市、逗子市、西春町、朝日町、加西市を除けば、その多くが大都市圏外に位置する自治体であり、また三春町と西春町（この二町長は五～六期目の超ベテラン首長である）以外は、その多くが現職ないしはその後継者とみなされる候補者と争って就任した一期目の新人首長であることが挙げられる（国立市長は初当選した際の選挙公約に公募制等の導入を挙げていたが、実施は二期目）。

第五は、就任した一五人の公募教育長の主たる経歴は多彩である。小・中・高校の校長ないしは教育行政経験者は六人のみであり、大学・短大教員出身者が四人、教職経験（専任）をまったく持たない者は四人（浦安市・青ヶ島村・原町市・朝日町）である。全国統計では市町村教育長の六七％弱が教職経験を、七三％が教育行政経験を有している（文科省『平成一五年度教育行政調査』）ことからみれば、公募制の実施によって、従来の枠をこえた多様な経歴・分野の人材が任命されていることがわかる。

第六は、公募教育長の年齢（就任時）分布は、四〇歳未満一人、四〇～四九歳一人、五〇～五九歳四人、六〇～六四歳六人、六五歳以上は三人であり、その年齢構成は全国的状況に照らしてかなり低いことである。全国三〇〇〇余の市町村教育長の年齢別構成比は、六〇歳以上がおよそ八〇％（公募教育長六〇％）、うち六五歳以上が四五・五％（同二一・四％）を占めている（前掲の文科省教育行政調査）。なお、女性教育長は青ヶ島村の一人にとどまっている。

第七は、応募者数は、逗子市の五二八人、三春町の四五三人、浦安市の二五七人、青ヶ島村の一七三人などに見られるように、大方の予想をはるかに超えた自治体が多いことである。公募制を実施した当事者である首長の一人は「むしろ異常な事態でもあるのではないか」（三春町長）との感想をのべているが、こうした状況をどのように評価するのかはなかなか興味深いところでもある。他方で、三〇人以下にとどまった自治体（最少は朝日町の一一人）も全体の三分の一にあたる五つを数えるが、そこにはそれなりの固有な要因がありそうである。後にやや詳しくふれるように、それらの自治体では、応募資格・要件に住所要件（当該県内居住者などに限定）や推薦書（三名）の提出を課したこと、当初任期がわずか一年前後（前任者の残任期間）であるなど、他と比べてかなり限定的な厳しい条件のもとで公募制が実施されており、それらが応募者数を抑制する一因となっていることは容易に推察できる。

(3) 教育長公募制の一部での〝挫折〟

ところで、前掲〈表Ⅶ—1—1〉の「備考」欄にも付記してあるように、就任した一五人の公募教育長のうち、二〇〇四年一二月一日現在の在任者は一〇人である（但し、二〇〇五年一一月就任の加西市教育長は除く）。通常の四年の任期（教育長の任期は法定されていないが、教育委員としての任期は四年である）を満了した公募教育長は二人（西春町、逗子市）のみである。もっとも二人の教育長（蒲原町と青ヶ島村）が当初の任期（いずれも前任者の残任期間である二年〜二年半）を満了した後に、再任されて二期目（任期四年）に入っている。しかし他方で、すでに一期目の任期（四年）の中途で退職した者が二人（三春町、加賀市）おり、一期（当初任期はいずれも前任者の残任期間である一年〜一年半の短期）で任期満了退職した者が二人いる（浦安市、朝日町）。これら四人の教育長の退職理由はそれぞれまったく異なっており、そこには多様かつ複雑な背景や政治力学が働いていることが推察される。

すなわち、教育長公募制の先鞭をつけた福島県三春町の場合は、公募制を実施した町長が六期目の任期中途で辞任し、新町長（前町議会議長）の誕生を機に、〝慣行〟に従って提出された教育長の「進退伺」を新町長が「受理」したことによる任期中途の退職（残任期間はほぼ一年）である、と報じられている。[1] しかし、事態のその後の経緯は単純ではない。前教育長は、「進退伺」は自分の意に反して儀礼的に提出せざるを得なかったものであり、それを根拠にした「解職」を不当として、町を相手取って提訴するという事態にまで至った（後述するように、この訴訟は「和解」となり、同教育長は任期を約八ヶ月残して辞任する）。しかし、そこには教育長の任命に関する現行教育委員会制度上の問題や、相当数の市町村において〝慣行〟として定着していると思われる任命権者たる首長の交替にともなういわゆる三役（助役・収入役・教育長）の「進退伺」提出の問題（とりわけ教育長の場合の是非）などとともに、教育長公募制に直接にかかわるいくつかの検討すべき問題点があるように思われる。

石川県加賀市の場合は、四年の任期で就任した公募教育長（前大学教授）が、わずか五ヶ月の在職にして、健康上の理由から辞職したといわれる。(2) また、千葉県浦安市のケースは、当初の任期（前任者の残任期間である一年半）を満了しての退職である。同市における公募制は、市内の公立学校管理職の不祥事を契機に、その背景をなす教育界のよどんだ閉鎖的な体質を一新することを市長が強く期待して導入されたといわれている。公募教育長の任期満了にあたって、市長はその再任提案をすることなく、また新たな公募制を実施することなく、従前の方法で後任教育長候補者（現職の中学校長）を提案し、議会の同意を得て任命している。しかし、この提案にかかわっては、与野党議員から公募制に対する市長の真意を質す厳しい質疑が行われている。(3)

これに対して三重県朝日町の事例は対照的である。当初の任期（前任者の残任期間である一年）の満了に際して、町長は同教育長の再任提案を議会に提出したが、議会は圧倒的多数（一：一二）でこれを否決（不同意）したのである。(4) 首長提出の人事案件がほとんど全議員の不同意によって否決されることは、おそらくあまり例のない事態といえよう。再任提案への質疑として行われた一議員の発言からは、当該公募教育長が就任以来一貫して進めてきた「民間の経営感覚の教育への導入」を重視した教育施策などへの強い不信と批判、それを擁護し同様の立場から行政改革を推進してきた町長の諸施策とその実施手法などが「議会軽視の手法」として批判されていることが看取される（同議会では同時に「町長問責決議」が全会一致で採択されている）。この種の人事案件については、同町議会を含めて賛否の討論は行わず、質疑のみにとどめる慣行が少なくないようである。上記の同町議会議事録に目を通した限りでは、この異例な事態を生み出した真相は必ずしも明確ではない。しかし、その背景と要因にはかなり多様で複雑な背景と政治力学があるようである。

三春町に始まった教育長公募制の導入・実施は、教育行政分野における分権改革の一つの象徴的かつ斬新な試みとして全国的にも注目され、一定の拡がりを見せている。また、公募教育長の意欲的、情熱的な活動と新たな諸施策によって、教育委員会が活性化するとともに、実際にもさまざまな成果も生まれつつある。しかし同時に、上記のいくつかの事例からも明らかなように、これまで実施されてきた教育長公募制は、そのすべてが順調に展開されてきたとは言えず、一部ではさまざまな問題点や隘路を内包していることも確かである。なお、公募制の意義と問題点などについては、第3節—[2]の部分でやや詳しく検討する。

(4) 教育長公募制と教育委員公募制

ところで、教育長候補者でない一般の教育委員候補者の公募制も、教育長公募制とほぼ並行して、各地に拡がってきている。文科省の調査「教育委員会の現状に関する調査（平成一五年度間）」[5]、および筆者自身の調査によれば、その実施市区町村数は一七に達し、教育長公募制のそれをわずかながら上回っている。また、一九七〇年代初頭の本土復帰を契機として始まった沖縄県教育委員候補者の「団体推薦制」（二〇〇四年廃止）や、一九八〇年代初頭から実施され､全国的に大きな注目を集めた中野区の教育委員「準公選制」（一九九五年廃止）とその後身ともいうべき「区民推薦制」（一九九六年〜）や「自薦制」（二〇〇四年〜）も、広義には公募制（自薦・他薦）に含めることができよう。もっとも、中野区の教育委員「準公選制」の場合は、他の公募制や推薦制と比べて重要な相違点がある。すなわち第一は、この制度は他の諸制度がいずれも首長部局の要項（要綱）によっているのに対して、住民の直接請求にもとづいて制定された条例（中野区教育委員候補者選定に関する区民投票条例）によっていること。第二は、前者が教育委員候補者の選任過程への住民参加（区民投票など）を最大の眼目としたものであるのに対して、後者のほとんどには、そうした視点や要素はきわめて希薄であることである。こうした相違点には留意しておく必要がある。

前述のように、現行法制上、教育長の任命権は首長ではなく教育委員会にある。合議体としての教育委員会が教育委員のうちから教育長を任命することになっている（地方教育行政法第一六条二項）。地方教育行政法の厳密な文理解釈にもとづくならば、首長ができることは教育委員候補者の公募であり、教育長候補者を直接公募することはできない。したがって、すでに述べたように、教育長公募制とは、「教育委員候補者の公募制」であり、その一部としての「教育長への任命を期待される教育委員候補者の公募制」とでも言うべきであろう。一六市町村の教育長公募制の根拠法規である公募要項（要綱）の大半は、「教育委員（教育長）公募要項」あるいはより正確に「教育委員（教育長候補者）公募要項」と題しているのはこうした事情によっているのであろう。

もっとも地方教育行政法に規定されている教育委員会の教育長任命権は、同法の制定時から事実上は形式的なものであった。首長が教育長候補者として任命した教育委員以外の委員から教育長を任命することは、事実上ほとんど不可能である。周知のように、これは地方教育行政法制定によって、都道府県・指定都市以外の一般市町村の教育長（現在は都道府県・指定都市を含むすべての教育長）は、教育委員のうちから教育委員会が任命することになって以降、現行法制に内在している矛盾の一つである。地方教育行政法の施行に際して出された文部次官通達「地方教育行政の組織及び運営に関する法律等の施行について」（昭和三一・六・三〇）には、「市町村にあっては、これら委員のなかから常勤の教育長が任命されることとなるのであるから、委員の任命に当っては、教育行政にも練達の者を含めておくことが必要である。」と記されていた。また、同通達に添付された別冊「地方教育行政の組織及び運営に関する法律及び関係法令について」のなかには、より具体的に、「市町村長又は教育組合の管理者は、委員の任命を行うに当っては、あらかじめ、教育長として適任であり、その職務の遂行が可能である者を少なくとも一人以上は委員の中に加えておく必要があること」と述べられていたのである。

本来、教育長と教育委員はまったく異なる性格・資質と職責をもった職種である。しかし、現行の教育長は教育委員（教育委員長を除く）のうちから任命されることにより、二重の性格を付与されている。教育委員は非常勤の特別職であり、教育長は常勤の一般職である。前者には広い教育的識見が必要とされ、後者には教育行政の専門家として教育的識見と行政的手腕が併せて期待されている。したがって前述のように、教育委員会は、教育長候補者として首長が任命した教育委員以外の委員から教育長を任命することは実際には不可能である。このように、教育委員会の有する教育長の任命権は、地方教育行政法の制定以後今日に至るまで、公募制か否かの如何にかかわらず、事実上、有名無実化してきているのである。

前述のように、今日、教育委員の公募制の実施件数は、教育長公募制のそれを上回っている。二〇〇一年の地方教育行政法の改正によって、「委員のうちに保護者である者が含まれるように努めなければならない」（同法第四条二項）の規定があらたに加えられたことを契機に、「保護者」委員を公募する事例が増えつつあるようである。さらに、社会教育委員や各種審議会（委員会）などの委員の公募制は、全国的な動向や統計数値は不明であるが、分権改革が喧伝される以前からもかなりの自治体で実施されてきており、近年ではさらに増えつつあると思われる。

しかし、教育長の公募制は、一般の教育委員や社会教育委員、各種審議会（委員会）委員の公募制と同列に論ずることができない性質や側面がある。前述したように、戦後改革によって教育委員会制度が発足した時点からしばらくの間は、教育長は固有の教育長免許状を有する教育専門職であることが教育委員会法や教育職員免許法に明記されていた（その後、一九五四年の教育委員会法等の改正により任用資格へと緩められたが）。すなわち、教育長は固有の教育長免許状を有する者のなかから、教育委員会によって任命されることになっていたのである。ところが教育委員会法に代って制定された地方教育行政法においては、すでにふれたように、教育長のそうした固有の資格・任用規定はいっさい削除されて今日に至っているのである。その反面、教育委員会における教育長の権限と職責は、教育委員会法のもとにおけるよりもさらに強化されたのである。教育長は従来のそれに加えて、教育委員としての権限と職責を合わせ持つことになったからである。教育長は法制的には固有の資格を有しないが、実際上は教育および教育行政に関する識見と専門性、および行政的手腕を求められている常勤職であり、市町村においては特別職三役（首長・助役・収入役）と並んで〝四役〟として位置づけられているところも少なくない。合議制の執行機関である教育委員会においては、教育委員は one of them であるが、教育長はまさしく the only person である。また日常的には、「教育委員会の指揮監督の下に、教育委員会の権限に属するすべての事務」をつかさどり、「教育委員会のすべての会議に出席し、議事について助言する」（地方教育行政法第一七条）のである。

前章でもふれたように、中野区の教育委員「準公選」制度（条例）の制定過程の論議のなかでも、準公選制の対象として「教育長教育委員」候補者を含めることの可否ないしは是非が大きな論点の一つとなったが、結局、区民投票の対象外とされた。当時の地方教育行政法のもとでは、中野区教育長の任命に際しては、東京都教育委員会の承認を得なければならないという法的制約があったこととともに、一般の教育委員とは大きく異なる教育長の法的地位と職務の特殊性ゆえに、教育長職にふさわしい別個の選任方式の検討を課題にして、教育委員「準公選」の対象から除いた経緯がある。(6)

したがって、教育委員会のキーパーソンであり、特殊な法的地位ときわめて重要な職務を持つ教育長の公募制は、少なくとも地方教育行政法のもとでは前例のない初めての試みである（教育委員会法のもとでの実施例の有無は定かではない）。ここに教育長公募制の斬新さがあり、同時にその重要さと困難さがあるのである。

2 教育長公募制の内容と特徴 ― 制度と実際

教育長公募制とは、どのような趣旨と内容のものであり、その制度的特徴はどのようなものであるのかを概観しておこう。教育長公募制の嚆矢である三春町の試みは、いわば〝コロンブスの卵〟の例えのように、それに続いた他の市町村の公募制に大きな影響を与えるとともに、その方式と内容はそれらの範ともなっている。しかし、各市町村は三春町方式をそのまま踏襲しているのではなく、それらを参照にしつつも、各地域の実情に即したさまざまな創意工夫を加味していることは注目される。国・文科省の法令・通達などにもとづく「トップダウンの画一的な教育改革」ではなく、「地域からの教育改革」の一つである教育長公募制は、多様であるべき自治体教育改革の本来の姿を示しており、なかなか興味深い。

以下、この制度を導入・実施した各市町村の「公募要項」などの基本資料や当該首長への聴き取り調査などにもとづいて、その概要を述べておきたい。

(1) 公募制の趣旨・目的 ― 公募要項と聴き取りを中心に

(i) 公募要項を中心に

教育長公募制はどのような理由から、またどのような趣旨・目的のもとに発案・実施されたのであろうか。公募要項や首長からの聴き取りなどから概述する。

各公募要項には、公募によって教育長を選任する背景・理由・趣旨などが記されている。三春町と西春町の公募要項を引きながら、その概要を見ておこう。(7)

まず、「三春町教育長の公募について」(同町HPに掲載されたもので公募要項とほぼ同趣旨の文書)には、「教育長公募方式の背景」としてつぎの四点が指摘されている。

①教育界は新しい問題状況の下で、大きな変革期を迎えている。また、地方分権にもとづいて、市町村教育委員会の裁量権は拡大の方向にある。その中にあって、教育委員会は、従来よりも主体性を発揮しなければならず、既成概念にとらわれない柔軟な発想が求められている。②三春町では、様々な教育改革に取り組んでおり、全国的にも注目されている。それらを継承発展させる方向で、教育委員会のリーダーシップの発揮が求められている。③教育現場の創意性を尊重することや、学校評議員制度の導入によって地域に開かれた学校教育を実現することのためには、まず教育委員会自体が町民と教育関係者との民主的な共同指向に基づく合議体として運営されなければならない。④教育委員会の守備範囲は、学校教育ばかりでなく、地域や家庭の教育力の向上対策や、幼児保育・教育、生涯学習、文化財保存等広範囲に及んでいる。教育委員会には、それにふさわしい広い見識が求められている。上記のように大きな課題に直面している教育委員会の事務局を主宰する教育長には、広い専門的識見と的確な行政手腕が期待される。したがって、町内居住者に限定せず、広く人材を求め、慎重に選考手続を進めるため、……公募方式によることとした。

一方、「西春町教育委員（教育長候補者）公募要項」には、「公募する理由」として、以下の五点が挙げられている。

①昨今の学校や社会における教育に起因すると思われるさまざまな問題の発生は、教育そのもののあり方について、大きな問題を提起しています。その中にあって、地域の教育委員会は、これまで以上に大きな役割を果たすことを期待されています。②地方分権に基づいて、町教育委員会の裁量権も拡大されつつあり、教育委員会は従来よりも主体性を発揮する必要があり、特に教育行政的な指導力が求められています。③教育改革は、

経済再建とともに国、地方を問わず、最大の課題となっていますが、そのために教育委員会には、既成観念にとらわれない柔軟な発想が求められています。④教育の活性化や教育現場における創造、創意の尊重などの理念を具現化するためには、教育委員会、中でも教育長のリーダーシップを発揮する必要があります。⑤教育委員会の権限は、学校教育だけでなく、地域教育や家庭教育、青少年教育、男女共同参画、そして西春町が進める生涯学習と広範囲に及んでいます。教育委員会には、それに相応しい幅広い見識が求められます。

右記のように教育委員会は、さまざまな問題や課題に直面しており、それだけに期待も大きなものがあります。そして教育委員会事務部局を主宰する教育長には、深い専門的識見に基づく実行力のある行政手腕が期待されているのです。

他の自治体の公募要項にうたわれている公募制の趣旨・目的・理由も、上記二つのものとほぼ同様であるといえるが、そこにはいくつかの共通するキーワードといえるものが見られる。

第一は、地方分権改革にもとづいて、市町村教育委員会の裁量権も拡大される傾向のあるなかで、教育長には、「既成の概念（観念）にとらわれない柔軟な発想」が求められており、地域の特性・独自性を生かした教育施策を展開する「主体性とリーダーシップの発揮」が求められていることが挙げられている。「既成の概念（観念）にとらわれない柔軟な発想」という文言は、教育長公募制の先駆けとなった三春町の公募要項に最初に記されたものであり、それに続く市町村のほとんどの公募要項に踏襲されているキーワードの一つである。

第二は、第一の点ともかかわって、「従来の教育界は学校教育を中心として運営されてきた」（蒲原町公募要項、以下自治体名のみ）、「学校教育現場の慣習や既存の制度を踏襲する傾向にあり、教育の硬直化や閉鎖性を生み出しているという問題」（浦安市）なども指摘されている（これも「既成の概念（観念）」の内容であろう）。また、教育委員会の本来の守備範囲は学校教育ばかりでなく、地域や家庭の教育力の向上や生涯学習、文化財保護など広範囲に及んでいることをあらためて確認することが必要であり、教育長にはそれにふさわしい広い見識が求められているとの観点が強調されていることである。

第三は、地域の教育力を高めるためには、「地域に開かれた学校」をめざし、「教育委員会自体が地域住民と教育関係者との民主的な共同指向にもとづく合議体」（三春町）として運営されなければならず、「市民参加を基調とした教育行政を執行できる柔軟性」（原町市）をもち、「学校、教育委員会、地域が一体となり」（蒲原町）、運営されなければならないとしている。

第四に、教育委員会事務局を主宰する教育長には、「専門的見識や的確な行政手腕」はもとより、「教育のあり様を根源的に問い直す問題意識」（逗子市）や「教育が陥りがちな閉鎖性や硬直性を打破できる力量（リーダーシップ）と人柄」（同前）、「村民の意見を踏まえ協働志向的に行動する姿勢やコーディネイト能力」（青ヶ島村）、「現実の問題を問い直す意識と改革しようとする意欲と情熱」（朝日町）、などが求められているとしている。

第五には、以上のような趣旨のもとに、それにふさわしい人材を求めるために、「教職、学校管理及び教育行政の経験は問わず」、当該市町村居住者に限定せず、県内さらに全国から広く適材を公募すること、などである。

なお、国立市公募要項には、「教育委員候補者の公募は、教育委員が選任される過程を市民に開かれたものにするため」という興味深い指摘がある。この点は他の公募要項には明記されていない独自のものである。これは同市で長らく続いてきた教育委員任命にかかわる不透明な問題状況を、是非とも改善すべきであるという市長およびそれを支持する多くの市民の期待を反映したものといえる。いずれにしろ、公募制の趣旨の重要な側面を述べたものとして注目すべきものである。

（ii）首長インタビューを中心に

各自治体の公募要領は公的な文書であることから、公募制の趣旨・目的・理由に関する説明は概して一般的かつ抽象的であるといえる。例えば、上述した「既成の概念（観念）にとらわれない柔軟な発想」というもっとも重要なキーワードの意味内容は、公募要項を一読するかぎりでは必ずしも明確ではない。しかし、以下にのべるように、首長とのインタビューのなかでは、このキーワードに込められた意味をはじめ、公募制を導入・実施した意図がより率直に語られている。

その一つは、従来の教育委員会およびその要である教育長のあり方に対する疑問ないしは批判と、それをふまえた改革への意図である。すなわち、多くの首長は、「従来の教育委員会・教育長は、文科省や都道府県教委の法令や通達・通知・行政指導、慣行や前例などにしたがっていればよいとの傾向があり、明確なビジョンをもって自主性、主体性や創意性を発揮して、地域の実情に根ざした積極的な教育施策や教育行政を行ってきていないのではないか」といった趣旨の疑問ないし批判である。ほぼ同趣旨の指摘は、一九八〇年代半ばの臨教審答申（第二次）のなかですでに行われていたことは前述のとおりである。教育長公募制の導入に際しては、こうした状況を是非とも改革しなければならないという当該首長の意欲とスタンスがみられる。

二つには、これまでの当該市町村教育長には、義務教育学校の校長・教頭や県教委の指導主事・管理主事などの教育行政管理職を経験した地元教育界の有力者が就任するという事例がほとんどであり、こうした閉鎖的な従来のパターンに対する疑問ないしは批判である。インタビューのなかでは、「義務教育者がそのままスライドして就任することが正しいのかという疑問がある」（S市長）、「県の教育行政はある種の閥のなかで運営されているのを感ずる」（F町長）、「県内の市町村教育長のポストは、県内教育系大学出身者で校長職・教育行政管理職を務めたものの「指定席」だという発想がある」（N町長）などの疑問や感想をのべた首長が少なくない。こうした閉鎖的なパターンのもとで就任した教育長は、ともすれば学校教育中心の狭い既成観念や教育界のさまざまな〝しがらみ〟にしばられる傾向が強く、「公募をすることで、地域において今までの教育から脱皮できるのではないかと考えた」（S市長）とのべている。公募制の導入によってこうした従来のパターンを打破したいという期待が述べられている。

三つには、当該地域の教育委員会およびその要に位置している教育長は、地域づくり・まちづくりを視野において、学校教育のみでなく広く生涯学習の観点から、地域住民とともに地域の教育改革を推進する明確なビジョンと信念、そしてリーダーシップと情熱をもった人物であってほしいという強い期待が表明されている。例えば、「教育そのものに対する信念や理想のようなものは持っていなくてはいけないし、地域に溶け込んでみんなと一緒になって地域の教育を考え、努力する教育長であってほしい」（A町長）との期待は、多くの首長からのべられている。上記のような閉鎖的なパターンのもとでは、こうした資質を有した教育長にふさわしい教育長候補者を選任することは難しく、必ずしも教育関係職出身者にこだわらず、公募によって広くそうした適任者を求めることができるのではないかとの思いが、インタビューのなかで語られている。

(2) 公募制の制度的特徴

(i) 応募資格・要件――全国公募と地域限定公募

〈表Ⅶ―1―2〉は、教育長公募制を実施した一五市町村（加西市は除く）の公募要項に記載された応募資格ないしは応募要件のおもな特徴点を一覧表にまとめたものである（それとの関連をみるために応募者数も添付されている）。

同表の備考欄に掲げたように、現行法の下では教育長固有の法定資格要件はないが、まず教育委員として任命されることから、教育委員としての資格（ないしは欠格）要件が適用されることになる。すなわち、地方教育行政法では、

〈表Ⅶ－１－２〉　応募資格・要件 — 公募要項の概要

〔教育長公募要項における応募資格・要件〕

	〈住所要件〉	〈その他〉＊注１	〈応募者数〉
1）三春町	なし（全国）	＊自薦・他薦	453
2）蒲原町	なし（全国）	＊推薦文（他薦の場合）	102
＊3）西春町	東海4県（愛知＋岐阜、三重、静岡）内居住者		96
4）逗子市	なし（全国）	＊推薦文（任意）	528
5）浦安市	なし（全国）	＊満35歳以上（応募時）	257
6）青ヶ島村	なし（全国）	＊推薦文（任意）	173
7）加賀市	なし（全国）		94
＊8）原町市	福島県内在住者＋在住経験者		28
＊9）西有田町	九州各県＋山口県内居住者		107
10）志津川町	なし（全国）		72
＊11）白河市	福島県内在住者		24
＊12）朝日町	三重県に住所を有する者		11
13）国立市	なし（全国）	＊３名の推薦書（本人・家族以外）	26
14）清武町	なし（全国）	＊３名の推薦書	12
15）富士見町	なし（全国）	＊注２	59

＊注１　朝日町を除いた全市町村では「学校管理や教育行政（ないし教職）の経験は問わない」旨を明記
＊注２　富士見町では、「富士見町の地域文化をこよなく愛し（関心があり）、教育に関し高い情熱を持ち、…」を記載

〔教育長の法定資格要件〕

＊現行法下では教育長固有の法定資格要件はないが、まず教育委員として任命されることから教育委員の資格（欠格）要件が適用される（旧教育委員会法では、当初教育長免許状の保有、その後は一定の教育職経験などの任用資格あり）

・地教行法４条、６条→ ①当該地方公共団体の長の被選挙権を有する者（４条関係）
　②人格が高潔で、教育、学術及び文化に関し識見を有するもの
　③破産者で復権を得ない者（欠格要件）
　④禁固以上の刑に処せられた者（同前）
　⑤兼職禁止条項に該当しない者（６条関係）
・自治法 19 条３項→　①日本国民で 25 歳以上の者（市町村長の被選挙権資格）
・公職選挙法 10 条、11 条→禁治産者など（欠格条項）

教育委員に任命しうる要件として、①当該地方公共団体の長の被選挙権を有する者、②人格が高潔で、教育、学術及び文化に関し識見を有するもの、の二点を規定している（四条一項）。また、欠格要件としては、①破産者で復権を得ない者、②禁錮以上の刑に処せられた者、の二点（四条二項）のほか、③兼職禁止条項に該当する者（六条）を挙げている。なお、上記の被選挙権を有する者とは、日本国民で二五歳以上の者（地方自治法第一九条三項）である。教育長公募にあたっては、こうした法定要件が前提とされることは当然であり、ほとんどの公募要項にもこうした法定要件が明記されている。

応募者の資格・要件にかかわる公募要項の共通した第一の特徴は、上記の法定要件以外には、応募者にほとんど応募資格要件を課していないことである。むしろ、ほとんどの公募要項には、「学校管理や教育行政の経験を必要条件とはしない」、「教職、学校管理及び教育行政の経験は必ずしも問いません」などと明記されている（朝日町のみこの記載なし）。前掲の文科省『平成一五年度教育行政調査』によれば、全国の市町村教育長の中で、教職経験者は六六・七％、教育行政経験者は七三・〇％である（人口一〇万人未満の市町村にあってはこれらの比率はより高いのではなかろうか）。この事実は、少なくとも教職・学校管理職や教育行政職のいずれかの経験を有することが、市町村教育長にとっての必要条件であると一般的には考えられていることを語っている。教育長公募制にあたっては、広く人材を求めるという趣旨から、あえて「教職、学校管理や教育行政の経験」の有無を問わないことを強調したのであろう。こうした経験を有していることを応募要件にした場合には、恐らく応募者の職歴は限定され、応募者数は激減したであろうことは間違いなかろう。

その先鞭をつけたのは三春町公募要項であるが、当事者の伊藤寛町長はその理由について次のように語っている。

「教育長の公募条件として、『教職経験の有無を問わない』と記述したのは、教育についての専門的識見が不要だということではなくて、従来の教職経験者に多くみられるような枠にはめられた教育観ではなく、もっと高次元の専門性が欲しいと考えたからでした」と。[8] たしかに前節でみたように、三春町をはじめ各市町村の公募要項には、教育長に期待され、求められる資質や力量等に関しては、「既成の概念にとらわれない柔軟な発想」、「教育の本質とあり様を根源的に問い直す問題意識」、「広い専門的見識と的確な行政的手腕」、「市民の意見を踏まえ協働志向的に行動する姿勢やコーディネイト能力」、「山積する問題を解決できる力量、リーダーシップ」などが挙げられていることを考えると、「高次元の専門性」とはこうした資質や力量を意味していることになろう。これらは私たちが新たな教育長像を考えていく上でも興味深い指摘である。教育長公募制では、明らかに矛盾しているようにも思えるが、「教育関係の職歴の有無を問わない」ことと、上記のような「高次元の専門性」の追求がセットになっていると思われるのである。

応募資格にかかわる第二の特徴は、当該自治体ないしは県内の居住者に限定せず、広く全国から公募したところが三分の二の多数を占めており、県内ないしは近隣県内など一定の居住（住所）条件を付けたところは五自治体にとどまっていることである。教育長、教育委員はいずれも法的には住所要件はないことと、「広く人材を求める」という公募制の趣旨からみれば、狭い地域に限定せずに、全国公募方式を採ったことは当然ともいえる。この点でも全国の範となった三春町の伊藤町長は、「教育長は地元出身者がいいとの思いはあろうが、地元民の声が見えすぎると大胆になれない。改革はできなくなる。『よそ者』をフォローし、町の願いを反映させるのは、教育委員の役目だと発想を変えた」との趣旨の発言をしている。[9] この発言とほぼ同様な趣旨であると思われるが、筆者のインタビューのなかで、「地元の教育界の体質や人間関係のしがらみにとらわれない人材を期待した」と語った首長は少なくない。

しかし、全国公募方式を採らずに、一定の住所要件を付した地域限定公募方式を採った自治体が三分の一あることも注目すべきであろう。前掲〈表Ⅶ－1－2〉にみられるように、西春町は地元の愛知県と近隣の東海三県（岐阜県、三重県、静岡県）、原町市は福島県と県内在住経験者、西有田町は九州各県と山口県内居住者、白河市と朝日町はそれぞれ福島県、三重県内在住者に応募資格を限定している。三春町と同じ福島県内に位置する原町市と白河市は、三春町とは対照的に県内在住者（前者は在住経験者を含む）というもっとも狭い範囲の住所要件を付している。その理由を質した筆者に対して、両市長はそれぞれ次のように述べている。「地域に根ざした教育という観点から、ある程度原町を知っていてもらわないと困るという思いがあった」（原町市長）、「まずは福島県を熟知していることが必要だと思った。例えば関西の方が応募された場合には、県民の気質や歴史にうち解けるだけでも大変なことだと思う」（白河市長）、と。これに対して、地元県内と近隣の数県内の居住者という比較的広域の住所要件を付した西有田町と西春町の場合は、上記の二市におけるような観点からの地域性の重視というよりは、むしろ教育長として赴任した後の勤務形態や条件に配慮した結果であったようである。すなわち、「何よりも赴任してきた人が自由に活動できるようにということを重視した。例えば、単身赴任のような場合だと大変であり、あまり遠隔地でないほうがよい」（西有田町長）、「さほど大きな理由はなく、単身で来てもらう可能性が高いので、あまり遠くだと気の毒である。東海三県なら、土日には帰宅できるし、場合によっては通勤も可能だろうから」（西春町行政部）。もっとも、全国公募方式をとった自治体のなかでも、長野県富士見町の場合はやや異色である。同町公募要項の応募資格の一項には、「富士見町の地域文化をこよなく愛し（関心があり）、教育に関して情熱を持ち、教育、学術、文化に識見を有すること」があげられ、さらに、「採用後は原則として富士見町内に居住（住民登録）」することが付記されている。この趣旨について矢嶋民雄町長は、「長野県の場合、先生も任地居住が原則であり、やはり及び腰では困る。富士見に住んで腰を据えて教育をしてほしい。ここの住民になってもらい、地域の皆さんと一緒に教育をやってほしいということが念頭にあった」と述べている。

学校教育、社会教育を問わず、地域の教育がそれぞれの地域にしっかりと根ざすこと、すなわち「地域に根ざした教育」の創造は、戦後教育改革と教育実践の出発点において強調されていた課題である。この課題はその土台である地域づくり・まちづくりと内的に深く連動したものでもある。そもそも教育委員会（制度）は、「地域に根ざした教育」

とそれを支える教育行政を制度的・機能的に保障するための不可欠の装置（システム）として導入・設置されたものである。少なくとも筆者が面談した首長は異口同音に、当該地域の教育委員会の現状を厳しく見ており、地域の教育委員会として上記のような本来の精神と機能を「再生」する必要性を指摘している。教育長公募制の導入・実施に託した期待は、「地元教育界の体質や人間関係のしがらみ」にとらわれず、かつ地域にしっかりと腰を据えて「地域に根ざした教育」を実現していくキーパーソンとしての教育長を選任することにおかれたといえる。したがって、全国公募か地域限定公募かは、それぞれの地域が置かれた状況と公募に際しての相対的な力点の違いである。全国公募の場合は概して応募者数も多く、そうした人材を選任しうる可能性は相対的に高いが、当該地域（その歴史、文化、風土を含め）に対する「認識度」は相対的に低い応募者が多くなる。一方、地域限定公募の場合には応募者数は少なくなり、それに順じて適任者を選任しうる可能性は相対的には低下するが、当該地域についての認識度は相対的に高い応募者が多くなる傾向がみられる。

その他、応募要件にかかわって特色を有する自治体がいくつかある。国立市および清武町では、応募申込みにあたって三名（本人・家族以外）の「推薦書」の提出を求めており、他薦の場合には「推薦文」を要件としている自治体（蒲原町）やそれを任意にしている自治体（逗子市、青ヶ島村など）もある。三名の推薦人の「推薦文」の添付を応募要件としたのは国立市が初のケースであるが、その趣旨について上原公子市長は、「全国公募でもあり、応募者の人となりを知るためには他薦も必要だろうということでセットにした」とのべている。また浦安市では、応募時に三五歳以上であることを要件としている（他はすべて法定されている市町村長の被選挙権資格である二五歳以上の者としている）。確かに、教育委員の場合にはともかくとして、三五歳未満の者が教育長という重職を担うことは、実際にはきわめて困難であると思われる。

（ⅱ）教育長の当初の任期 ― 首長の交替と教育長の辞任問題

周知のように、現行法では教育委員の任期は四年と明記されている（地方教育行政法第五条一項）が、教育長の任期は法定されていない。しかし、教育長は「委員としての任期中在任するものとする」（地方教育行政法第一六条三項）こととなっているため、通常は教育委員と同様に一期四年が任期といえる（再任は可）。

教育長公募制の実態調査をとおしてはじめて分かったことの一つは、公募教育長の当初任期は通常の四年ではなく、前任者の残任期間である四年未満の事例が少なくないことである。

〈表Ⅶ－1－3〉公募教育長の任期（当初）一覧（表Ⅶ－1－1にも掲載）に見られるように、一六市町村のうちの約四五％にあたる七市町村においては四年未満である。すなわち、原町市・三年一ヶ月弱、青ヶ島村・二年六ヶ月、蒲原町・二年、浦安市・一年六ヶ月、清武町・一年二ヶ月余、朝日町・一年、加西市一年八ヶ月である。これらの市町村では、首長選挙によって現職を破って新首長が誕生したことなどを契機に、現職の教育長が辞任したことにより、公募教育長の当初任期は前任者の残任期間となったケースが多い（浦安市の場合は市立学校教職員の不祥事による引責辞任）。その背景には、二つの要因があるように思われる。一つは、すでに前節の⑶でふれたように、首長選挙で前職が破れ、新首長が就任した場合には、前首長によって任命された助役・収入役と並んで教育長も新首長に対して進退伺ないしは辞職願を出す〃慣行〃があるようである。もう一つは、教育長公募制の実施を新首長が掲げたこと（選挙時の公約あるいは就任後の方針として）に対するさまざまな意味合いを含んだリアクションとしての辞職である（中にはきわめて異例ではあろうが、新首長の慰留を振り切って、教育長のみならず全教育委員が辞任したという自治体もある）。

前者のような〃慣行〃が全国の自治体にいつごろから、どの程度の拡がりをもって定着してきているのかどうかは、それ自体明らかにされる必要があろうが、いずれにしろ教育長を助役・収入役と同列視したこうした慣行は、本来首長から相対的に独立しているはずの行政委員会である教育委員会の形骸化の一面を示しているともいえる。助役・収

〈表Ⅶ－１－３〉　公募教育長の任期 ― 教育長公募要項の概要

〔公募要項における公募教育長の任期など〕

	〈任期〉		〈備考〉	〈応募者数〉
1）三春町	４年	(00.11.01～04.10.31)		453
2）蒲原町	２年	(01.05.16～03.05.15)	残任期間	102
3）西春町	４年	(01.10.01～05.09.30)		96
4）逗子市	４年	(01.12.21～05.12.20)		528
5）浦安市	１年６ヶ月	(01.12.25～03.06.30)	残任期間	257
6）青ヶ島村	２年６ヶ月	(02.04.01～04.09.30)	残任期間	173
7）加賀市	４年	(02.04.01～06.03.31)		94
8）原町市	３年１ヶ月	(02.09.12～05.09.30)	残任期間	28
9）西有田町	４年	(02.10.03～06.10.02)		107
10）志津川町	４年	(02.10.20～06.10.19)		72
11）白河市	４年	(02.11.25～06.11.24)		24
12）朝日町	１年	(03.10.01～04.09.30)	残任期間	11
13）国立市	４年	(03.10.01～07.09.30)		26
14）清武町	１年２ヶ月	(04.08.02～05.10.16)	残任期間	12
15）富士見町	４年	(04.10.01～08.09.30)		59

〔教育長の法定任期〕

＊現行法下には教育長の法定任期は明記されていないが、まず教育委員として任命されることから教育委員の任期（４年）が適用される。

・地教行法５条→ ①委員の任期は４年とする。ただし、補欠の委員の任期は、前任者の残任期間とする（同条１項）／②委員は再任されることができる（同２項）

・同法 16 条　→ ①教育長は、第６条の規定（兼職禁止）にかかわらず、当該教育委員会の委員（委員長を除く）である者のうちから、教育委員会が任命する（同条２項）／②教育長は、委員としての任期中在任するものとする（同３項）③教育長は、委員の職を辞し、失い、又は罷免された場合においては、当然にその職を失うものとする（同４項）

入役は市町村長の補助機関であるゆえに、進退伺等を新首長に提出することは施政の一体性を担保する上からも妥当性はあろう。しかし、教育長は首長の補助機関ではなく、制度上の直接の任命権者は首長ではなく当該教育委員会である。また、教育委員会は首長から相対的に自律した教育行政の執行機関として設置されており、政治選挙の結果首長が交替したからといって、教育長が助役・収入役に倣って直ちに進退伺等を出すことを当然視するような慣行は、教育委員会制度の存在意義を自ら否定することになる。もっとも、こうした慣行がそれなりに定着している背景には、前述したように、教育長の実質的な任命権者は教育委員会ではなく首長であること、そのことが教育長自身のみならず自治体関係者の意識に大きな影響を与えていることなどがあるのだろう。

教育長公募制を導入・実施した首長の多くは、こうした慣行に対しては批判的であるように見受けられる。例えば、「結果的に首長が選挙で負けると（教育長も）一緒に辞めるということが繰り返されてきたが、それは違うのではないか。教育長の任期は独立した機関としてそのように考えないほうがよい。（今回公募で任命された）教育長には、今後私が何かで辞めることになっても任期はちゃんと全うしてくれと言ってある」（原町市長）、「前の教育長は進退伺を出してきたが、私の教育についての基本的考えは話したうえで、残された三年の任期を務めていただいた」（富士見町長）、と述べている。

前述したように、当初の任期が前任者の残任期間である二年以下で公募を実施した自治体が四つある。教育行政の分野は、他の行政分野と比べて短期間ではその成否を評価しにくい性質をもっていることを考えるならば、一般的には当初任期が一年とか二年以下という教育長公募制の場合には、公募する側にも、応募する側にも格別の困難がともなうことは間違いないだろう。

（ⅲ）課題論文のテーマ等

公募制を実施した市町村のすべてにおいて、応募者に対して一定の課題論文が課されており、応募申込書・志望書とともに、選考に際しての重要な基本的資料とされている。課題論文の題目（テーマ）および字数等は、公募要項に明記されているケース（別添の形式を含めて）と明記されていないケースがある。前者の場合は応募時に応募者全員に課題論文を課す方式であり、後者の場合は第一次選考合格者のみに課題論文を課す方式であり、論文題目や字数等の内容も後述する選考委員会が首長側と協議しながら決めているケースもある（原町市など）。

〈表Ⅶ―1―4〉課題論文等の一覧は、論文の題数、題目（テーマ）、字数などを実施市町村順に列挙したものである。以下、その概要について見ておこう。

（ア）課題論文の題数・字数と提出時期

課題論文の題数は二題がもっとも多く、八自治体（三春町・蒲原町・西春町・原町市・朝日町・国立市・清武町・富士見町）、ついで一題が六自治体（逗子市・浦安市・青ヶ島村・西有田町・志津川町・白河市）、三題が一自治体（加賀市）である。一つの論文の字数は、一二〇〇字程度（清武町・富士見町）～八〇〇〇字以内（逗子市）と相当な幅があるが、二〇〇〇字～四〇〇〇字程度がもっとも多い。それらの中で例外的な事例といえるものも若干ある。一つは三春町・朝日町などのように、四〇〇字以内の論文要旨を添付することを条件に字数制限なしに自由に論じてよいとしている事例であり、二つは浦安市のみではあるが、一次選考合格者を試験会場に集めて九〇分間で論文を作成する方式をとっている事例である。浦安市以外の市町村は、いずれも事前に作成した論文を応募申込時ないしは予め定められた期日に提出する方式をとっている。

なお、上記のように論文の提出期日ないしは提出対象者については二つの方式に分かれている。一つは、応募申込時あるいは所定の期日までにすべての応募者全員に提出させる方式であり、あらかじめ公募要項に論文題目等が明記されている。二つは、第一次選考合格者にのみ提出させる方式である。全一五市町村のうち、前者の方式を採用したのは九自治体（三春町・蒲原町・西春町・加賀市・志津川町・朝日町・国立市・清武町・富士見町）、後者の方式は

〈表Ⅶ－１－４〉　課題論文のテーマ・字数等（一覧）

	〈題数〉	〈論文テーマ〉　〈字数〉
1）三春町	2題	①中教審答申「今後の地方教育行政の在り方について」の意見 ②三春町の教育長職についての抱負 〈字数制限なし〉＊但し各400字以内の要旨
2）蒲原町	2題	①地方教育行政の在り方について　②蒲原町の教育長職務についての抱負 〈字数制限なし〉＊但し各400字以内の要旨
3）西春町	2題	①21世紀の地方教育行政について　②西春町独自の教育のあり方について 〈各3200～5200字以内〉
4）逗子市	1題	①急激な社会変化の中で逗子市の教育行政にかかわる課題とその解決の方向性について教育長としての見解＊（論文表題の適切な表現可）〈8000字以内〉
5）浦安市	1題	（下記の４テーマから１題選択） ①学校運営の主体性、自律性が求められる中、地域の期待に応えるための学校運営をどうすればよいか　②変化が激しく、価値観の多様化した社会において、21世紀を生きる子供たちへの教育を充実していくためには、行政の立場からどうすればよいか　③地方分権が推進される一方、社会・経済情勢が不安定な状況で、市の経営全体の中で教育のあり方をどう位置付ければよいか　④浦安のような都市部で、子供たちを取り巻く環境のあり方がどうあればよいと考えるか 〈90分間で自由記述〉
6）青ヶ島村	1題	①島でできること
7）加賀市	3題	①教育施策論　②地域文化論　③加賀市について 〈①は4000字以内、②、③は各2000字以内〉
8）原町市	2題	①私の感動体験　②特色ある教育体制をどう創るか 〈各2000字以内〉
9）西有田町	1題	①私がやりたい地域の教育改革と教育長の役割 〈4000字以内〉
10）志津川町	1題	①地域における教育のあり方 〈2000字以内〉
11）白河市	1題	①白河市の教育について―私はこうしたい― 〈2000字以内〉
12）朝日町	2題	①教育施策論　②地域文化論 〈字数制限なし〉但し各400字以内の要旨
13）清武町	2題	①清武町の教育にかける想い　②学校教育と地域とのかかわりについて 〈各1200字程度〉
14）富士見町	2題	①教育改革を考える（＊教育改革に対する私見を記述すること） ②富士見町について（＊富士見町についてのイメージや印象をもとに、将来の富士見町のあるべき姿を記述すること） 〈各1200字程度〉
15）加西市	1題	①これからの地方教育行政と私の教育論について 〈5000字以内〉
16）国立市	2題	①分権時代にふさわしい国立市の教育改革について　②教育基本法について 〈各4000字程度〉

六自治体（逗子市・浦安市・青ヶ島村・原町市・西有田町・白河市）である。

（イ）論文の題目（テーマ）の概要と特徴

〈表Ⅶ―1―4〉の一覧に見られるように、論文を一題に絞った自治体では、当論文を一題に絞った自治体では、当該市町村の教育ないしは教育改革を教育長としてどう進めるかを問うたものがほとんどである。会変化の中で逗子市の教育行政にかかわる課題とその解決の方向性について教育長としての見解」（逗子市）、「白河市の教育について―私はこうしたい」（白河市）、「島でできること」（青ヶ島村）、「私がやりたい地域の教育改革と教育長の役割」（西有田町）、などである。後述のように、二題以上の論文を求めた自治体においても、その内の一題はほぼ同趣旨のテーマのものを課している。地域の教育行政のキーパーソンたる教育長を採用することを考えるならば、こうしたテーマがまず重視されるのは当然ともいえよう。

論文を二題以上課した自治体では、上記のように、一題については、「三春町の教育長職についての抱負」、「蒲原町の教育長職務についての抱負」、「西春町独自の教育のあり方について」、「分権時代にふさわしい国立市の教育改革について」、「清武町の教育にかける想い」などが題目とされているが、他の一題は、より広い全国的な視野からのテーマを課しているところが多い。例えば、「中教審答申『今後の地方教育行政の在り方について』の意見」（三春町）、「地方教育行政の在り方について」（蒲原町）、「二一世紀の地方教育行政について」（西春町）、「教育基本法について」（国立市）、「地域文化論」（加賀市・朝日町）や「学校教育と地域とのかかわりについて」（清武町）などである。かなりユニークな題目としては、「私の感動体験」と「特色ある教育体制をどう創るか」を課した原町市の事例や、「富士見町について」などと題して、当該のまちについてのイメージや印象およびそのあるべき将来像の記述を求めた富士見町、加賀市の事例が挙げられよう。その内ただ一つ、三題の論文を課した加賀市の場合は、「教育施策論」、「地域文化論」および「加賀市について」、の三つが題目とされている。

なお、唯一筆記試験方式で論文作成を課した浦安市の場合は、そのテーマ設定も異色である。すなわち、前記の一覧表に示したとおり、「学校運営の主体性、自律性が求められる中、地域の期待に応えるための学校運営をどうすればよいか」、「変化が激しく、価値観の多様化した社会において、二一世紀を生きる子供たちへの教育を充実していくためには、行政の立場からどうすればよいか」など、かなり長文の四つのテーマから一題を選択記述する方式が採られている（いずれも課題の背景・問題点を分析し、解決・改善のための手法を挙げた上で、どのような策を講じるかを述べるが、複数の事項について総合的に述べても可）。

（ウ）「志望の動機」、「教育長としてやってみたいこと」などの記述欄

課題論文を全応募者ではなく、第一次選考合格者のみに課した自治体の場合には、第一次選考の主要な審査資料である応募申込書・志望書の中に、「自己アッピール」、「志望の動機」、「教育長としてやってみたいこと」などの欄（A4版半頁～一頁）を設けて、かなり詳しく記述することを求めているところが少なくない。例えば、逗子市の「応募申込書・志望書」に見られるように、「今まであなたは何をやってきましたか（自己アッピール）」および「その中であなたはどんな成果をあげましたか」を記述する箇所がA4版用紙でそれぞれ半頁分、「その成果を本市の教育行政にどう生かすことができますか（応募理由、教育長としてやってみたいこと）」を記述する箇所がA4版でほぼ一頁分設けられている。同市の直後に公募制を実施した浦安市、青ヶ島村、原町市の場合もほぼ同様の様式が採られている。これらの自治体は逗子市と同様に、課題論文は第一次選考合格者のみに課す方式を採ったことから、「応募申込書・志望書」の様式は同市に倣ったものと思われる。なお、これらの自治体の他にも、「志望の動機」ないしは「応募理由」の簡潔な記述欄を設けているところが少なくない。

（ⅳ）選考方法と選考委員会

公募要項に予め記載されている選考方法には、二段階審査方式と三段階審査方式の二種があり、ほぼ半ばしている。

前者の場合は、①第一次選考（書類審査）― 応募申込書（経歴書）および課題論文による審査、②第二次選考（面接審査）― 第一次選考合格者の個別面接による審査の形式が採られている。後者の場合は、①第一次選考 ― 応募申込書による審査、②第二次選考 ― 課題論文による審査、③第三次選考 ― 個別面接による審査である。しかし、(3) 教育長公募制の実際でやや詳しく述べるように、実際にはより次数を重ね時間をかけた慎重な選考過程をとったところが少なくないようである。すなわち、前者の二段階審査方式を採用した自治体でも、選考委員会が選考した複数の候補者の中から、首長自身による最終選考（事実上の第三次選考）が行われており、また、予想をはるかに上回る応募者があった自治体では、当初の予定にとどまらず、論文審査や面接審査が複数次にわたって行われており、結果的には通算四次～五次選考方式となっている。

選考にあたって主要な役割を果たしているのは選考委員会である。ほとんどの自治体では、「適材を慎重かつ公正に選考する」との趣旨から、首長が委嘱した選考委員から成る選考委員会が設置されている（但し、浦安市、国立市、加西市の三市では設置されていない）。設置された自治体の多くでは、「選考委員会設置要綱（要項）」が作成され、選考委員の定数、選出区分（所属分野ないしは職域）、正副委員長、選考方法、経費・報酬等、庶務（事務局）などが規定されている。

〈表Ⅶ―1―5〉は、選考委員会の委員数（実際に委嘱された委員数）、構成等を一覧表にしたものである（一部は不明）。その概要と特徴点を見ておこう。

(ア) 選考委員数について

最多は九名（西春町および原町市の二市町、なお設置要綱では前者は一〇名以内、後者は九名以内と規定）であり、最少は五名（逗子市、青ヶ島村、西有田町、清武町の四市町村）である。他は八名（志津川町、白河市の二市町）、七名（三春町、蒲原町、朝日町の三町）、六名（加賀市、富士見町の二市町）である。委員数五名が四自治体でもっ

〈表Ⅶ－１－５〉　選考委員会等の定数・構成等 ― 公募制の概要

	〔委員数〕	〔委員の分野構成（数）〕	〔正副委員長〕○正・△副
1）三春町	７名	①教育委員４名　②学識経験者１名　③社会教育委員長　④助役 ＊他に専門審査委員若干名（論文審査のため）	
2）蒲原町	７名	①教育委員（教育長除く）４名　②社会教育委員代表 ③学識経験者１名　④助役	○教育委員長 △学識経験者
3）西春町	９名	①教育委員長　②町議会議員（２名－議長ほか） ③町行政改革推進委員会委員（長） ④町商工会役員（２名）　⑤知識経験者（２名－学長ほか） ⑥その他町長が適当と認める者	○町議会議長 △知識経験
4）逗子市	５名＊	①教育委員２名　②社会教育委員１名　③有識者２名 ＊他にオブザーバーとして教育長経験者１名	○有識者 △社教委員
5）浦安市	＊設置せず　（→市長が教育委員長、助役、総務部長、教育総務部長の助言を得て選定）		
6）青ヶ島村	５名	①助役　②村議会議長　③教育委員長 ④教育長職務代理　⑤村事業課長	○助役
7）加賀市	６名	①学識経験者４名　②行政委員２名（市長・教育長）	
8）原町市	９名 （９名以内）	①教育委員４名　②学識経験者３名 ③ＰＴＡ代表１名　④市役所代表１名（助役）	○教育委員長 △学識経験者
9）西有田町	５名	①教育委員長　②町議会代表２名 ③学識経験者２名	○教育委員長
10）志津川町	８名	①学識経験者４名　②助役 ③教育委員（教育長を除く）２名　④社会教育委員１名 ＊他に専門審査委員若干名（論文審査のため）	○学識経験者 △助役
11）白河市	８名 （８名以内）	①学識経験者（７名－文化・家庭教育・ＮＰＯ・ＰＴＡ・大学・体育・学校関係者各１名） ②市役所代表（１名－助役）	○学識経験者 △学識経験者
12）朝日町	７名	①教育委員長　②教育委員１名 ③識見を有する委員３名　④行政委員２名（収入役ほか）	○教育委員長 △学識経験者
13）国立市	＊設置せず　（→市長が助役等の助言を得て選定。ただし論文審査委員３名を委嘱）		
14）清武町	６名	（うち民間２名）	
15）富士見町	５名	①町長　②助役　③教育委員　④社会文教常任委員長 ⑤社会教育委員代表	○町長
16）加西市	６名（1次） ５名（2次）	①市長　②企画財政部長　③総務部長　④建設経済部長 ⑤病院事務部長　⑥教育次長 ①市長　②総務部長　③教育次長　④有識者２名	○市長 ○市長

とも多いが、総じて九名〜五名の範囲の内にほぼ均等に分散している。なお、逗子市は、五名の委員の他に、教育長経験者一名を議決権のないオブザーバーとして加えている（同市「設置要綱」三、四条）。

（イ）選考委員の構成について──五つのパターン

選考委員会は候補者の選考（絞り込み）に大きな役割を果たしていることからみて、その委員構成はどのようになっているかは興味深くかつ重要であろう。設置要綱での規定様式は、二種ある。一つは、例えば三春町、蒲原町などのように、「町教育委員会委員（教育長除く）四名、町社会教育委員代表一名、学識経験者一名、町助役」、と所属分野（職域）とその人数を明記した様式であり、過半を占めている。二つは、例えば原町市のごとく、「委員の定数は、九名以内とする」と定めたうえで、「市教育委員、学識経験者、ＰＴＡ代表、市役所代表」の中から委嘱するとして、委員の所属分野は特定されているが、各分野の人数は明記しない様式であり、他に西春町、白河市がこの様式を採っている。白河市（八名以内）の場合には、設置要綱では「学識経験者、市役所代表」の二つの分野しか規定していないが、後述するように、「学識経験者」の分野別を別途定めている（なお、加賀市および清武町については、設置要綱等が入手できていないため、その詳細は不明である）。

前掲の〈表Ⅶ－1－5〉に見られるように、選考委員会の実際の委員構成（所属分野）は、一様ではなく多彩である。すなわち、選考委員会を設置した一三自治体の選考委員の所属分野は、教育委員（委員長ほか）、教育長（職務代理を含む）、社会教育委員（代表）、首長および行政関係（助役・収入役・事業課長）、当該議会議員（議長・社会文教常任委員長など）、ＰＴＡ（代表）、地元商工会役員、学識経験者（大学長・大学教授・教育長経験者・校長経験者・文化芸術関係者・社会体育関係者など）と実に多岐にわたっている。

選考委員会の構成は、ほぼつぎのような五類型に分類することができる。

第一の型は教育委員を中核にしたものであり、三春町、蒲原町および原町市の三自治体がこれに該当する。そこでは教育長を除く教育委員全員（四名）が構成メンバーになっており、さらに社会教育分野の代表として社会教育委員長、専門的な識見を有する学識経験者、首長部局を代表した助役を加えている。この委員構成型は、教育長公募制の先鞭をつけた三春町が先例となっているが、制度上は教育長が教育委員の互選であることを考慮して、四人の教育委員が教育長候補者の選考に「中心的役割」を果たすことを期待したものであるといわれる（三春町長「教育長の公募・選考に関する総括」）。その意味でこの型は、選考委員会の委員構成の一典型をなすものといえよう。ただし原町市の場合は、学識経験者が三名、社会教育委員代表に代ってPTA代表一名がメンバーになっている点で、前二者と比べて、行政外部により開かれた構成になっていることが注目される。

第二の型は、選考委員の分野構成はほぼ第一型と同様であるが、教育委員たる選考委員の比率を抑え、学識経験者ないしは首長部局関係の比重を高めているものであり、第一型のバリエーションともいえる。逗子市、志津川町および朝日町の三自治体がこれに該当する。例えば志津川町（八名）の場合は、教育委員（教育長を除く）二名、社会教育委員一名、助役のほかに、学識経験者が四名と半数を占め、朝日町（七名）では、教育委員（教育委員長ほか）、行政委員（収入役ほか）各二名に加えて、「識見を有する委員」が三名委嘱されている。逗子市（五名）においては、教育委員二名、社会教育委員一名、有識者二名となっており、助役等の首長部局関係者は委員となっていないが、先にふれたように、教育長経験者がオブザーバーとして参加している。

第三の型は、当該議会の議長など議員（議会代表者）を委員にするとともに、教育委員は委員長のみに限定し、その他の分野の委員比重を一段と高めた構成をとっているものであり、西春町、青ケ島村および西有田町の三自治体がこれに該当する（なお、富士見町も議員を構成メンバーに加えている点ではこの型に入るが、首長が委員となっていることから次の第四の型に分類した）。この型は、当該議会が教育委員（教育長）候補者に対する同意権（不同意権）を持っていることに配慮したものといえよう。最多の九名（設置要綱では一〇名以内）の委員で構成された西春町の

場合は、教育委員長、町議会議員二名（議長、福祉教育常任委員会委員長）、町行政改革推進委員会委員長、町商工会役員二名（会長、副会長）、学識経験者二名（大学学長、名誉教授）、その他一名（自治会長＝元公立学校教諭）、である。

第四の型は、富士見町および加賀市の二自治体に見られるように、首長自らが選考委員として参加している点で他の類型と異なっている。富士見町（五名）の委員構成は、町長、助役、教育委員、社会教育委員代表および町議会社会文教常任委員長である。また、加賀市（六名）の場合は、「公募要領」に「審査委員」として、「学識経験者四名、行政委員二名（市長、教育長）」と予め記載されているが、同町関係者への聴き取り調査は未実施であり、設置要綱等も未見なので「学識経験者四名」の内訳は不明である。

第五の型は、白河市の事例である。同市の「選考委員会設置要綱」では、委員は「八名以内」とされ、「学識経験者」と「市役所代表」の二つの領域から委嘱するとされている（同要綱二条）。実際には、後者の領域からは助役のみ一名が充てられ、「学識経験者」の分野からは、文化（音楽）関係、家庭教育関係、NPO関係、PTA関係、大学学長、体育関係、校長経験者の七分野から各一名が充てられている。このように教育委員や議員は一人も選考委員にはなっておらず、助役以外の七名は直接的には市行政（教育行政を含めて）や議会に関わっていない人々が幅広く委嘱されている。この委員構成は他の自治体と比べて異色であり注目される。教育委員を入れなかった理由を質した筆者に対して、成井市長はほぼ次のように述べている。「あえて教育委員を入れなかったのは、この選考委員会は教育委員を選任するためのものであり、教育委員がイコール選考委員というのは逆によくないと思った」、と。この第五型は、上記の三春町などの第一型（教育長を除く教育委員全員が選考委員となっている）の対極に位置している。

このように、選考委員会を設置した一三自治体においても、その委員構成は多様であり一定した型があるとはいえないようである。教育長公募制は、地方教育行政法体制のもとで初めての市町村独自の自主的試みであり、各自治体は先行事例を参照にしつつも、教育長公募制をめぐるそれぞれの自治体の複雑な事情を勘案して選考委員会の構成を検討している。その結果がこうした多様性を生み出しているとも思われる。

すでにふれたように、浦安市と国立市では選考委員会を設置せずに、教育委員（教育長）候補者の選定は「首長の専属的な権限」との立場から、市長自らが助役等の関係者の助言を得て責任をもって選考を行う方式が採られている。浦安市の場合には、助役、総務部長、教育総務部長および教育委員長の四名が市長をサポートする態勢がとられ、国立市では、助役等の助言を得るとともに三名の論文審査員（教育学者）を別途委嘱して選考が行われている。これらは第六の型ということもできる。

（ウ）専門審査委員等の委嘱

すでにふれたように教育長公募にあたっては、すべての自治体で応募者（ないしは第一次選考合格者）に課題論文の提出が課されている。一論文四〇〇〇字〜八〇〇〇字というかなりのボリュームを課したところも数自治体ある（うち字数制限なしも二自治体）。それらの多くは教育および教育行政・教育施策、ないしは教育長の職務に関する応募者の専門的識見を問うものであり、その適切な評価を行うためには専門家の判断が求められる。

そのような場合を想定して、いくつかの自治体では選考委員会設置要綱（要項）にその旨が謳われている。例えば、西春町設置要綱には、「委員会で必要と認めるときは、専門審査委員を委嘱し、審査を補助させることができる」（要綱第四条二項）とある。同様の規定は、蒲原町、原町市などに見られる。しかし、実際に論文審査のために専門審査委員を委嘱したことが判明しているのは、三春町と国立市の二自治体であり、委嘱されているのはいずれも教育学者である。

(3) 教育長公募制の実際

教育長公募制の実際はどのようなものであったのだろうか。今回の調査研究では、自治体ごとにその詳細を明らかにするまでには至っていないが、知りえた範囲内でその概要と特徴を述べておくことにしたい。

(i) 準備過程と公募方法・応募状況

前述したように、教育長公募制は教育委員会の現状に疑問や批判をもった首長の主導による教育委員会改革の一環として導入・実施されたものである。それらのなかには、選挙時の公約に掲げた場合(国立市、白河市、朝日町、富士見町など)もあるが、就任後に三春町などの先進例に倣って導入を決定した場合が多いようである。具体的な準備過程についてみれば、まず首長の発案・意向を受けた総務課(あるいは人事課、企画課など)の担当者によって、先行自治体の事例を参考にしつつ公募要項案等が作成されている。公募要項案は多くの場合は議会(全員協議会)や教育委員(会)などへの提示・報告や意見聴取など(一部では県教委・教育事務所などへの報告や協議も)を経て決定されている。

ついで記者会見などでマスコミに発表され、同時に当該自治体の広報紙やホームページ(HP)などに掲載することによって一般に周知されている。インタビューを行った公募教育長の多くは、全国紙や地元のローカル紙あるいは当該自治体HPをとおしてたまたま公募の情報を知ったとのべている。公募期間はほとんどが二〇日〜一ヶ月程度である。

前述したように、応募状況はとりわけはじめの数例の場合は、その斬新な試みに対するマスコミの注目度も高かったこともあり、概して大方の予想をこえて盛況であり、応募者の地域、年齢、経歴なども多様・多彩である。しかし、その後に実施された事例の場合には、マスコミの注目度や報道ぶりも当初に比べて低下したこともあってか、全国公募方式を採った自治体の場合でも応募者数は急減している傾向が見られる。それにしても小規模な市町村の教育長公募に際して、一〇〇名をはるかに超えるような応募者があった事例が少なくないことは、「むしろ異常な事態」（伊藤三春町長）といえなくはない。その背景と要因をどう見たらよいのだろうか。

全国初の三春町の教育長公募に応募した一人の女性は、ある全国紙の投書欄につぎのような感想を寄せている。「アメリカから帰国、三春町の教育長全国公募を知り、日本の教育の現場にこんなにも開かれた町があることに感激しました。（中略）私も含めたくさんの方がロマンを感じ、明るく開かれた町づくりにチャレンジとして三春町の教育長に応募したことは、きっと素晴らしい思い出となるでしょう」[10]。はたしてこの投書主をはじめそれぞれの応募者が、教育長職の激務と重責をどこまで理解した上で応募したのかは不明であるが、閉塞感と厳しい問題が山積した今日の教育状況のなかで、教育長の全国公募が多くの人びとにある種のロマンを感じさせたことは間違いないことであろう。教育実践や学校づくりにしろ、それを支援する教育行政にしても、こうした教育にかけるロマンが不可欠であろう。日本の教育界からこうしたロマンがほとんど喪失されているように感じられることが、今日の教育問題状況の基底にあることも否定できない事実ではないだろうか。

（ii）選考過程・選考基準と情報公開

すでにふれたように、応募者の選考にあたっては、ほとんどの自治体で選考委員会が設置されて、それぞれの選考基準にしたがって一次（書類審査・課題論文審査）、二次（課題論文審査）、三次～四次（面接）というような形をとって慎重な選考がなされ、候補者一～三名ないしは数名に絞った内容の審査報告が首長に提出されている（首長も最終段階の面接に同席するケースが多い）。最終候補者の決定は一、二の例外はあるもののほとんどは首長自身によっている。

応募時に課題論文の提出を課した自治体の場合は、選考委員会が膨大な数の論文（三春町四五三名、蒲原町一〇二名、西春町九六名など）を読むことになり、各委員の負担は相当に過重なものとなったようである。他方、課題論文の提出を一次選考合格者に限定して課した自治体（逗子市五二八名、浦安市二五七名、青ケ島村一七三名など）では、一次審査（書類審査）の材料として応募申込書が活用されている。逗子市、浦安市の応募申込書はいずれもＡ４版四頁分からなっている。前者には「今まであなたは何をやってきましたか（自己アッピール）」と「その中であなたはどんな成果をあげましたか」の記述欄が各半頁、「その成果を本市の教育行政にどう生かすことができますか（応募理由、教育長としてやってみたいこと）」が一頁あり、後者には「志望の動機」および「教育長としてやってみたいこと」の記述欄が各一頁分とられている。それらは、もっともシンプルな応募申込書（富士見町、朝日町のもの）の四倍のボリュームをもっている。

選考基準は選考委員会によってあらかじめ成文化された場合と審査の過程で徐々に明確にされていく場合があったようである。[11] 例えば、最多の応募者（五二八名）があった逗子市の選考基準は、以下のような四項目（一般的な資質、行政の専門職の資質、教育の専門職の資質、市行政との連携と協力に係る資質）を柱にしている。各柱の注目すべき視点としては、「地方教育改革のビジョンと自己の教育哲学を持っているか」、「子どもの人権・福祉への理解と共感を持っているか」、「生涯学習社会の実現の観点から、学校教育、社会教育、家庭教育及び地域社会が抱えている課題への認識と改革の展望を持っているか」、「教育行政の独自性、教育委員会制度の趣旨の理解と認識」、「子どもや教師・保護者など直接当事者への対応」、「学校の自立（律）性と学校経営の支援者としての行政への理解と認識」、「まちづくりと市民参加の意義への理解」などが挙げられている。

選考経過は非公開であり、概して応募者や確定した教育委員（教育長）候補者に関する詳しい情報もほとんど公開されていないため、議会の同意を得るにあたって不満・批判が出された自治体もある。そうしたなかで情報公開の面で注目される事例は、国立市や西春町、三春町のケースである。国立市は教育長と教育委員の二名を同時に公募したが、前述したように、公募制導入の趣旨の一つに「教育委員が選任される過程を市民に開かれたものにする」ことを公募要項に明記した唯一の自治体である。また、従来から教育委員の選任過程に市民の意向を反映させる方式を求める市民運動の歴史があり、そうした動向を背景にして〝市民派〟市長として当選した上原市長も、「公募制等の検討・実施」を選挙公約に掲げていたのである。同市では、市民グループの求めに応じて、公募要項の趣旨と内容などを積極的に説明するとともに、全応募者の課題論文を氏名を伏せて市民に公開する（候補者が確定した時点では、その氏名を付して公表）するなど、他の自治体には見られない情報公開を行っている。また、三春町と西春町では、応募状況や選考経過などをＨＰや広報などで公開している。三春町では、「公募・選考に関する総括」（町長）や時系列的「経過」（選考委員会）をＨＰに掲載し、西春町では、『広報にしはる』で選考委員会の全メンバーが選考を終えての感想（各自の選考に際しての観点などをふくめ）を特集していることは注目される。

その他の自治体においても、ＨＰや広報での情報公開はある程度行われているが、総じて公募・選考に関する情報や選定された候補者に関する情報公開は、個人情報保護条例等との関係はあるとしても、とりわけ住民や教育関係者からみれば、不十分であり、さらに積極的に工夫・実施される余地は大いに残されていると思われる。

(ⅲ) 議会の同意をめぐって

周知のように、現行地方教育行政法の規定によって、住民代表の一翼を担う議会は、首長の教育委員（教育長）候補者の任命提案に対して、同意（不同意）を表明する権限を持っている。公選制を廃止して、その代替措置として導入された議会のこの権限自体の評価とその行使の実態については、歴史的動態に即して実証的に検証されることが大きな課題として存在していると思われる。また、公募制方式のもとではこのチェック機能がどのように行使されるべきかについては、首長および議会の双方で十分に検討される必要がある。議会にとっても公募制によって提案された候補者は、多くの場合にはほとんど未知の人物である。したがって、当該議案の提案に関して、首長は可能な限り十分な候補者および選考過程に関する情報を提供する必要がある。他方、それを前提条件にしつつ、議会は公募制によって慎重な審議とプロセスをへて提案された議案をそれなりの配慮をもって審議することが求められていると考える。

とりわけ当該議案に反対（不同意）する場合には、十分に合理的かつ正当な理由の表明がなされる必要はあろう。その点では、国立市や朝日町における議会の不同意事例は、その背景と理由が不透明であるように思われる。

3 教育長公募制の展開と諸問題

前掲〈表Ⅶ－1－1〉教育長公募制の展開と現状（一覧）には、二〇〇〇年一一月の三春町（福島県）に始まり、加西市（兵庫県）に至る全国一五市町村（六市・八町・一村）で実際に任命された公募教育長の就任後の消息の一部も記載してある。それを参照しながら、教育長公募制のその後の動向と就任した公募教育長の〝消息〟を中心にして、さしあたりつぎのような特徴点を指摘しておきたい。

(1) 漸減傾向にある教育長公募制

第一の特徴点は、三春町の創意によって発案・実施された教育長公募制は、その直後から二年余りの間に全国一〇ヶ所を超える自治体に拡がったが、その後は漸減し、少なくとも二〇〇六～〇七年度は新たな実施事例は見られないことである。

一覧表のなかの公募教育長の就任日欄（当初）を見れば明らかなように、公募制実施件数は二〇〇〇年一一月の三春町以後、二〇〇一年は四件（蒲原町、西春町、逗子市、浦安市）、二〇〇二年は六件（青ヶ島村、加賀市、原町市、西有田町、志津川町、白河市）、二〇〇三年は二件（朝日町、国立市）、二〇〇四年は二件（清武町、富士見町）、二〇〇五年は一件（加西市）、二〇〇六～二〇〇七年度は〇件である。このように二〇〇二年の六自治体をピークにして、その後の拡がりはわずかな事例にとどまり、二〇〇五年の一件を最後にしてこの二年間（二〇〇六年～二〇〇七年末現在）は新たな事例は見られないことがわかる。こうした動向は、後述する教育委員公募制の動向と較べてみると顕著な特徴の一つとなっている。すなわち、教育委員公募制の場合は、二〇〇一年一〇月の栃木県大平町を皮切りに実施自治体数は徐々に増加しつつあり、実施延回数は二〇回をはるかに超えている。その背景と理由は以下に述べる諸事例からもある程度読み取ることができるであろう。複数の委員から構成されている非常勤職たる教育委員の公募制に比べて、教育委員会のキーパーソンとして実質的には教育委員会を統括し、当該自治体の教育行政を担っている常勤職たる教育長の公募制の持つ固有の難しさがその背景にあることが推察できる。

(2) 公募教育長の再任・任期満了退任

第二の特徴点は、最初の教育長公募制（三春町）が実施されてすでに七年余が経ているが、公募制を実施した市町村のなかで二度目の公募制を実施した自治体はまだ生まれていないことである。二度目の公募制とは、通常は初代の公募教育長の任期満了にともなって、その後任人事として実施されることになる。以下に見るように、任期満了を迎えた公募教育長は九名いるが、一部は再任され、その他は任期満了とともに退任している。前者の場合は当然ながら公募制の実施は不要であるが、後者の場合においても後任教育長人事に際して二度目の公募制実施は見送られているのである。その理由と背景は自治体ごとに多様かつ複雑であり、一概に述べることはできないが、以下のような点を指摘することができよう。

（i）再任の事例

任期満了となった公募教育長のうち三名が再任されている。それらはいずれも当初任期が前任者の残任期間であったために、通常四年である任期（教育長の任期は法定されてはいないが、「委員としての任期中在任する」（地方教育行政法第一六条三項で規定されている）と比べてかなり短い事例が大半であった。すなわち蒲原町（当初任期二年）、青ケ島村（同二年半）、加西市（同一年八ケ月）の三市町村では、その間の活動実績が評価されて再任（いずれも任期四年）されたことにより、当該自治体での二度目の公募制は実施されていない。

（ii）再任否決（議会「不同意」）の事例

原町市（当初任期三年一ヶ月）および朝日町（同一年）の場合は、公募教育長の任期満了にともない、首長はその再任議案（正式には「教育委員」としての再任議案）を議会に提出したにもかかわらず、議会が「不同意」としたために再任はされず、結果として「任期満了退任」となっている。人事に関する案件のなかでもきわめて重要な教育長再任議案を議会が「不同意」（否決）することは異例であり、その背景にはそうとう複雑な力学が働いていることが推察される。すなわち、①当該公募教育長の活動実績に対する議会の厳しい評価、②それと連動しつつ首長の強いイニシャティブで導入実施された教育長公募制自体に対する議会の批判、③さらには公募制を含めた当該首長のその他の施策に対する批判、などを伴っている場合が少なくないと思われる。(12) いずれにしても再任議案の否決は当該首長にとってはかなりの打撃であり、直ちに新たな公募制を実施することはその準備も含めてきわめて難しいことであろう。その結果、両自治体においても二度目の公募制は実施されていない（原町市の場合は、後述するように、その直後に隣接自治体との合併による新設自治体への移行が決定していたこともその要因の一つであると思われる）。

（iii）任期満了退任の事例

他方、西春町（当初任期四年）、逗子市（同前）、浦安市（同一年半）、清武町（同一年二ヶ月）の四自治体では、いずれも当初任期が満了しているが、首長は再任議案を議会に提案せず、またその後任人事に際しては、新たな公募制は実施されず「非公募」教育長が任命されている。各事例についての詳細な事由は明らかにすることはできなかったが、それぞれ独自の背景と理由があるようである。西春町と逗子市の公募教育長はともに四年の任期を無事満了したが、再任されずに退任している。西春町の場合は、隣町との新設合併が半年後に迫っていたことが主要な理由の一つであると思われる。次項でふれるように、新設合併の場合には、合併前の各教育委員会の委員は全員失職することになっているからである。逗子市の場合は、「閉鎖性や硬直性を打破する学校集団の構築」、「授業で勝負する教師の育成」などを柱とする四年間の施策と実績が評価され、市長をはじめ関係者からの再任要請もあったようであるが、自身の高齢などを理由に再任を固辞しての退任のようである。(13)また、後任教育長は、「市内にふさわしい人材がいる」（市長答弁）との理由から公募制は実施されず、従来どおりの「非公募」で任命されている。(14)

一方、浦安市と清武町の場合は、いずれも当初の任期は前任者の残任期間である一年半前後の短期間であったことから、公募教育長は当初からショートリリーフ的なものと考えられていたとも思われる。

(3) 市町村合併と公募教育長の「失職」

第三は、公募制を実施した当該自治体が市町村合併によって新たな自治体として再編設置されたことにともない、公募教育長も失職している事例が少なくないことである。蒲原町（再任されて二期目）、西有田町、志津川町および白河市の四名の公募教育長がこの事例に該当している。

周知のごとくこの数年の〃平成の大合併〃により、二〇〇〇年四月（地方分権一括法施行時）には三二〇〇余存在していた市町村は、二〇〇七年一〇月には四割余減の一八〇〇となっている。教育長公募制を実施した市町村もその渦中に置かれたものが少なくない。すなわち、蒲原町は静岡市に編入合併（二〇〇六年三月）、西春町は隣町と新設合併して北名古屋市に（同年三月）、同じく原町市は隣接二町とともに南相馬市に（同年一月）、西有田町は有田町とともに新・有田町に（同年三月）、志津川町は隣町とともに南三陸町に（二〇〇五年一〇月）、白河市は隣接三村とともに新・白河市（同年一一月）にそれぞれ新設合併している。公募教育長が誕生した一五市町村の実に四割に当たる六自治体が合併によって新自治体に再編されているのである。

さきにもふれたように、新設合併の場合には合併前の各市町村教育委員会の委員はすべて失職することになる（編入合併の場合は、蒲原町のように編入する市町村の教育委員が全員失職する）。なお、合併後の新設自治体の教育委員会の最初の委員は、市町村長職務執行者が合併前の市町村教育委員会の委員であった者で、合併によって失職した教育委員のうちから臨時に選任することとされている（地方教育行政法施行令第一八条一項）。また、その任期は、合併後の最初に行われる首長選挙後、最初に招集される議会の会期の末日までとなる（同施行令同条二項）。こうした法令の定めにしたがって、上記の四名の公募教育長（蒲原町、西有田町、志津川町および白河市）は任期を残して失職したのである（但し、一覧表の備考欄に記したように、合併前の西有田町、旧・白河市の公募教育長は、失職後、新・有田町および新・白河市の教育長として任命（非公募）されていることは注目される）。

なお、新設合併によって新たに設置された上記自治体のうち、南相馬市（福島県）、新・有田町（佐賀県）、南三陸町（宮城県）、新・白河市（福島県）では、旧自治体で公募制を実施した首長がそれぞれ「再選」されている。

(4) 公募教育長の「辞職」問題

第四は、公募教育長のうち三名（加賀市、青ヶ島村、三春町）が任期中途で辞職ないしは「退任」していることである。加賀市の教育長は就任後わずか五ヶ月で辞職し、青ヶ島村の教育長は再任されて二期目の任期（四年）に入って一年を経ずして辞職している。三春町の教育長は、新町長の就任を機に提出した「進退伺」が受理され、任期をほぼ一年残して「退任」したものとされている。ただし後述するように、三春町の事例と他の二つの事例とは事態は大きく異なっている。すなわち、前二者の事例においては、教育長本人の一身上の理由によって出された辞職願が正式に任命権者（首長および教育委員会）に受理されての退職であり、少なくともその経緯は明確であり、手続き的、法的には何ら問題はない。他方、後者においては、教育長から提出されたものは本人の明確な辞意を表明する「辞職願」ではなく「進退伺」であったことを含めて、「退任」に至る経緯は不透明であり、「裁判上の和解」によって「退任」

が確定しているからである。

いずれにしても自ら応募して教育長という要職に就任した三名もの公募教育長が任期中途で辞職（退任）していることは看過できない問題であり、公募制のあり方やその是非を考えるうえでも少なからぬ問題を提示していると思われる。以下、右記の三事例について、本調査研究をとおして筆者が知りえた範囲で、その経緯等を述べておきたい。

（ⅰ）加賀市と青ヶ島村の事例

まず、上記のように、辞職に至る経緯と理由が明確である加賀市と青ヶ島村の事例について見ておこう。

就任後わずか五ヶ月で辞職した加賀市の公募教育長の事例については、現職の大学教授から応募して選任された同教育長は、就任後ほどなくして健康を害し、長期的療養が必要とのやむを得ぬ事情による辞職である。確たる事情は定かではないが、長らく大学の教育研究職に在った当人が予想していた以上に、教育長の職務は心身のストレスの多い激職であったことがその背景にあるのではないかと推察される。応募者の審査に際して、重要な基準の一つとして「激務に耐え得る体力を持っているか」、「リーダーシップを発揮できる経験と体力を有しているか」などをあげていた自治体があることが想起される。また、これまでに面談した公募教育長の多くが異口同音に述べていたように、市町村教育長の職務は、土日を含めて休業日がほとんどないほどの多忙なものであるという。

青ヶ島村の公募教育長の場合はこれとは対照的ともいえるまったく異なった事情による辞職である。全国で人口最小の自治体（約二〇〇人）である青ヶ島村に単身赴任した三〇代の女性公募教育長は、前述したように二年半の当初任期を満了したのち再任されて二期目（任期四年）に入ったが、その後一年を経ずして辞職している。同氏は折から小泉内閣の下で行われた二〇〇五年九月の総選挙（いわゆる郵政民営化選挙）における自民党の公募候補者に応募して採用され、北海道の地で「重複」立候補の結果、当該小選挙区では落選したものの比例区で復活当選を果たし、衆議院議員となった。

筆者は二〇〇四年三月、すなわち当該公募教育長が就任した約二年後、村長と教育長へのインタビューのため初めて同島を訪問した。都心からおよそ三七〇㎞南下した海上に浮かぶこの小島へは、八丈島空港からさらにヘリコプターで約二〇分の航程である。上空から視界に飛び込んできた同島の第一印象はまさに〝絶海の孤島〟そのものであった。面談のなかで村長は教育長の精力的な活動振りを評価し、今後の活動に対してさらなる期待を述べていた（教育長は急な出張が入ったとのことで入れ違いに離島したため、面談は果たせなかった）。そうした期待が込められた再任であっただけに、上記のような理由から再任後一年を経ずしての突然の辞職は、地元の関係者や住民に複雑な感情を残したものと思われる。総選挙の公募候補者として採用されるに際しては、〝絶海の孤島〟での三年余の公募教育長としてのキャリアが大いに評価されたことは間違いなかろう。いずれにしろまことに劇的ともいえる〝華麗なる転身〟である。

(ii) 三春町の事例

三春町における教育長「退任」問題は、すでに紹介したが、上記の二事例と比べてその背景と経緯ははるかに複雑であり、社会的関心も小さくない。したがって、その後の係争事件の経緯と和解による決着を踏まえてやや詳しく述べておきたい。

周知のように三春町の教育長公募制は、全国初の試みとして大きな注目を集め、その後各地で陸続と公募制が導入・実施されていく契機となるとともに、その制度と運用のあり方は後続の市町村における教育長公募制に大きな影響を与えたものであった。それゆえに、公募教育長が当初の任期（四年）をほぼ一年残して「退任」した問題とその後の係争事件（前公募教育長が町を相手取って提訴した「地位確認等請求事件」）は、公募制に大きな関心と期待を寄せてきた人々に少なからぬ衝撃を与えるとともに、「いったい何が起こったのか」という素朴な疑問や疑念を抱かせるものであった。教育長公募制問題の実証的な調査研究に取り組んできた筆者にとっても、当然ながら看過できない問題である。この事件は教育長公募制や現行教育委員会制度のあり方や課題を考察するうえでも検討すべき重要な多くの論点や課題を孕んでいると考えられるからである。

しかしながら、三春町における公募教育長「退任」問題の事実経過とそれに係わる係争事件の経緯については、同町当局や関係者から問題の経緯と核心を精確に理解するための十分な情報が公表されていない。係争事件が「判決」ではなく「和解」という形で終結したことがその大きな背景と要因となっているようである。したがって以下の記述は、筆者が入手しえた限られた資料にもとづいたものであることを断っておきたい[15]。

筆者が入手し、参照することができた本件に関する公的資料は、①鈴木義孝三春町長名の「『前教育長地位確認等請求事件』に係わる和解について」（『広報みはる』№917、二〇〇六年四月号、以下「町長和解文書」と略称）、②三春町議会会議録（平成一五年一二月定例会、平成一八年三月定例会など）および③筆者の情報公開請求により開示された上記の「和解調書」（平成一八年三月二八日、福島地方裁判所第一民事部）の三点である。このうち①の「町長和解文書」は、町当局が町民に向けて公表した唯一の正式な文書であると思われる。

これらの町側の資料に拠れば、教育長「退任」問題およびその後の訴訟の経緯と帰結はおおむね以下のように整理できる（ただし、一方の当事者である前教育長側の資料は入手できていないので、新聞報道記事等を一部参照する）。

（1）二〇〇三年八月三一日、教育長公募制を発案・実施した伊藤寛町長が六期目の中途（残任期間約七ヶ月）で勇退辞任し、同年九月の選挙で鈴木義孝・前町議会議長が無投票で初当選、新町長に就任する（九月二一日）。

（2）九月二二日、新町長の初登庁に際して、前田昌徹教育長は、〃慣例〃に従って、助役、参与と共に「進退伺」を町長に提出し、受理される。これらを受理した町長は、助役、参与は慰留したものの、下記のように教育長には退任を求める。

(3)同月二四日、町長は、教育長と二人だけの「話し合い」を行い、「自発的に提出された進退伺」を尊重し、「総合的に判断」した結論として「退任」を求める。これに対して教育長は、町長の「総合的判断」の内実についての具体的説明を求める。町長は「あなたの心に傷をつけることはできない」としてこれに応じず、教育長は「わかりました」と述べる。「二〇分間くらい」の「淡々とした話し合い」の結果、一〇月一五日付で退任することが「合意」される(町議会における町長答弁)[16]。

(4)町長との「話し合い」の直後、教育長は教育委員会事務局の職員らに「一〇月一五日で辞めることにした」と伝え、数日後には町内のアパートを引き払い、転出届(一〇月三日付)も提出し、自宅のある所沢(埼玉県)に引き上げる(同前・町長答弁)。また九月二四日以降は、教育委員会会議や臨時町議会を欠席し、日常の業務にも就いていないという[17]。

(5)一〇月一〇日、教育長は町に書簡を送り、そのなかで「具体的なことを聞かないうちは、辞表提出は留保する」旨を表明(同前・町長答弁)、町主催の「離任式」(一〇月一五日)にも欠席する。町は当日付で「辞職」扱いとする。

(6)同年一二月一日、「前」教育長は三春町を相手取って、①原告が二〇〇四年一〇月三一日(当初の任期満了日)まで教育長の地位にあったことの確認、②それを踏まえた未払い給与等の支払い、③名誉毀損に対する損害賠償金等の支払い、を請求する訴訟をさいたま地裁に提訴する。

(7)これに対して町(被告)は、「前教育長(原告)は二〇〇三年一〇月一五日をもって辞職している」との認識に立って全面的に争うことを決定。翌二〇〇四年一月一四日の第一回口頭弁論以来一二回の公判が重ねられる(なお、同年三月には町側の申し立てが認められ、本件は福島地裁に移送される)。主要な法的争点は、①原告が慣例に従って新町長に提出した「進退伺」の意味(それは「辞職願」であると認定できるのか否か)、

②原告が欠席のまま行われた「離任式」や「退職辞令」の交付を欠いた行政手続き上の問題（「離任式」等をもって「原告は教育長の身分を失った」と認定できるのか否か）、の二点であると報じられている。[18]

（8）二〇〇五年一一月二二日、森高重久裁判長は両者に和解を勧告。翌年三月一七日、町議会は前年に裁判長から提示された和解勧告にもとづく町長提出議案「和解について」（裁判長の和解勧告を受け入れ、町が一一〇〇万円の和解金を原告たる前教育長に支払う）および和解金等を含む一般会計補正予算案を賛成多数で可決する（平成一八年三月町議会定例会会議録）。ただし、この「和解」議案に対しては、一、三の議員から反対意見が出されている。それらの要点は、①議案の提案に際して、「この事件の真相と責任の所在」、「和解に至るまでの経過と理由」などの重要な説明がなされていない、②議案審査に先立って議会が要求した「全ての裁判記録」のうち、判断材料として不可欠な「最も重要かつ核心となる和解に至る過程を記した文書」をはじめ原告や町長の調書、関係者の証言などが添付されていない、③和解は「町民への説明責任を果たした後」に行われるべきである、などである（同前・町議会会議録）。

（9）二〇〇六年三月二八日の第一二回公判で、上記の和解案にもとづき、以下の諸点を骨子とする和解が成立する。①被告は、原告が平成一六年二月二九日まで、教育長の地位にあったことを認める。②被告は原告に対し、和解金として一一〇〇万円の支払い義務のあることを認める。③原告はその余の請求を放棄する。④訴訟費用は各自の負担とする（「和解調書」の「和解条項」参照）。

以上が、筆者が参照することができた町側の公的資料等にもとづいて整理した、いわゆる教育長「退任」問題と和解をもって終結した係争事件の経緯の概要である。一般に「和解調書」は、「確定判決と同一の効力を有する」（民事訴訟法第二六七条）ものであるが、「裁判上の和解」は、裁判所において「争いの当事者が相互に譲歩して争いを解決する行為である」[19]ことから、通常の判決とは異なり、訴訟のなかで争われていた個々の争点（事実認定を含む）についての裁判所の判断は示されていないことは留意すべきである。

とはいえ「和解調書」に示された和解内容は、原告側の主張にかなりそったものといえるだろう。すなわち、①前教育長は二〇〇四年二月二九日まで教育長の地位にあったことが合意されたこと（少なくとも「前田氏は離任式をもって辞職している」との町側の主張は退けられている）、②町側はそれを踏まえて未払い分給与等を含む「解決金」一一〇〇万円を同氏に支払うことが確認・合意されたからである（ただし、その総額は同氏が請求していた額のほぼ半額である）。町側（町長・町議会）がこれに応じたのは、前田氏の「進退伺」に対して、町が慣例により退職辞令を交付しなかったことと、同氏が三春町教育長の地位にあったことを「総合的に判断」し、「同氏との争いをやめ、円満に解決すべきとの結論」に至ったからである（前掲「町長和解文書」）。

三春町側の「公的」資料等によって整理した同町公募教育長「退任」問題の経緯の概要は以上のとおりである。この〝不幸な事件〟に対して的確な論評をすることは現時点では難しい。しかし、この〝不幸な事件〟の背景・要因としては、少なくともつぎの諸点があったのではないかと思われる。すなわち、①全国初の教育長公募制を導入実施し、当該教育長を任命した当該町長の任期中途での勇退、②首長の交代に際して助役等の特別職とともに教育長（非特別職）も進退伺を出すという〝慣行〟、③進退伺の提出・受理・「退任合意」のプロセスにおける当事者および関係者（教育委員長等を含む）間の慎重な意思疎通・配慮の欠落、④当該教育長のおよそ三年に及ぶ職務実績、勤務態度、言動等に対する新町長等の評価、などである。

③の問題は②の問題と係わっているといえる。仮に教育長も進退伺を提出する事態に直面した場合には、現行制度の趣旨からいえば、まず直接の任命権者である教育委員会（それを代表する教育委員長）に提出し、少なくともその了解を求めることが筋であると思われる。また、前述したように、教育長の進退伺を受理した新町長は、「総合的な

判断」の結果として「退任を求めた」といわれているが、その根底には上記の④教育長の職務実績等に対する厳しい評価があったことは推察できる。しかし、町議会会議録や新聞報道等を一読する限りでも、当該教育長の職務実績等に対する評価は一様ではないようにも感じられる。当該教育長とともに約三年にわたり三春町教育行政を担ってきた教育委員会（教育委員長・各教育委員および事務局関係者）はどのような評価をしていたのであろうか。さらに、学校（校長・教職員）や社会教育関係者、保護者や住民はどのように評価していたのであろうか。公募教育長第一号の〝生みの親〟でもある前町長の評価を含めて、今回の「事件」および教育長公募制に対する関係者の「総合的な判断」をぜひ確かめてみたい。

(5) 公募教育長の現在

第五は、以上のような結果、二〇〇七年一二月末現在で公募教育長として活動しているのは、長野県富士見町の小林洋文教育長と兵庫県加西市の八巻一雄教育長（二〇〇七年七月に再任）の二名のみとなっていることである（なお、前述のように、佐賀県西有田町および福島県白河市の公募教育長であった木本信昭、平山伊智男の両氏は、当該自治体の新設合併によって「失職」したが、その後、新たに誕生した新・有田町および新・白河市の教育長としてそれぞれ新たに任命（非公募）されている。公募教育長時代の実績や人望が評価されてのことであろう）。

現役公募教育長の一人である富士見町の小林洋文教育長は、三〇年近く在職した県内の公立短大教員（教育学専攻）を自ら辞して、人口一万五千余の小さな故郷の教育長職へ〝思い切った転身〟をしている。筆者は数度にわたって当地を訪問し、教育委員会の傍聴、教育委員諸氏との懇談、議会答弁の傍聴などの機会を持つことができた。教育委員会会議の公開、審議の活性化への工夫、就任当初から〝歩く教育長〟を標榜しての、学校現場・保護者・住民等との精力的な対話活動の展開、「子どもの最善の利益」を理念にした「子ども課」の新設など、就任後三年余の活動には注目すべき施策が少なくない[20]（同教育長はその後四年の当初の任期を満了し、二〇〇八年一〇月に再任されている）。他方、加西市の八巻教育長は、公募教育長のなかではおそらくもっとも多様な経歴・職歴があり（宮城県の高校教員・県社教主事・教頭・校長・県教委副参事・県PTA事務局長等を歴任後、大阪での雇用能力開発機構の相談員・家裁調停委員など）、しかもその大半を過ごした東北の地（宮城県）から関西の地方都市の教育長への就任という点においても、全国公募の典型的事例の一つといえる。前述のように同氏は再任され二期目に入っているが、その豊かな経験と広い視野、ツボを押さえた今後の教育行政施策の舵取りが注目される。

第2節　教育委員公募制・推薦制の展開と諸問題

1 教育委員公募制の動向と諸問題

まず教育委員公募制の実施動向とその特徴について概観しておこう。次の頁に掲げた〈表Ⅶ―2―1〉は、二〇〇八年一月一日の時点までに筆者が把握した全国一五市区町村（二町一二市一区）で実施された教育委員公募制の大要を一覧表にまとめたものである[21]。

本一覧表には、大平町（栃木県）を皮切りにして、教育委員公募制を実施した自治体を公募教育委員の就任年月日順に並べ、左から順に当該自治体名と人口（概数）、公募制実施時の首長名と最初（第一期目）の就任年月日、公募教育委員の氏名（年齢は当初就任時）と職業（あるいは主な職歴）、就任年月日と任期およびそれぞれの公募時の応募者数などが列挙されている。なお、任期欄に（再任）とあるのは、当該公募教育委員が当初任期の満了後、引き続いて再任されたことを示している。前述のように、中野区の推薦制は他の自治体における教育委員公募制とはかなり異なった制度内容をもっていることから、参考事例として本表末尾に加えておいた。

〈表Ⅶ－２－１〉　教育委員公募制実施市区町村・公募教育委員等一覧

(2008.1.1　現在)

市区町村名	人口	首長名	就任日	教育委員名	職業（職歴）	就任日・任期		応募数
1）栃木県大平町	28,900	鈴木　俊美	00.09.03	赤沢美智子(55)	主婦	01.10.26	4年	4
				〃		05.10.26	4年(再任)	
				小林　幸江(58)	会社員	04.07.01	4年	3
2）東京都多摩市	141,400	鈴木　邦彦	99.05.01	田村　尚子(50)	短大講師	02.04.01	4年	19
		渡辺　幸子	02.04.21	岸本　恵子(45)	翻訳業	06.04.01	4年	8
3）千葉県野田市	152,300	根本　崇	92.07.04	岡本　茂(72)	大学教授	02.09.18	4年	77
				伊藤　稔(52)	大学教授	07.03.09	4年	29
4）四街道市	85,900	高橋　操	00.10.20	金子　篤正(61)	会社役員	02.10.01	4年	93
				〃		06.10.01	4年(再任)	
				井下田　猛(70)	大学教授	02.10.01	3年	93
				〃		05.10.01	4年(再任)	
				安藤　巌(65)	会社役員	02.10.01	2年	93
				〃		04.10.01	4年(再任)	
				齋藤佐和子(60)	主婦	02.10.01	1年	93
				合田智絵理(44)	翻訳業	04.10.01	4年	10
5）東京都国立市	71,900	上原　公子	99.05.01	浦野東洋一(60)	大学教授	03.09.19	4年	18
6）八王子市	536,600	黒須　隆一	00.01.29	齋藤　健児(48)	(保護者)	03.10.01	4年	35
				水崎　知代(53)	(保護者)	07.10.01	4年	10
7）立川市	170,100	青木　久	87.09.08	小林　章子(48)	(保護者)	03.12.18	4年	17
		清水　庄平	07.09.08	宮田　由香(50)	(保護者)	07.12.25	4年	8
				中村　祐治(68)	大学教授	07.12.25	4年	38
8）千葉県流山市	153,000	井崎　義治	03.05.06	松浦　尚二(60)	会社役員	04.01.01	4年	74
				〃		08.01.01	4年(再任)	
9）佐倉市	175,000	渡貫　博孝	95.04.23	齋藤　惠子(44)	(保護者)	04.04.01	4年	10
10）銚子市	75,300	野平　匡邦	02.08.20	吉田　孝至(47)	会社役員	04.04.01	4年	11
11）成田市	120,500	小林　攻	03.04.28	小川　信子(60)	学校教諭	04.10.01	4年	21
12）神奈川県海老名市	123,100	内野　優	03.12.24	中垣　克久(60)	彫刻家	04.12.22	4年	47
				田中　裕子(52)	主婦	05.12.13	4年	16
13）兵庫県加西市	49,600	中川　暢三	05.07.29	岡　臣子(67)	自営業	06.06.27	3年	6
				高見　昭弘(67)	元県職員	06.12.16	4年	4
				吉田　廣(62)	元小学校長	07.06.27	4年	4
14）高知県東洋町	3,500	澤山保太郎	07.04.22	山崎小百合(41)	主婦	07.06.25	2年2月	8
				谷岡智恵美(42)	介護職員	07.06.25	5月	8
				福島　登(48)	会社員	07.06.25	5月	8
				〃		07.11.21	4年(再任)	
＊15）東京都中野区	298,000	神山　好市	86.06.15	藤田　伸二(64)	元小学校長	97.03.28	4年	79
				渡部　淑子(62)	主婦	97.04.11	4年	79
				上島　昌之(72)	元中野区議	97.09.25	4年	79
				野澤　昭典(63)	元中学校長	01.03.28	4年	33
				小池麒一郎(69)	小児科医師	01.04.11	4年	33
		田中　大輔	02.06.15	飛鳥馬健次(63)	元中学校長	05.03.28	4年	34

(備考)

1）人口は2006年3月31日現在の住民基本台帳人口の概数（市町村自治研究会編『全国市町村要覧』平成18年度版による）

2）首長名は公募制実施時のもの、就任日は第１期目のもの

3）教育委員の年齢は就任時のもの、職業（職歴）は主なもの、（保護者）は「保護者」「子育て経験者」等を要件とする公募

4）＊東京都中野区の事例は、「準公選制」廃止後の「推薦制」、「人材推薦制（自薦・他薦）」を対象、応募数は被推薦者数

この一覧表から看取される特徴点について、教育長公募制の事例との比較を念頭におきながら指摘しておこう。

第一は、公募教育委員が誕生した時期は、中野区における第一期の区民推薦制（一九九六年、二〇〇〇年の二回）を除けば、いずれも今世紀に入った二〇〇一年以降であることがわかる。すなわち、二〇〇一年の大平町（栃木県）を嚆矢として、二〇〇二年には多摩市（東京都）、野田市（千葉県）、四街道市（同前）の三市で実施されている。続いて二〇〇三年には国立市（東京都、教育長の公募と同時に実施）、八王子市（同前）、立川市（同前）の三市で、二〇〇四年には大平町（二回目）、四街道市（二回目）、流山市（千葉県）、佐倉市（同前）、銚子市（同前）、成田市（同前）、海老名市（神奈川県）の七市町で、二〇〇五年には海老名市（二回目）で、二〇〇六年には多摩市（二回目）と加西市（兵庫県、年内に二回）の二市で、翌二〇〇七年には野田市（二回目）、八王子市（同前）、立川市（同前）、加西市（三回目）および東洋町（高知県、年内に三回）の五市町で実施され、合計二九名の公募教育委員が誕生している。中野区で実施された「区民推薦」制（一九九六年、二〇〇〇年）、「人材推薦の仕組み」（二〇〇四年）にもとづいて任命された六名の「区民推薦」委員を加えると、一五自治体（一二市一区二町）で、三五名の公募（推薦）の教育委員が誕生していることになる（このうち六名が再任されているので、のべ委員数は四一名となる）。

第二は、上記の事実からも明らかなように、これら当該自治体の多くですでに二回以上の公募制が実施されていることである。教育長公募制の場合は、当初任期が満了した公募教育長が再任された事例はあるものの、同一自治体が二回目の公募を実施した事例が未だ生まれていないことを考えると、注目すべき点の一つと言える。すなわち、大平町、多摩市、野田市、四街道市、八王子市、立川市、海老名市、加西市および東洋町の九自治体では、それぞれ二回以上の公募制が実施されている。そのうち多摩市、野田市、四街道市、八王子市、立川市の五市の場合は、任期満了を迎えた公募委員の後任人事としての二回目の公募である。他方、大平町および海老名市の二自治体では、最初の公募教育委員が在任中に実施された二回目の公募制によって二人目の公募教育委員が生まれている（教育長を除く四名の教育委員のうち二名が公募委員)。さらに加西市では、教育長の公募(二〇〇五年)に続いて教育委員の公募が連続して三回実施され、三名の教育委員が選任されている(その後残り一名も公募制によって選任されたと報じられたので、教育長を含む五名の教育委員全員が公募制によって選任されることになる)。

第三は、同時に複数(二〜四名)の教育委員が公募されている事例も散見されることである。教育委員の公募制等を公約に掲げた新市長の就任を契機にして三名の教育委員が辞職した四街道市二〇〇二年では、任期満了の一名と併せて四名が同時に公募され、四名が同時に任命されている(任期は四年、三年、二年、一年の各一名)。ほぼ同様の状況に直面した東洋町では、連続して三回の公募が実施されたが、二回目の公募では四名が同時募集され(三名の委員が同時任命、いずれも前任者の残任期間)、三回目の公募では二名が同時募集されている(この時は該当者なし)。また、立川市二〇〇七年の公募では「保護者委員」と「一般委員」の二名が同時に募集され、各一名が任命されている。

第四は、公募制(推薦制)を実施した自治体が地域的にみれば、東京都と千葉県を中心とした首都圏にほぼ集中していることである。すなわち、上記の二都県内の自治体で全体の三分の二(東京都の多摩市、国立市、八王子市、立川市および中野区の四市一区、千葉県の野田市、四街道市、流山市、佐倉市、銚子市および成田市の六市)を占め、首都圏以外は二県二自治体(加西市と東洋町)にすぎない。前述したように、教育長公募制も〈東高西低〉的にやや偏在していたが、教育委員公募制の場合はそれ以上に地域的偏在は強い。その背景と理由は必ずしも明確ではないが、教育長公募制に比べてよりローカルな教育委員公募制の実施情報の拡がりと影響の地域性に関係があると思われる。

第五は、上記の地域的特徴点とも関わっていると思われるが、教育委員公募制の実施自治体を人口規模の視点から一覧すると、その六割が人口一〇万以上の比較的規模の大きな自治体であり、三万未満は二町(大平町、東洋町)にすぎないことである。これは教育長公募制の実施自治体のそれと対照的であり、興味深い特徴点の一つである。すでに前節で見たように、教育長公募制の実施自治体の大半は、大都市圏以外に位置する人口五万以下の市町村であり、一〇万以上の自治体はわずかに一市（千葉県浦安市）のみである。

第六は、これまでに任命された三五名の公募教育委員（中野区の被推薦委員を含む）の年齢（当初就任時のもの）と主たる職業・職歴は多彩であり、女性委員の比率もかなり高いことが指摘できる。まず年齢層別に見るならば、四〇～四九歳九名、五〇～五九歳七名、六〇～六四歳一一名、六五～六九歳五名、七〇歳以上は三名であり、全国市町村教育委員の年齢別構成と比べて四〇～五〇歳代の子育て世代に属する委員の比率がかなり高くなっている。後述するように、小・中学校生徒の保護者に応募資格を限定した公募制が一部で実施されたこともその一因であろう。また、女性委員数も半数近く（一六名・四六％弱）を占めており、市区町村教育委員会における女性教育委員（教育長を除く）の構成比率の全国平均と比べてかなり高い。職業・職歴は「保護者」や「主婦」という分類を一部で使用しているためにやや正確さを欠くが、小・中・高校の学校管理職の経験を有する委員は少なく、大学・短大関係者や会社役員などが比較的多く任命されているといえる。

第七は、公募教育委員の当初任期はそのほとんどが法定どおりの四年であり、四年未満（前任者の残任期間）である事例はわずか三例（四街道市、加西市、東洋町）である。教育長公募制の場合は、公募制の実施を公約等で掲げた新首長の就任にともない、現任の教育長が辞職願（ないしは進退伺）を提出する事例が少なくなく、公募教育長の約半数（七件）の当初任期は前任者の残任期間（一～三年余）であった。公募教育委員の上記の三事例もそれとほぼ同様の事由によっている。

2 教育委員公募制の内容――制度と運用

(1) 応募資格・要件・応募者数等

〈表Ⅶ－2－2〉は、教育委員公募制（推薦制）を実施した一五自治体を〈表Ⅶ－2－1〉と同様の順に並べ、かつ

〈表Ⅶ－２－２〉　教育委員公募制実施市区町村・公募教育委員等一覧

〔教育委員公募要項等における応募資格・要件〕

	〈人口〉	〈実施年〉	〈住所要件〉	〈その他の要件〉	〈募集数〉	〈応募数〉
1）大平町	28,900	2001年	町内	概ね60歳以下	1	4
		2004年	〃	〃	1	3
2）多摩市	141,400	2002年	市内		1	19
		2006年	〃		1	8
3）野田市	152,300	2002年	なし（全国）	（教材開発事業参加）	1	77
		2006年	〃		1	29
4）四街道市	85,900	2002年	なし（全国）		4	93
		2004年	〃	女性	1	10
5）国立市	71,900	2003年	なし（全国）	教育研究者、推薦者3名	1	18
6）八王子市	536,600	2003年	市内	保護者（未成年）	1	35
		2007年	〃	〃（〃）	1	10
7）立川市	170,100	2003年	市内	保護者（未成年）	1	17
		2007年	①市内	保護者（市内小中学校）	1	8
			②都内		1	38
8）流山市	153,000	2003年	市内		1	74
9）佐倉市	175,000	2003年	市内	保護者（市立小中学校）	1	10
10）銚子市	75,300	2004年	市内（原則）		1	11
11）成田市	120,500	2004年	市内		1	21
12）海老名市	123,100	2004年	市内		1	47
		2005年	〃		1	16
13）加西市	49,600	2006年3月	市内		1	6
		2006年9月	〃		1	4
		2007年3月	〃		1	4
14）東洋町	3,500	2007年4月	町内	保護者	1（0）	5
		2007年5月	〃	〃	4（3）	8
		2007年6月	なし		2（0）	3
						〈被推薦者数〉
*15）中野区	298,000	1996年	なし		不定（3）	79
		2000年	〃		〃（2）	33
		2004年	〃		〃（1）	34
		2006年	〃		〃（0）	15

（備考）1）募集数欄の括弧内数は実際に任命された委員数、他は募集数＝任命数
　　　　2）中野区の「推薦」制では「募集数」は各年度とも明記されていない

〔教育委員の法定資格要件〕

・地教行法 4 条、6 条→ ①当該地方公共団体の長の被選挙権を有する者（4 条関係）
　②人格が高潔で、教育、学術及び文化に関し識見を有するもの
　③破産者で復権を得ない者（欠格要件）
　④禁固以上の刑に処せられた者（同前）
　⑤兼職禁止条項に該当しない者（6 条関係）
・自治法 19 条 3 項 → ①日本国民で 25 歳以上の者（市区町村長の被選挙権資格）
・公職選挙法 10 条、11 条→禁治産者など（欠格条項）

同一自治体で複数回実施された場合は実施年（月）順に列挙し、それぞれの公募要領（要綱）等に記載された応募資格ないしは応募要件のおもな特徴点、募集人数および応募者数を一覧表にまとめたものである。実施年（月）は募集（ないしは推薦活動）が行われた年（月）であり、公募（被推薦）委員の就任年月日は前掲の〈表Ⅶ－2－1〉のとおりである。上述したように、立川市二〇〇七年の公募制では、「保護者委員」と「一般公募委員」の二名が同時に公募されたが、実際には応募資格・要件なども異なる別個の公募であるので分けて掲載してある。また、東洋町で連続して三回実施された公募では、該当する候補者がない事例や任命された委員が募集数に満たない事例があることから、各回事例ごとに実際に任命された人数を括弧内に記載してある。参考事例として掲げた中野区の各二回の「区民推薦」制、「人材推薦の仕組み」では、募集要項等には募集数が明記されておらず、「応募数」欄の人数は被推薦者数（二〇〇四年、二〇〇六年の二回は自薦も含む）であり、括弧内の数は各回の被推薦者名簿の中から任命された委員数である。

（i）応募資格・要件について

法定の資格要件　同表末尾に掲げた〔教育委員の法定資格要件〕に見られるように、教育委員の任命に際しては周知のようないくつかの法定資格（ないしは欠格事由）要件がある。すなわち地方教育行政法では、教育委員に任命しうる要件として、①当該地方公共団体の長の被選挙権を有する者（同法第四条一項）、②人格が高潔で、教育、学術及び文化に関して識見を有するもの（同）、の二点を規定している。「長の被選挙権を有する者」とは、日本国民で「年齢満二十五年以上の者」（地方自治法第一〇条）である。また、欠格要件としては、地方教育行政法に規定された、①破産者で復権を得ない者（第四条二項）、②禁固以上の刑に処せられた者（同前）、③兼職禁止条項に該当する者（第六条）の三点のほか、地公法（第一六条）、公選法（第一一条）などの欠格条項規定が適用される。教育委員の公募制の実施にあたっては、こうした法定資格・要件が前提となることから、公募要項等にもこれらのいくつかがあらためて明記されている。

住所要件（住民公募と全国公募）　教育委員の公募制の実施に際して注目すべき事柄は、こうした法定資格要件等のほかにそれぞれの公募の趣旨にそったさまざまな要件が公募要項等に規定されていることであろう。

そのうちもっとも多いものは住所要件である。上述のとおり、教育委員の法定資格・要件には住所要件はないので、当該自治体内に住所（住民基本台帳登録）を有しない者もその自治体の教育委員になることはできる。しかし、前掲表の〈住所要件〉欄の一覧から明らかなように、大半の教育委員公募要項等では、応募資格として当該自治体内に「住所を有する」ないしは「居住している」ことを定めている（ただし、二名を同時公募した立川市二〇〇七年では、一名〈保護者委員〉を市内、他の一名〈一般委員〉は都内としている）。このことは公募制の多くが、当該自治体の住民の内から教育委員として適当かつ熱意を有する者を選任することを企図したものであることを示している。

他方、住所要件を規定しない「全国公募」形式をとっているのは野田市、四街道市、国立市、中野区の四自治体と他の一事例（東洋町の三回目公募）のみであるが、それぞれ理由がある。野田市の場合は二回の公募とも特定の専門性を持った委員を「期待」したものである。すなわち、本来の教育委員の職務とあわせて、同教育委員会が企画している「副教本の作成」（二〇〇二年）や「新教育システム開発プログラム」（二〇〇六年）に積極的に携わることのできる人材を求めた公募である。同様に国立市の場合も、「教育に関する研究を行なっている人」に限定したものである。〈表Ⅶ－2－1〉の「職業（職歴）」欄に見るように、実際に任命されたのはいずれも大学教授（現・元）である。

四街道市の場合は、前述のように、現職を破って当選した新首長が選挙時の「公約」として「教育委員の公募制」等の実施を掲げており、また四名の委員を同時に公募（二〇〇二年）することになったことからも、市内に限定せずより広い地域から公募することにしたからである。中野区の場合は準公選制時代から一貫して住所要件を規定していない。しかし実際の被推薦者のほとんどは区内在住者である。新町長の就任（二〇〇七年四月）を機に、辞職等によって教育長を含む全教育委員が欠けた東洋町では、新町長のもとで短期間に順次三回の公募制が実施された。初めの二回は「現に子育てを行っているもの、又は、子育ての経験を有するもので、東洋町に在住」することを応募資格としたが、三回目はより広く人材を求めて上記の住所要件を削除している。

「保護者」委員の公募　次いで、応募資格・要件に「保護者」であることを規定した事例が一定数（三～四件）見られることである。たとえば「未成年の子どもを持つ保護者」（八王子市）、「市内の小学校または中学校に在学する児童生徒の保護者」（立川市）、「市の公立小学校もしくは中学校に在籍するお子さんをお持ちの保護者」（佐倉市）などである。前述したように東洋町の初めの二回の公募も同様の趣旨を含んでいる。また、こうした「保護者」規定をおいたところは、当然のことともいえるが、例外なく住所要件を当該自治体内に限定している。その背景の一つには二〇〇一年六月の地方教育行政法の改正があることは容易に推察できよう。周知のようにこの改正によって、教育委員の任命に関して規定した同法第四条四項に、「委員の任命に当たっては、委員の年齢、性別、職業等に著しい偏りが生じないように配慮するとともに、委員のうちに保護者（親権を行う者及び未成年後見人をいう。）である者が含まれるように努めなければならない」（傍点は引用者による）の一項が加えられたのである（さらに、その後二〇〇七年六月の「教育関連三法」の一部をなす地方教育行政法改正では、上記の傍点部分のいわゆる「努力義務」規定は、「保護者である者が含まれるようにしなければならない」との「義務」規定に改正され、二〇〇八年四月から施行されることになった。したがって今後、「保護者」に限定した公募制が増加することが予想される。

その他の応募資格・要件　その他の応募資格・要件で目につくものは、「概ね六〇歳以下」との年齢要件を規定した事例（大平町）、女性委員の登用を推進するために応募資格を「女性」に限定した事例（四街道市二〇〇四年）、「本人及び家族以外の三名からの推薦（書）」を課した事例（国立市）などがある。また、公募委員の任期を一期（四年）に限定している事例（立川市二〇〇七年）や「原則として二期以内」としている事例（大平町「審議会等の委員の公募に関する規則」）などがみられる。

さらに、こうした〝客観的な要件〟とは異なるが、「既成概念にとらわれない広い視野から教育を考えることのできる人」、「深い社会的経験を持つ者」などを「応募資格等」に掲げた自治体も散見される（多摩市、野田市、四街道市など）。なお、教育（行政）職経験の有無にこだわらず広い分野からの応募を期待して、「学校管理や教育行政の経験を問わない」などとあえて明記したところも少なくない（野田市、四街道市、国立市、流山市、銚子市、成田市、海老名市など）。

（ii）応募者数と応募資格・要件等

公募制の成否ないしは是非を左右する重要な条件の一つとしては、適当な応募数があることであろう。前掲〈表Ⅶ－2－2〉の応募数欄にみられるように、応募者数は三名（大平町二〇〇四年、東洋町二〇〇七年三回目）～九三名（四街道市二〇〇二年）である。この応募者数は教育長公募制の場合（朝日町一一名～逗子市五二八名と比べるとかなり少ないが、単純に比較することはできないだろう。前節で詳しく述べたように、教育長公募制の場合は、広く人材を求めるとの趣旨から、全国公募をした事例が全一六件のうち一一件（三分の二強）を占め、住所要件を定めたところも当該県内在住ないしは近隣県内在住であり、当該市町村の住民に限定した事例はない。これに対して、上述のように、教育委員の公募制の場合はその大半が応募資格を当該自治体内居住者に限定しており、さらに保護者などの要件を加味した事例が少なくないからである。

一覧表に掲げた三〇件（「保護者委員」と「一般委員」を分けて公募した立川市二〇〇七年は二件とした）の公募制（推薦制）の応募者（被推薦者）を区分すると、一〇名未満・一〇件、一〇名～一九名・九件、二〇名～二九名・二件、三〇名～三九名・四件、四〇名～四九名・一件、五〇名以上四件である。五〇名を超えた四事例は、四名の委員を同時に公募した四街道市二〇〇二年、野田市二〇〇二年、流山市、中野区一九九六年であるが、流山市以外はいずれも住所要件を規定していない全国公募である（もっとも前二者の場合も、千葉県外からの応募者はわずかである）。他方、全体の六割強（一九件）を占める二〇名未満の事例は、上述のようにその大半が住所要件をはじめさまざまな要件を加味している。当然のこととも いえようが、応募資格・要件を限定（法定資格・要件の他に住所要件などを付加）した場合には総じて応募数は少なくなり、また当該自治体人口の多寡は応募数にかなり相関している。

すなわち、法定の資格・要件以外は不問にした自治体での応募数（推薦者数）は、四街道市九三名（二〇〇二年）、野田市七七名（同前）などとかなり多いが、その内訳を見れば応募者のほぼ半数は市外在住者である。[22] 他方、住所要件のほか「保護者」、「女性」、「教育研究者」などの要件を規定した公募の場合は、総じて応募数は少ない。ただし、流山市七四名（二〇〇四年）、海老名市四七名（同前）のように住所要件（当該住民）を設けた事例のなかにも、恐らく関係者の予想をもはるかに超える相当数の応募者があった自治体があることは注目される。また、人口が五万以下で住所要件を付した自治体（大平町、東洋町、加西市）では、いずれも応募数は一桁にとどまっている（なお加西市では、教育委員の公募に先立って実施した教育長候補者の全国公募では、三六名の応募者があった）。

その他、ほぼ共通した顕著な傾向として指摘できる点は、同一自治体における二回目の公募時の応募数は、初回のそれに比べて半減ないしは三分の一以下に激減していることである（多摩市、野田市、四街道市、八王子市、立川市の保護者委員、海老名市など。なお、住所要件を設けたなかで最多の応募者のあった流山市では、四年の任期を満了した当初の公募委員を再任したので二回目の公募制は実施されていない）。もっとも減少数・率の大きい四街道市の場合は初回と二回目の公募条件（募集数、応募資格等）がまったく異なっているために、同列には扱えないだろう。

こうした傾向は教育委員の公募制に限らず、ある意味では一般的なものであろう。その背景や要因として考えられることの一つは、最初と二回目の公募制が地元（近隣）住民、議会、マスコミ関係者等にもたらすインパクト、話題性、関心度などの違いであろう。また、実施主体である首長や担当部局の広報活動や姿勢の違いも指摘できよう。たとえば、最初の公募制実施に際しては、首長による事前の記者会見を行い、広報紙やＨＰなどでも大きく報じるなどの積極的な広報活動がなされる場合が少なくない。しかし、二回目以降は広報紙・ＨＰでのささやかな広報にとどまる事例が多いようである。

しかしながら、応募数の多寡の背景にある要因はこれまでにふれたことがらのみではなく、いっそう多様であり複雑であろう。その背景にあるより根源的な規定要因の一つは、住民（市民）の教育行政への参加意識・意欲であり、協同して地域の教育を創造していこうとする住民自治意識であろう。

⑵ 申込書および課題論文のテーマ等

教育委員公募制を実施したほとんどの自治体では、教育長公募制の場合と同様に、応募者に対して応募申込みの際には、所定の応募申込書と課題論文（小論文）の提出が課されており、最終選考（二次ないし三次選考）時の面接とともに選考に際しての重要な基本的資料とされている。また、中野区の「区民推薦」制、「人材推薦の仕組み」も、一定のテーマについて口頭での「意見発表」という独自の方式が採用されており、他の自治体のような課題論文はない。

以下、応募申込書と課題論文の概要と特徴点について紹介しておこう。

(i) 応募申込書（様式と項目）

応募申込書は、市販の履歴書で代替している加西市の事例をのぞき、各自治体とも所定の用紙を作成している。Ａ４版一枚の簡潔なものから、Ａ４版三〜四枚（四頁）におよぶものと多様であるが、市販の履歴書並みの二頁のものがほぼ半数である。

もっとも簡潔なＡ４版一枚の様式のところは、大平町、八王子市と東洋町の三自治体である。とりわけ大平町の応募申込書はユニークである。「審議会等の委員公募申込用紙」との名称からも分かるように、教育委員の公募に関する独自の申込用紙は作成されておらず、公募制を導入しているその他の「審議会等」の申込用紙と共通のものである。氏名、住所、生年月日、職業などの他には、「審議会等の名称」、「他の審議会等の委員の就任状況」、「活動経験」、「申込理由」などをごく簡潔に記載するが、学歴、職歴、資格・免許などの記載欄はなく、写真も不要である。同町では、「自治基本条例」（二〇〇四年）を受けた「町民参加及び協働の推進に関する条例」（二〇〇六年）に基づく「審議会等の委員の公募に関する規則」（同年）が制定され、そこには「審議会等の委員については、委員の全部又は一部に公募の委員の登用に努めなければならない」（二条）と謳われており、教育委員会などの行政委員会を含む各種「審議会等の委員」の公募制が積極的に実施されているのである。合議制の執行機関（行政委員会）である教育委員会を、諮問機関である他の審議会等と同列に位置づけているきらいはあるが、同町での「審議会等」の公募制はそれだけ広く実施されているということができる。保護者委員を公募した八王子市の「申込書」には、「未成年のお子さんの氏名・年齢」、「応募の動機」の記載欄が設けられている。東洋町の「応募申込書」には、「応募した動機や教育に対する考え方を具体的に記入」する欄がある（紙幅が不足する際は別の用紙への記入可）。

他方、A4版三〜四枚（四頁）の様式のところは、野田市、流山市、銚子市、海老名市の四自治体である。唯一四枚（四頁）様式の野田市二〇〇二年の「応募申込書」は、「志望の動機」と「教育委員としてやってみたいこと」を各一枚（一頁）八〇〇字以内で記入する部分を含んでいる（なお、同市二〇〇六年の場合は、この部分を「小論文」として分離し、申込書自体は二枚（二頁）様式になっている）。他の四自治体の場合は三枚（三頁）様式であるが、そのほとんどが「志望の動機」記入に一枚（一頁）があてられている。また、これらの「応募申込書」には例外なく「著書・論文等」の記入欄が設けられている。

（ii）課題論文のテーマ等

〈表Ⅶ－2－3〉は、課題論文（小論文）の題数、テーマ（題目）、字数などを実施自治体順、実施年順に一覧表にしたものである。前述したように、東洋町の場合は、申込書に「応募した動機や教育に対する考え方を具体的に記入」する欄が設けられているだけで、課題論文の提出は特に課されていない。また、野田市二〇〇二年と流山市の場合は、応募申込時ではなく、一次選考合格者に二次選考のための基本資料として課題論文を課している（ただし、野田市二〇〇六年の場合は応募申込時にも小論文を課している）。以下、その概要と特徴点についてふれておきたい。

まず、課題論文の題数はほとんどが一題であり、しかもその大半が八〇〇字～二〇〇〇字程度の小論文である。二題を課したところは、野田市二〇〇六年（応募申込時）、国立市（同前）、流山市（二次選考時）および成田市の四自治体である。このうち、野田市と成田市の場合は、各八〇〇字以内の小論文（①志望の動機、②教育委員としてやってみたいこと）である。二〇〇〇字以上の論文を課した事例は、多摩市（一題四〇〇〇字以内）、四街道市（一題四〇〇〇字以内二〇〇二年、一題二〇〇〇字～三〇〇〇字以内二〇〇四年）、国立市（二題各四〇〇〇字程度）、流山市（二次選考時に「大課題」二〇〇〇字程度および「副課題」八〇〇字～一二〇〇字の二題）、佐倉市（一題二〇〇〇字以上三〇〇〇字以下）の五自治体のみである。このうち国立市の場合は、二題合わせて八〇〇〇字という他と比べるときわだってボリュームのある課題論文となっている。同市では教育委員とあわせて教育長の公募が同一の公募要項によって同時実施されただけでなく、課題論文も同一のものであり、しかも教育委員の応募資格を教育研究者に限定した公募であることがその背景にある。

次いで、課題論文のテーマについて特徴点を概観しておこう。すでに述べたように、教育委員の公募はその大半が保護者をはじめ当該自治体の住民から教育委員候補者を募ることを目的としていることから、課題論文のテーマは、総じて当該地域における家庭教育、学校教育や生涯学習あるいは教育行政に関心を持っている保護者や地域住民にとって身近で一般的なものが設定されているといえよう。たとえば、「大平町の教育の現状と課題」、「多摩市の教育

〈表Ⅶ－２－３〉　課題論文（小論文）の題数・テーマ・字数等一覧

	〈実施年〉	〈題数〉　〈課題論文等のテーマ〉	〈字数〉
1）大平町	2001年	①大平町の教育の現状と課題	1200字程度
	2004年	①　〃	〃
2）多摩市	2002年	①多摩市の教育行政のあり方について	4000字以内
	2006年	①多摩市におけるこれからの学校教育のあり方について	〃
3）野田市	2002年	①「NHKスペシャル21世紀日本の課題学校を変える　平等から競争へ」を視聴しての感想、及び「野田市教育環境改善事業」を実施することに対する意欲と具体的な方策について	1600字以内
		＊「応募申込書」に①志望の動機（800字以内）、②教育委員としてやってみたいこと（同前）の記入頁あり	
	2006年	〈１次〉	
		①志望の動機、②教育委員としてやってみたいこと	各800字以内
		〈２次〉	
		①文部科学省の新規調査研究事業「新教育システム開発プログラム」事業を活用した野田市教育環境整備事業の発展構想について	
4）四街道市	2002年	①四街道市の特色ある教育の実現に向けて	4000字以内
	2004年	①生涯学習社会の実現に向けて	2000字～3000字以内
5）国立市	2003年	①分権時代にふさわしい国立の教育	4000字程度
		②教育基本法について	〃
6）八王子市	2003年	①今、求められている教育改革	2000字程度
	2007年	①今、求められている学校・家庭・地域のあり方	〃
7）立川市	2003年	①未来に生きる立川の子どもたちへの願いと学校教育に期待すること	2000字程度
	2007年	①子どもにつけたい力（保護者用）	800字以上～1000字以内
		①学校教育の活性化を図るために行うべきこと（一般用）	1800字以上～2000字以内
8）流山市	2003年	①子どもの可能性を引き出す教育のあり方について	2000字程度
		②流山市民が生涯学習活動を進める上で、今後、行政はどのような支援を行ったらよいか	800～1200字程度
9）佐倉市	2004年	①家庭の教育力向上の方策について	2000字以上～3000字以下
10）銚子市	2004年	①家庭・地域の教育力向上の方策について	2000字以内
11）成田市	2004年	①教育委員としてやってみたいこと	800字以内
		②志望の動機	〃
12）海老名市	2005年	①これからの教育のあり方について	800字以
	2007年	①海老名市の教育に求められているものは何か（具体的な提案や考え方を含めて）	〃
13）加西市	2006年	①加西の教育をこう変えたい	2000字程度
	2007年	①　〃	〃
14）東洋町	2007年	なし（申込書に「応募動機や教育に対する考え方」の記入欄あり）	
*15）中野区	2006年	〈申込書〉添付書類①プロフィール〈自己PR〉、②教育委員になった際に取り組む課題（箇条書）、③教育委員へ応募した動機　（400字以内）	
		〈意見発表テーマ〉①どうつくるー学校・家庭・地域の輪②私の学力観、のうち一つを選んで発表し、区長と質疑応答する	

行政のあり方について」、「今、求められている学校・家庭・地域のあり方」（八王子市）、「未来に生きる立川の子どもたちへの願いと学校教育に期待すること」、「家庭の教育力向上の方策について」（佐倉市）、「家庭・地域の教育力向上の方策について」（銚子市）、「教育委員としてやってみたいこと」（成田市）、「海老名市の教育に求められているものは何か」、「加西の教育をこう変えたい」、などである。

他方、事例は少ないが、一定の専門性や多様な経験などを有する教育委員を求めた公募の場合は、課題論文テーマも、その執筆にあたってはより専門的識見と広い視野を要するものとなっている。すでにふれたように、教育研究者を求めた国立市の場合は、「分権時代にふさわしい国立の教育」と「教育基本法について」の二題（各四〇〇〇字）が課されている。また、通常の教育委員の職務に加えて、同市の教育委員会の当面する重点施策である「副教本の作成」や「新教育システム開発プログラム」に積極的に携わることのできる人材を求めた野田市の場合は、二次選考時に課された課題論文テーマはかなり凝ったものである。すなわち、「『NHKスペシャル二一世紀日本の課題　学校を変える　平等から競争へ』を視聴しての感想、及び『野田市教育環境改善事業』を実施することに対する意欲と具体的な方策について」（二〇〇二年）、「文部科学省の新規調査研究事業『新教育システム開発プログラム』事業を活用した野田市教育環境整備事業の発展構想について」（二〇〇六年）である。同様に流山市の二次選考時に課された二題の課題論文テーマも、「子どもの可能性を引き出す教育のあり方について」（大課題）と「流山市民が生涯学習活動を進める上で、今後、行政はどのような支援を行ったらよいか」（副題）というものであり、学校教育と社会教育の両分野での具体的な識見を問うものである。

(3) 選考方法と選考委員会

つぎに、応募者のなかから教育委員候補者を選考する方法についても簡潔にふれておこう。それぞれの公募要項等に予め明記されているように、選考方法には、教育長公募制の場合と同様に、二段階審査方式と三段階審査方式が採られている。前者の場合は、①第一次選考（応募申込書等および課題論文による書類審査）、②第二次選考（個別面接審査）からなっている。後者の場合は、①第一次選考（応募申込書等による書類審査）、②第二次選考（課題論文審査）、③第三次選考（個別面接審査）である。大半の自治体では前者の二段階方式が採られており、後者の三段階方式の採用は野田市、立川市二〇〇七年および流山市の三市のみである（なお、前述のように東洋町では課題論文はなく、中野区の推薦制は一定のテーマについての意見発表等の独自の方法がとられている）。

また、教育長公募制の場合と同様に、大半の自治体（一三町市）では選考・審査にあたって、教育委員候補者選考委員会設置規程（要綱）等が内規として策定され、それに基づいて設置された選考委員会（東洋町は推薦委員会）が選考・審査を担当している。

〈表Ⅶ－2－4〉は、それらの規程（要綱）等と選考委員会の委員構成等を一覧表にまとめたものである（成文化された規程がないところも一部あり、また国立市、中野区では選考委員会は設置されていない）。その概要とおもな特徴点を見ておこう。

まず、選考委員の定数について見るならば、四名～八名と多様であるが、五名以内（四～五名）が八自治体（六割余）ともっとも多く、六名以上（六～八名）は五自治体（野田市、四街道市、八王子市、立川市、佐倉市）である。教育長公募制の場合とくらべ、総じてやや少なめである。

ついで選考委員会の構成メンバーについて見ておこう。選考委員会は候補者の選考（絞り込み）に中心的な役割を果たすことからみて、その委員構成は重要であろう。それらはおおよそ四つのタイプに区分できる。

一つは、首長をはじめ一般行政（首長部局）の幹部職員に教育長を加えて構成されているタイプであり、首長、助役（副市長）、収入役、総務部長などいわゆる「三役」等と教育長がメンバーとなっており、全員が行政関係者で占

〈表Ⅶ－２－４〉　選考委員会設置規程等・委員定数・構成など

〈定数〉	〈構成員 ―下線者は選考委員長〉
1）大平町	５名　①町長　②教育長　③学校教育課長　④生涯学習課長　⑤学校教育課主幹
2）多摩市	〈 多摩市教育委員公募における選考実施要領 〉 ４名　①市長　②助役　③収入役　④教育長（＊その他必要に応じて任命可）
3）野田市	〈 野田市教育委員候補者選考委員会設置規程 〉 ６名　①市長　②助役　③教育長　④教育次長　⑤総務部長　⑥その他市長が必要と認めた者（＊2006年公募の際は教育委員１名）
4）四街道市	〈 四街道市教育委員会委員選考委員会設置要綱 〉 ７名　①助役　②収入役　③総務部長　④学識経験者４名 （＊委員長は委員の互選による）
5）国立市	＊設置せず（→市長が助役等の助言を得て選任。別に論文審査委員３名を委嘱）
6）八王子市	〈 八王子市教育委員会委員候補者の公募及び選考要綱 〉 ８名　①副市長　②教育長　③企業役員　④市小学校Ｐ連会長　⑤市中学校Ｐ連会長　⑥生涯学習審議会委員　⑦総務部長　⑧学校教育部長
7）立川市	〈 立川市教育委員会保護者委員（一般公募委員）候補者公募要綱 〉 ６名〈２次選考〉 ①助役　②教育委員長　③教育長　④社会教育委員1名 ⑤市小学校P連役員1名　⑥市中学校P連役員1名 ７名〈３次選考〉 ①市長　②助役　③教育委員長　④教育長　⑤社会教育委員1名 ⑥市小学校P連役員1名　⑦市中学校P連役員1名
8）流山市	〈 流山市教育委員選考委員会設置規程 〉 ５名　①市長　②助役　③収入役　④教育長　⑤総務部長
9）佐倉市	〈 佐倉市教育委員候補者選考委員会運営要領 〉 ６名　①助役　②収入役　③教育長　④市内団体の代表１名 ⑤識見を有する者２名
10）銚子市	〈 銚子市教育委員候補者選考委員会設置規程 〉 ５名　①市長　②第一助役　③第二助役　④収入役　⑤教育長 〈 成田市教育委員会委員の公募及び選考に関する事務取扱要領 〉
11）成田市	４名　①市長　②助役　③収入役　④教育長
12）海老名市	〈 海老名市教育委員会委員候補者市民公募選考委員会要綱 〉 ５名　市長が委嘱する市民（保護者・地域・勤労者・女性・まちづくりの各分野） （＊委員長は委員の互選による）
13）加西市	４名　①助役　②教育長　③総務部長　④教育次長
14）東洋町	５名　＊教育委員候補者推薦委員会を設置
*15）中野区	＊設置せず

められている。多摩市、流山市など四〜五名で組織されている選考委員会の半数がこのタイプである。二つ目は、同じく全員が行政関係者であるが、教育行政関係者の比重が高いタイプであり、大平町、加西市などがこれに当たる。これらの場合は、選考委員長（座長）には首長ないしは助役（副市長）が充てられているところが大半である。

三つ目のタイプは、行政関係者以外に民間委員を構成メンバーにしているものである。六〜八名で組織されている上記五自治体の選考委員会の場合は、野田市を除いて、学識経験者、ＰＴＡ役員、企業や団体の役員、市民、など行政機関の関係者以外の民間委員も委嘱されていることは注目される。すなわち、四名の委員を同時に公募した四街道市二〇〇二年の選考委員会には助役、収入役、総務部長の他に、大学教授やジャーナリストなどの学識経験者委員四名が委嘱されており、定数（七名以内）の過半を占めている。また、八王子市（八名）および立川市二〇〇七年（二次選考六名、三次選考七名）では、行政関係者以外に小学校および中学校ＰＴＡ連合会長などが委嘱されており、佐倉市の場合（六名）は市民委員として有識者二名と市内団体代表一名が委嘱されている。これら四市の選考委員会ではいずれも市長が構成メンバーになっていないことも特徴点の一つである（ただし、立川市二〇〇七年の場合は面接審査を行う三次選考委員会にのみ市長が加わっている）。

四つ目のタイプは、まったく行政関係者を含まない異色な委員構成をとっている海老名市の事例である。同市の「教育委員会委員候補者市民公募選考委員会要綱」では、選考委員会は「教育行政に関する見識を有する者のうちから市長が委嘱する」委員五名以内で組織するとされている。注目すべき点は、委員には行政関係者は皆無であり、全員市民委員で構成されていることである（座長も「委員の互選」によるとされている）。別途規定されている「選考委員会対象者の基準」によれば、委嘱された五名の市民委員はつぎのような分野から選任されている。すなわち、①保護者として、子育てと教育に関心と識見のある市民（保護者代表）、②地域活動に識見を有し、かつ教育と地域のつながりに関する活動を実践している市民（地域代表）、③一般の勤労者であって、かつ教育に理解と関心を有する市民（勤労者代表）、④女性であってボランティア活動等を通じ、教育に関心を有する市民（女性代表）、⑤まちづくりを通じて次代の育成に関心を有する市民（まちづくり代表）である。ここでいう「代表」は「簡略な呼称」であり、いずれかの団体推薦等によるものではなく、それぞれ個人の立場とされている。「選考の公平性を確保するため」に会議および委員名簿は「非公開」とされている（上記「選考委員会要綱」七条）ので、実際にどのような委員が、どのような手続きをへて選任されたのかは明らかではない。しかし、多様な分野で活動している市民（代表）が選考委員として教育委員候補者の選考過程に直接参画する方式は興味深いものといえる。

3 教育委員の推薦制――概要と特徴

先述のように中野区では、一九九六年から各地の教育委員公募制に先駆けて教育委員の推薦制が実施されてきている。教育委員の推薦制とは、教育委員（候補者）としての適任者を住民や団体あるいは一定の推薦委員会などがさまざまな方法によって推薦する制度である。公募制が〝自薦〟制度であるとするならば、推薦制は〝他薦〟制度であるといえる。ここではその嚆矢といえる沖縄県の団体推薦制と中野区の区民推薦制について簡潔にふれておきたい。

(1) 教育委員の団体推薦制――沖縄の事例

沖縄における教育委員の団体推薦制とは、一九七二年の本土復帰を機に沖縄県や県内の二、三の市町村で発案、実施された教育委員候補者の推薦方式である。

日本本土から切り離されて米軍統治下に置かれていた沖縄では、県民の運動によって制定された沖縄県独自の教育委員会法（一九五八年）にもとづく独自の公選制教育委員会制度が実施されていたが、一九七二年の本土復帰にともなって地方教育行政法の全面的な適用が強いられ、独自の公選制の継続実施は不可能となった。公選制の存続を強く求める県民世論を背景にした屋良朝苗知事は、「民意が反映されるようできる限り公選制に近い方法」を模索したが、その結果発案、実施された方式が「沖縄県教育委員会委員の選定要綱」にもとづく「団体推薦制」である。この制度の骨子は、①知事は、県下の有力な八団体（県教組、県ＰＴＡ連合、県医師会、市町村教委連合会、市長会、市議長会、町村会、町村議長会）の役員の中から各一名を、教育委員候補者を推薦する「推薦委員」として委嘱する、②各「推薦委員」は、教育委員候補者として、それぞれ五人以内の者を推薦する、③知事は、推薦された者の中から教育委員候補者を選定して、議会の同意を求める、というものである。この制度はその後部分的な改訂は行なわれたが、二〇〇四年に廃止されるまで三〇年余にわたり存続されたのである。なお、宜野湾市など二、三の県下の市町村でもほぼ同様の団体推薦制が導入実施されている。(23)

(2) 教育委員の区民推薦制 ― 中野区の事例

中野区の推薦制は、沖縄における団体推薦制とはかなり異なった内容をもったものであり、一人ひとりの区民が推薦主体となった「区民推薦」制である。前章で詳しく述べたように、中野区では、教育委員選任過程への住民参加の創意的な試みとして、全国的に大きな注目を集めた教育委員準公選制条例にもとづく「教育委員候補者選びの区民投票」が実施（一九八一年・第一回～一九九三年・第四回）された。準公選制の廃止後も、その精神をできるだけ活かすことを企図した「新たな区民参加のしくみと方法」が模索された。区長の委嘱による「教育委員候補者選定等区民参加問題専門委員」（七名）が設置され、その「最終報告」（一九九五年）にもとづき、全国で初めてのユニークな「教育行政における区民参加に関する条例」（一九九七年）と「教育委員候補者区民推薦制度要綱」（一九九六年）が制定される。前者の条例はわずか六ヶ条の簡潔なものであるが、多くの注目すべき興味深い内容が込められている。まず、その目的に「教育行政を推進するに当たっての区民参加の原則を確認」することが謳われ、次いで「区民参加の原則」

として、区民参加は、「教育に関する問題について区民の意見を総合し、地域の意思の形成をめざして行われるものであること」、「年齢、国籍等にかかわらず」すべての区民に保障されること、「具体的な仕組み及び手続き」によって保障されるものであることなどが規定されている。この条例に先立って、その趣旨を先取りするかたちで制定された後者の「区民推薦制度要綱」にもとづく教育委員区民推薦制は二回実施された。しかし、この制度は、区長の交代を機に廃止されて、新たに「教育委員にふさわしい人材推薦の仕組みに関する要綱」（二〇〇四年）にもとづく「自薦」を含めた新制度が実施されている。

（i）「区民推薦制」の概要と実際

第一期の「区民推薦制」は、次の三点を骨子としている。第一は、区長が教育委員会の協力のもとに開催する「教育フォーラム」。これは、「教育の現状や課題、教育委員会への期待、望ましい教育委員像などに関して区民が自由に論議する場」であり、区民がその企画、運営に直接参加して、地域センター（一五ヶ所）等で開催されものである。第二は、教育委員候補者の推薦である。区内に居住している一八歳以上の区民および外国人登録者が推薦できる。所定の推薦書（ハガキも可）に、①推薦する候補者一名の氏名・住所、②自分の氏名・住所・誕生月日（年は不要）、③推薦理由、などを明記し、区役所および各地域センターの推薦箱に投函することになっている（その際、「望ましい教育委員像」や「教育に関する意見」を記載することもできる）。第三は、推薦結果の整理・公表と区長への報告である。その方式は様々な配慮・工夫がなされておりなかなか複雑である。すなわち、推薦された候補者のうち、「公表基準」である推薦数一〇〇に達した者で、かつ公表に同意した者のみの氏名、住所、推薦理由が公表されるのである（なお、推薦数一〇〇に達した者はその段階で計数はストップされ、各人の推薦数は集計されない）。その他公表されるものは、推薦者総数、推薦された候補者総数、望ましい教育委員会像の一覧である。区長には、以上の公表内容の他に、推薦されたすべての候補者および推薦理由等が報告される。報告を受けた区長は、その結果を参考にしなながら、教育委員候補者を選定し、議会に提案するのである（ただし、区長は推薦された者以外の適任者を候補者として選定することができることになっている点は留意される必要がある）。

第一回の区民推薦（一九九六年）では、四六一五名の区民が推薦に参加し、推薦された候補者数は七九名、公表基準（一〇〇）に達した候補者は一五名（うち公表に同意した者は一三名）であり、公表された候補者リストの中から三名が教育委員に任命されている。また、第二回（二〇〇〇年）は、三二九〇名が推薦に参加し、三三名の候補者が推薦され、公表基準に達した候補者一四名（全員公表に同意）の中から二名が教育委員に任命されている。(24)

(ii)「人材推薦の仕組み」の概要と実際

中野区では、教育委員準公選制が実施されていた時期から四期一六年にわたって区長を務めた神山好一区長に替わって、二〇〇二年六月、田中大輔・新区長が就任する。これを契機に過去二回行われた「区民推薦制」の再検討が進められた結果、従前の「区民推薦制」では区民推薦参加数や被推薦者数も減少しており、「参加の仕組みとしての広がりや区民の関心など、所期の目的を十分に果たせたとは言えない面」があるという結論のもとに、新たに発案された制度が「教育委員にふさわしい人材推薦の仕組み」である。「幅広い人材の中から教育課題に的確に対応できる人材を発掘すること」（要綱一条）を目的としたこの新制度のおもな特徴は、①従前の推薦制（他薦）とともに新たに「自薦」制を導入したこと、②他薦は区民一名以上の推薦でよいこと（旧制度の公表基準一〇〇名の廃止）、③自薦者は、応募理由（四〇〇字以内）、プロフィール（自己ＰＲ）、教育委員になった際に取組む課題（優先順位をつけて箇条書き）を提出することにより「人材登録」されること、④被推薦者のうち希望者は、自薦者と同様に、上記のプロフィールおよび課題を提出して「人材登録」されること、⑤経営室担当副区長は登録者全員の情報（上記プロフィール等）を冊子にまとめて区長に提出し、区民に公開すること、⑥登録者全員が公開の場で所定のテーマについての意見発表を行い、区長と質疑応答する（区民は自由に傍聴できる）、⑦区長は教育委員候補者の選定に当たっては、この登録者リストを参考にする、などである。

第一回の「人材推薦の仕組み」（二〇〇四年）では、自薦者二四名、他薦・被推薦者一〇名（推薦者は九八名）の計三三名（他薦者のうち一名が登録辞退）が「人材登録」され、三二名が区長の前で公開意見発表をした（一名欠席）が、自薦登録者一名が教育委員に任命されている。第二回（二〇〇六年）は、自薦者一〇名、他薦・被推薦者五名（推薦者五五名）の計一四名が「人材登録」されたが、その数は半減している。また、「人材登録」者リストからは一人も教育委員に任命されていない。

第3節　公募制・推薦制と教育委員会の活性化

1 公募制の基本的特質

教育委員（教育長）公募制は、首長から打診・依頼される従来の方式とはことなり、課題論文や面接諮問などをとおして教育と教育行政に対する自らのビジョンを掲げて自らの意思によって応募し、選考委員会などの慎重な審査をへて候補者に選定され、任命される教育委員（教育長）の新たな選任方式である。この選任方式は、従前の教育委員（教育長）の選任過程の閉鎖性と不透明性を一定程度改めるとともに、公募教育委員（教育長）に対して、その重い職責に対する新たな自覚と認識、責任感と意欲を付与する機能を少なからず果たしているように思われる。これらの諸点にこの制度のもっとも大きな意義があるといえる。

教育長公募制は、すでにふれたように、従来の既成観念や慣行にとらわれず、「広い専門的見識と的確な行政手腕」を有する人材を、当該自治体の範囲を越えて広く県内・近隣諸県さらには全国的に募るものである。公募制の実施に託した期待は、「地元教育界の体質や人間関係のしがらみ」にとらわれない広い視野と専門的な力量を持ったキーパーソンとしての教育長候補者を選任し、そのリーダーシップによって、教育委員会を活性化するとともに、「地域に根ざした教育改革」を実現していくことを企図したものである。それはまた、とりわけ住民からみればきわめて不透明である教育長の選任過程を、ある程度透明にし「可視」化させ、あいまいな選考基準をある程度明確にするシステムでもあるといえる。教育委員会のキーパーソンとしての教育長の公募制は、現行法のもとでは前例のない「実験」である。ここにこの制度の斬新さがあり、同時に難しさやリスクもともなっているといえる。本章第1節で述べたように、公募制ならではの教育長の選任を行い、そのリーダーシップのもとに教育委員会を活性化させ、学校や地域とのあらたな協力・協働関係を創りつつ、地域の教育改革に取組んでいる事例が見られる。しかし、そのすべてが順調に展開されてきたとはいえず、一部ではあるがさまざまな要因から〝挫折〟している事例もある。

これに対して教育委員の公募制・推薦制は、教育長を兼任しない一般の教育委員候補者の一部あるいはすべてを住民の中から公募し、あるいは住民の推薦をとおして選任し、地域の教育と教育行政に対する熱意と意欲を持った人材を、保護者を含めて幅広く選任することによって教育委員会の活性化を図ろうとするものである。また、従来、ともすれば首長およびその近辺の人脈にそって選任される傾向の強かった閉鎖的で不透明な選任過程を、より透明なものとすることによって、地域住民により開かれた教育委員会に〝再生〟しようとするものでもあるといえる。公募教育委員が加わったことにより、子育て世代である保護者や地域で多様な活動に参加している住民、さらには教育界以外の社会で長らく経験を重ねてきた者の視点・意見が反映され、教育委員会の会議は確実に活性化し、論議も深まってきているとの指摘は、面談した首長や教育長からほぼ共通に述べられた事柄である。その限りでは教育委員公募制の趣旨の最初の一歩は果たされているといえるだろう。

2 公募制の隘路と問題点

公募制の難点については、ある『調査報告書』のなかで、つぎのような指摘がされている。[25]

「公募制の採用にはいくつかのねらいがあるが、多くの首長は慎重であり、必ずしも積極的ではなかった。（中略）結局、公募制に関しては、次のような難しい問題が付きまとうという難点がある。すなわち、小論文や面接で人物が本当にわかるのか（そうしたことに頼るよりも、日頃からその人間性や活動を見聞きしている人物の方が安心できること）、いったん面接すると、断わることが難しい面もあること、応募者には『現状不満型』の、ある一つの考えにとらわれている人が多いこと、応募者が少ないときにどうするか、相対評価になってしまい、『不毛の選択』を強いられることが少なくないこと、首長の『委員像』に叶う人物がいないときにどうするか、『地元のことを知らない人が頭の中だけで』判断し行動するような委員が生れる可能性があることをどうするか、などの課題がある」。

これらの指摘は、公募制が一般的に持っている難点であることは間違いないといえる。公募制を導入・実施した一連の首長インタビューにおいても、少なからぬ首長が公募制の実施を前にして、期待と同時にさまざまな不安を持っていたことを率直に語っている。また、初めての公募制によって「非常にいい人が選ばれた」と自負しているある首長も、「本当に私どものほしい人に応募してもらえるかということについての懸念はある。そこを承知してかかったほうがいいと思う。ほんとうにほしい人材がいなかった場合には、幾人応募してもらっても、その中から選ばないという考えを持って臨まないといけない。いつでもいい結果が得られるかというと、私はいま自信がない。日本中の人に『公募の方法でやればいい人材が得られる』、と公言することについては躊躇する。公募制には危険はある」（F町長）とのべている。[26]

これまで導入・実施された事例の中でも、すでに紹介したように、〝挫折例〟はいくつかある。それらの原因が公募制そのものによっているというべきなのか、その運用によっているのか、あるいは公募教育長の資質や就任後の諸条件・諸環境によっているのか、それらの複合的な要因によっているのかについては、慎重な検証が必要であるといえる。

新たな制度とその運用には、危険や紆余曲折、失敗はついて回るものでもある。そこからどのような教訓と新たな智恵や工夫を引き出すかがより重要であるのではないかと考える。

3 公募制の意義と課題 ― 教育行政への住民参加に向けて

福島県三春町に始まった教育長公募制は、教育行政分野における分権改革の象徴的な事例である教育長の任命承認制の廃止を直接的な契機として、自治体の創意により発案・実施された自治行政立法的なわが国で初の試みである。すでに教育委員の推薦制や準公選制などの先行例はあるが、教育委員会のキーパーソンとして、特殊な法的地位ときわめて重要な職責を持つ常勤職たる教育長の公募制は、地方教育行政法のもとでは前例のない「実験」である。ここにこの制度の斬新さがあり、全国的に注目を集めた理由の一つがある。

教育長公募制は、従来の既成観念や慣行にとらわれず、「広い専門的見識と的確な行政手腕」を有する人材を、当該自治体の範囲を越えて広く県内・近隣諸県さらには全国的に募るものである。公募制の実施に託した期待は、「地元教育界の体質や人間関係のしがらみ」にとらわれない広い視野と専門的な力量をもち、かつ地域にしっかりと腰を据えて「地域に根ざした教育」を実現していくキーパーソンとしての教育長を選任することにおかれたといえる。それはまた、住民からみればきわめて不透明である教育長の選任過程を、ある程度透明にし、「可視」化させ、あいまいな選考基準をある程度明確にするシステムでもあるといえる。首長から依頼され任命される従来のスタイルとはことなり、教育と教育行政に対する自らのビジョンを掲げて自らの意思によって応募し、選考委員会などの慎重な審査をへて任命される公募方式が、教育委員会の要である教育長にその重い職責に対する新たな自覚と認識、責任感と意欲を付与する機能を果たしていることは、筆者がインタビューしたほとんどすべての公募教育長から強く印象づけられ、看取しえたものである。これらの諸点にこの制度の大きな意義がある。実際にインタビューをした公募教育長の多くは、明確な問題意識と情熱、意欲、責任感を持って旺盛な活動を展開し、教育委員会の活性化と地域に根ざした教育およびまちづくりに尽力している。

公募教育長が誕生して未だ日が浅く、本調査研究が直接対象とした四年間（二〇〇三年四月～二〇〇七年四月）に限定すれば、通常の任期（四年）を満了しているものは少なく、再任されて二期目に入っている公募教育長はまだいない。その活動実績を総合的に評価するのはなお時期尚早ともいえよう。しかし、少なくともインタビューをした教育長の多くは地域と教育界に新たな風を吹き込みつつ、明確な問題意識・課題意識のもとに旺盛な活動を展開している。同時に教育委員会の会議のもち方についての工夫 ― 議案・資料の事前送付、公開制の推進、夜の会議開催、実質的な論議時間の確保、定例会終了後の「勉強会」の開催など ― をはじめとして、教育長のリーダーシップと助言により、教育委員会は本来の合議制の執行機関としての機能を回復しはじめている。実際に筆者が傍聴した富士見町教育委員会の定例会は、三時間ほどの会議をとおして教育委員同士、教育委員と事務局担当者との活発な質疑・討論が展開されていたことは印象深い。

しかし他方で、前述した〝挫折例〟のように、それらが地元教育界とさまざまな軋轢を生じている一面があることも事実である。いずれにしろ、その活動実績の総合的な評価はこれからの課題である。

公募制がより住民や教育関係者等に開かれ、その多様な参加のもとで行われていくならば、新たな教育長像がより明らかとなり、それにふさわしい資質と力量をもつ候補者を選任する適切かつ多様な方式を地域ごとに創造することにつながる可能性をもっている。

このように教育長公募制は、教育長および教育委員会のあり方に多くの示唆を与えるものであるが、その総合的な評価はなお今後の課題である。

教育委員（教育長）公募制は、ほとんどがいわゆる〝改革派〟首長の主導によるものであり、その法的根拠も首長の定めた要綱（要項）や規程にもとづくものである。公募制は、かつて東京都中野区で実施された教育委員準公選制のように、住民の直接請求や市民運動を背景にした広範な住民参加のしくみではなく、また条例に拠っているものではなく、首長の交代によってそれらが継承されない場合も少なくない。また、公募制は、公募制一般がそうであるように、地域の教育と教育行政に強い関心をもつ住民（市民）が〝自薦〟するものであり、かつての公選制や準公選制の標語の一つであった「出たい人より、出したい人を」に含意された住民代表性を担保する契機は希薄である。すなわち、これまで実施された公募制においては、地域・自治体の本来の主体である住民が、教育委員候補者の選任過程に多様に参加し、その意向や要求を教育行政・教育政策に反映させるシステムにはなっておらず、住民自治的視点は希薄である。

しかしながら、教育長や教育委員公募制の嚆矢となった三春町や大平町をはじめとするいくつかの自治体では、教育長や教育委員の公募制はそれだけが単独で実施されているわけではなく、その他の多くの審議会・委員会の委員の公募制と同時に実施されており、それらが「住民参加のまちづくり」を基軸とした壮大な構想の一翼に位置づけられていることは大いに注目される。すでにふれたように、たとえば大平町では、「一人一人の基本的人権が尊重されるまちづくり」、「まちづくりに参加する権利」などを高らかに謳った「自治基本条例」（二〇〇四年）が制定され、その理念と原則を具体化した「町民参加及び協働の推進に関する条例」（二〇〇六年）とともに新たなまちづくりが構想されている。また、同時に制定されている「審議会等の委員の公募に関する規則」（二〇〇六年）には、「審議会等の委員については、委員の全部又は一部に公募の委員の登用に努めなければならない」と謳われており、教育委員会などの行政委員会を含む各種「審議会等の委員」の公募制が積極的に実施されているのである（同町長の二期目に向けた政策目標のなかでは、「委員会・審議会に占める公募委員の比率五〇％を目標に、計画段階からの住民参画」、「委員会・審議会委員の女性比率を当面三〇％以上に引き上げ」などが掲げられている）。

教育長・教育委員の公募制は、マンネリ化し活力を失っている教育委員会を活性化していくささやかな一歩である。一人の公募教育長や公募教育委員の誕生がただちに「教育委員会の活性化」や「住民に開かれた教育委員会」を生み出すものではないであろう。しかし、公募制によって任命された教育長や教育委員が、公募制に託された趣旨を積極的に受け止め、閉鎖的な教育委員会を保護者・住民や教育関係者に開かれたものにする努力をし、さらに、「一人一人の基本的人権が尊重されるまちづくり」を目指した「まちづくりに参加する権利」の具体的な制度的保障のさまざまな施策と連動することができるならば、その根源となる住民の〝元気〟と〝力量〟を形成し、地域・自治体の教育と政治における住民自治を創造する確かな一歩につながる可能性をもっているといえよう。

〈注〉

（1）『朝日新聞』二〇〇三年一二月七日付。
（2）『加賀市議会定例会会議録』、平成一四年九月二日。
（3）『浦安市議会定例会会議録』、平成一五年六月一三日。
（4）『朝日町議会議事録』、平成一六年九月一六日。
（5）『教育委員会月報』平成一七年三月号、所収。
（6）中野区教育委員選任問題専門委員「中野区教育委員会の教育長委員の選任問題について」一九八一年一一月一六日、参照。
（7）加西市を除く他の一五自治体の公募要項・要領は、三上昭彦『分権改革下における教育長公募制と教育委員会の活性化に関する実証的研究』（平成一五〜一六年度日本学術振興会科学研究費補助金・基盤研究C・研究成果報告書）二〇〇六年三月、の「資料編」に収録されている。以下、『科研費報告書二〇〇六』と略記する。

（8）森田道雄「三春町の教育改革の到達点（一）―伊藤寛町長にきく―」『福島大学教育実践研究紀要』第四〇号、二〇〇〇年六月、七六頁。

（9）『日本教育新聞』二〇〇〇年九月二二日号。

（10）野村久仁子「教育長公募に挑戦しました」『朝日新聞』二〇〇〇年一一月六日。

（11）成文化されている選考基準の事例は前掲の拙著『科研費報告書二〇〇六』の資料編に収録されている。

（12）なお、原町市の再任「不同意」をめぐる事情の一端に関しては、「公募教育長の再任に『ノー』を突き付けた原町市議会」『政経東北』二〇〇五年一二月号を参照。また、朝日町については、筆者の『科研費報告書二〇〇六』にその一端を述べてある。

（13）『逗子市教育委員会定例会会議録』平成一七年一二月一五日など参照。

（14）同『市議会定例会会議録』平成一八年二月一三日。

（15）筆者は、事柄の経緯と背景、問題の核心を精確に理解したいと考え、三春町に対して資料の照会と提供を要請したが、「係争中」との理由から一切の関係資料の提供はできない旨の回答を受けた。係争は二〇〇六年三月二八日に福島地裁で和解が成立し決着した。そこで筆者は、再度、関係文書（原告側の「訴状」、被告たる町側の「答弁書」および「和解文書」等）の開示請求を同町情報公開条例にもとづいて行ったが、「和解調書」〈但し、原告・被告の代理人（弁護士）氏名、原告の住所等は不開示〉以外は事実上の「不開示」の「決定通知書」を受けた。「本事件が和解をもって結了」していることが主たる不開示理由である。なお、地元紙および全国各紙（福島版）の記事のほか、『政経東北』誌（東邦出版）に掲載されたかなり詳細なレポート（無署名）、「三春『教育長進退問題』の摩訶不思議」（二〇〇四年一月号）および「教育行政の限界を示した三春町の公募教育長」（二〇〇六年四月号）の二編がある。

(16) 平成一五年一二月町議会定例会（一二月一二日）における町長答弁、同『定例会会議録』。
(17) 『政経東北』二〇〇四年一月号の前掲論稿。
(18) 『読売新聞』〈福島版〉二〇〇六年三月二八日、『毎日新聞』〈同前〉同三月三〇日付など。
(19) 法令用語研究会編『有斐閣 法令用語辞典（第二版）』、有斐閣、二〇〇二年。
(20) 詳しくは小林洋文「体験的教育委員会論 — 公募教育長の三年間を振り返って」『現代の教育改革と教育委員会』（民主教育研究所年報第八号）、同研究所、二〇〇八年、所収、を参照。
(21) 文部科学省「教育委員会の現状に関する調査（平成一五年度間）」では、「教育委員の公募を実施した市町村」一覧表のなかに、福島県船引町、福井県宮崎村、島根県知夫村、鹿児島県牧園町の四町村も挙げられている。しかし、同省のその後の二回の調査（平成一六年度間および一七年度間）の一覧表（平成一二年四月～一八年八月末までに公募制を実施した全市町村）では、上記の四町村のうち牧園町以外の三町村は削除され、一七年度間調査では新たに福岡県桂川町が加えられている（『教育委員会月報』二〇〇七年九月号）。筆者の本調査研究と文科省の上記の最新調査を併せてみれば、教育委員公募制（教育長を除く）をこれまでに実施した市町村は全国で一七市区町村となり、本〈表Ⅶ―2―1〉には牧園町と桂川町の事例が欠けていることになる。
(22) 詳しくは三上昭彦『分権改革下における教育委員の公募制・推薦制と教育委員会の活性化に関する実証的研究』（平成一七年度～一八年度日本学術振興会科学研究費補助金・基盤研究C・研究成果報告書、二〇〇八年三月、所収の「資料編」参照。以下、『科研費報告書二〇〇八』と略記。
(23) 詳しくは、嘉納英明「復帰後沖縄における推薦制教育委員会制度の成立過程」日本教育政策学会編『教育改革と地方自治』（同学会年報第一三号）、二〇〇六年、八月書館などを参照。
(24) 中野区教育委員候補者区民推薦実施本部『第二回教育委員候補者区民推薦の記録』、二〇〇一年三月、などを参照。
(25) 教育委員会制度調査研究会（代表・堀 和郎・筑波大学教授）『教育委員会制度及び県費負担教職員制度の運用

実態に関する調査』平成一六年九月。

(26) 前掲、注(7)の三上昭彦『科研費報告書二〇〇六』、二九〜三〇頁。

終　章　教育委員会制度の「再生」

──その課題と展望

第1節　教育委員会制度の存廃をめぐる新たな動向――廃止論・任意設置論と必置論・活性化論

二一世紀に入り、教育委員会制度の実情に対して新たな批判が拡がり、再びこの制度のあり方と存在意義とが厳しく問われ、「教育委員会制度の改革」は今日の教育改革の差し迫った重要な課題の一つになっている。

すなわち、政府関係の審議会や首相直属の諮問機関などから、教育委員会制度の廃止や縮小あるいは必置規制の撤廃（教育委員会の任意設置・選択設置）などを含めた「教育委員会制度の抜本的見直し」の必要が提言されている。それらはいずれも、文科省系列の中教審以外の、主として官邸・内閣府に設置された複数の有力な会議・審議会（例えば経済財政諮問会議、総合規制改革会議、地方制度調査会、教育再生会議など）から提言されてきていることが大きな特徴である。また、地方六団体の一角をなす全国市長会や〝改革派〟首長の任意組織である「提言・実践首長会」、さらに行政学者などの一部からも廃止論・任意設置論が提唱されている。最近注目を集めている橋下徹大阪府知事（現・大阪市長）が率いる「大阪維新の会」と大阪府・市の教育改革・教育政策の動向も、異質な要素を含みながらも、首長の統制下に教育委員会をおこうとしており、その意味では廃止論に限りなく近い潮流であるといえる。

今やそれらの廃止論・任意設置論は、文科省や中教審、教育委員会や学校管理職関係の諸全国組織など、教育界が主張してきた教育委員会の必置論・活性化論を包囲しつつある様相さえある。その限りでは、本書第Ⅱ章でふれた一九五〇年代前半の構図に近似しているともいえよう（本書巻末の資料２「略年表」を参照されたい）。

こうした動向に対して河村健夫文科相は、二〇〇四年三月、中教審に「地方分権時代の教育委員会の在り方」を諮問するなどして、教育委員会の必置・存続を前提にしたこの制度の部分的な制度改革と新たな活性化方策に取り組んでいる（二〇〇四年および後述する二〇〇七年の地方教育行政法の一部改正など）。

安倍内閣の下で制定され、二〇〇六年一二月二二日に公布・施行された新たな教育基本法（新教基法）は、戦後教育改革の象徴的存在であった一九四七年教育基本法（旧教基法）をほぼ六〇年ぶりに「全部改正」（全面改正）したものである。二〇〇六年教育基本法（新教基法）は、教育委員会制度それ自体の改変を明記してはいないが、旧教基法の〝要〟と見做されてきた教育行政条項（第一〇条）の全面的な改正を眼目の一つにしたものである。すなわち新教基法の教育行政条項（第一六条）では、まず旧教基法第一〇条一項の規定「教育は、不当な支配に服することなく、国民全体に対し直接に責任を負って行われるべきものである」が全面的に改正され、「教育は、不当な支配に服することなく、この法律及び他の法律の定めるところにより行われるべきものであり、教育行政は、国と地方公共団体との適切な役割分担及び相互の協力の下、公正かつ適正に行われなければならない」とされている。また、教育行政の「任務とその限界」を定めた旧教基法第一〇条二項「教育行政は、この自覚のもとに、教育の目的を遂行するに必要な諸条件の整備確立を目標として行われなければならない」がすべて削除されていることにあらためて留意する必要がある。さらに、教育振興基本計画（第一七条）が新設され、自治体は政府が策定する教育振興基本計画を「参酌」して「基本的な計画を定めるよう努めなければならない」とされたのである。(1)

改正教育基本法における教育行政条項の全面改正は、その後の教育行政と教育委員会のあり方（とりわけ法令による教育の国家統制の強化など）に大きな影響を及ぼしつつある。国会の法案審議のなかで伊吹文明文科相は、①改正教育基本法は従来どおり「教育の根本法」としての性格は変わらないこと、②改正法案が成立した場合には、それにもとづいて学校教育法をはじめとする多くの教育関係法の改正が見込まれること、③さらに個々の教育法の改正を受けて、関連する政令・省令の改正、学習指導要領の改訂や教育振興基本計画の策定が必要となる旨の答弁をくり返し行っていた。このことは、改正教育基本法にもとづいて現行教育法体系を全面的に再編することを意味する。今回の教育基本法の改正のねらいは、まさにこの点にあったのである。

改正教育基本法の制定を受けて、安倍首相の肝いりで、二〇〇六年一〇月一八日に発足した教育再生会議（閣議決定による設置）の第一次報告「社会総がかりで教育再生を ― 公教育再生への第一歩」（二〇〇七年一月二四日）の提言に沿って、二〇〇七年三月二〇日に国会に上程された教育改革三法案（学校教育法改正案、地方教育行政法改正案、教育職員免許法および教育公務員特例法の一部改正法案）は、衆議院では会期内の成立をめざす与党が「教育再生に関する特別委員会」を設置して審議を強行し、五月一八日に衆議院で可決、六月二〇日に参議院本会議で可決・成立したのである。教育改革三法に関しては別稿に譲り(2)、ここでは本書の主題に直接に関わっている地方教育行政法の一部改正法についてふれておきたい。

地方教育行政法の一部改正法の主な改正点は、つぎの五点にある。すなわち、①教育委員会の責任体制の明確化（地方教育行政の基本理念の明確化、合議制の教育委員会が教育長に委任してはならない固有な職務の明記、自らの活動状況の点検・評価など）、②教育委員会の体制の充実（教育委員会の共同設置による体制の整備・充実、国・都道府県による教育委員の研修等の推進など）、③教育における地方分権の推進（教育委員定数の弾力化、教育委員への保護者の選任の義務化、文化・スポーツ事務の首長担当、市町村教委の内申に基づく同一市町村内の教職員の異動など）、④教育における国の責任の果たし方（教育委員会の法令違反等に対する文科大臣による是正・改善の「指示」、「是正の要求」を可能とする規定の新設など）、⑤私立学校に関する教育行政（知事が私立学校に関する事務について、教育委員会に対し助言・援助を求めることができる旨の規定の新設）、などである。

以上の改正点のうちで、今後の教育委員会のあり方にもっとも大きなインパクトを与えるのは、文科大臣による「是正の要求の方式」（第四九条）と「文科大臣の指示」（第五〇条）であろう。これらの規定は、前述した地方分権一括法（一九九九年）による地方教育行政法の改正によって廃止された規定の「復活」（文科省の〝失地回復〟）ともいうべきものであり、地方六団体等が厳しく批判したように、近年の地方分権改革動向に逆行するといわざるをえない。たしかに文科大臣が「是正の要求」を行うときの要件は、教育委員会の事務の管理・執行が「法令違反」の場合および「怠るものがある」場合に限られ、かつ「児童、生徒等の教育を受ける機会が妨げられていること」や「教育を受ける権利が侵害されていること」が明らかである場合に限定されている。また、「指示」の要件も、「児童、生徒等の生命又は身体の保護のため、緊急の必要があるとき」で、「他の措置によっては、その是正を図ることが困難である場合に限る」と厳しい縛りをかけていることは重要である。実際は発動されることがない〃伝家の宝刀〃的抑止的機能を期待する向きもある。しかし、地方自治法の規定（第二四五条）など現行規定を駆使して解決できない事態とはどのようなものであるのか、法令違反であると誰が公正に判断しうるのかについて、法案審議の過程でも充分な説明がなかったといえる。

第2節　教育委員会廃止論・任意設置論の諸相

こうした文科省・中教審の地方教育行政・教育委員会の活性化をめざした改革論議と施策が進行していく過程で、前述のように、行政委員会としての教育委員会制度それ自体の廃止論ないしは縮小論、さらには任意設置論（必置規制の撤廃）が再び浮上し、一定の拡がりをみせている。一口に教育委員会廃止論といっても、そこにはさまざまなバリエーションがあり、その理由や廃止後のそれに代わる制度構想は一様ではない。ここでは廃止論に焦点を当てて、地方団体、行政研究者および政権政策にはじめて教委廃止を掲げた民主党の主張と構想を検討することにする。

第一は、地方六団体の一つである全国市長会の主張と構想である。同会は、二〇〇一年二月一九日、「学校教育と地域社会の連携強化に関する意見 — 分権型教育の推進と教育委員会の役割の見直し —」をまとめ、政府をはじめ関係方面に要請している。「地域の自由な発想を生かす分権型の教育」、「学校と家庭・地域が一体となった地域連携型の教育」の二つの柱からなるこの提言は、教育委員会制度にかかわってつぎのような三点を指摘している。

一つは、文部科学省―都道府県教委―市町村教委という強固な縦の系列は、地方分権一括法（地方教育行政法の改正を含む）により若干の改正がなされたものの、その基本に変更はなく、「教育内容、教職員人事のあり方などにおける強固な集権的教育システムについては改革すべき時期にきている」とする。二つは、教育委員会制度については、「制度の存廃まで含めてさまざまな議論が展開されている実態である」なかで、「歴史的経過や実態を踏まえた基本的あり方についての検討が必要になっている」としている。三つは、生涯学習など学校教育以外の分野については、縦割り型ではなく総合的な対応が望ましいので、「市町村の所管とすることが望ましい」としている。

この提言の背景になっているのは、島根県出雲市長から出された「教育委員会廃止」・「学校教育への特化」の二つの提言とそれをめぐる全国市長会・社会文教分科会での論議であるといわれる。文部省官僚の前歴をもつ西尾理弘出雲市長（当時）による教育委員会廃止提言は、〝教育委員会の制度および機能は日本の土壌に定着をみることなく形骸化、空洞化している〟との認識に立って、「地方教育行政を首長直属の組織（教育担当部局）で執行し、教育委員会は首長の諮問機関とする」というものである。後者の提言では、「教育委員会の委員長は首長とし、その所管は学校教育に限定する」としている。「提言の背景（理由）」として七点が列挙されているが、「子供たちの健全育成をはじめ、まちづくりや地域振興は首長が総合戦略として行なう必要があり、学校教育行政の新しい展開のためには、限られた財源を最も効果的に活用するとともに、真に住民の代表たる首長があらゆる組織や人材を総動員して取り組むべきである」、「国の地方財政支援の方法が、補助金公布から地方交付税へとシフトしてきており、文部省所管の地方組織として独立している意味が薄れてきた」などの指摘が目を引く。

二つの提言のうち、教育委員会の廃止提言については多様な意見が交錯して一致せず、全国市長会の「意見」としては、先に見たような表現をとったようである。(3) その後出雲市では西尾市長の主導のもとに条例（部室設置条例）を改正し、生涯学習、芸術文化、スポーツ、図書館等に関する行政事務（部課）を市長部局に移管（地方自治法第一八〇条の七にある「補助執行」規定の援用による)、教育委員会の職務権限を学校教育分野に縮減・特化するとともに、教育委員会と市長部局の合同協議の場として「教育行政連絡協議会」を設置したのである。(4) こうした動向はその後、他の自治体にも徐々に拡がっており、当該自治体の教育改革全体の検証をふまえて、その〝功罪〟を検討する必要があろう。

第二は、一部の行政学研究者からの主張と構想である。そのなかで教育委員会廃止論をいち早く（一九九〇年代後半）、もっとも鋭くかつ明快に提起してきたのは市民の自治・参加論を重視するリベラルな行政学者として知られる新藤宗幸である。一九九七年の短いエッセイ「教育委員会は必要なのか」で新藤は、地方教育行政法の下での教育委員会は、行政委員会とは名ばかりで、実態は教育長承認制などにより文部省の地方行政機関化し、首長の統制の及ばない「独立性」を有しており、その下に置かれた学校教育や社会教育も同様であると断じている。したがって学校教育や生涯学習に地域の自治を反映させるためには、「教育行政を直接公選の首長の下に置くべきであり、教育委員会を廃止して首長の補助機関とした部局に改編すべきである……教育行政の地域ごとの独自性を強化する道は、教育委員直接公選の復活による『教育行政孤島』を作ることではない。地域ごとに他の事業との関連性を常に図ることのできるシステムを作ることである。この意味で、首長と議会、それを通じた教育行政への市民の参加と統制のシステムが必要とされている」と述べている。(5)

新藤の提言は一見明快ではあるが、きわめて短いエッセイでの主張も一因となって、その論拠については必ずしも鮮明ではなく、十分な説得力を持っているとは言い難い。その後、二〇〇二年の論稿「教育行政と地方分権化 — 改革のための論点整理」では、教育行政の一般行政からの独立を主張する教育学者らを批判しつつ、教育委員会制度廃止論をやや本格的に展開している。その結論部分はつぎのようなものである。すなわち、「教育学者らは、一般行政と教育行政を一体化させてはならないという。しかし、その論理が文部科学省を頂点とする一種の「独立王国」ともいうべきタテ系列の行政システムを築いてきたのである。この点に着目するとき、タテ系列そのものを改革し、自治体政治部門の統轄下に教育行政をおき、同時に中央教育行政機関の改革を果すことこそ、教育行政の地方分権化に欠くことのできない条件であるといわねばなるまい。[6]」としている。中央教育行政機関の改革（文部科学省の初等・中等教育局をはじめとする学校教育部門を独立行政委員会として、内閣の統括から外すこと）を、教育行政の分権化の不可欠な要件として強調している点は重要な指摘であり傾聴すべきであるが、教育委員会を廃止する論拠はなお明確にされているとは言えない。

とりわけ、「教育学者らは、一般行政と教育行政を一体化させてはならないという論理が文科省を頂点とする一種の「独立王国」ともいうべきタテ系列の行政システムを築いてきたのである」としている点に、論理の飛躍と教育学者の言説への無理解がないだろうか。筆者も含めて少なからぬ教育学者は、「教育および教育行政の自主性・専門性の確保と教育・教育行政への住民参加」を同時的に保障する有力なシステムとして、戦後初期の公選制教育委員会制度を擁護してきたのであり、その今日的な新たな内実をもった制度の「再生」を主張してきたのである。そもそも新藤も、一九八〇年代前半の「文部行政の分権化構想」を論じた論文では、「学校教育行政は自治体教育委員会の公選制を回復した上で、市民の統御のもとに担われればよい[7]」と述べていたはずである。どのような論拠によって自説の重要な転換がなされたのかをあわせてぜひ明らかにしてほしいものである。

第三は、民主党の政権政策で掲げられてきた主張と構想である。二〇〇九年総選挙で民主党が掲げた「マニフェスト（政権政策）」のなかには、民主党政権が四年間で実現することを公約した「子育て・教育」分野の主要政策の柱の一つとして、「学校理事会」と「教育監査委員会」の創設という注目すべき政策が打ち出されていた。

前者の「学校理事会」については、「公立小中学校は、保護者、地域住民、学校関係者、教育専門家等が参画する「学校理事会」が運営することにより、保護者と学校と地域の信頼関係を深める」とされている。これと似た制度として、すでに二〇〇四年の地方教育行政法の改正によって制度化（任意設置）され、全国各地の小中学校を中心に設置されている「学校運営協議会」（コミュニティー・スクール）がある。(8) また、それとは別に、生徒、保護者、教職員・学校の三者代表からなる「三者協議会」「三者会議」などが、長野県辰野高校をはじめとする高校を中心に、各学校のまったく自主的・自律的な取り組みとして拡がっている。(9)

後者の「教育監査委員会」については、「現行の教育委員会制度を抜本的に見直し、教育行政全体を厳格に監視する「教育監査委員会」を設置する」と述べられている。その名称といい役割といい、何となく耳障りな感があるこの委員会は、教育委員会を発展的に改組したものとしてすべての都道府県と市区町村等に設置されるものとされている。

民主党のこの二つの制度構想は、さきの二〇〇九年マニフェストにはじめて登場したのではない。学校理事会はすでに二〇〇五年版民主党マニフェストのなかに掲げられており、教育監査委員会も二〇〇七年版の政策集ＩＮＤＥＸに明記されている。また、二〇〇七年の「教育改革三法」案が審議された国会に、野党であった民主党が政府案への対案として提出した「地方教育行政の適正な運営の確保に関する法律案」には、学校理事会と教育監査委員会の法制度の中身がかなり詳細に規定されている。

最大の問題点は、この二つの新たな仕組みが、現行の教育委員会制度を廃止して、地方教育行政を地方公共団体の長（知事および市区町村長）に一元化することを前提にして構想されていることである。これは、「教育行政を一般行政から独立させる」という戦後教育行政改革の基本原則の大転換を迫る重大なものであり、慎重な検討が必要である。

まず構想されている制度の大要と特徴を、さきにふれた「地方教育行政の適正な運営の確保に関する法律」案によってみておこう。それによれば、教育監査委員会は以下のようなものである。①まず大前提として、教育委員会を廃止し、それが処理してきた事務は首長に移管され、現行の地方教育行政法は廃止される。②代って都道府県と市区町村等に教育監査委員会が設置される。③委員の定数は五人以上とし、条例で定める。④委員は、当該議会において選挙される。委員のうち一人以上は常勤とし、また、保護者が含まれなければならないこと。⑤委員の任期、兼職禁止、罷免、解職請求、失職、服務、委員長、議事運営などに関しては、所要の規定を設ける。⑥委員会は、首長に移管された事務の実施状況に関し、必要な評価・監視を行ない、首長に対し、その改善のために必要な勧告をすること。⑦委員会は、首長に移管された事務に関する苦情の申出について必要なあっせんを行うこと。⑧委員会に事務局を設け、委員会が事務局の職員を任命する。

以上がこの新制度の概要であるが、イメージしにくいところが少なくない。この制度デザインに関わったと思われる民主党の関係者によれば、この制度は、首長が行っている教育行政が適切であるかどうかを常に評価・監査し、必要に応じて改善のための勧告等をする〝教育に関する市民オンブズパーソン制度〟であり、「従来の教育委員会を発展的に進化させたものである」と説明されている。[10] しかし、筆者にはとてもそのようには評価できない。

「教育に関する市民オンブズパーソン制度」が無用であり、意味がないというのではない。問題の焦点は教育委員会制度を廃棄して、教育行政を政治的独任機関である首長に一元化することの問題である。確かに教育委員会の現状は、その本来の理念や目的に照らしてみるとあまりに問題が多いことは周知のとおりである。しかし、「形骸化し、活力を失っている」その要因を十分検証し、明確にせずにその否定的な現実を理由にこのユニークな制度そのものを廃棄するのは本末転倒であろう。

第3節　教育委員会制度の「再生」の視点・課題と改革提言

本書で繰り返し言及してきたように、戦後教育改革の要として導入された教育委員会制度の本来の趣旨は、「教育が不当な支配に服することなく、国民全体に対し直接に責任を負って行われるべきであるという自覚のもとに、公正な民意により、地方の実情に即した教育行政を行うため」（教育委員会法第一条）であった。それから半世紀余をへて、内外の教育実践・教育活動と教育理論の発展をふまえて、この理念・制度原則はあらためて吟味され、より具体的に深化・発展させる制度構想が求められている。

近年、勢いを増している教育委員会廃止論や任意設置論の特徴と問題点は、形骸化した教育委員会制度を批判の対象としており、形骸化を必然化させた根本的な要因について分析・考察を欠落させていることである。

本書が明らかにしてきたように、教育委員会制度が「形骸化」してきたもっとも大きな法制度的な要因は、一九五六年の地方教育行政法によるこの制度の大改正と、その後の中央・地方の教育政策と教育行政にあることは否定できない。この改編によって、①教育委員の公選制の廃止や会議の公開原則の後退など、教育行政の民主主義・住民自治が弱められ、②予算原案の作成・送付権などの廃止によって教育委員会自体の権限と自主性が著しく弱められ、③教育長の任命承認制などによって文部省を頂点とする上意下達の官僚統制システムが確立され、教育行政の地方自治が大きく後退し、④学校管理規則の制定や勤務評定、行政研修の導入などによって、学校や校長・教職員に対する管理、統制が強化された。こうして、教育委員会の「住民代表性」や公開性は著しく弱められるとともに、文部省に対しても、首長・議会に対してもその権限と自主性を弱められ、制度本来の精神と機能を大きく後退させられた。

一九九九年「地方分権一括法」の一部として地方教育行政法が制定以来初めて大改正され、機関委任事務や教育長の任命承認制の廃止、文部省の教育委員会への関与の部分的な縮減、一部権限の委譲などがおこなわれた。それらは教育委員会制度の〝再生〟への第一歩として評価される部分はあるが、きわめて不徹底な分権化であるとともに、教育行政における地方自治、とりわけ住民の自治・参加・公開を制度的に保障する改正はほとんどふくまれておらず、教育委員会制度の本来の精神と機能を真に再生する改正とは到底いえない。

この制度の「本来の精神と機能を真に再生する」基本的な方途は、一九五六年地方教育行政法によって失われた契機、ないしは大きく弱体化された契機を復活させ、それをさらに豊かに充実強化することである。すなわち、第一に民主主義および住民代表性の契機（教育行政における住民自治、住民との直接的なつながり）の充実・強化であり、第二に分権化の契機（文部省や都道府県教委に対する「対等な関係」）の充実・強化であり、第三には首長部局からの独立性の契機（教育予算原案および教育条例原案の作成権・首長への送付権等の固有な権限）、第四は専門性・指導助言性の契機（教育長・指導主事・スクールカウンセラー等の専門性など）の充実・強化することである。

最後に、本書で取り上げた教育委員準公選制や公募制の取り組みをはじめとする多様な全国各地の取り組みをふまえて、筆者の考えている当面の教育委員会制度の改革提言[11]を提示して本書を結ぶことにしたい。

〈当面の改革提言〉子ども・保護者・住民・教育関係者等に開かれた「新しい教育委員会制度」の確立

(1) 基本的な考え方――「新しい教育委員会」の確立

① 「新しい教育委員会」は、㋑それぞれの地域の教育行政が直面している具体的・日常的課題、学校・図書館などの実情や子ども・保護者をはじめとする地域住民の教育上の意見・批判・要望などに精通していること、㋺それぞれの地域の教育行政に関する意思決定、管理、執行につき実質的な当事者能力と機敏な行動力、明確な責任感をもっていること、㋩それぞれの地域の特性を考慮して、個性豊かな、各地域住民に密着した教育行政を推進するだけの自主性、主体性をもっていることが求められる。

② 「新しい教育委員会」は、子ども・保護者・住民（定住外国人をふくめ）と教育関係者・各領域の専門家などに開かれ、その活発な参加と協力のもとに地域の教育計画と条件整備に努力し、学校や社会教育施設の教職員の活動と運営の自主性、自律性を最大限に尊重し、自治体の他の関係部局・機関などと積極的に協力して総合的な子ども行政、

教育・文化行政を積極的に推進することをめざすものでなければならない。

③「新しい教育委員会」は、それに相応しいシステム、権限、人的・物的条件を具備しなければならない。そのために、現行の関係法令の抜本的な改正が必要である。

④「新しい教育委員会」は、住民、首長部局、議会等と協力・協同して地域づくり、まちづくりの先頭にたたなければならない。「学校づくりは地域づくり」、「地域づくりは学校づくり」である。

(2) 教育委員任命制を廃止し、「新しい公選制」を実現する

「住民代表性」をもつ教育委員の選任は、委員会の自主性の確立と活性化にとって不可欠な条件である。現在の任命制を廃止し、住民が直接参加できる教育委員選びの新しい多様なシステムを自治体ごとに採用できるようにする必要がある。その際、東京都中野区の「準公選制」の歴史的経験に照らし、公職選挙法（公選法）にもとづく一般の政治選挙とは異なった独自の選挙制度を法令・条例などで工夫することがのぞまれる(12)。

新しい教育委員選任システムとしては、「新しい公選制」のほかに、公選制と推薦制の併用、準公選制、推薦制などの多様な方式も考えられる。

教育委員の定数は、法律で下限を定め、人口の規模などに応じて条例によって増員できるようにすべきであろう。また、政令指定都市など大都市における教育行政への住民参加を実効的にすすめるために、当該自治体をいくつかの地区に分け（たとえば行政区）、地域教育委員会（仮称）などを設置し、可能なかぎり権限を委譲すべきである。

(3) 開かれた教育委員会と活動の活性化を

教育委員会の活動を保護者・住民や教育関係者に開かれた方向で活性化することが特に重要である。教育委員の会議を定例化し、開催日時・主要案件などを事前公示し、原則としてすべての会議（定例会・臨時会・協議会）および議事録を公開するとともに、傍聴制度の充実（会議日時と主要議題の事前公示・傍聴席の拡充・関係資料の配付・録音の許可・傍聴者の発言機会の設定など）をはかるべきである。

教育委員と子ども、保護者・住民、教育関係者などとの懇談会や対話集会の実施、教育委員のオフィス・アワーの設定、夜の教育委員会や地域に出向いた移動教育委員会の開催などを工夫することが望まれる。

重要な政策課題、住民や教育関係者の関心の高い問題についての政策決定とその実施にあたっては、審議会や協議会の設置、広聴会や対話集会の開催、意向調査の実施など適切な形態と方法によって、住民や教育関係者、専門家などの意見の反映や参加を保障して合意を形成することが重要である。その際、課題に応じて子どもや定住外国人の意見表明と参加の機会も保障されるように配慮すべきである。

教育（行政）情報の公開制度を確立・充実するとともに、教育委員会独自の広報紙誌の発行、ホームページの作成とインターネットの活用など、教育（行政）情報の提供に積極的に努める必要がある。

(4) 教育諸条件の整備と学校・社会教育施設・教職員の自主的・創意的活動の保障

新しい教育委員会は、学校管理規則をはじめ教育委員会の規則・規程・基準などを抜本的に見直し、教育課程の編成、教科書の採択、学級編制、校内諸組織、主任の選任、学校等予算の編成などに関する学校および社会教育施設の権限・自主的裁量権を大幅に保障すること。

指導行政においては、旧教育委員会法に規定されていたように、教育長や指導主事等は校長・教職員等に「命令・監督をしてはならない」ことを法的に明記するとともに、その活動は教育条理にそった質の高い専門的・技術的な指導・助言をとおして、各学校等がより充実した教育課程の編成や創意あふれる教育活動を創造できるように援助するものとする。また、研修行政においては、自主的な校内研修の充実のために必要な予算措置をおこなうとともに、教育委員会主催の研修は、その内容・方法・形態・時期などに関して学校・教職員等と事前に協議し、その要望をふまえたものとすることが重要である。

県費負担教職員の人事権を都道府県教育委員会から市区町村教育委員会へ委譲することを早急に検討すべきである。また、人事行政においては、異動基準を機械的、強制的に適用するのではなく、校長や教職員の要望や意欲を尊重するとともに、子どもや保護者の要望をふまえたバランスのとれたものとすることが重要である。

(5) 教育委員会の自主性・自律性の確立と独自の権限の充実を

教育委員会が自治体教育行政機関としての重い責務を自主的、主体的に果たすためには、それにふさわしい力量と権限が不可欠である。

まず、合議体としての教育委員会は、教育長や事務局まかせでなく、個々の政策課題についても十分な時間をかけて論議を深めることが重要である。また、政策立案力量の向上をはかるために、委員の研修機会の充実、独自な調査活動と調査費を保障するとともに、その役割と活動にふさわしい処遇の改善をはかることが必要である。

教育長は教育行政の専門家として、それにふさわしい専門的な力量と識見が不可欠である。教育長免許状の復活あるいは任用資格制などを検討するとともに、教育系大学院での養成を検討する必要がある。

教育長の任命承認制は廃止されたが、教育長を教育委員の中から任命する（教育長は教育委員を兼任する）という方式は、この制度の本来の趣旨からいって不適切であり、専任化をはかるべきである。教育委員会が公募制をふくめ、住民や教育関係者、首長・議会などの意見を聴取し、責任をもって任命すべきである。

指導主事の任用基準を明確にするとともに、十分な教育的識見と専門的力量をもつ指導主事を、共同設置をふくめてすべての教育委員会に置く必要がある。また、「上司の命を受け」という現行規定を廃止し、指導主事の専門職としての自主性・自律性が保障されなければならない。

首長部局に対する教育委員会の自主性を強化するために、教育予算原案・教育条例原案の作成・送付権（かつて公選制時代に教育委員会が持っていた独自の権限）、教育委員会と首長の事前協議制度、予算の枠配分方式など多様な方式の導入を自治体ごとに検討すべきである。

文科省、都道府県教育委員会と市区町村教育委員会は上下関係ではなく、対等な関係であることを確認し、文科省の教育委員会への関与、都道府県教育委員会の市区町村教育委員会への関与は、あくまで、専門的・技術的な指導・助言にとどめることが必要である。

〈注〉

（1）詳しくは、浪本勝年・三上昭彦編著『「改正」教育基本法を考える』、二〇〇七年、北樹出版、所収の巻頭拙稿を参照。

（2）三上昭彦「教育改革関連三法―制定の経緯と問題点」『季刊教育法』No.１５４、二〇〇七年九月、所収、参照。

（3）全国市長会社会文教分科会「教育委員会制度のあり方等についての意見交換経過概要」（平成一二年一一月八日）および添付資料「教育委員会制度改革の提言」（出雲市）、なお、『内外教育』（二〇〇一・二・二三付）にその概要が載っている。

（4）詳細は、西尾理弘『教育行政改革への挑戦』山陰中央新報社、二〇〇二年、参照。

（5）新藤宗幸「教育委員会は必要なのか」岩波書店編集部編『教育をどうする』岩波書店、一九九七年、二五八～二五九頁。

（6）新藤宗幸「教育行政と地方分権化―改革のための論点整理」東京市政調査会編『分権改革の新展開に向けて』

日本評論社、二〇〇二年、所収（第一〇章）、なお同論稿は、新藤『分権と改革』世織書房、二〇〇四年にも採録されている。

（7）新藤宗幸「文部行政の分権化構想」『世界』四四四号、一九八二年、岩波書店。

（8）文科省によれば、二〇一二年四月一日現在で全国の小学校・中学校を中心として約一〇〇〇校に設置されているといわれる。

（9）宮下与兵衛『学校を変える生徒たち』かもがわ出版、二〇〇四年、浦野東洋一・神山正弘・三上昭彦編『開かれた学校づくりの実践と理論』同時代社、二〇一〇年、など参照。

（10）民主党『教育のススメ「日本国教育基本法案」解説書』、二〇〇五年、参照。

（11）以下の改革提言は、筆者も運営委員・起草委員として参加した「日本の教育改革をともに考える会」の「21世紀への教育改革提案—人間らしさあふれる教育をめざして」（二〇〇〇年二月）をベースにしたものである。筆者は起草委員として、「父母・住民参加のひらかれた教育行政を」の部分のドラフトを執筆した。この教育改革提案の全容は、同会編の同名冊子およびその詳細版『21世紀への教育改革をともに考える』（ともにＦＯＲＵＭ－Ａより発行）を参照。

（12）教育委員の新たな選任方式の「試案」としては、兼子 仁・安達和志『教育委員選挙法に関する報告書』、一九八五年がなかなか興味深い。本報告書は、日教組法制局から委託された「教育委員選挙法素案の研究」に関するものであり、「教育委員選挙法」に関する問題提起（第一編）と「『教育委員選挙法』素案」（第二編）から構成されている。

あとがき

本書の「序章」で述べたように、この書物は、これまで折にふれて発表してきた論稿をもとに、標題にそってできるかぎり一貫性をもった作品として再構成するとともに、その後の研究成果と研究動向をできるだけふまえて加筆・修正したものである。

あらためて通読して感ずることは、「歴史的動態」と副題に掲げたものの、実際にフォローできたものは、そのごく一部分であることである。また、本書の主題に関わって近年公刊されている若手・中堅研究者の諸労作（本書の「序章」で注記した一連の作品等）の研究成果を十分には参照できなかったことである。それらのなかには私の旧稿に対する批判的論評や指摘もあり、本書の公刊にあたり、それらの論点にも一つひとつ丁寧に応答すべきであったが、本書の性格もあり、二、三の点にふれるにとどまっていることである。いずれも他日を期したい。

本書の各章のもとになっている主な論文の初出の原題および発表時と掲載誌などは、以下のとおりである。

第Ⅰ章　戦後教育改革と教育委員会制度の創設―占領下での民主的制度設計の模索
・戦後教育改革と教育委員会制度―教育委員会制度の歴史と理論―（1）―（『明治大学人文科学研究所紀要 第十五冊』一九七七年、明治大学）

第Ⅱ章　公選制教育委員会制度の歴史的動態―「未知」の制度と主体の「未成熟」

第Ⅲ章　教育委員会制度の大改編―地方教育行政法体制の確立と特質
・教育行政の機構と機能（五十嵐顕・大槻 健編『教育政策と教育行政』〈講座 日本の教育10〉一九七六年、新日本出版社）

・教育自治・分権と教育委員会（日本教育法学会編『自治・分権と教育法』〈講座 現代教育法３〉二〇〇一年、三省堂、所収）

第Ⅳ章　任命制教育委員会制度の歴史的動態―「定着」と「形骸化」
・教育委員会の人的・社会的構成の実態と問題点―都道府県教育委員会を中心として―（国民教育研究所編『季刊国民教育』、四月臨時増刊号、一九七五年）
・教育委員会の可能性（『季刊教育法』第三〇号、一九七八年）

第Ⅴ章　教育委員会制度の活性化政策―「形骸化」と「活性化」の諸方策
・教育委員会の「形骸化」と「活性化」（『教職・社会教育主事課程年報』No.10、一九八八年、明治大学）
・教育委員会制度改革の動向と展望（『日本教育法学会年報』第二八号、一九九九年、有斐閣）
・地方分権改革と教育（『明治大学教職課程年報』No.22、二〇〇〇年）

第Ⅵ章　教育委員準公選制の展開と到達点・課題―東京・中野区の自治的試み
・中野区における教育委員準公選運動（伊ヶ崎暁生・兼子仁・神田修・三上昭彦共編著『教育委員の準公選―教育を父母・住民の手に』一九八〇年、労働旬報社）
・教育委員準公選をめぐる歴史的動態（『日本教育法学会年報』第一〇号、一九八一年、有斐閣）
・教育委員準公選の意義と到達点（『教育』五七二号、一九九四年三月号）

第Ⅶ章　教育長・教育委員の公募制の展開と課題―福島三春町から全国へ
・分権改革下における教育長公募制と教育委員会の活性化に関する実証的研究（平成一五年度～平成一六年度日本学術振興会科学研究費補助金〈基盤研究Ｃ（２）〉研究成果報告書）、二〇〇六年三月）
・分権改革下における教育委員の公募制・推薦制と教育委員会活性化に関する実証的研究（平成一七年度

〜平成一八年度日本学術振興会科学研究費補助金〈基盤研究C〉研究成果報告書）、二〇〇八年三月）

本書は、明治大学人文科学研究所の出版助成を受けて、同研究所の「叢書」の一冊として刊行できたことはまことに幸運であった。杉山光信所長、叢書刊行委員会の委員各位ならびに石塚紀子氏をはじめ担当職員の各位には、粘り強く完成原稿の脱稿を待って頂くなど、いろいろとご配慮をいただき、ご心配をおかけした。心からお礼を申し上げたい。また、貴重な時間を割いて大部な原稿の査読をしていただき、有意義な所見を寄せられた査読委員各位にも深く感謝を申し上げたい。

また、年度内の刊行が義務付けられているタイトなスケジュールにもかかわらず、本書の刊行を快諾いただき、特別な体制をとって期日内刊行にこぎ着けて下さったエイデル研究所の大塚智孝代表、本書担当者としてご尽力いただいた出版部の熊谷　耕氏、山添路子氏には厚くお礼を申し上げる。最後になったが、旧稿のファイル化を含めた原稿の整理をはじめ諸々の労をとっていただいた宮盛邦友氏（北海道大学教育学部・助教）には格別な感謝をしたい。

私は、本年三月末をもって、四〇年勤務した明治大学を定年退職する。本書は私にとっては最初の単行本でもあるが、〝退職記念〟の一書ともなった。大学院時代の指導教員であられた今は亡き五十嵐顕先生をはじめ、多くの先輩・同輩さらには後輩の研究者の諸氏から、「教育委員会論を早くまとめて出版すべきである」と、叱咤激励を受け続けてきたにもかかわらず、ようやくこの期に及んでかろうじて出版の運びとなった次第である。研究者としての怠惰と非力を恥じ入るばかりである。「人生に定年なし」（道元）との名言もある。文字通りの「人生の停年」まで、できうるかぎり残された研究課題に取り組んでいきたいと考えている。

二〇一三年三月

三上昭彦

資料1　沖縄教育委員会制度の調査研究中間報告

——沖縄県民の意思にしたがって教育委員公選制度は擁護されなければならない

国民教育研究所　一九七一年一一月三〇日

資料2　教育委員会制度の歴史的動態と改革をめぐる動向（略年表）

資料1　沖縄教育委員会制度の調査研究中間報告

―沖縄県民の意思にしたがって教育委員公選制度は擁護されなければならない

国民教育研究所　一九七一年一一月三〇日

目　次

③ 公選制にたいする従来の見解の反省
④ 教育基本法の趣旨と公選制
結　び――教育における自治の基底――

〈資　料〉（略）
一、教育基本法（沖縄）前文
二、教育委員会法（沖縄）抄
三、沖縄の復帰対策要綱（第一次分、文教関係）
四、沖縄の復帰に伴う特別措置に関する法律案（文部省関係部分の要約）
五、復帰準備にかかわる沖縄の教育問題について（沖縄県教職員組合の陳情書）
六、復帰措置に関する建議書（琉球政府）――教育関係抜粋――

国民教育研究所

沖縄教育委員会制度研究調査団・中間報告執筆者氏名

まえがき　伊ヶ崎暁生（国民教育研究所）
第１節　三上昭彦（東京大学大学院）
第２節　永井憲一（立正大学）
第３節　五十嵐顕（東京大学）
結　び　森田俊男（国民教育研究所）

※現地調査は、五十嵐、永井、三上の三名でおこなった

まえがき

われわれ国民教育研究所「沖縄教育委員会制度の調査研究」班の三名は、一九七一年一〇月二五日より一一月二日迄、現地沖縄県において実態調査をおこなった。すでに、われわれは九月二日、東北大学における日本教育学会第三〇回大会において、文献を中心とした事前の研究の一端を「沖縄における教育委員会制度と日本の教育行政」と題して研究発表をおこなった。その後われわれは、沖縄教育（委員会）制度の歴史と現状ならびに従来の諸研究の検討をすすめてきた。

それらを基礎に、今回の現地調査の目的は、つぎのようなものであった。

一九七〇年一一月二〇日閣議決定された「沖縄復帰対策要綱」は、「教育行政制度については復帰の際、本土の関係法令を適用するように措置する」とのべて、現地における公選制維持の強い世論を退けて、教委任命制の方針を示した。現在、文部省は中央教育委員会、地方教育委員会とも、その半数改選の時期（中教委七二年一二月、地教委七三年三月）に任命制に改める方針だと伝えられている。

国民の教育権を教育行政に具体化し、地方教育行政における住民自治を確立し、その民主的運営をはかっていくためには、教育委員の公選制は原則的、民主主義的意義をもち、本土、沖縄を通じて教育委員の公選制を確立・堅持していくことは、教育基本法第一〇条の精神にも合致している、とわれわれは考えている。

そこでわれわれは、一九五八年以来、公選教委制を維持してきた沖縄において、その成立過程、法制上の問題、運用の実態、教職員・父母・住民の意識などについて調査研究を行ない、任命制のもとにある本土のそれとの比較検討を通じて、公選制の意義とそれを支える条件を明らかにしたいと考える。

また、沖縄の客観的諸条件のもとで、住民と教育関係者のどのような努力によって、公選制教委が維持され、定着されてきたか、今日どのような課題が残されているかを合せ考えてみたい。

以上のような目的をもった調査ではあるが、われわれは出来うる限りの客観性を保持するため、現地における公選教委制にたいする否定的な意見にも冷静に耳をかたむけた。九日間の調査ではあったが、五〇数名におよぶ各方面の方々はわれわれ調査団にたいし、様々な便宜を提供され、率直に意見を述べられ、資料収集等についても種々配慮され、われわれの調査に協力をおしまれなかった。ここでわれわれはこれらの方々に対し、感謝の気持を表明したいと思う。

なお、当初からこの調査研究を中心的に計画・立案し、当然この調査にも同行するつもりであった伊ヶ崎暁生国民教育研究所員は、九月と一〇月の二回の申請にも拘らず、理由を全く示されずに渡航を拒否された。復帰を目前とした今日もアメリカ民政府（軍）によってなされている渡航の自由・研究の自由の侵害行為にたいし、またそのことを見のがしている佐藤内閣に対し、強く抗議の念を表明するものである。

われわれは沖縄現地調査を行なった結果、およそ次のような認識に達した。

第一　沖縄県民は、米軍の軍政下にあって、二度にわたる米民政府による拒否にもかかわらず、一九五八年、教育基本法その他の法律とともに公選制「教育委員会法」を立法院議会の民立法によって制定した。そしてそれらの法のもとに一三年以上にわたって県民子弟の教育が守られ、教育における住民参加の原則が貫かれてきた。われわれはその努力についてつぶさにふれ、現行公選制教委は与えられたものでもなく、他から移植されたものでもなく、沖縄県民によってかちとられてきたものである、という認識にたっした。

第二　各方面の意見聴取や従来行なわれてきた世論調査などによって明らかなように、教職員と県民の圧倒的多数が教委公選制の擁護を希望している。新聞報道によると、一一月二日の参議院予算委員会において、山中総務長官は「沖縄現地の意向も確かめたうえ、任命制に踏切った」と答弁しているが、それは県民、教育関係者多数の意向ではなく、一部の意向であることをわれわれは今回の調査を通して確かめることができた。ＰＴＡ連合会の会長も、会を代表して「公選制」擁護の立場を強く主張されていた。

第三　一部に存在する公選制反対論も、「返還」による「本土なみ」への移行として任命制移行を考えているか、あるいは、本土の実情に対する不正確な認識や、技術的問題として解決し得る問題と原則的問題が混同されているか、のいずれかである。「沖縄においては公選制でいっこうに差しつかえないが、復帰となると本土の制度と一致しなければならないのではないか」といった意見はそれを物語っている。

第四　第二次大戦の歴史的体験にもとづいている平和への希求という課題にこたえる教育を住民の意思にもとづいて進めることを面接した多くの方々は表明された。教育事業に直接住民が参加する制度的保障として、教委の公選制は支持されている。この際、戦前画一的な中央集権的教育行政によって、沖縄県民が、その固有の文化をふまえ、民主主義的な国民文化へ発展させていくことをさまたげられ、地域の歴史と現実に即した生気ある教育をさまたげられたことを多くの人びとが想起していることに留意しておきたい。

第五　日本国憲法が適用されてこなかった沖縄で、公選制教委こそが、教育行政の政治権力や一般行政からの相対的独自性を確保してきた。

一般に教育について住民のなかにいわゆる保守的な見解、あるいは進歩的な見解、またさまざまなちがった要求があることは当然である。だからこそ教育委員を公選によって選出し、そこの形成される合意により、一致した要求・共通の課題の実現をめざして、つぎの世代の教育を進めることの重要性がある。教育の政治権力・一般行政にたいする自主性ということは、異民族の軍事的権力とその下での一般行政の教育統制にたいして公選制教委のはたした役割をみればきわめて明瞭である。

第六　今回の調査を通じてわれわれが強く感じさせられたことは、本土におけるここ一五年にわたる任命制教委の功罪を明らかにする必要性である。警官導入国会における任命制教委への移行は、誰しも否定し得ない教育にとって好ましくない事態を数多く生み出してきた。勤評問題、学力テスト問題、教育内容の画一的統制と教科書問題、今日の上からの教育改革問題など、教育の権力的支配がいたるところにあらわれ、学校運営においても上命下服体制や不必要な対立をつくり出し、生気ある教育と教師の自主性を侵してきた。任命制移行の際主張された一般行政との調和ということは従属を、教育の政治的中立確保ということは与党の支配を、教育行政の安定ということは逆に混乱を、国・都道府県・市町村の連携ということは中央集権化であった。

第七　税制その他、復帰後数年間の経過措置が考慮されている。これにたいし教育行政が即時切りかえられ、「一体化」されようとしていることにたいする疑問である。沖縄県民が育成してきた制度で長所のあるものは生かし、むしろ本土がそれを学ぶべきではないか。すくなくとも数年間の検討—それは沖縄、本土の地方教育行政の両者にわたり—をなすべきではなかろうか。今日まで、政府がこの重要問題について公正なる人選において調査をし、深く検討した、ということは聞いていない。むしろ一方的に「公選制は日本の土壌になじまない」（坂田前文相）と断定し、世論のきびしい批判をあびているだけである。

第八　沖縄県民の痛切な努力にもかかわらず、沖縄の教育条件は本土のそれと比較していっそう劣悪な状態におかれている。本土政府は、今こそ十二分に、教育の人的物的諸条件の充実についての沖縄県民の自主的主体的努力にこたえる責任を自覚すべきである。「ひもつきでない」援助の増大を、という本土・沖縄の世論は正当なものである。援助とひきかえに、沖縄の主体性や県民の意思を無視したような教育統制は厳につつしむべきであるとわれわれは考える。

われわれはほぼ以上のような見解の一致を見た。なお、問題の重要性にくらべてわれわれの調査は短期間であることをふくめ不完全、未完成なものであり、個々の問題については、よりほり下げた検討を今後おこなうつもりであるが、以下、今回の調査を通じて得たことを三節にわけて中間的に報告したいと思う。

第1節は三上昭彦が、第2節は永井憲一が、第3節は五十嵐顕が担当した。

第1節　公選制教育委員会制度の歴史と現状

1 公選制教委制度の歴史

(1) 公選制教委の歴史が語るもの

今日、沖縄において、公選制教委制度がひろくかつ強く支持されている背景を知るためには、その歴史を見ることが必要である。

一九四五年四月一日、沖縄本島に上陸を開始した米軍は、五日、海軍軍政府を設け、軍政府布告第一号（「ニミッツ布告」）を発し、厳しい軍政を開始した。以来、陸軍軍政（一九四六年七月）、民政府（一九五〇年一二月）、高等弁務官制（一九五七年七月）とアメリカの沖縄統治形態は推移し、これと対応して、沖縄県民による政治行政組織も、沖縄諮詢会（一九四五年八月）、民政議会（一九四六年四月）、群島政府（一九五〇年九月）、臨時中央政府（一九五一年四月）、琉球政府（一九五二年四月）、主席公選制（一九六八年一一月）へと変遷してきた。

現在、アメリカは沖縄に対し、サンフランシスコ条約第三条により施政権を有しているとされており、実際上米国防長官管轄下にある琉球列島米国民政府がその権限を行使し、琉球政府はその補助代行機関的役割をになわされている。したがって沖縄では、高等弁務官の発する布告、布令、指令、命令等の体系と、それらに抵触しない範囲での立法院議会の民立法体系の二つの法体系が存在している。

米軍は占領当初、沖縄県民を日本民族と異なる「琉球人」として、分権政策を行ない、五〇年前後からは、祖国復帰の運動を敵視し、アメリカの極東戦略体制の「かなめ石」として、沖縄全島の基地化を強引に推進した。米国の沖縄統治政策は一貫して軍事を優先させたものであり、沖縄県民の、日本国民としての民族的人間的尊厳をおかし、生活権、自治権、教育権、自由往来の権利など基本的人権のことごとくを踏みにじった「植民地的」専制支配に近似したものであった。

沖縄県民は、早くから、こうした米軍の支配に対したたかい、五〇年代以降は祖国復帰を焦点にした県民ぐるみの運動を発展させてきた。

沖縄の戦後教育の歴史もその例外ではなかった。去る九月三〇日結成された沖縄県教職員組合は、その前身である沖縄教職員会（一九五二年四月）発足の時点から、祖国復帰運動の中核となり、復帰運動の諸課題を前面にかかげてきた。とりわけ、異民族の直接支配下で、劣悪な教育条件の下での民族分離の教育政策に対して、教育関係者、父母県民の努力は正しい日本人の育成を志向し、沖縄（そして日本）のおかれた現実をリアルに認識し、歴史的課題を解決する力を有する次代の主権者として青少年を教育する事業に注がれてきた。その努力は格別であったといわねばならない。

こうした教育を制度的に支えるのに大きな役割を担ってきたのが公選制教委制度であった。のちに見るように、沖縄における教委制度は、任命制から公選制へと発展させられたものである。公選制は文字通り県民の努力の結果として実現したものである。公選制の実現は、教育制度を、本土にできるだけ近接させたいという素朴な願いや、教育行政の民主化という一般的意義のみでなく、米軍の全一的支配から住民〝自治〟の一環としての教育の自治（教育権）を奪還し、県民が願望する〝日本国民としての教育〟の制度的保障として強く意識されてきたといえる。

以下、公選制教委制度の歴史の概略を見ていきたい。

(2) 戦後初期の群島教育諸法令

第二次大戦の末期、沖縄戦ではおよそ二〇万人が死亡し、そのうち教員七〇〇名（二、二〇〇名中）、師範生五〇〇名、計一、二〇〇名が児童生徒六、〇〇〇名余とともに犠牲になったといわれる。住民はいくつかの収容地区に集められ、米軍の指揮の下に、初等教育・社会教育・配給・衛生など一〇部門の委員会が設けられた。一九四五年五月には石川市で早くも初等学校が開校された。校舎や教材も皆無に等しく、かり集めの教師により、文字通り廃墟の中で沖縄の戦後教育は始められたのである。

当時、米軍は沖縄を分割統治していたため、沖縄・宮古・八重山・奄美（一九五三年日本復帰）の四群島は別個の軍政府の管轄下にあり、琉球政府創立までそれぞれ独立の行政制度および教育制度をもつに至る。

沖縄群島では、四五年八月、「沖縄諮詢会」の一部門として教育部（後に文教部と改称）が設けられ、米軍政府教育将校の指令を住民に徹底させる役割を課せられた。

四六年四月、「初等学校令」が公布されたが、第二条には、「初等学校ハ、新沖縄建設ノ精神ヲ体シ、初等普通教育ヲ施シ、児童心身ノ基礎的錬成ヲ為スヲ以テ目的トス」とうたわれ、また、同施行規則には、「特ニ米国ノ国情ニ通セシメ宏大ナル理想ヲ与フルコト」と規定されていた。

四七年二月には、沖縄教員連合会が自主的に結成され、四八年四月からは、それまでの「八・四制」にかわって六・三制が実施されたが、戦災校舎は戦後五年間ほとんど放置されたままであった。この間、本土では一連の民主的教育改革が進められていたが、沖縄では軍政府による積極的措置はほとんど見られなかった。

宮古・八重山群島では、住民の自主的な努力によって、本土法に即し、「宮古教育基本法」（四八年）、「八重山教育基本法」が制定されたが、その前文や条文からは、「日本国憲法」「国家」「国民」といった文言は削除されていた。

四九年一二月、「教育委員会規定」により、沖縄群島ではじめて全島一〇区に「教育長」「教育委員会」が置かれ、地方教育行政機構の骨格が整えられた。しかし、この制度は教育長を中心とした制度であり、教育長・教育委員はともに米軍政府による任命知事の任命・委嘱であった（屋良朝苗―現行政主席、中出興真―現文教局長らが教育長にいた）。

五〇年八月の「群島組織法」（布令二二号）により知事・議員の公選が実施され、一一月群島政府が発足した。沖縄群島の文教部長の任についた屋良朝苗などの努力により、文教審議委員会が設けられ、三度にわたる「全島校長会」などが開かれ、県民の意に支えられて、本土復帰を前提にした教育方針・教委制度の確立をめざした「沖縄教育基本条例」「同学校教育条例」「同教育委員会条例」が制定・公布された。この三つの条例にも、「日本国憲法」「国家」「国民」の語は明示されていないが、「環境から来る制約を克服し」（教育基本条例前文）などの文言の中に、異民族支配下での矛盾を克服しようとする情意が見られる。これにより、中央教育委員会と地区教育委員会（全一〇区）がおかれたが、制度上は、中教委、地区教委とも文教部長、教育長の諮問機関であり、各委員は知事の委嘱であり、教育長は「地区教育行政について文教部長に対し直接責任を負う」とされていた。

(3) 琉球教育法の成立

一九五二年二月、琉球列島米国民政府は、布告「琉球政府の設立について」、布令「琉球政府章典」により、「最高の権威」としての「民政長官」に服する限りでの「自治」が許され、軍政の「代行機関」「事務機関」として、四群島を統一する琉球政府（四月一日）がおかれ、行政主席が任命された。

このもとに「琉球教育法」（布令六六号）が公布された。これは、第一章「教育基本法」、第二章「文教局」、第三章「中央教育委員会」、第一四章「琉球大学」など全一五章一五八条からなり、それまでの教育関係法規を網羅した戦後初の統一教育法規であった。「教育基本法」には、初めて「平和的・民主的な国家及び社会の形成者」、「真理と正義を愛し」「自主的精神」に満ちた「国民の育成」が規定されてはいた（第一節）。

しかし、「前文」が削除されるとともに、「国家」や「国民」の概念はあいまいのまま、第一二節（解釈）が特設され、「この法律の個々の規定において、如何なる意図が重大にみえようと、法律の凡ての規定を一貫する目的は、自由国民に必要なる公民的性格および個人的自律の力が継続するように、保障するにある。」として、教育目的の真のねらいを「自由国民」の形成とした。これは、学校や「琉球政府」の内部をはじめ広範な県民の中に高まってきた祖国復帰の要求、子どもを日本国民として教育するという自覚を抑えようとするものであった。

中央教育行政に関しては、主席の任命による中央教育委員会（九名）と文教局が設けられた。地方教育行政については、市町村と同区域に法人たる教育区がおかれ、公選の区教育委員会（五名、但しうち一名は有職委員たる市町村長）が設置された。公立学校の設置・運営の権限は区教委に属し、教育区においては、教育税を徴収し、学校経費にあてることとなった。また、「学校教育の一層有効な指導と管理を図る目的」で、一ないし数教育区により連合教育区（本島一四地区）が設けられ、連合教育委員会がおかれた。連合教委には、中教委が選任した教育長がおかれ、各教育区公立学校の行政の全面的・直接的な管理権限が付与された。

高等学校についても区教委の所管とされたが、一九五三年の第二次改正で、高等学校連合区（第一六章）が加えられ、連合教委とは別個の高等学校連合教委の管轄に移された。

こうした「琉球教育法」に対し、各群島文教部長および五二年四月に発足した沖縄教職員会から強い批判が行なわれた。とりわけ「教育委員会法」については、（一）中央教委は公選制にすべきである。（二）市町村単位の公選制区教委及び教育税は、理念的には望ましいが、財政が困窮している沖縄の現状にてらし、時期尚早である。（三）高校の管轄は中教委に移すべき、等が批判の眼目であった。

⑷ 教育委員会法（「教育四法」）の成立

沖縄教職員会は、「琉球教育法」を暫定的なものと考え、沖縄県民の意志を反映させた恒久的な教育法規を立法院において制定する運動を直ちに開始した。他方では、「戦災校舎復興促進期成会」の中心となって、米軍により放置されていた劣悪な教育条件改善の大募金運動を起した。この運動は、本土と沖縄に大きな反響をよび、募金額は七千万円に及んだが、この募金は米民政府の圧力により校舎建築に当てることができず、図書や備品の購入に使用された。

文教局もまた、教育法規の民立法化に着手し、一九五五年、「教育基本法」「社会教育法」「教育委員会法」「学校教育法」のいわゆる「教育四法」の立法要請を行ない、立法院文教社会委員会は法案審議を開始した。

五二年発効した講和条約により、沖縄は日本本土から分断され、五四年、アイゼンハワー大統領は、沖縄の無期限保持を声明した。米軍は、沖縄全土に半恒久的な基地を建設するために、強暴な「土地接収令」や「集成刑法」など、矢つぎばやに布令・布告を公布し、県民の生活や基本的人権をおびやかした。これにたいし、教職員会などを中心とする祖国復帰運動、島ぐるみの土地闘争、人権を守る諸運動が高揚した。教育民立法運動は、これらと結びつき、支えられて発展していった。

こうした情況のなかで、文教社会委員会を中心として「教育四法」案の審議が進められ、五六年一月、立法院は、「われらは、日本国民として人類普遍の原理に基づき、民主的で文化的な国家及び社会を建設して、世界の平和と人類の福祉に貢献しなければならない。」との文言を含む「教育基本法」、および中央教育委員会の公選制を含む「教育委員会法」など四法案を満場一致で可決した。

これに対し米民政府は、中央教育委員会の独立と公選制は「琉球政府」の組織原則である「三権分立」に反するとの理由で、四法案を一括拒否した。さらに、県民運動の高まりのなかで立法院が再度可決した四法案も、再び拒否し廃案とした。他方で米民政府は、一九五七年三月、全く突然、「教育法」(エデュケーション・コード　布令一六五号)を公布した。これは、「親への服従」、「政府への協力」との文言を含み、教職員の政治活動の禁止、教員の契約制、任命制中教委などを規定したものであり、県民の要求してきた「教育四法」とは全く異質のものであった。

しかし、こうした米民政府の抑圧にもかかわらず、五七年九月、立法院は四法案をみたび可決し、ついに米民政府はこれを認めざるをえなくなり、五八年一月一〇日、現行「教育四法」はついに成立、公布をみたのである。

(5) 教育権分離返還構想と教公二法

一九五八年の民立法により新たに出発した公選教委制度は、それが理念として有する諸機能を、当初から十全に発揮して運営されたわけではない。本土において、市町村レベルに公選制教委が全面設置された（五二年）ころ、多くの国民は子どもの教育についての関心や熱意は強かったにもかかわらず、自らの意思を教育行政に反映させていくことには不慣れであった。また、教育委員自身もその活動を十分理解できず、教育長や市町村長に従属してしまう例が少なくなく、その大半は政治的にも保守的であった。当初、沖縄においても、こうした本土での状況にほぼ似た傾向があったといえよう。また、設置単位の問題、予算編成をめぐる権限、教育税、連合区教委の権限と役割など、法制上改善を必要とする問題を含んでいた。

こうした弱点は、那覇区教委などにみられるように、その後十年余の歴史のなかで、教師・教育委員をはじめ父母・住民の努力で徐々に克服されてきており、この努力は今日も続けられている。民主的制度は、これだけでただちに機能を発揮するのではなく、制度を支える人々の民主的力量の向上と物的条件のたゆまぬ改善を必要としてきたのである。

この時期、教委制度に深くかかわるいくつかの重要問題があった。一つは、教職員会を中心とした県民ぐるみの義務教育費国庫負担獲得運動と教育税廃止問題（六五年）、二つは、教育権分離返還問題（六六年）、三つは、「教公二法」阻止闘争（六七年）、四つは、中教委による学習指導要領告示をめぐる問題（六八年）である（ここでは第三の問題のみにとどめ、他は本報告に譲らざるをえない）。

「教公二法」問題は、一九六六年から六七年にかけて、沖縄にかつてない深刻な政治的対立を生んだ。

いわゆる「教公二法」とは、「地方教育区公務員法」と「教育公務員特例法」の二つの法案であったが、教職員の政治活動や争議行為の禁止、勤務評定を主な内容としており、沖縄県民の祖国復帰、平和と民主主義、生活と権利のための統一した闘いの中心にあった教職員の活動を統制することを目的としていた。その強行成立をはかろうとする琉球政府・民主党に対し、教職員会はじめ県労協・官公労などの民主団体および革新政党が一丸となって、法案を廃案においこむという、「沖縄県民にとってまさに歴史的な経験」をもたらした巨大な闘いであった。

2 公選制教委制度の現状

(1) 現行教育委員会法制

以上のような経過をへて成立し、一九五八年四月一日から施行されてきた「教育委員会法」は、沖縄の教育行政を律する中核的法規として、今日に至っている。その間、一九六五年八月の改正（立法九九）により、教育行政の相対的独立性を財政面から確保する制度とされた教育税が廃止されたこと、また、一九七〇年三月の改正（立法一七）で、教育長・次長の資格条件が教育職員免許法で定める教員免許状を有することに緩和されたこと、および文教局の部長、課長、指導主事などには教員免許状を有する者を充てることになったことは重要な改正点であろう。

以下現行の教育委員会法制を概観しておきたい。

① 教育区教育委員会

教育委員会法第一条は、「教育が不当な支配に服することなく、住民全体に対し直接に責任を負って行なわれるべきであるという自覚のもとに、公正な民意により、琉球の実情に即した教育行政を行なうために、地方教育区及び教育委員会を設け、教育本来の目的を達成する」としている。

地方教育区には、教育区と連合教育区があり、各別個の対等な法人たる教育行政機関である。教育区は市町村の区域と同じだが、市町村とは別個の法人格をもっており、現在、沖縄全島には五五の教育区がある。

教育区を統括し代表するのが教育区教育委員会で、五人の委員からなり（但し、人口一〇万人以上の那覇区のみ七人）、委員は住民の直接公選である。任期は四年であり、二年ごとにその半数が改選される。

区教委の職務権限は、当該教育区の設置する学校（幼稚園、小・中学校は原則として教育区立であり、高校は原則として琉球政府立となっている）、その他の教育機関を所管することおよび、教育区の教育に関する事務を処理することである。この職務権限は、本土の市町村教委より強く、そのなかには、教育財産の取得、管理および処分に関すること、教育区の歳入歳出予算案の編成、教員の任免に関することなどがある。

②連合教育区教育委員会

連合教育区は、「教育の指導と管理を一層有効にし、教育の事務を能率的に処理し、及び高等学校その他の学校を設置するため」（第七三条）に、複数の教育区が連合して、設けられている。

現在、沖縄には、北部（一二教育区が所属）・中部（一四）・南部（一四）・那覇（六）・宮古（六）・八重山（三）の六つの連合区があり、それぞれに連合教育委員会が置かれている。

連合区教委の委員は五人以上と定められ、所属する区教委が委員のうちから、各々一名を選出する。ただし、八重山連合区のように所属教育区が四以下の場合は、教育区の人口に比例して委員が選出され、また、那覇のように、一〇万人以上の人口をもつ教育区は当該連合区に少なくとも三人を選出することになっており、那覇区の場合、七人全員が連合区委員となっている。委員の任期は、各教育区の教育委員の任期中である。

連合区教委には教育長が置かれており、所属教育区教委の教育長を兼任している。教育長は教員免許状を有するもののうちから連合区教委が所属区教委と協議して任命し、任期は四年である。教育長は連合区教委および区教委の指揮監督を受け、当該教育委員会の処理するすべての教育事務を掌るほかに、事務局の事務を統括し、その職員を指揮監督する。

事務局には、指導主事、管理主事、社会教育主事などがおかれている。指導主事は、「校長及び教員に助言と指導を与える。ただし、命令及び監督をしてはならない。」（第八九条）。

③ 中央教育委員会

中央教育行政機関として、琉球政府に中教委がおかれている。中教委は一一名の委員で構成され、全島六選挙区（北部二・中部三・南部二・那覇二・宮古一・八重山一）から公選される。立法院の被選挙権を有する者は立候補できるが、選挙権者は、教育区の教育委員に限られた間接選挙方式である。区教委と同様、任期は四年であり、二年ごとに半数が改選される。

中教委の権限は、政府の設置する学校その他の教育機関を所管し、文教局長の助言と推薦を得て政府の教育に関する事務を処理することである。すなわち、教育施策の設定、教育課程の基準の設定、教育予算見積の承認、教育財産の取得および処分の決定、教育関係立法案を主席に提出すること、文教局の組織、政府立学校等の設置廃止、職員の任免等の人事権の行使など、広い範囲に及んでいる。

中教委のすべての事務を所掌するために、文教局長・文教局がおかれている。現在、文教局は、総務部・指導部・管理部の三部一〇課一室、計一三六人で組織されている。文教局長は中教委の推薦に基づいて主席が任命し、文教局職員は、局長の推薦により中教委が任命する。文教局長および文教局は、中教委の「教育長」、「事務局」としての性格を有するとともに、「琉球政府行政組織法」に基づく、主席の補佐機関および一部局でもある。しかしながら、中教委は、右にみたような広い範囲の権限を持つとともに、主席の指揮監督を受けない独立した行政委員会であり、教育の自主性と独立性の保障が本土よりもはるかに強いということができる。

えよう。

(2) 教育委員の選挙

教育委員の選挙の実態は、公選制教委制度に対する住民の期待・関心・認識を測る上でのバロメーターの一つといえよう。

一九六九年三月の教育区教委の選挙では、五九教育区のうち一八区で投票が行なわれ、無投票区が三分の二強を占めていた。しかし、七一年三月の選挙は、復帰問題を眼前にひかえた「教育の将来を問う区教委選」（『沖縄タイムス社説』）といわれ、かつてない関心の深まりをみせ、前回の無投票区の多くで決戦投票が行なわれたといわれる。投票率は、六九年選挙では、平均七三・七％（最高九二％、最低三八・一％）とかなりの高率であるが、都市部（那覇、名護など）で低いのが特徴である。

候補者が定員をこえず無投票となっている要因は、単純ではなく実証をふまえた深い分析が必要であると思われる。例えば、七一年選挙の際、那覇区では、住民の信頼の厚い有力候補者が定員を占め、他の若干の候補者が立候補を取り下げることから無投票になっている。また、南部のある無投票区では、校長、教師、ＰＴＡ、婦人団体などが話し合いで候補者を選定しているといわれる。

選挙活動は多様であり、教育政策を明示したビラが数種出され、立合演説会等がもたれている。七一年選挙では、「候補者が区教委選挙に当って有権者に訴えるべき点は、まず教育委員会制度をどのような姿勢で見て、教育行政を実行していくかを明らかにすることでなければなるまい。」（『沖縄タイムス社説』）との世論の中で、那覇区のように、無投票区ながら、候補者の政策ビラが出された例もある。

総じて、六七年の「教公二法」問題以降、区教委選挙のもつ意義が深く認識されるようになり、住民の関心も高まりつつあることは指摘できよう。

(3) 教育委員会の活動

五五の教育区（現在、町村合併計画がいくつかの地域にあり、教育区は広域化、減少化傾向がある）のなかには、人口三〇万近い那覇区から、人口七〇〇余の離島の教育区まであり、都市地区、農村地区の違いはもとより、地域の大部分を米軍基地に奪われた地区（読谷、嘉手納、北谷など）、巨大な基地街をかかえた地区（コザなど）と、各教育区の自然的、社会的条件はかなり異なり、区教委、連合区教委のかかえる問題とその活動は地区によりさまざまである。調査団が主に対象としたのは那覇、コザなどの都市地区であり、北部・南部の農村地区および宮古・八重山地区の調査は今後の課題として残されている。

区教委の活動の中心は、教育条件改善・充実の問題と教職員の人事（任免・異動）である。とりわけ前者は、米軍支配下で沖縄が余儀なくされている厳しい教育的環境、劣悪な教育条件のなかで各区教委が腐心し努力している仕事である。区教委には予算原案提出権など独自の財政権限がなく、予算編成期ともなると、会計係（事務長）をはじめとする事務局の協力をえて自らの責務として、必要な教育予算獲得のため理事者との折衝や議会対策に奮闘している。

那覇区教委の活動は一つの典型であろう。三〇万近い人口を擁する那覇区の教委は、独自に、高校進学を希望する中卒者のために「補習学校」を開設し、小学校全校（二三校）に幼稚園を設け、単独調理場をもつすべての学校に栄養士を配置している。また、アメリカの余剰脱脂粉乳を加工して製造する給食用ミルクのフードに「このミルクは米国民によって贈られたものである」と記載された〝ＡＩＤマーク〟を表示せよとの米軍の圧力による文教局の〝指導〟を全会一致の決議で返上している。さらに教委法に規定されている人事権と規則制定権を活用し、沖縄ではじめてといわれる「出産補助休暇」を独自に制度化した。

異動などの人事問題については、沖縄では、本土の多くの府県で問題となっている不当配転・差別人事はほとんどない。多くの区教委は地区教組と交渉の上で「異動及び採用方針」を確認し、教職員の意向を尊重した人事異動が実施されている。沖縄に多い僻地校と平地校間の人事交流も、未解決の課題を残してはいるが、かなりの配慮がなされているといえる。

教育課程の編成、研修をはじめとする指導行政は、文教局指導部、連合区教委教育長・指導課を中心に行なわれている。指導主事は、「指揮・監督をしてはならない」ことが明記されており、本土にみられる強力な現場への統制はないといえよう。

しかし、本土復帰問題が具体化してくるなかで、文部省の指導がストレートに入りこむ傾向が強まってきていることは注目すべき事実であろう。こうした傾向にたいして、文教局、教育長の指導内容の吟味の必要が指摘されはじめており、那覇区教委のように教科書採択等に区教委として独自の自主的判断に基づく行政も生まれている。

第2節　沖縄県民の人権と教育

沖縄県民は、なによりも〝平和〟を希求している。県民の一人ひとりが「自分たちの人権は、平和のなかでのみ保障されるのだ」という人権保障の原理を体験的に知らされる運命を担わされてきているからである。だから沖縄県民は、自らの人権を確立する基盤となる平和の実現をめざしつつ運動し、同時に一面において、そういう意味での平和の価値を次代に教育を通じて伝達すべく努力するのである。戦後に公選教育委員会制度を自らの手でつくり育ててきたのも、また本土復帰後も公選制を維持することを望む声が圧倒的に多いのも、そうした努力を貫徹しようとする沖縄県民の意思のあらわれとみられる。すなわち、県民は、自ら教育という事業に参加し、そうすることによって将来にわたって、つねに平和な沖縄のなかに人権が確立されていくことに責任をもたねばならないという自覚をもち合せている。まさしく沖縄の公選教育委員会制度は、そうした県民の責任意識の反映として沖縄独自のものとして育成され、維持されてきたものである、といえる。この点に特に注目する必要があると思われる。

1 平和と人権の関係原理の自覚

周知のごとく沖縄県民は、太平洋戦争末期において「本土を守る防波堤となる」ために、軍隊に協力し、女子学生まで含む多くの生命を犠牲にした。しかも戦後は、それまで敵対抗戦していた米軍の直接の占領管理・支配をうけ、その米軍は、沖縄全島を極東最大の基地として利用し、原水爆・毒ガス兵器など、あらゆる近代兵器を装備したベトナム侵略戦争の発進基地とした。そうした軍事支配・戦後体制下のもとに沖縄は今日もなお置かれている。つまり沖縄県民は、太平洋戦争の体験からひきつづき、こうした米軍の軍事支配・臨戦体制下におかれ、いまだに〝戦後〟を知らないままでいる。

調査団が訪れた沖縄婦人団体連絡協議会の儀部葉子事務局長は、もの静かに、こう語ってくれた。「われわれは、全軍労・官公労・自治労・全逓・教職員会の婦人部や農協婦人部・遺族会など沖縄の有力な婦人団体の殆んどを統一的に組織しています。なかには保守的な考え方をもつ母親もたくさんいますが、沖縄戦の体験と、ひきつづく米軍の支配・基地という臨戦体制下におかれている実情とから、いつも真の平和を求めるという点では皆が同調できるのです。

例えば、われわれが年に一度開催する〝母親と女教師の中央大会〟そこには全島の各校で月に一度以上のＰＴＡなどでの会合で討論された問題がもち上げられてくるのですが、そこで問題として出されるような、物価とくらし、共働き、非行少年、性教育、教科書などの問題、なにを採りあげて考えてみても、沖縄におけるこうした問題は、すべて基地問題と不可分な問題となるのです。われわれは、このような問題を日常つきつけられているなかで、平和と人権とのかかわりの重大さを学び、これを子どもたちの今後の教育の基本に据えてすすめていきたいと話合っているのです」と。

われわれ調査団は、ここで、沖縄の遺族会は全体として革新的であるという話を聞き、本土との相違に胸うたれた。

たしかに、沖縄の基地は、嘉手納村の八〇％をはじめ、那覇市の三〇％など、全島の一〇％を超える面積を占め（原水禁沖縄県協議会編『沖縄の軍用地の実態』）、本土の一％の比ではない。われわれ調査団には、沖縄では平地の有用な部分は殆んどが基地に取られているようにさえみえた。ともかく沖縄のことに南部には、〝全く〟といっていいくらい緑の大きな樹木がない。大きな川もない。それで、今後このまま基地が残されるとなると、たとえ本土復帰ということにはなっても、沖縄の県民自身による新しい産業開発の殆んど立地条件すら、いまはないとみた。基地が沖縄県民の生きる経済的自立の基礎条件をさえ奪っているといえる。

それに基地は、単に存在するというだけの問題にとどまらない。基地があるがゆえの、米軍人や軍属による犯罪や米軍の強制土地収用というような人権問題を派生させる。われわれが滞在した僅か一〇日間にも、酔払い米軍人による二人の沖縄婦人の轢殺やジェット機の墜落事故などの事件が相次いだ。

このようにして沖縄県民は、日常、平和と人権保障の不可分の原理を〝基地の島〟のなかで不幸なかたちで学ばされてきているのである。

[2] 憲法運動としての教育運動の展開

そうした〝基地の島〟にあっての沖縄県民は、とりわけ日本の「独立」（カッコつき）達成の名目で締結されたサ条約第三条による本土政府からの施政権分離により、米軍の直接支配下におかれてからは、例えば、「日本国民としての教育」をめざして立法した教育四法を米軍政府による再度の拒否にあいながらついに成立させ、あるいは主席公選制を実現させるなど、また米軍の強制的土地収用に対しては〝島ぐるみ〟の闘争を展開するなどして、つねに人権が確立される平和の実現をめざしつつ、ぎりぎり自らが生きるための人権運動を活発にすすめてきていた。そうして沖縄県民は、そのなかで「権利は要求と闘争により確保されるものである」という教訓も自らが学びとってきた。

コザ区教育委員会の砂川玄依事務局長（会計係）は「コザは三分の二の面積を基地が占めています。だから学校を作るにしても、校庭を拡げるにしても、直ぐに基地問題につきあたり、まず米軍に交渉しなければなりません。それを自分たちだけでやっていたのでは実効性がないのですが、住民が、それは自分たちの子どものためでもあり、島を平和にするための一つの仕事だといってよく協力してくれます。そのあたりが沖縄の特徴でしょう」と話してくれた。

また、那覇商業高校の大西照雄教諭（高教組那覇支部書記長）は、「われわれの学校では、父母から、ぜひ沖縄の戦争のことなどをよく教えてくださいよ。戦争はカッコウがいいなんていう印象を少しでも生徒に与えるような授業のしかたは間違ってもしないで下さいよ。と註文がつけられるのです」ともいった。

このような談話のなかにもみられるように、沖縄県民の平和への希求にもとづく平和運動と教育運動は、公選制教育委員会制度を育成させた住民運動と、さらに労働運動と結合し、教師が中心となって実践されてきた。その諸運動は、いわば沖縄県民の人権運動として、いい換えれば憲法運動として、統一的に力強く展開され、発展してきているといえる。

3 本土復帰と沖縄の教育

こうした沖縄県民の憲法運動は、本土復帰に際しては、明らかに、日本国憲法の平和的・民主的諸条項の沖縄への完全適用を要求するのである。今回の調査では、次のような見解のなかに、それを認めることができる。

まず、那覇区教育委員会の宮里政秋委員（沖縄人民党書記次長）は「本土には、革新知事をふやしていけば教育委員は任命制でもいい、との議論があるようだが、それは正しくない。選挙は主権者の権利行使なのである。つまり公選制の最大の意義は、諸階級・各階層を代表する候補者が、それぞれの教育政策の信を直接住民に問い、それを住民自らが判断することにより、教育へ参加することにある」と述べ、まさに主権者教育論の思想にもとづく、鋭利な憲法感覚を示した。

また、同委員会の嵩原久勝委員長（社会大衆党公認）も「教育委員が直接公選であることは、政党のいかんにかかわらず、選出された委員が、住民の代表者としての立場にたち誇りをもってつねに住民に眼をむけて誠実に責任ある仕事をするようになることが重要なのだと思う」といい、公選教育委員会制度の民主的意義を確信をもって評価した。

なお、全沖縄ＰＴＡ連合会の天願朝行会長は「われわれＰＴＡ理事会は、すでに全会一致で公選制支持の態度を決議した。その理由は、戦後の異民族支配下で教育の民主主義をつらぬき、二〇年近く公選制を実施してきて、それが漸く定着してきたのであり、本土復帰後も、この制度を存続させるのは当然だからである」といい、さらに「私は本土も教育の民主主義のためには再び公選制にしていくのが当り前だと思う」といわれた。その語調の強い最後の言葉は、特に印象深かった。

いうまでもなく、本土復帰が成れば、沖縄にも日本国憲法が適用されることとなるし、それは戦争という犠牲を払って日本が初めてもちえた民主主義原理の憲法なのである。その憲法の運用には、プライスが「民主政治の最良の学校であり、その成功の最良の保証人である」といった〝地方自治〟の尊重がなされるべきなのである。ましてや沖縄は、保守政権の専横によるサ条約第三条により、いわば切り捨てられて二〇年間、あらゆる苦難のなかで、文字通りの〝住民自治〟をつらぬいてきたのである。しかるに沖縄県民は、本土復帰を望んでいるとはいえ、その間に創造してきた諸制度のなかの自らの意思を完全に無視されてまで、復帰という名目で形式的に移管される本土の法制度に埋没させられてしまうことを、けっして望んでいるわけではない。

とりわけ、平和のなかでのみ自らの人権が確立されることを体験的に知らされ、そういう意味での平和の価値を次第に教育を通じて伝達すべく努力するなかで創造してきた公選教育委員会制度は、おそらく沖縄県民が、自らの歴史に対する責任感からしても死守したいと思うものの一つであろう。

第3節　沖縄県における教育委員会公選制の意義

1 地方教育区の公選制と連合教育区教育委員会および中央教育委員会の委員選出との関係

第1節で明らかなように沖縄県教育委員会制度において委員の選出が住民の直接公選によるのは教育区教育委員会（区教委）のみである。

この中間報告において公選制というのは、区教委におけるものをさす。公選制の意義は教育区教育行政の立場から、またその範囲の行政実情にそくして考察されることは当然であるが、同時に沖縄県教育委員会全体にわたるその意義を考えることがまず必要であると考えられる。

というのは、区教委の教育委員の公選制は連合区教委と中央教委の構成にたいしても基底的な意味をもっているからである。すなわち連合教育区において、その委員は連合教育区に所属する教育区委員会の委員のうちから、各々一人（但し、那覇区教委は七人全員）を教育区委員会において選挙しているのである。

これにたいして中央教育委員会においては「立法議員の被選挙権を有する者は、中央委員会の委員の被選挙権を有する」（教育委員会法第九四条）とされており、委員の被選挙権の側面にたいしては、教育区の公選制は関係しない。

しかし選挙権の規定については、教育委員会法には「区委員会の委員は、中央委員会の委員の選挙権を有する」（第一四条第二項）とのべられており、中央教育委員を選ぶ権利は、教育区の地域住民の直接公選によってえらばれた者のみにかぎられている。

このように連合区教委と中央教委とでは度合をことにしているのであるが、教育区における公選制がこれらの構成にたいして主要な基礎となっている。このように教育区における教委公選制は沖縄県教委制度の中心的な問題である。これは右のような三つの教育委員会の構成上の関連からも知られるのである。

2 公選制の意義

（一）教育委員の公選制の意義にたいして教育委員じしんの評価を重要視することは同県における現行教委制度の経過にてらして当然であろうとおもわれる。その経過の主要な点はかつての任命制度が県民の教育を規定する歴史的特殊な状況下にあって、教育関係当事者の格別な関心と努力によって自覚的に現行の公選制に改められたという事実であろう。

まず、教育委員じしんは公選制にたいしてどのように評価しているか。教育区における公選制およびそれに基礎をおく連合教育区教委と中央教委の構成方法にたいして、教育委員じしんがそれを改定あるいは変更する事由を認めていない。これは消極的な形であるが、大多数の委員の現行公選制にたいする評価の一致せる点ではないかと考えられる。調査団員が面接した中央教育委員の一人は沖縄県内の教育事情にかんするかぎり、現在の公選制を改める必要を感じていないというのである。また事実、教委じしんから公選制変更にかんする意志の表明をみることがない。このいわば消極的な形での一致せる評価について若干の注意が必要とみとめられる。それはげんみつには公選制の問題ではないのであるが、教育区の基礎的教育行政単位としての適格性について、さらに具体的には教育財政能力や人事交流の適正規模などの諸点について現行教委の活動条件に問題のあることを教育委員がよく自覚しているということである。しかしこれらの諸条件の問題は公選制の問題と混同されてはならない。

ところで調査団が面接した教育委員の現行公選制にたいする評価は、右にのべた消極的な水準に留まるものではなかった。われわれ調査団を感銘させたものは実に公選制およびその意義にたいする各教育委員の理解と信念であったし、その職務にたいする精励と熱意であったといって過言でない。それはなにに由来するか。一つには沖縄県教育行政が直面する教育諸問題の解決のためにそのことが要請されたのだといえよう。むろん、このために教育委員や専門職員や教職員をふくめた、いわゆる教育関係当事者の格段の努力にまつのは当然であるが、たんにそれにとどまらず県住民や地域住民全体の教育関心と教育要求を喚起し発揮することによってえられる住民全体としての教育事業の推進力によってのみ問題の解決が望まれるという客観的状況を考えることができるのである。

調査団が直接の面接において感得したものは、右にのべた客観的状況が実に各教育委員が住民の代表であるという責任感のなかに主体化されているということであった。那覇市の、教育委員は本土の教育行政との対比において、本土では教育施設が一応できあがっており、教育予算もその施設をいかに運営していくかという点からみられてよいが沖縄ではこれからの教育の基礎になる施設じたいのために予算が必要であり、そのために苦労しているのだという趣旨のことを述べられている。

教育委員が住民の直接に選ばれた代表であるという自覚はわれわれが面接できた教育委員に共通であった。しかし、それはたんに自覚にとどまるのではなく、それはまた具体的に教委の会議の回数といった形式やその会議における教委の諸活動にも示される。合議制行政機関としての教育委員会の活動は会議において実現される。この会議は一九四五年直後第一次のアメリカ教育使節団の勧告後、教育委員会制度が本土で問題にされ、やがて一九四八年「教育委員会法」が制定されるにいたった段階において、月に数回程度と考えられていた。沖縄における教委の会議の実情についてはさらに詳細な調査が必要であるが、最近の本土におけるそれとはことなり、きわめて高い実質的意義を発揮しているものと考えられる。

要するに公選制の意義は教育委員の住民の代表としての強い責任感や職務への精励において明瞭であるが、同時に合議制機関としての委員会会議の活動にも反映されているということができる。

教育委員と教育委員会が住民の直接の教育代表であるという自覚が教委による行政活動のいかなる実情に反映されているか。その詳細はこの中間報告においてきわめて簡単にしかふれることができないが、校地の確保と学校の建築、学校給食、公立幼稚園の増設などにおいて如実に示されている。

(二) 教育委員の公選が住民の教育的関心と教育要求におけるさまざまの異なった要素をも反映していることに調査団は注目した。教育委員の選挙は都市部においてはとくに諸政党の推薦によっておこなわれている。現代の社会において住民の教育関心と要求は機械的に単一でありえない。さまざまな教育関心と要求のあることは否定しえない事実である。政党その他団体の公認や推薦は、教育委員の選挙をつうじて住民がそれぞれの教育関心と要求を公的に主張し実現をはかる権利行使をさまたげない。沖縄における教委の公選制はこの意味において住民が相異なるみずからの教育意志を示す道程である。

この公選の道程にたいして、それが教育の中立性からみて好ましくないのではないかという意見もあった。とくに政党の推薦や支持が公選された教育委員のあいだに政治的対立を生じさせることはないかということであった。われわれ調査団がとくにこの問題を意識して教育委員に提出したとき、一教育委員は住民のあいだにさまざまな政治的立場があり、さまざまな教育要求があるからこそ、住民自身の直接公選が必要なのだとのべられている。公選制は一面において住民のさまざまな政治的立場を反映するが、同時にこのような避けがたい事実から生ずる問題は公選制によって克服される。つまり各政党の推薦や支持をうけた教育委員は住民によって選ばれた代表であるという同じ立場にたって住民の教育要求の実現にむけて討議し討論することができる。このことは政策的な意味での教育の中立性をかかげながら、実際的には一方的な任命制がおこなわれている本土の実情と比較されてよいことである。

那覇市の教育委員の一人は政党所属であり、政党の政策にたいして忠実な各教育委員が相ことなった意見を交流させることは、住民の教育要求を探究し確定するうえで障害ではなく、かえって自覚的に明白に異見を交えることができ、諸意見の統一にむけての意識的な態度を喚起しているとのべている。

教育および教育行政における政治的中立の問題について繊細鋭利な態度が必要であり、われわれが面接した教育委員や教育関係者のなかにも問題にたいする慎重な態度を強調されたものがおられた。しかし、沖縄の教育と教育行政が平和と民主主義を志向しなければならず住民の自主的な意見にもとづかなければならないということでは一定の政治的方向を明白に支持されていたのである。本土のわれわれは政治的中立性が虚偽的に住民のそれぞれの政治的識見をふくんだ教育要求を無視するために利用され、公選制廃止の一理由として強調された経験をもっている。これらのことがその後の教育になにをもたらしたかについて、検討しなければならないことを痛感した。

(三) 沖縄の教委公選制の意義については、委員および委員会の活動の状態からみて、われわれ調査団はすでに述べたような教育委員しじんのこの制度にたいする積極的評価に同意する。しかし、公選制の意義について住民の立場にたった評価の見解のあったことを特にのべておく必要がある。それは選ばれた委員の熱意や職務遂行の如何とは一応別の事柄であって、公選制が住民じしんの教育にたいする大小さまざまの関心や要求を組織することを意味し、同時に公選の過程によって国民の教育にたいする権利を行使する重要な機会となっているということである。教育行政が、教育が直接国民に責任を負って遂行されることを保障するべきものであることは、本土ならびに沖縄の教育委員会制度の共通な趣旨とされてよいであろう。そしてこのような教育と教育行政とにたいする国民の権利と責務は実に公選制によって一段と明確にされる。このような教育委員の選出にたいする住民の直接的参加の意義は本調査の経験にてらして教育委員や沖縄の有識者に共通してみられるといってよい。われわれ調査団の一人が沖縄における代表的新聞の論説委員と面接したとき、同委員が強調されたのもこの点であった。その趣旨はいわゆる革新首長による任命制によっても革新的教育委員がえられるのではないかという意見が本土にあるけれども、住民の直接公選は住民の権利行使であるという一点において譲ることのできない意義をもつものであることを尊重したいということであった。このことは那覇市におけるいわゆる革新系の教育委員によっても強調されていたことを明記しておきたい。

3 公選制にたいする従来の見解の反省

本土においては戦後アメリカ教育委員会制度の理論の影響も若干作用して、教委制度についてやや安易な形での図式的理解があった。それは、たとえば「しろうと統制」と「専門的指導」（Layman Control, Professional Leadership）ということばで、教育委員会および教育長制度の特徴づけがおこなわれていたことにも示される。「しろうと統制」ということばにおいて、委員じしんも、住民じしんも教育については「しろうと」であると考えられていた。いうまでもなく教育長の専門的指導の機能を重要視することは当然だとしても、これに対比して教育委員の機能を単純に「しろうと統制」とみてよいかどうかは疑問である。

沖縄における公選制教委の実情は住民の側においても、選ばれた委員側においても教育委員が教育の重要問題にかんしていわゆる「しろうと」であるとみることはできない。公選制委員の存在とその実際の活動は、常識的な意味での「しろうと」の地位に委員をおいていない。このことはおそらく教育事業の性質、たとえばいかなる国民も子どもの成長や発達、また子どもの知的身体的教育に無関心でいることができないという事柄の性質に深くかかわることであろう。教育における重要な側面は専門的研究の対象であるが、しかしそれが国民と地域住民にとって重要なことであればあるほどそのことはますます多くの父母国民の日常的関心や理解の深化と無縁でありえない。沖縄における公選制は専門的職員によって遂行される国民的重要な事項を国民大衆のあいだにひろく根づかせる意義をになっている。

この意味において教育委員の相当数のものが教職の経験を積んでおり、委員としての職務に参加していることは単純に否定されるべきではないであろう。

4 教育基本法の趣旨と公選制

教育委員の公選制が沖縄県民全体の努力によってかくとくされ今日において維持されている歴史的経過と、これらの経過が教育委員をはじめ教委関係者によって主体的自覚をもって血肉化されている事実は、われわれを、教委の公選制はたんに教委選出の制度的技術であるばかりでなく、それ以上の国民教育的意義をもつものではないだろうかという考えに導く。沖縄教委制度の公選制は、沖縄県民がみずから欲したのでない状況のなかで、平和と人権確立の力を養うものとしての県民の教育要求を保障するために労苦して創造されたものである。それは県民があたえられた歴史的状況のなかで積極的に平和と人権のための教育を実現しようとする悲願的な思想や価値観によって裏づけられている。だから何人もこれを沖縄県民から奪うことはゆるされないと考えられる。

沖縄の教委公選制について考察した点は、本土における教育委員会制度を再検討することを余儀なくさせる。旧教育委員会法およびそれが定めた公選制は、教育基本法第一〇条に示された教育行政のあり方の実現をはかったものであり、そしてこの教育行政のあり方とは教育基本法に定められているような教育目的、つまり一定の歴史的課題を追及する教育目的に奉仕するところから確定されてきたものであった。本土における教育委員会制度の創設事情はこれらのことを充分に明らかにするはずである。いいかえれば教育行政制度といえども教育目的の追及をさけることはできないのであって、一定の教育的価値観をともなわないことは不可能である。この意味では教育行政制度としての教育委員の選出方法は制度的生命といえるものを内包している。一国民の教育事業はこんにちでは制度としての形式を保ち運営されざるをえないが、その制度的生命を失うばあいには巨大な形骸とならない保障はない。かつて本土において教育基本法が制定されたとき、その第十条は民主主義国家における国民と教育との関係を明示するものであるとされていた（教育法令研究会『教育基本法の解説』）。一国民の教育事業の教育的運営の源動力は教育にたいする国民大衆の活発な関心にもとづく以外にありえない。教育委員の公選制はこのような教育運営の源動可能性を実現するうえで制度に生命をあたえるものである。沖縄における公選制は暫定的にせよ特例として認められるにすぎないものであってはならない。むしろ教委の任命制いらい、職務命令体制に頼るほかない教育行政の民主的改造を考えるうえで本土の教委制度の新たな出発点にされるべきである。

結び ― 教育における自治の基底 ―

われわれ調査班が、予定の調査活動を終えて沖縄をはなれた翌日、一九七一年一一月三日「文化の日」、沖縄の地元紙二社は、ともに、文化とはなにか、を社説で論じ、二つの事実を指摘している（『琉球新報』『沖縄タイムス』）。ひとつは、戦争とひきつづいての占領による沖縄の自然と文化のはなはだしい破壊、ひとつは、大企業の利益追求による「経済優先政策」により現におこっている沖縄の自然と文化の破壊である。

そして、「沖縄はここでもう一度、自らの姿をじっくりと見つめなおしてみる必要はないか。……美術館ひとつ満足につくれない政治は、一体文化について思考したことがあるのか。……大気を、水を、海を、山を、すべて金にかえようとする前に、美しい絵を鑑賞し、芸能の神髄にふれ、また博物館に立って祖先の残した偉大な文化について、じっくりと考えてみるひとときを」もとう、とのべ（『沖縄タイムス』）、「美しい沖縄の自然と古い文化の跡はわたしたちの手で守らなければならない。そのとき、私たちはもう一度『文化とは何であるか』を全県民でじっくり考え、これ以上沖縄の文化を荒らすような盲動は慎みたいものである」（『琉球新報』）と結んでいる。いかにもひかえめな、だれをも責めず、自らのこんごの自覚を期す、という文意であるが、われわれはそこに、沖縄における教育・学術・文化・自然保護という、総じて人間の人格の豊かな形成・発達に深くかかわる領域において、第二次大戦とひきつづいての占領、ここ数年来の内外独占企業の進出による「開発」が、いかに手ひどい害悪をあたえ、現にあたえつづけているか、をあらためて問いつめるきびしい眼をみないわけにはいかない。

沖縄における教育・学術・文化・自然保護の事業は、いわば県民の、戦後の祖国復帰と人権の擁護をめざす運動のなかで、それと結びついて、自らの手で切りひらいてきたものであることはまったく疑いない。

四半世紀をこえる期間の「軍事優先」政策のもとで、「自由国民」への教育から「日本国民として」の教育へ、「植民地大学」から県民の利益と要求にこたえる、国民の大学へ、という転かんを実現したのも、そして「アメリカのもたらした」(『琉球新報』)ものにおぼれることなく民衆の芸能を継承・発展させたものも、まさしく沖縄の勤労大衆と科学者・技術者など、県民であった。

青少年の学校教育からすべてのものの社会教育、そして文化・自然保護の事業を県民の手ですすめる、ということの制度的な保障としての公選制教委の意義は、いわゆる七二年「返還」が、その「沖縄協定」および関連法案にみられるように、ひきつづいて「軍事優先」政策、それと深く結びついての「経済開発」政策である以上、ますます重要な意義をもつものといえる。

ここで、われわれは、県民の多くが、「教育一体化」政策によって、こんにち本土でみられるような、教育内容・方法についての国家統制・画一化におちいることに反対して、戦前の天皇制政府のもとでの沖縄教育・文化行政に想いをいたしていることに深く留意する必要がある。

いま本土の諸領域において、教育課程・学習指導要領の拘束性の強化、そのもとでの教科書検定、採択制度、そして小学校から強化されている、いわゆる「能力・適性」の名による差別教育(能力主義)などが、地域の自然、その歴史と現実、個性的文化をふまえ、それを創造的に継承していく諸力量を形成していく、ということを忘れさせていることを、人びとは、正しくも憂えているのである。

いわゆる〃中央〃の文化を価値あるものとして、地域の個性的主体的な文化を価値低いものとする考え方は、かつて沖縄方言を教室はもちろん廊下や学校の帰りみちでも、家庭でも禁じ、桜の花をどうあっても四月に教えねばならないとし、すぐれた伝承文学、芸能・美術工芸を無視した教育行政をうんだ。

沖縄の戦後教育は、きびしい条件のなかで、「自由国民」への教育などというアメリカ占領教育行政を批判克服しつつ、「日本国民として」の教育（沖縄　教育基本法前文）を創造的に発展させてきたといえるが、そこでは、観念的に〃日本人〃への教育が指向されたのでは決してない。沖縄が異民族支配下にあるという現実、沖縄とベトナム戦争との関係、さらに沖縄県民の歴史、沖縄の伝承文学・芸能・美術工芸などを、子どもたちの生活をふまえ、その発達段階に正しい配慮をしつつ、学ばせていく、という点で、まさしく平和・独立・民主主義・生活向上など歴史的課題をになう日本国民の形成に向うものであったし、現に自主的な教育研究において深められつつあるものである。

そして、このような「日本国民として」の教育は、前にのべたように、文化・学術・自然保護の領域での自治を基盤にして発展させうるものであって、とぼしい財政のもとですすめられた有形無形の文化財の発掘・継承・保護、博物館など施設の充実、沖縄史編集と刊行、「政府立」琉球大学をはじめ私立大学の育成などへの努力の意義は非常に大きい。

われわれは、「一体化」政策のもとで、琉球大学の国立大学への移管拡充、私立大学の合併などが、国家の大学統制の強化、「新構想大学」化（『沖縄タイムス』社説　一九六九・七・三〇）としてすすめられ、また文化財・自然の破壊を深めていく商業主義的な「観光開発」（竹富島・西表島など）、「経済開発」がすすめられ、教育費「援助」を「エサ」にして、学校管理体制の強化など教育統制がすすめられている、といわれる事態（『朝日新聞』社説　一九七〇・一〇・一九）に深い憂慮をいだくものである。

教育・学術・文化・自然保護行政における自治は、決して国の責任を拒否したり、国の責務を見逃すものではない。同時に、国の責任・責務は、自治を否定するものであってはなるまい。

われわれは、屋良主席が、政府、国会に提出した「復帰措置に関する建議書」において、憲法の平和主義に立って沖縄の公選制教委の「存続」を要請し、こんにちまで立法されていない教育公務員法関係法の「適用」は「不要」であるとし、とくに「改訂指導要領」が「そのまま適用される」ことに反対し、「教育文化諸環境の整備と格差是正」を強く要請していることを当然であると考える。

そして、心から支持する。

この報告書が、多くの教育関係者によって検討され、ともどもに沖縄教育問題の研究をすすめていく契機になると同時に、積極的な意見・批判をいただくことによって、国民教育研究所沖縄教育研究グループ（第一主題）のこんごの研究を深めていくことを期するものである。

※本書収録にあたり、数字等の表記を一部変更・修正した（三上）

〈年月日〉	〈教育委員会制度の歴史的動態と改革をめぐる動向〉
…〈民主党連立政権の発足と展開〉…	
2009. 8.30	民主党、総選挙で大勝(308 議席)し「政権交代」実現
9.16	鳩山由紀夫民主連立内閣(民主・社民・国民新 3 党連立)発足 川端達夫、文科相就任(～ 10.9.17) → 鈴木寛副文科相、教育のガバナンス問題は教育改革の第3フェーズに位置づける
9.26	開かれた学校づくり全国交流集会第 10 回記念集会(～ 27、東京)
10. 7	地方分権改革推進委、第 3 次勧告「自治立法権の拡大による『地方政府』の実現へ」 → 教育委員会の必置規制を見直して選択制に（教育委員会を存置するか、長の所管とするかは地域の実情に応じ地方自治体の自主的判断に）
11. 9	地方分権改革推進委、第 4 次勧告「自治財政権の強化による『地方政府』の実現へ」
2010. 6. 8	菅直人民主連立内閣(民主・国民新党)発足
6. 9	全国市長会議、義務教育施策に関する提言・重点要望（教育委員会設置の選択制など） → 分権型教育の推進について（公立小中学校教職員の人事権、学級編成権及び教職員定数決定権等を所要の税財源措置と併せて都市自治体に移譲すること）
7.11	民主党・政権与党、参議院選挙で大敗(参院は少数与党、「ねじれ国会」状況)
2011. 3.11	東日本大震災、文科省・教育委員会のあり方・政策の内容が問われる
5. 9	世界平和研究所(中曽根康弘会長)、「教育改革試案」公表(教育委員会の廃止提言)
9. 2	野田民主連立内閣(民主・国民新)発足、中川正春文科相就任
2012. 7.	大津市・いじめ自殺事件をめぐって教育委員会の対応・あり方への批判が高まる
8.	大阪維新の会「維新八策」(案)、教育委員会制度の廃止(教育行政は首長に権限と責任を持たせ、第三者機関を新設して監視)、教育行政制度について自治体の選択制を提起
10.	安倍晋三自民党総裁、教育委員会制度の検討を開始する旨表明
11.21	自民党・教育再生実行本部、「中間取りまとめ」公表
…〈自民党連立政権の発足〉…	
2012.12.17	自民党、総選挙で大勝(294 議席)、政権を奪還
12.26	安倍自民連立内閣(自民・公明 2 党連立)発足、下村博文、文科相就任

〈年月日〉	〈教育委員会制度の歴史的動態と改革をめぐる動向〉
5.30	規制改革会議、第1次答申（地方教育行政法改正案の閣議決定を評価）
6. 1	教育再生会議、第 2 次報告（教育委員会の意識改革など）
6. 5	地方六団体、「地方分権改革推進に関する決議」
6.20	教育改革 3 法案可決成立
6.27	地方教育行政法の一部改正法（「教育3法」の一部）公布（→ 翌年4.1 施行） → 教育委員会の責任体制の明確化、教育委員の定数の弾力化、保護者委員の義務化、教委の法令違反等に対する文科相の「是正の要求」「指示」など
7.25	全国知事会、「第 2 期地方分権改革推進に関する提言」
7.31	文科事務次官通知「地方教育行政の組織及び運営に関する法律の一部を改正する法律について」（上記の地方教育行政法の一部改正法の施行を踏まえて）
9.26	福田連立内閣（自民・公明）発足、渡海紀三郎文科相就任
11.16	地方分権改革推進委、「中間的なとりまとめ」（教委設置の選択制、制度自体の検討など）
12.25	教育再生会議、第 3 次報告 → 教育委員会の公開制の徹底、不正常な地域・学校への文科相による是正措置など提言
12.25	規制改革会議、第 2 次答申
2008. 1.31	教育再生会議、最終報告（教育委員会改革のフォローアップなど）
5.28	地方分権改革推進委、第 1 次勧告「生活者の視点に立つ『地方政府』の確立」（教職員人事権の中核市への移譲、人事権者と給与負担者の一致の方向で検討など）
6.20	地方分権改革推進本部、地方分権改革推進要綱（第 1 次）を決定
9.24	麻生太郎連立内閣（自民・公明）発足、塩谷立、文科相就任（～09.9.16）
11. 1	「平成の大合併」で市区町村数 1785 団体に減少（→1999.3. 末の 3232 団体の約 45%減）
12. 8	地方分権改革推進委、第 2 次勧告「『地方政府』の確立に向けた地方の役割と自主性の拡大」
2009. 7.27	民主党、総選挙マニフェストおよび政策集 INDEX2009 を公表 → 現在の教育委員会制度を抜本的に見直し、教育行政全体を厳格に監視する「教育監査委員会」を設置、公立小中学校には「学校理事会」を設置（マニフェスト政策各論）、地方の教育委員会を発展的に改組した「教育監査委員会」を創設し、教育行政の責任を首長に移管（政策集 INDEX2009）

〈年月日〉	〈教育委員会制度の歴史的動態と改革をめぐる動向〉
2007. 1.24	教育再生会議、第１次報告（改正教育基本法に基づく地方教育行政法の改正など）
1.	中核市長会・同議長会・同教育長連絡会「要望書」 → 教職員人事権を給与負担と合わせ、中核市への早期移譲を要望
2. 5	教育再生会議・第1分科会、「教育委員会制度の抜本的見直しについて―地方教育行政の組織及び運営に関する法律の改正の方向性―」をとりまとめ → 教委の目的・任務の明確化、教委と教育長の各役割・権限の明確化、教育委員の職務役割の明確化、教育委員数の弾力化、保護者教育委員の義務化、教委の自己点検・第三者評価の導入、文科相による「是正の勧告・指示」など
2. 6	全国知事会会長・同市長会会長・同町村会会長「教育委員会制度の抜本的見直しについて」声明で、教育再生会議の分科会の「提言案」にある文科相の関与強化の内容を批判、地方分権の視点に立って見直しを行うよう強く求める
2.15	規制改革会議、「教育委員会制度の抜本的見直しに関する規制改革会議の見解」を公表 → 制度の改廃、必置規制の可否を含め真に「抜本的見直し」の結論を得るべきと指摘
2.27	地方六団体、「教育委員会への国の関与の強化案に対する反論」を公表 → 教育委員会制度のあり方について、国の関与強化ではなく、地方分権の視点に立って十分検討するよう強く求める
3.10	中教審、答申「教育基本法の改正を受けて緊急に必要とされる教育制度の改正について」で、「責任ある教育行政の実現のための教育委員会等の改革（地方教育行政法の改正）」を提言 → 委員会の責任体制の明確化、活動状況の点検・評価、保護者委員の義務化、委員数の弾力化（都道府県・市６人以上、町村３人以上）、文科相の「是正の要求」など
3.20	安倍内閣、教育改革３法案（地方教育行政法、学校教育法、教免法等の改正）を国会上程
4. 1	地方分権改革推進法施行（2010年3月31日失効の３年間時限立法）
4. 2	地方分権改革推進委員会（地方分権改革推進委、内閣府設置）発足（初会合）
4.17	民主党、教育関連３法案（学校教育力の向上３法案）を第166国会衆院に上程 → 地方教育行政の適正な運営の確保に関する法律案（当初法案の一部修正）等
5.30	地方分権改革推進委、「地方分権改革推進にあたっての基本的な考え方―地方が主役の国づくり」

〈年月日〉	〈教育委員会制度の歴史的動態と改革をめぐる動向〉
7.19	民主党、『教育のススメ「日本国教育基本法案」解説書』刊行
7.31	規制改革・民間開放推進会議、「規制改革・民間開放の推進のための重点検討事項に関する中間答申」（教育委員会必置規制の撤廃、選択設置など提案）
9.15	地方六団体、「地方分権改革推進法（仮称）の早期制定について」提出
9.26	安倍晋三自民連立内閣（自民・公明）発足、伊吹文明文科相就任（～07.9.26）
10.10	安倍首相、首相の諮問機関として教育再生会議設置（閣議決定）
11.17	民主党、日本国教育基本法案、地方教育行政の適正な運営の確保に関する法律案等を再度第165国会参院に上程 → 教育委員会を廃止し、教育行政権限を首長に移管、首長のもとに「教育監査委員会」を、公立学校に「学校理事会」を設置、公立学校の職員の任命は首長が行う、文科大臣・都道府県による市町村への指導等の規定の廃止など
12.12	犬山市教委（愛知県）、全国学力テストへの不参加を最終確認
12.15	参議院本会議、従来の教育基本法を全面改正した新「教育基本法案」可決
12.18	民主党、政権政策の基本方針（政策マグナカルタ）両院議員総会で了承 → 現行の教育委員会制度を廃止し、自治体の長が責任をもって教育行政を行う、市町村は、学習内容・具体的な学校運営等について、首長の責任の下で民主的に運営し、自らの創意工夫で自由に行う、学校は、保護者、地域住民、学校関係者、教育専門家等の参画する学校理事会制度により、主体的・自律的な運営を行うなど
12.19	全国市長会・教育における地方分権の推進に関する研究会、「教育行政における市長の役割と責任の強化に関する緊急アッピール」（→教育委員会の選択制導入を含む抜本的改革を求める）
12.	日本教育再生機構、教育委員会の設置義務の解除、教育水準局（英国）に該当する機関の創設を提言
12.	全国都道府県教育長協議会、教育委員会設置の選択制は慎重な対応が必要、教職員人事の市町村への移譲はその是非を含め慎重に検討すべき、と提言
…〈新教育基本法体制の成立と教育委員会制度改革〉…	
2006.12.22	教育基本法を全面改正した新「教育基本法」公布・施行
12.25	規制改革・民間開放推進会議、「規制改革・民間開放の推進に関する第3次答申―さらなる飛躍を目指して―」（→教育委員会制度の抜本的改革の早急な検討を要請）
12.25	地方分権改革推進法公布

〈年月日〉	〈教育委員会制度の歴史的動態と改革をめぐる動向〉
2005.10.26	中教審、答申「新しい時代の義務教育を創造する」 → 教育委員会を全自治体に必置する基本的枠組みの維持、文化・スポーツ等の事務担当は選択制（教委か首長）、組織・権限分担の弾力化、中核市等への教員人事権の移譲等
12. 9	第 28 次地方制度調査会、「地方の自主性・自律性の拡大及び地方議会のあり方に関する答申」（→ 教育委員会設置の選択制、学校教育以外の事務の所掌主体の選択制など提言）
12.11	財政制度審議会、「平成 18 年度予算の編成等に関する建議」 → 教職員人員の純減、新たな定数改善計画策定の中止、学校統廃合の推進等を提言
12.21	規制改革・民間開放推進会議、「規制改革・民間開放の推進に関する第 2 次答申―「小さくて効率的な政府」の実現に向けて―官民を通じた競争と消費者・利用者による選択」 → 市場化テスト、児童・保護者の意向を反映した教員・学校評価制度の確立、学校選択制など
2006. 2.28	第 28 次地方制度調査会、「道州制のあり方に関する答申」
3.31	全国の市区町村数 1822 に縮減見込み（1999.3 比で約 44% 減）
4. 7	民主党の代表選挙で、小沢一郎が初の代表に（菅代表代行、鳩山幹事長）
4.13	与党教育基本法改正に関する協議会、「教育基本法に盛り込むべき項目と内容について（最終報告）」を公表
4.25	規制改革・民間開放推進会議、「平成 18 年度運営方針」（重点検討事項に「教育委員会制度の見直し」）
4.28	「教育基本法案」（教育基本法の全面改正法案）を閣議決定し、第 164 国会に提出
5.23	民主党、「日本国教育基本法案」を政府案への対案として提出、地方教育行政の首長への一元化、教育委員会の廃止、学校理事会の設置などを規定
6. 7	地方六団体、「地方分権の推進に関する意見書」提出
6. 7	全国市長会議、「義務教育施策等に関する要望」（教育委員会の設置の選択制を提案）
6.	日本経済団体連合会、人口 30 万人程度の規模以上の大括りとし、広域化すべきと提言
6.30	全国市長会・全国町村会、「教育委員会制度の選択制の導入に関する要望」
7. 7	経済財政諮問会議、2006 基本方針（骨太方針） → 市町村教委の権限（例えば、学校施設の整備・管理権限、文化・スポーツ事務等）を首長に委譲する特区の実験的取り組みを進めるとともに、教育行政の仕組み、教育委員会制度について、抜本的な改革を行うこととし、早急に結論を得る

〈年月日〉	〈教育委員会制度の歴史的動態と改革をめぐる動向〉
	会など提言
6. 6	地方分権改革推進会議、「三位一体の改革についての意見」(国庫補助負担金・地方交付税・税財源移譲の見直し等)
6.23	自由党(小沢一郎党首)、教育基本法に代わる「人づくり基本法案を上程 → 教育委員会の廃止・地方教育行政の首長への一元化・教育行政の評価・勧告を行う民主的組織の整備、義務教育に関する国の最終責任・義務教育教員の国家公務員化、教育基本法の廃止など
6.25	閣議決定、経済財政運営と構造改革に関する基本方針 2003(三位一体改革の促進)
6.	志木市(埼玉県)、構造改革特区第 3 次(6月)・4 次(11 月)提案として「教育委員会の廃止等」を申請
9.24	民主党(菅代表)と自由党(小沢党首)が合併、事実上の"第 3 次"民主党発足
12.22	総合規制改革会議(内閣府)、「教育委員会の必置規制の廃止」を答申
2004. 3. 4	河村文科相、中教審に「地方分権時代における教育委員会の在り方について」諮問
5.12	地方分権改革推進会議、(最終)報告「地方公共団体の行財政改革の推進等行政体制の整備についての意見―地方分権改革の一層の推進による自主・自立の地域社会をめざして―」 → 教育委員会の必置規制の弾力化、権限の見直しなど提言
5.19	市町村合併三法成立
6. 9	地方教育行政法の一部改正法公布(学校運営協議会の任意設置等)
9.27	中山成彬、文科相就任(～ 05.10.31)
12.24	規制改革・民間開放推進会議(内閣府)、「規制改革・民間開放の推進に関する第1次答申―官製市場の民間開放による「民主導の経済社会の実現」 → 公設民営学校の解禁、教育バウチャー制度の検討など提言
2005. 1.13	中教審教育制度分科会地方教育行政部会、「部会まとめ」 → 教育委員会の必置を前提に、「教育委員会の在り方」に関する詳細な改善策を提言
3.29	総務省通知「地方公共団体における行政改革の推進のための新たな指針」(新地方行革指針)
4. 1	市町村の合併の特例等に関する法律(新合併特例法)施行(国、府県の合併指針)
5.31	総務省告示・合併基本指針(→概ね1万人未満の小規模市町村を合併対象に)
8.25	鶴ヶ島市教委(埼玉県)、教育大綱「鶴ヶ島らしさのある教育の創造に向けて」を策定

〈年月日〉	〈教育委員会制度の歴史的動態と改革をめぐる動向〉
2000. 4. 1	地方分権一括法・改正地方教育行政法など施行
10.25	第 26 次地方制度調査会、「地方税財源の充実確保に関する答申」
11. 1	三春町（福島県）で全国初の公募教育長誕生
11. 1	中野区、第2回教育委員推薦制実施（～ 12.18）
12. 9	第 1 回開かれた学校づくり全国交流集会 in 高知（～ 10、高知）
12.22	教育改革国民会議報告「教育を変える 17 の提案」 → 教育基本法の見直しと教育振興基本計画策定の必要性、教育委員への親の登用、教育委員会会議の公開など提案
2001. 1. 6	文部科学省（文科省）発足、町村初代文科相、新中央教育審議会（中教審）発足
1.25	文科省、「21 世紀教育新生プラン」を発表（上記の教育改革国民会議報告を政策化）
2.19	全国市長会、「学校教育と地域社会の連携強化に関する意見―分権型教育の推進と教育委員会の役割の見直し」を公表 → 教育委員会制度そのものについて、歴史的経過や運営の実態を踏まえた基本的なあり方についての検討が必要
4. 1	出雲市（島根県）、生涯学習分野の教育行政を教育委員会から市長部局へ移管する条例
4.26	小泉純一郎自民連立内閣（自民・公明・保守 3 党連立）発足、遠山敦子、文科相就任（～ 03.9.22）
6.20	地方分権推進委、最終報告
6.26	経済財政運営及び経済社会の構造改革に関する基本方針（骨太の方針）閣議決定
7. 3	地方分権改革推進会議発足（内閣府）
7.11	地方教育行政法の一部改正法公布 → 教育委員への保護者登用の努力義務、会議の原則公開、教育行政に関する窓口相談の設置などの規定を盛り込む（← 教育改革国民会議最終報告）
10.26	大平町（栃木県）で全国初の公募教育委員誕生
11. 1	青ヶ島村（東京都、全国最小自治体）、初の女性公募教育長就任
12.21	逗子市（神奈川県）、市で初の公募教育長就任
2002. 6.25	経済財政諮問会議、経済財政運営と構造改革に関する基本方針 2002（三位一体改革、構造改革特区の導入を決定）
10.30	地方分権改革推進会議、「事務・事業の在り方に関する意見―自主・自立の地域社会をめざして―」（義務教育費国庫負担制度の見直し等）
12.18	構造改革特別区域法、施行
2003. 3.20	中教審、「新しい時代にふさわしい教育基本法と教育振興基本計画の在り方について」を答申（中教審として初の教育基本法改正提言）
4. 9	提言・実践首長会、「日本の明日を拓く教育行政改革断行の提案」 → 教育委員会設置の選択制、首長の諮問機関としての教育審議

〈年月日〉	〈教育委員会制度の歴史的動態と改革をめぐる動向〉
	議(文部省)、「論点整理」公表
10. 9	地方分権推進委第4次勧告(市町村規模に応じた権限の移譲等)
12.12	行政改革会議「最終意見」
1998. 4.27	民主党(第2次)結党大会(菅直人代表、鳩山由紀夫幹事長) →「私たちの基本理念」、「基本政策」を採択
5.29	地方分権推進計画(閣議決定)
6.12	中央省庁等改革基本法公布(→ 2001.1.6 施行) → 中央省庁を1府22省庁から1府12省庁へ再編、内閣府新設(内閣機能の強化)、文部省と科学技術庁を統合し文部科学省へ
7.30	有馬朗人(元東大総長)、文相就任(～ 99.10.5)
9.21	中教審、答申「今後の地方教育行政の在り方について」 → 教育長任命承認制の廃止などを含む「教育委員会制度の在り方について」を提言
11. 9	地方分権推進委第5次勧告
1999. 3.26	第2次地方分権推進計画(閣議決定)
3.31	全国の市区町村数 3232
…〈地方分権一括法と地方教育行政法の改正と展開〉…………………………	
1999. 7.16	「地方分権の推進を図るための関係法律の整備に関する法律(地方分権一括法)」(地方自治法をはじめとする475本の関係法律の改正)、その一部を成す地方教育行政法の一部改正法公布(同法制定後初の大改正、施行は 2000.4.1) → 教育分野の機関事務廃止、教育長任命承認制の廃止、教育長は教育委員の中から選任、文相・府県教委の指揮監督権、措置要求規定の削除、同「指導助言」規定の見直し、府県教委の市町村教委への基準設定規定の廃止等
7.23	財団法人・社会経済生産性本部、「選択・責任・連帯の教育改革―学校の機能回復をめざして」発表(→ 学区制廃止、学校理事会の設置、教育委員会の縮小など提言)
2000. 1.	日本の教育改革をともに考える会(堀尾輝久ほか代表委員)、「新しい公選制教育委員会制度」を提案
1.18	「21世紀日本の構想」懇談会(河合隼雄座長)、最終報告書「日本のフロンティアは日本の中にある―自立と協治で築く新世紀」発表
1.21	学校教育法施行規則一部改正(民間人校長・職員会議の校長主宰・学校評議員制など)
3.23	鶴ヶ島市(埼玉県)、教育審議会条例公布(→同年 4.1 第1期教育審議会発足)
3.27	教育改革国民会議(江崎玲於奈座長)発足、小渕首相の私的諮問機関(森首相に継承)

〈年月日〉	〈教育委員会制度の歴史的動態と改革をめぐる動向〉
1989. 2. 1	中野区、第3回準公選区民投票実施(～2.13)、投票率25.64%
2. 6	中野区教育委員準公選の第3回区民投票を支持する教育学者・法学者の声明(首都圏の大学・研究所所属133名)
1992.12.12	森山真弓、文相就任(～93.8.9)、初の女性文相
1993. 2. 3	中野区、第4回準公選区民投票実施(～2.15)、投票率23.83%
6. 3	国会の衆参両院で「地方分権の推進に関する決議」を全会一致で採択(参院は翌6.4)
8. 9	細川護煕非自民連立内閣成立、1955年結党から38年間続いた自民党単独政権終わる
10.27	臨時行政改革推進審議会(第3次行革審)「最終答申」
12. 6	教育学、法律学など全国の学者・研究者、「準公選制廃止条例案の撤回を求める緊急声明」
1994. 1.17	同2次声明「東京・中野区の教育委員『準公選』廃止に反対する学者・研究者の緊急声明」、法律学者、教育学者および弁護士(10)による「意見書」を区議会議長・区長に提出
1.31	中野区議会、教育委員準公選条例の「廃止条例案を可決(→施行1995.1.31)
6.30	村山富市3党連立政権成立(自民・社会・さきがけ)
1995. 5.19	地方分権推進法公布
7. 3	同法施行、地方分権推進委員会(地方分権推進委)発足
1996. 3.29	地方分権推進委、「中間報告—分権型社会の創造—」公表
6.24	高知県(橋本大二郎知事)、「土佐の教育改革を考える会」(第1回)開催
7.19	中教審、「21世紀を展望した我が国の教育の在り方について—子供に〔生きる力〕と〔ゆとり〕を—」〈第1次答申〉(→市町村教育委員会の活性化など提言)
9.28	民主党(第1次)結党大会(菅直人、鳩山由紀夫の2人代表制)
11. 1	中野区、「教育委員候補者区民推薦要綱」による第1回推薦制実施(～12.16)
12.20	地方分権推進委第1次勧告 →機関委任事務の廃止、教育長の任命承認制の廃止など国の関与の縮減を提案
1997. 1.29	文部省、「21世紀に向けた地方教育行政の在り方に関する調査研究協力者会議」を設置
3.26	中野区、「教育行政における区民参加条例」公布
6.11	中教審、「21世紀を展望した我が国の教育の在り方について」(第2次答申)
7. 8	地方分権推進委第2次勧告(必置規制の見直し、市町村合併・広域行政推進等)
9.19	21世紀に向けた地方教育行政の在り方に関する調査研究協力者会

〈年月日〉	〈教育委員会制度の歴史的動態と改革をめぐる動向〉
	区民投票条例」を賛成多数で可決→ 大内正二中野区長、「条例は違法」として「再議」に付す→ 区議会「再可決」→ 同区長、美濃部亮吉都知事に「審査申立」
1979. 4. 5	美濃部都知事、「準公選条例は適法」との「裁定」
5.25	青山良道・新中野区長、教育委員準公選条例公布
1980. 7. 4	中野区議会、教育委員準公選条例一部改正条例（４年毎の郵便投票等）を全会一致で可決
7. 7	青山区長、準公選条例の一部改正条例公布
1981. 2.12	中野区、第1回「教育委員候補者選び区民投票」実施（～ 2.25）、投票率 42.99％
1983. 7.19	第２次教育制度検討委員会（日教組委嘱・大田堯委員長）、報告書「現代日本の教育改革」発表　→ 自治体ごとの新しい公選制と権限を有する教育委員会像を提言
1984. 3. 5	文部省、中野区に対し「違法な区民投票は実施すべきでない」との事務次官勧告
…〈臨時教育審議会答申と教育委員会の活性化方策の展開〉……………………	
1984. 8. 8	臨時教育審議会設置法公布（→ 9.5 臨教審発足・第1回総会）
10.27	初の「教育委員の準公選をすすめるための全国交流集会」（東京都・調布市）、「教育委員の準公選をすすめるための全国連絡会」発足
1985. 2.13	中野区、第２回準公選区民投票実施（～ 2.25）、投票率 27.37％
6.26	教育委員会関係５団体連絡会、「教育委員会の運営の活性化について」
7. 8	高槻市議会（大阪府）、教育委員準公選条例案を否決
1986. 2.26	教育委員会関係5団体連絡会、「教育委員会の活性化について」（第２次提言）
4.23	臨時教育審議会第２次答申、「教育委員会の形骸化と非活性化」を指摘、「この制度を真に再生し、活性化させるための国民的合意の確立が必要」と提言
9. 9	中曽根首相、藤尾文相を罷免
1987.12. 4	文部省「教育委員会の活性化に関する調査研究協力者会議」（座長・木田宏独協学園理事長）、報告書「教育委員会の活化について」
12.16	文部省、「教育委員会の活性化について」（教育助成局長通知）
1988. 3.11	政府、臨教審答申を踏まえた「地方教育行政法の一部改正法案」を提出（→審議未了廃案）
1989. 1.13	文部省、「中野区教育委員候補者選定に関する区民投票について」（教育助成局長通知）を都教委宛に発し、中野区が区民投票を実施しないよう指導を要請、都教委、同通知を添付した同名の教育委員長名通知を中野区長に送付、神山好市中野区長、「条例は手続き的にも内容においても適法であり、誠実に施行することは責務」とのコメントを公表

〈年月日〉	〈教育委員会制度の歴史的動態と改革をめぐる動向〉
1960. 7.19	荒木萬壽夫、文相就任(～63.7.18)
1961.10.26	文部省、中学2、3年生全員を対象に全国一斉学力テストを実施、各地域で反対運動
1963. 7.18	灘尾弘吉、文相就任(～64.7.18)
1964. 9.29	臨時行政調査会答申(教育長の任命承認制の廃止など)
1965. 9. 9	地方制度調査会、教育長の任命承認制について審議
1967. 8.	練馬区、「区長公選運動の基本構想」
11.25	灘尾弘吉、文相就任(～68.11.30)
1968. 1.27	灘尾文相、京都府教委の教育長候補者不承認を示唆
3.14	京都府議会、「教育長不承認は教基法の精神を踏みにじるもの」との決議を採択
11.30	坂田道太、文相就任(～71.7.5)
1970. 7.17	東京地裁、家永教科書訴訟(第二次)杉本判決(原告家永三郎教授の全面勝訴)
1970.11.	沖縄の本土復帰問題に関連して、「沖縄復帰対策要綱(第1次分)」が閣議決定(本土の地方教育行政法を全面的に適用、沖縄の公選制教委制度は廃止の方針を明示)
1971. 6.	中野区議会での初の「区長準公選条例」可決(区長職務代理者再議に付し、継続審議)
6.11	中教審、「今後における学校教育の総合的な拡充整備のための基本的施策について」最終答申(いわゆる「中教審四六答申」)
11.	「民主教育をすすめる国民連合」、「8大要求」の一つとして「教育委員の公選制と国民の教育権の確立」をかかげ、「国民大署名」運動
1972. 5.	江戸川区での約7万に達する条例制定の直接請求署名運動
11.	品川区、区長準公選の区民投票実施
12.15	本土復帰の沖縄県、「県教育委員選定要綱」策定→県教育委員の団体推薦制実施
1974. 5.21	教育制度検討委員会(日教組委嘱・梅根悟委員長)、最終報告書「日本の教育改革を求めて」発表(→公選制教育委員会の実現などを含む教育改革の全体像を提言)
6.	地方自治法改正(東京23区の区長公選制復活)
10. 4	文部省、「内申抜き処分」を可とする通達
12. 9	永井道雄(朝日新聞論説委員・元東工大教授)、文相就任(～76.12.24)、22年ぶりの学者出身文相
1975. 3. 3	品川区長準公選条例をめぐる東京地裁判決
1976. 5.21	最高裁、「北海道旭川学力テスト事件等」大法廷判決
1978. 9. 1	中野区の住民、「教育委員候補者決定に関する区民投票条例」(教育委員準公選条例)制定の直接請求
12.12	文部省、「中野区の区民投票条例は違法」との「文部省見解」を公表
12.15	中野区議会、条例案を一部修正した「教育委員候補者選定に関する

〈年月日〉	〈教育委員会制度の歴史的動態と改革をめぐる動向〉
	への支持声明
3.27	勝田守一東大教授ら 617 名の大学教授・教育者「学問・思想の自由を守り、教育の統制に反対する声明
3.28	都道府県教育長協議会、「教育委員会制度の改正についての要望」
3.29	教育関係 14 団体(日教組、教委協議会など)、地方教育行政法案に反対を「共同声明」
4.	日本教育学会「教育二法案に対する意見」(地方教育行政法案・教科書法案を厳しく批判)
4.11	日本社会教育学会・教育政策第一委員会「『地方教育行政の組織及び運営に関する法律案』についての意見書」
4.19	衆議院本会議、議長職権による地方教育行政法案に関する文教委員長中間報告動議を可決し、法案可決
5. 3	全国知事会・全国市長会・全国町村会、「地方教育行政の組織及び運営に関する法律案の成立促進についての要望」
5. 4	教育関係 27 団体(全国小学校長会、日本 PTA 全国協、日本青年団協、日教組、日高教、全地教委、全教委など)、「本法案の参議院通過阻止に努力邁進する」旨の「声明書」
…〈地方教育行政法の制定と任命制教育委員会の展開〉…	
1956. 6. 2	地方教育行政法案(任命制教委法案)、参院に警察官 500 人導入の下で強行可決成立 → 教育委員の任命制(議会の同意を得て首長が任命)、教育長の任命承認制、市区町村教育長は教育委員を兼務、会議公開規定の削除、教育予算原案・条例原案の作成・送付権等の廃止、文相の措置要求をはじめ教育委員会制度の大改正(教育委員会法廃止)
6.17	全国町村会「新教育委員会運営申合せ」を行う
6.30	地方教育行政法公布、文部次官通知「地方教育行政法等の施行について」
10. 1	任命制教育委員会(制度)発足
11. 1	愛媛県教育委員会、全国に先駆け教職員勤務評定(勤評)実施を決定
12.23	灘尾弘吉、文相就任(～ 57.7.10)
1957. 8.	三重県教育長に文部省官僚が着任 → 以後、文部省・自治省官僚の教育長等への“天下り”拡がる
1958. 1.10	米軍政下の沖縄で教育委員会法公布(独自の公選制など)
10. 1	文部省、小・中学校の改訂学習指導要領を「文部省告示」として官報に公示(法的拘束力の明確化・強化)
12.20	全国都道府県教育委員長協議会、同教育長協の「教職員の勤務評定試案」を了承
12.22	日教組、臨時大会で勤評闘争強化決議「非常事態宣言」

資料2

〈年月日〉	〈教育委員会制度の歴史的動態と改革をめぐる動向〉
1953. 8.15	地方自治法・教育委員会法一部改正公布（→ 市町村助役と教育長の兼務を認める）
10. 1	町村合併促進法施行
10.16	地方制度調査会答申（市町村教委廃止、教育委員の任命制など）
1954. 1. 8	全国知事会、「教育行政制度に関する要望」決議（市町村教委全廃、都道府県教委の諮問機関化）
6. 3	教育長・指導主事等の免許制度廃止し任用資格制度へ（教免法等の一部改正）
6.10	教育委員の半数改選制廃止（公選法および教委法の一部改正） → 54 年 10 月予定の第4回選挙は 56 年 10 月に延期
11.	全国町村会、「教育委員会廃止に関するわれらの主張」（→ 教育委員会廃止の背景と理由）
12. 8	全国町村長大会、「教育委員会廃止に関する要望」
1955. 7.13	全国町村会臨時総会、「教育委員会廃止に関する要望」
11.22	保守合同により鳩山一郎自由民主党内閣発足、清瀬一郎文相就任（～ 56.12.23）、以後自民党単独政権 38 年間
11.24	全国地方教育委員会連絡協議会（全地教委）「要望書」（現行教育委員会制度の育成強化を）
11.29	全国都道府県教育委員会委員協議会（全教委）「教育委員会制度に対する基本的態度」
12.12	全教委・全地教委、「総辞職の決意のもとに地教行法案廃止のためにあくまでまい進する」を発する
1956. 1.13	自民党政務調査審議会、教育委員会制度改正要綱（公選制廃止など）を発表
1.18	全地教委、緊急臨時総会で、「現行法の根本精神を喪失するような改正案には絶対反対」との「声明」採択
2.20	日教組臨時大会、教委制度改正法案など政府の文教政策の阻止を決議
3. 8	地方教育行政の組織及び運営に関する法律案（地方教育行政法案）国会に提出
3.12	教科書法案を国会に提出
3.14	全教委、「清瀬文部大臣に対する不信任決議」
3.16	全国町村会、「地方教育行政の組織及び運営に関する法律の成立に関する要望」
3.19	矢内原忠雄東大総長など 10 大学長、「文教政策の傾向に関する声明」（10 大学長声明） → 教育への国家統制の復活と言論、思想の自由を脅かす恐れがあるとして、地方教育行政法案をはじめとする「教育3法案」への強い憂慮などを声明
3.23	滝川幸辰京大学長など関西 12 大学長、上記の 10 大学長の「声明」

〈年月日〉	〈教育委員会制度の歴史的動態と改革をめぐる動向〉
	→ 教育委員会は市には必置、町村は任意設置、教委の自主的決定の余地の拡大など
1951. 5. 1	リッジウェイ声明(占領下の諸法令の見直しを許可)
8.21	政令改正諮問委員会 (吉田首相の私的諮問機関)、「行政制度の改革に関する答申」→ 人口15万未満市町村の教育委員会の廃止
9. 8	対日平和条約・日米安全保障条約を調印(→ 1952.4.28 発効)
9.22	地方行政調査委員会議「行政事務再配分に関する第2次勧告」 → 大都市の教育委員会の委員は市長が議会の同意を得て任命する方式へ
10.31	教育委員会制度協議会(文相の諮問機関)答申 → 市町村教委は任意、未設置市町村には住民の意向を反映させる諮問委員会等、教育委員の選任方法は結論出せず
11. 8	教刷審、「中央教育審議会設置に関する声明」発表 → 上記の政令改正諮問委の教育改革案は幾多の重要な問題点があり、賛意を表せないと表明
11.16	政令改正諮問委員会、「教育制度の改革に関する答申」 → 教育委員は首長が議会の同意を得て任命、委員数を3人に縮減、教委の違法行為に対する文相の是正など提言
1952. 7.31	文部省設置法の一部改正法公布(文部省の機構再編と権限の強化) → 教育委員会等に対する「指導・助言」の範囲の拡大、「企画・勧告」権限の明記、教育委員会の学習指導要領作成権を削除し、文部省に一元化など
8.12	岡野清豪、文相就任(～ 53.5.21)　*学者文相の時代は終焉
10. 5	第3回教育委員選挙(全国の市区町村で一斉選挙、既設教委は半数改選)、投票率 59.8%(都道府県)、市町村教委選挙の約半数は無投票
11. 1	市区町村教育委員会、全国で一斉に発足(9958 の市区町村・組合)
11.15	都道府県町村会長会、「教育委員会に関する要望」(教育委員会を市町村長の諮問機関へ)
1953. 1.21	中央教育審議会(中教審)第1回総会(→ それに先立ち教育刷新審議会廃止)
2.19	政府、「義務教育学校職員法案」提出(→ 義務教育学校教職員の国家公務員化など)
5.21	大達茂雄、文相就任(～ 54.12.10)
7.22	全国町村会臨時総会、「教育委員会廃止に関する要望」決議
7.25	中教審、「義務教育に関する答申」(第1回答申) → 教育委員会の性格は公選制を含め現行法どおりとする
8. 5	学校教育法・教育委員会法等の一部改正法公布 → 教科書検定権を都道府県教委等の職務権限から削除し、文相のみの権限として明記

〈年月日〉	〈教育委員会制度の歴史的動態と改革をめぐる動向〉
	ついての一般投票方式、教育委員会の予算案編成権確立など
1948. 6.15	教育委員会法案国会提出(→ 6.21 法案審議開始)
6.19	衆議院「教育勅語等排除に関する決議」、参議院「教育勅語等の失効確認に関する決議」
7. 5	教育委員会法案、「教員の被選挙権禁止」条項の削除など大幅修正して可決成立
…〈公選制教育委員会制度の発足と展開〉…………………………………	
1948. 7.15	教育委員会法公布(→10.5 第 1 回教育委員選挙)
9.22	文部省、「教育委員会法のしおり」作成、府県・市町村等に配布
10. 4	第 1 期教育長等講習(IFEL=Institute For Educational Leaders)開始(～ 12.24、専門職教育長養成講習、受講者 160)、以後、第8期(1952 年)まで実施
10. 5	第 1 回教育委員選挙(46 都道府県〈沖縄を除く〉および5大市〈横浜・名古屋・京都・大阪・神戸〉、任意設置の市町村〈21 市 16 町 9 村〉)、投票率 56.5%(都道府県)
11. 1	公選制教育委員会発足
1949. 1.12	教育公務員特例法公布
2.16	高瀬荘太郎、文相就任(～ 50.5.6)
4. 1	新制大学発足(国立 69 校、公立 4 校、私立 21 校)
5.19	教育委員会法の一部改正(市町村教委の最終設置時期を 1952 年 11 月1日へ 2 年間延期)
5.14	教刷委、「六・三制完全実施に関する建議」
5.31	文部省設置法、教育職員免許法(教育長等の免許状を規定)・同施行法、国立学校設置法公布
6. 1	教育刷新委員会、教育刷新審議会(教刷審)と改称
6.10	社会教育法公布
7.25	教刷審、「新学制完全実施に関する建議」
12.15	私立学校法公布
1950. 5. 1	公職選挙法施行→ 教育委員独自の選挙方式(推薦立候補制など)を廃止し、一般政治選挙とほぼ同様な規定・方式に一本化
5. 6	天野貞祐、文相就任(～ 52.8.12)　*戦後教育改革期最後の学者文相
9.21	シャープ勧告
9.22	第二次米国教育使節団、「報告書」提出(→ 9.30 公表)
11.10	第2回教育委員選挙(既設教委の半数改選、15 市任意新設)、投票率 52.8%(都道府県)
12.13	地方公務員法公布(地方公務員・公立学校教員の政治活動・争議行為を禁止)
12.22	地方行政調査委員会議、「行政事務再配分に関する勧告」

〈年月日〉	〈教育委員会制度の歴史的動態と改革をめぐる動向〉
2. 8	政府、「憲法改正要綱」(松本試案)をGHQに提出
2.13	GHQ、松本試案を拒否、GHQ草案を政府に手交
3. 5	第1次米国教育使節団来日
3.30	同教育使節団、マッカーサーに「報告書」提出(→ 翌月7日、公表) → 公選制教育委員会の設置、六三制単線型学校体系など教育の民主化を勧告
4.10	新衆議院選挙法による戦後初の総選挙(女性議員39名誕生、共産党議員5名初議席)
4.17	政府、憲法改正草案(全文)を発表
5.22	田中耕太郎、文相就任(～47.1.31)
6.20	政府、憲法改正案を帝国議会に提出(→10.7 日本国憲法成立)
9. 7	教育刷新委員会(教刷委)第1回総会
11. 3	日本国憲法公布(→ 翌年5.3施行)
12.27	教刷委、第1回建議、「教育の理念及び教育基本法に関すること」(教育基本法の制定など)、「教育行政に関すること」(公選制教育委員会の創設など)提言
1947. 1.31	高橋誠一郎、文相就任(～6.1)
2.20	教刷委、「六・三義務制実施断行に関する声明」発表
3.31	教育基本法公布(→ 同日施行)、学校教育法公布(→ 翌4.1施行)
4. 1	六三制新学校制度発足(9年間の義務教育、男女共学など)
4. 5	知事、市町村長の初の選挙
4. 7	労働基準法公布
4.17	地方自治法公布
4.20	第1回参議院選挙
5. 3	日本国憲法施行、枢密院等廃止 文部省、「教育基本法制定の要旨について」(訓令)
6. 1	森戸辰男、文相就任(～48.10.19)
6. 8	日本教職員組合(日教組)結成大会
12.27	教刷委、第9回建議「大学の地方移譲、自治尊重並びに中央教育行政の民主化について」 → 中央教育委員会の設置、文化省(仮称)の設置(文部省はこれに統合)など
12.31	内務省廃止
1948. 2. 7	教刷委・第12回建議、「中央教育行政機構に関すること」(学芸省(仮称)の新設・文部省の廃止、中央教育委員会(仮称)の設置など)
4. 1	新制高等学校発足
4. 4	教刷委、「教育費の確保増額について」をGHQへ要請
4.26	教刷委、第17回建議「教育行政に関すること(二)—教育委員会制度の実施について—」 → 当分の間、町村には不設置、選考委員会が選任した候補者に

資料2 教育委員会制度の歴史的動態と改革をめぐる動向（略年表）

〈年月日〉	〈教育委員会制度の歴史的動態と改革をめぐる動向〉
1945. 8.15	天皇、戦争終結の詔書を放送（玉音放送）、ポツダム宣言（7.16）を受諾し無条件降伏、第二次世界大戦終結、文部省訓令「終戦ニ関スル件」（国体護持を強調）
8.18	前田多門、文相就任（～ 46.1.13）
8.30	マッカーサー（連合国軍最高司令官）、神奈川県厚木飛行場に到着
9. 2	日本国（全権重光葵外相・梅津美治郎参謀総長）、降伏文書に調印
9. 6	トルーマン米大統領、「降伏後における米国の初期対日方針」をマッカーサーに指令
9. 9	マッカーサー、対日間接管理方式・自由主義の助長などを声明、占領政策の開始
9.15	文部省「新日本建設ノ教育方針」（国体護持・平和国家建設・科学的思考力など強調）
10. 4	GHQ、自由化指令（天皇に関する自由討議・政治犯釈放・思想警察全廃など）
10.11	GHQ、五大改革指令（婦人解放・労働組合奨励・学校教育民主化など）
10.15	田中耕太郎（東京帝大教授）、文部省学校教育局長に就任
10.22	GHQ、「日本教育制度ニ対スル管理政策」指令（軍国主義・超国家主義教育の禁止など）
10.30	GHQ、「教員及ビ教育関係官ノ調査、除外、認可ニ関スル件」指令
11.20	文部省大臣官房総務室「画一教育改革要綱」（案）及び「画一教育打破ニ関スル検討並ニ措置」（案）
12.01	全日本教員組合（全教）結成、翌日、全日本教育者組合（日教）結成
12.15	GHQ、「国家神道、神社神道ニ対スル政府ノ保証…ノ廃止ニ関スル件」指令
12.17	衆議院選挙法改正（婦人参政権、大選挙区制など→翌年 4.10 第1回総選挙）
12.22	労働組合法公布（団結権・団体交渉権など保障）
12.27	憲法研究会、「憲法草案要綱」発表（国民主権、「象徴」天皇制、基本的人権など）
12.31	GHQ、「修身、日本歴史及地理停止ニ関スル件」指令（3 教科の停止、教科書回収など）
1946. 1. 1	天皇、「人間宣言」詔書（天皇の神格化を否定）
1.13	安倍能成、文相就任（～ 5.22）
2. 7	GHQ 指令により、「米国教育使節団に協力すべき日本側教育家の委員会」（南原繁委員長）発足（→ 3 月末ごろ独自の「報告書」提出）

著者紹介

三上昭彦（みかみ あきひこ）

1942年　神奈川県鎌倉市に生まれる
1966年　東京大学教育学部（教育行政学科）卒業
1973年　東京大学大学院教育学研究科博士課程（教育行政学専攻）単位修得退学
1973年　明治大学文学部専任講師（教職課程）就任、以後、同助教授、同教授
1995年　ロンドン大学教育研究所客員研究員（95年4月～96年3月）
2005年　明治大学大学院文学研究科臨床人間学専攻・臨床教育学コース（併任）
現　在　明治大学文学部教授（2013年3月末定年退職）

主な著作

『教育委員の準公選—教育を父母・住民の手に』（共著、労働旬報社、1980年）
『教育法と教育行政の理論』（共著、三省堂、1993年）
『子どもの権利条約 実践ハンドブック』（共編著、労働旬報社、1995年）
『いま、なぜ教育基本法の改正か』（共編著、国土社、2003年）
『「改正」教育基本法を考える—逐条解説』（共編著、北樹出版、2007年）

明治大学人文科学研究所叢書
教育委員会制度論—歴史的動態と〈再生〉の展望

2013年3月29日　初刷発行
2013年7月29日　第2刷発行

著　者■三上　昭彦
発行者■大塚　智孝
発行所■株式会社 エイデル研究所
〒102-0073　東京都千代田区九段北4-1-9
TEL. 03-3234-4641
FAX.03-3234-4644
装丁・本文DTP■大倉　充博／印刷・製本■シナノ印刷株式会社

＊落丁・乱丁のときはおとりかえいたします。

Printed in Japan ISBN978-4-87168-524-5 C3037